Christopher Huth

Derivate im Risikomanagement von Fußballunternehmen

GABLER RESEARCH

Christopher Huth

Derivate im Risikomanagement von Fußballunternehmen

Mit einem Geleitwort von Prof. Dr. Christoph Breuer

GABLER

RESEARCH

Bibliografische Information der Deutschen Nationalbibliothek
Die Deutsche Nationalbibliothek verzeichnet diese Publikation in der Deutschen Nationalbibliografie; detaillierte bibliografische Daten sind im Internet über <http://dnb.d-nb.de> abrufbar.

Dissertation Deutsche Sporthochschule Köln, 2011

1. Auflage 2012

Lektorat: Marta Grabowski | Nicole Schweitzer

Gabler Verlag ist eine Marke von Springer Fachmedien.
Springer Fachmedien ist Teil der Fachverlagsgruppe Springer Science+Business Media.
www.gabler.de

Umschlaggestaltung: KünkelLopka Medienentwicklung, Heidelberg
Gedruckt auf säurefreiem und chlorfrei gebleichtem Papier
Printed in Germany

ISBN 978-3-8349-3279-2

Geleitwort

In den letzten beiden Jahrzehnten und beschleunigt in den letzten Jahren hat sich die Sportökonomik zu einer eindrucksvollen Teilökonomik entwickelt. So trägt der Sport einerseits dazu bei, durch die einmalige Verfügbarkeit von Leistungs- und Erfolgsdaten eine Art „natürliches Laboratorium" der Wirtschaftswissenschaften zu sein. Andererseits liegen im Sport teils sehr spezifische Marktstrukturen und sowie Marktbesonderheiten vor, die eine spezifische Sportökonomik als akademisches Fach erst legitimieren. Zu den zentralen Besonderheiten zählen die Kooperenz im sportlichen Wettbewerb, die Ligenorganisation, positive Externalitäten und ein daraus resultierendes politisches Interesse an Sport und Sportbeteiligung (Meritorik), die zeitintensive Konsumption, die Vielfalt von Finanzierungsquellen sowie die partielle Inkongruenz der Maximierung von sportlichen und ökonomischen Zielen.

Letzteres ist auch Gegenstand der Sportfinanzierungslehre als Teilgebiet der Sportökonomik. Sie stellt sich unter anderem die Frage, wie sportliche Ziele unter der Randbedingung finanzieller Viabilität maximiert werden können. In diesem Kontext ist auch die vorliegende Dissertation von Dr. Christopher Huth verortet. Dr. Huth zeigt zunächst, dass bei Schwankungen der sportlichen Leistung – insbesondere bei einer sportlichen Talfahrt – die Einnahmenseite viel schneller reagiert als die Ausgabenseite. Mit nachlassendem sportlichen Erfolg gehen somit die Einnahmen elastisch zurück, während die Kostenbelastung über einen längeren Zeitraum stabil bleibt. Folglich resultieren aus den sportlichen Misserfolgen sehr schnell finanzielle. Damit stellt sich eine klassische Frage der Risikosteuerung: Gibt es finanzielle Konzepte, die die Klubfinanzen weniger abhängig machen vom sportlichen Erfolg? Dies würde eine Verringerung der einschlägigen Volatilität bedeuten; schließlich ist die Planungsfähigkeit eines Klubs umso geringer je volatiler seine Einnahmen sind.

Die vorliegende Dissertation von Dr. Christopher Huth stellt – auch im internationalen Kontext – einen Meilenstein der Sportsfinanzierungslehre dar. Sie untersucht erstmals und in sehr systematischer Weise, inwieweit eine derivative Risikoabsicherung auch in der Teamsportindustrie gewinnbringend eingesetzt werden könnte. Für die Teamsportindustrie selbst bleibt zu hoffen, dass die spannenden Gedanken und Ergebnisse der Dissertation dort zu Reflexion und hoffentlich auch zu Innovation führen. Für den universitären Bereich der Sportökonomik ist schon jetzt klar, dass die Dissertation eine zentrale Position einnimmt, was die Entwicklung der Sportfinanzierungslehre als akademische Disziplin anbelangt. Sie greift ein höchst relevantes Thema auf und ist Studenten der Wirtschafts- wie auch der Sportwissenschaft wärmstens zu empfehlen.

Univ.-Prof. Dr. Christoph Breuer

Vorwort

Die vorliegende Arbeit entstand während meiner Tätigkeit als wissenschaftlicher Mitarbeiter am Institut für Sportökonomie und Sportmanagement der Deutschen Sporthochschule Köln. Sie wurde dort im Januar 2011 als Dissertation angenommen.

Mein herzlicher Dank gilt zuvorderst meinem Doktorvater Herrn Univ.-Prof. Dr. Christoph Breuer, der die Entstehung meiner Dissertation stets mit sehr großem Engagement förderte. Besonderer Dank gebührt auch Herrn Univ.-Prof. Dr. Heinz-Dieter Horch für die Übernahme des Zweitgutachtens sowie für die gute Zusammenarbeit während der gemeinsamen Tätigkeit am Lehrstuhl. Den weiteren Mitgliedern der Prüfungskommission, Herrn Jun.-Prof. Dr. Tim Pawlowski sowie Herrn Dr. Thomas Pröckl von der Eintracht Frankfurt Fußball AG, danke ich für die der Begutachtungsphase zeitnahe Disputation.

Ferner danke ich meinen Kolleginnen und Kollegen am Lehrstuhl für die kameradschaftliche Zusammenarbeit während meiner Tätigkeit an der Deutschen Sporthochschule Köln.

Abschließend gilt meinen Eltern sowie meiner gesamten Familie besonderer Dank. Sie ermöglichten mir nicht nur mein Studium, sondern gaben mir darüber hinaus jegliche Unterstützung auf meinem bisherigen Lebensweg.

Christopher Huth

Inhaltsverzeichnis

Abkürzungsverzeichnis

Abs.	Absatz
AC	Associazione Calcio
AG	Aktiengesellschaft
Art.	Artikel
AS	Association Sportive
BSC	Berliner Sport-Club
bzgl.	bezüglich
ca.	circa
CDS	Credit Default Swaps
DEL	Deutsche Eishockey Liga
DFB	Deutscher Fußball-Bund
DFL	Deutsche Fußball Liga
DGV	Deutscher Golf Verband
€	Euro
EG	Europäisches Gesetzbuch
e.V.	eingetragener Verein
et al.	et alii
f.	folgende
ff.	fortfolgende
FC	Fußball Club
FRA	Forward Rate Agreement
FSV	Fußball Sport Verein
FIFA	Fédération Internationale de Football Association
Hrsg.	Herausgeber
LFP	Ligue de Football Professionnel
LIBOR	London Interbank Offered Rate
NBA	National Basketball Association
NFL	National Football League
Mio.	Millionen
Mrd.	Milliarden
OTC	Over the Counter
S.	Seite
SC	Sport Club
SSV	Schwimm- und Sportverein
St.	Sankt
SV	Sport Verein
SWOT	strengths, weaknesses, opportunities, threats
tat.	tatsächlich(e)
TSV	Turn Sport Verein
TV	Television
UEFA	Union des Associations Européennes de Football
US	United States
USA	United States of America

VfL	Verein für Leibesübungen
vgl.	vergleiche
WM	Weltmeisterschaft

Abbildungsverzeichnis

Tabellenverzeichnis

1 Einführung

„Arminia schlägt Alarm – Finanznot zwingt zum Umbau“[1]

„Schalke droht finanzieller Kollaps“[2]

Obgleich der deutsche und europäische Fußball – ungeachtet der anhaltenden Finanzkrise – von Umsatzrekord zu Umsatzrekord eilen, geraten seit Jahren immer wieder Fußballunternehmen im In- und Ausland in finanzielle Schwierigkeiten, die in Sorge um das Überleben den Puls ihrer Anhänger höher schlagen lassen. Neben recht aktuellen Beispielen – FC Schalke 04 sowie Arminia Bielefeld - aus dem deutschen Lizenzfußball sind zahlreiche weitere Fälle zu konstatieren. Dabei ist Borussia Dortmund – auch aufgrund ihres Börsengangs im Jahr 2001 – sicherlich der von der breiten Öffentlichkeit am intensivsten beobachtete und diskutierte Fall. Nachdem Borussia Dortmund – in der Saison 2001/02 noch deutscher Meister – in der Spielzeit 2003/04 in der Qualifikation zur UEFA Champions-League am belgischen Vertreter FC Brügge scheiterte, gerieten sie in der Folge in eine die Existenz bedrohende wirtschaftliche Misere.[3] Zu jener Zeit wurde in der Öffentlichkeit eingehend über einen möglichen Lizenzentzug diskutiert und dieser teilweise von Mitbewerbern – beispielsweise Eintracht Frankfurt – gefordert.[4]

Neben Borussia Dortmund gab es in den vergangenen Jahren eine Reihe weiterer Negativbeispiele. So geriet der SSV Ulm 1864 im Verlaufe der Spielzeit 1999/00 in wirtschaftliche Probleme, die in einem Lizenzentzug gipfelten, wodurch der Verein in der Folge bis in den Amateursport abrutschte.[5] Ferner sind mit der Frankfurter Eintracht, dem 1.FC Kaiserslautern sowie dem TSV 1860 München weitere Clubs zu nennen, die gleich zweimal eine angespannte wirtschaftliche Situation zu überstehen hatten.[6] So war Eintracht Frankfurt im Jahre 1996 infolge des ersten Abstiegs der Vereinsgeschichte akut Konkurs bedroht. Zu jener Zeit leerten sogar Schulkinder ihre Sparschweine, um den Verein finanziell unter die Arme zu greifen.[7] Schlussendlich konnte die drohende Insolvenz verhindert werden und Eintracht Frankfurt erhielt – unter der Auflage 7,5 Millionen Euro aus Transferaktivitäten

---

[1] Vgl. Financial Times Deutschland, 2010, www.ftd.de.
[2] Vgl. Gaber, 2009, www.spox.com.
[3] Vgl. Schulze-Marmeling, Kolbe, 2009, S.255ff.
[4] Eintracht Frankfurt – sportlich als Sechszehnter der 1. Fußball-Bundesliga abgestiegen – erhoffte sich durch einen Lizenzentzug von Borussia Dortmund einen Verbleib in der höchsten Spielklasse.
[5] Vgl. Wadsack, 2006, S.48; SSV Ulm 1864, 2010, www.ssvulm1864-fussball.de.
[6] Vgl. Keller, 2006, S.2f.
[7] Vgl. Kuß, 1998, S.149.

zu erlösen – die Lizenz.[8] Bedingt durch den zweiten Abstieg in der Saison 2001/02 entwickelte sich die wirtschaftliche Lage für den Club in den folgenden Monaten ähnlich ungünstig wie beim ersten Abstieg. Es folgte – allerdings aus verfahrenstechnischen Gründen – kurzfristig der Lizenzentzug für die Saison 2003/04.[9] Ein sich aus dem Lizenzentzug resultierender Zwangsabstieg in die Niederrungen des Amateursports konnte in buchstäblich letzter Sekunde – knapp vier Wochen vor Beginn der neuen Saison – abgewendet werden.[10]

Tabelle 1: Fußballunternehmen in finanziellen Schwierigkeiten

Fußballunternehmen	Saison	Sportliches Ereignis	Auswirkungen
Eintracht Frankfurt	1995/96	Abstieg 1. Bundesliga	Lizenzerteilung unter Bedingungen
Eintracht Frankfurt	2001/02	Wiederaufstieg in 1. Bundesliga verpasst	vorübergehender Lizenzentzug
1. FC Kaiserslautern	2001/02	Sportlicher Erfolg hinter Erwartungen	finanzielle Schwierigkeiten
1. FC Kaiserslautern	2005/06	Abstieg 1. Bundesliga	finanzielle Schwierigkeiten
Borussia Dortmund	2003/04	Verpassen der UEFA Champions-League	finanzielle Schwierigkeiten
SSV Ulm 1864	1999/00	Abstieg 1. Bundesliga	Lizenzentzug
FC Schalke 04	2008/09	Verpassen Europapokal	finanzielle Schwierigkeiten
Arminia Bielefeld	2008/09	Abstieg 1. Bundesliga	finanzielle Schwierigkeiten
TSV 1860 München	2005/06	Abstieg 1. Bundesliga	finanzielle Schwierigkeiten

Der Ursprung dieser wirtschaftlichen Unregelmäßigkeiten lag – wie Tabelle 1 demonstriert – zumeist in einem unerwartet schlechten sportlichen Abschneiden der Fußballunternehmen. So erreichten die Clubs ihre geplanten sportlichen Ziele nicht – stiegen im Extremfall sogar ab – und gerieten daraufhin in wirtschaftliche Nöte. Darüber hinaus verschärften oftmals ein fehlendes Controlling sowie Fehler in der Finanzierung die durch den sportlichen Misserfolg bereits angespannte Situation zusätzlich.[11]

Der zentrale Grund dieser Auswirkungen zeigt sich beim Betrachten der Struktur der Einnahmen und Aufwendungen von Fußballunternehmen. So sind die Einnahmen der Fußball-Bundesligisten sehr viel abhängiger von der sportlichen Entwicklung als die Aufwendungen. Dies begründet sich insbesondere durch die Tatsache, dass Einnahmen wesentlich sensibler auf den sportlichen Werdegang der Fußballunternehmen reagieren als Aufwendungen. So bemessen sich die TV-Einnahmen der Fußball-Bundesligisten allein am sportlichen Abschneiden dieser über die letzten vier Spielzeiten, wobei die aktuelle Saison

[8] Vgl. Matheja, 2004, S.287ff.
[9] Vgl. Matheja, 2004, S.306f.
[10] Vgl. Eintracht Frankfurt, 2010, www.eintracht.de.
[11] Vgl. Benz, Gehring, 2009, S.58.

einen höheren Einfluss auf die Einnahmeverteilung hat als die vorherigen Spielzeiten.[12] Davon abweichend gestaltet sich die Situation auf der Aufwandsseite. So sind vielerorts Aufwendungen im Spielbetrieb – wie beispielsweise die Miete für das Stadion – unabhängig vom sportlichen Werdegang des Fußballunternehmens zu begleichen.[13] Die Miete ist dabei oftmals von fixer Natur. Befindet sich alternativ das Stadion im Besitz des Fußballunternehmens, fallen laufend Wartungskosten an oder es sind Zinsen und Tilgungen aus bestehenden Kreditverträgen zu begleichen. Diese Zahlungen sind ebenfalls unabhängig von der sportlichen Situation zu entrichten. Als weiteres Beispiel sind Aufwendungen für das spielende Personal zu nennen. Trotz vom sportlichen Erfolg des Clubs oder des Spielers abhängigen Erfolgs- und Einsatzprämien sind die Gehälter größtenteils von fixer Natur und somit unabhängig vom Erfolg bzw. Misserfolg der Fußballunternehmen.[14]

Tabelle 2: Übersicht Volatilitäten der Einnahmen von Fußballunternehmen

Fußballunternehmen	Spiel	Medienrechte	Werbung
Borussia Dortmund	13,68%	48,91%	31,32%
Hertha BSC Berlin	16,14%	17,83%	2,48%
FC Schalke 04	14,10%	52,72%	6,74%
SV Werder Bremen	14,85%	23,33%	5,15%
Hannover 96	2,91%	19,52%	9,66%
Juventus Turin	44,96%	18,97%	20,93%
AS Roma	16,44%	18,32%	22,40%
Inter Mailand	8,55%	14,73%	22,31%
AC Mailand	15,91%	14,27%	17,56%
Manchester United	13,76%	16,54%	8,13%
FC Liverpool	12,05%	12,14%	8,29%
FC Chelsea London	16,70%	9,63%	19,90%
Tottenham Hotspurs	24,76%	12,47%	25,46%
Arsenal London	33,56%	17,58%	13,91%
Real Madrid	7,73%	13,88%	5,60%
FC Barcelona	5,46%	8,46%	11,48%
Olympique Lyonnais	0,63%	6,84%	9,22%
Durchschnitt	**17,48%**	**21,74%**	**16,04%**

Gestützt wird dies durch ein Blick auf Volatilitäten der Einnahmen verschiedener, in der späteren Analyse noch berücksichtigter Fußballunternehmen. So fasst obige Tabelle Volatilitäten der drei wichtigsten Einnahmequellen von insgesamt 17 internationalen Fußballunternehmen zusammen.[15] In diesem Untersuchungsset ist auffällig, dass im Durchschnitt die Einnahmen aus Medienrechten am volatilsten sind, wobei die Bandbreite

[12] Abschnitt 5.2.3 gibt einen ausführlichen Überblick über die Verteilung der Erlöse aus Medienrechten.
[13] Ausnahmen sind jedoch unter anderem der 1. FC Köln sowie Eintracht Frankfurt, bei denen sich die Höhe der zu zahlenden Miete an der tatsächlichen Auslastung des Stadions bemisst.
[14] Abschnitt 5.3.2 gibt einen Überblick über die Aufwendungen für das spielende Personal der Fußballunternehmen.
[15] Zur Berechnung der einzelnen Volatilitäten sei an die späteren Ausführungen in Kapitel 6 verwiesen.

von 6,84 Prozent bei Olympique Lyonnais bis hin zu 52,72 Prozent beim FC Schalke 04 reicht. Insgesamt ist hierbei zu konstatieren, dass die Volatilität dieser Einnahmequelle bei den deutschen Vertretern mitunter deutlich höher ausfällt als bei den europäischen Wettbewerbern. Spiel- sowie Werbeeinnahmen besitzen eine etwas geringere Volatilität, wobei die Differenz zwischen der niedrigsten und höchsten Volatilität bei den Spieleinnahmen in etwa gleich zu der bei den Medienrechten ist – 0,63 Prozent bei Olympique Lyonnais und 44,96 Prozent bei Juventus Turin. Bei den Werbeeinnahmen fällt die Differenz jedoch vergleichsweise gering aus. Hier bestimmen zwei Vertreter aus der 1. Fußball-Bundesliga – Hertha BSC mit der niedrigsten und Borussia Dortmund mit der höchsten Volatilität – das Bild.

Zum Vergleich zu den Volatilitäten in den Einnahmenquellen sind in nachfolgender Tabelle die Volatilitäten im Bereich Aufwendungen Personal Spielbetrieb von vier Fußballunternehmen dargestellt.[16]

Tabelle 3: Volatilitäten Aufwendungen Personal Spielbetrieb

Fußballunternehmen	Personal Spielbetrieb
Borussia Dortmund	16,08%
Juventus Turin	16,10%
Tottenham Hotspurs	14,09%
Hertha BSC Berlin	7,91%
Durchschnitt	**13,55%**

Es zeigt sich, dass im Durchschnitt die Volatilität bei den Aufwendungen Personal Spiel geringer ist als bei den dargestellten Einnahmequellen.[17] Somit ist anhand der Volatilitäten ersichtlich, dass tendenziell die Einnahmen abhängiger vom sportlichen Erfolg sind als die Aufwendungen.

Unterstützt wird dieses Ergebnis – vom sportlichen Erfolg abhängige Einnahmen bei gleichzeitig recht unflexbilen Positionen auf der Aufwandsseite – außerdem durch eine Untersuchung der DFL (2007). So untersuchte diese die finanziellen Auswirkungen im Abstiegsfall. Anhand eines Vergleichs der Gewinn- und Verlustrechnungen von aus der 1. Fußball-Bundesliga abgestiegenen Fußballunternehmen wird die ungleiche Entwicklung der

[16] Aufgrund geringer Datenverfügbarkeit konnten hier nur vier Fußballunternehmen berücksichtigt werden. Zur Berechnung dieser Volaitlitäten sei wiederum auf die Ausführungen im sechsten Kapitel verwiesen.

[17] Kritisch ist beim Durchschnittswert jedoch anzumerken, dass dieses Ergebnis aufgrund der geringen Stichprobe von gerade einmal vier Fußballunternehmen als zu wenig aussagekräftig zu bewerten ist und somit höchstens als Tendenz interpretiert werden sollte.

Einnahmen und Aufwendungen deutlich. So dezimieren sich die Einnahmen im Folgejahr des Abstiegs um durchschnittlich 28,70 Prozent, während die Aufwendungen nur einen Rückgang von 21,00 Prozent verzeichnen.[18] Ferner bestätigt beispielsweise ein Blick in die Jahresabschlüsse des 1. FC Köln die von der DFL ermittelten Umsatzrückgänge.[19] Die Kölner erlösten in der Abstiegssaison 2005/06 Einnahmen in Höhe von 43,217 Millionen Euro und im ersten Jahr ihrer Zweitklassigkeit Erlöse von 38,763 Millionen Euro.[20] Dies bewirkte einen Umsatzrückgang von 10 Prozent. Werden Transfererlöse nicht berücksichtigt, die im Jahr der Zweitligazugehörigkeit bedingt durch den Verkauf von Leistungsträgern – insbesondere Lukas Podolski – für einen Absteiger ungewöhnlich hoch ausfielen, so sanken die Einnahmen durch den Abstieg um 25 Prozent. Darüber hinaus beziffern die für den Finanzbereich zuständigen Personen von Eintracht Frankfurt und Borussia Mönchengladbach den aus einem Abstieg resultierenden Umsatzrückgang auf 50 Prozent (Eintracht Frankfurt) und 30 Prozent (Borussia Mönchengladbach).[21] Ähnlich gestaltet sich die Situation im europäischen Ausland. So haben englische Fußballunternehmen, die aus der Premier League absteigen, einen Rückgang ihrer Umsätze um ca. 40 Prozent zu verkraften.[22]

Neben dem Extremfall Abstieg hat in der Vergangenheit auch das Verfehlen eines Startplatzes im Europapokal – UEFA-Pokal oder UEFA Champions League – verschiedene Fußballunternehmen in existenzbedrohende wirtschaftliche Schwierigkeiten gebracht, wie die Beispiele zweier im Ruhrgebiet ansässiger Fußballunternehmen – Borussia Dortmund und FC Schalke 04 – eindrucksvoll beweisen. Durch Nicht-Qualifikation erhielten beide nicht die vorher fest eingeplanten Startprämien aus dem Europapokal, die besonders in der UEFA Champions-League eine nicht unbedeutende Größe darstellen.[23]

Ein Blick in die Jahresabschlüsse verschiedener Bundesligisten unterstreicht noch einmal die Abhängigkeit der Einnahmen vom sportlichen Erfolg der Fußballunternehmen. So wird als bedeutendster Risikofaktor auf die Geschäftstätigkeit – und somit auf den wirtschaftlichen Erfolg der Unternehmen – der sportliche Erfolg gesehen. So heißt es im Risikobericht des Jahresabschlusses der Eintracht Frankfurt Fußball AG:

[18] Vgl. DFL, 2007, S.57.
[19] Ähnliche Auswirkungen sind unter anderem bei Eintracht Frankfurt zu erkennen; vgl. hierzu Eintracht Frankfurt, 2007, S.1.
[20] Vgl. 1. FC Köln, 2007, S.7.
[21] Vgl. Hedtstück, 2009, S.10.
[22] Vgl. Banks, 2002, S.70.
[23] Abschnitt 5.2.3 gibt einen Überblick über die garantierten Antrittsprämien im Europapokal.

„Der wirtschaftliche Erfolg von der Eintracht Frankfurt Fußball Aktiengesellschaft hängt in erheblichem Maße von der sportlichen Leistung der Lizenzmannschaft ab.“[24]

Und dass *„sich der wirtschaftliche Erfolg eines Fußballunternehmens nicht vom sportlichen Erfolg entkoppeln lässt“*, stellt der FC Bayern München in seinem Jahresabschluss fest und betont dadurch das aus dem sportlichen Werdegang resultierende wirtschaftliche Risiko.[25]

Einschränkend muss hierbei jedoch darauf hingewiesen werden, dass der maximale sportliche Erfolg – beispielsweise der Gewinn der heimischen Liga oder eines europäischen Titels – zumindest aus finanzieller Sicht nicht zwangsläufig das Optimum darstellen muss. Im Zuge einer vorhergehenden Untersuchung des Autors wurde anhand eines Modells das – jedenfalls in der saisonalen Perspektive – aus finanzieller Sicht optimale sportliche Ziel ermittelt. So ist demnach für Eintracht Frankfurt ein Platz im Mittelfeld der 1. Fußball-Bundesliga erstrebenswert.[26]

Der scheinbar einfachste Weg aus diesem Dilemma herauszukommen ist, eine vergleichsweise konkurrenzfähige Mannschaft ins Rennen zu schicken, die mit hoher Wahrscheinlichkeit das sportliche Ziel des Fußballunternehmens erreicht. Jedoch zeigt die Vergangenheit, dass sich die Planung einer solchen Mannschaft aus den verschiedensten Gründen als schwierig erweist. So konnte ein neu verpflichteter Spieler nicht immer den Erwartungen der Verantwortlichen an seine Person gerecht werden.[27] Auch bleibt nicht aus, dass eine Mannschaft nicht in der Lage ist, auf dem Platz kollektiv ihr wahres bzw. erhofftes Leistungspotenzial abzurufen. So wäre Bayer 04 Leverkusen nach einer sehr guten Saison 2001/02 mit drei zweiten Plätzen in Bundesliga, DFB-Pokal und UEFA Champions-League ein Jahr später fast abgestiegen und konnte sich erst am letzten Spieltag retten.[28] Ein solcher sportlicher Absturz ist durch die Verantwortlichen bei gleichbleibender Qualität des Spielerkaders nur schwer vorherzusehen.

---

[24] Vgl. Eintracht Frankfurt, 2009, S.2.
[25] Vgl. FC Bayern München, 2008, S.8.
[26] Einen Überblick der Ergebnisse für Eintracht Frankfurt gibt Anhang 1.
[27] Ein Beispiel hierfür ist die Liaison zwischen dem FC Bayern München und dem Spieler Lukas Podolski. Trotz durchaus vorhandenem Talent, das er immer wieder im Trikot der Nationalmannschaft abruft, ist es ihm in seinen drei Jahren beim deutschen Rekordmeister nicht gelungen, die in ihm gesteckten Erwartungen zu erfüllen.
[28] Vgl. Kicker Sportmagazin, 2008, S.86.

1.1 Untersuchungsgegenstand und Forschungsziel

Zwar gab es sowohl in der sportökonomischen Praxis als auch in der sportökonomischen Forschung – im Sinne eines verbesserten Risikomanagements – in den letzten Jahren Bestrebungen, die Abhängigkeit des wirtschaftlichen Erfolgs vom sportlichen Erfolg der Sportclubs zu reduzieren.[29] Vielerorts ging die Umsetzung dieser Strategien jedoch entweder nicht über das Anfangsstadium hinaus oder die Fußballunternehmen konnten diese nicht effizient und dauerhaft umsetzen. Dabei wurden insbesondere Strategien von den Clubs erprobt und von der sportökonomischen Forschung untersucht, die bereits seit Jahren erfolgreich von Unternehmen aus der Normalwirtschaft durchgeführt werden – beispielsweise die Diversifikation oder den Abschluss einer Versicherungspolice. Erfahrungen aus diesen nicht sportaffinen Bereichen der Wirtschaft haben hierbei in den unterschiedlichsten Feldern gezeigt, dass Unternehmen Möglichkeiten besitzen, ihr individuelles Geschäftsrisiko durch Einsatz risikominimierender Strategien zu reduzieren.

Die vorliegende Arbeit wird sich daher mit der Fragestellung auseinandersetzen, ob und wie die Abhängigkeit vom sportlichen und wirtschaftlichen Erfolg zu reduzieren und im Optimalfall sogar zu eliminieren ist. Das Forschungsziel ist hierbei Maßnahmen aufzuzeigen, anhand derer Sportclubs ihre Einnahmen unabhängiger vom sportlichen Werdegang generieren können, ohne dabei jedoch andere unkalkulierbare Risiken hervorzurufen. Ferner wird untersucht, ob Möglichkeiten existieren, die fixe Struktur der Aufwendungen variabler und somit abhängiger vom sportlichen Werdegang zu gestalten.

Hierbei soll im Folgenden – mit dem Ziel die Einnahmen unabhängiger vom sportlichen Erfolg der Sportclubs zu generieren – die Effektivität sowie die Effizienz der bisher von dem Vereinen eingesetzten Strategien anhand bisheriger wissenschaftlicher Untersuchungen sowie Erfahrungen aus der Praxis evaluiert werden.[30] Darüber hinaus wird eine aus der Normalwirtschaft erfolgreich angewandte risikominimierende Maßnahme dargestellt, um eine Alternative zu den bisherigen Strategien aufzuzeigen. Diese wird dann im Laufe der Arbeit eingehend vorgestellt, auf die Bedürfnisse der Fußballunternehmen angepasst und abschließend evaluiert.

---

[29] Eine ausführliche Darstellung folgt im dritten Kapitel.

[30] Bei den Aufwendungen wird hingegen untersucht, ob diese durch geeignete Maßnahmen abhängiger vom sportlichen Erfolg zu gestalten sind.

Aufgrund der dargestellten Beispiele ist das Forschungsziel von hoher praktischer Relevanz. Dies unterstreichen noch einmal die aktuellen Praxisbeispiele aus der 1. Fußball-Bundesliga sowie aus anderen nationalen und internationalen Sportligen.[31] Diese zeigen eindrucksvoll, dass es bisher den Sportclubs – sowohl im Fußball als auch in anderen Disziplinen – nur unzureichend gelungen ist, ihre Einnahmen vom sportlichen Erfolg zu entkoppeln.

Aufgrund der vergleichsweise guten Datenverfügbarkeit im Fußball im Vergleich zu anderen Sportarten wird die Fragestellung anhand von Fußballunternehmen aus der 1. Fußball-Bundesliga sowie ausgewählten europäischen Fußballclubs diskutiert.

1.2 Aufbau der Arbeit

Im anschließenden zweiten Kapitel werden zuerst ausgewählte ökonomische Phänomene des Sports aufgezeigt. Mit dem Ziel die sportspezifischen Herausforderungen der im Sport tätigen Unternehmen zu verdeutlichen, wird hierbei stets ein Vergleich zu Unternehmen der Normalwirtschaft gezogen. Darüber hinaus wird das Risikomanagement, welches als Basis für die weitere Untersuchung dienen wird, vorgestellt. Dabei stehen insbesondere die für Unternehmen relevanten Risiken sowie der Risikomanagementprozess im Fokus der Betrachtung. Abschließend werden theoretische Begründungen für den Einsatz von Risikomanagementmaßnahmen in Unternehmen geliefert sowie ein kurzer Überblick über den Forschungsstand im Risikomanagement gegeben.

Im dritten Kapitel wird auf Basis des im zweiten Kapitel allgemein vorgestellten Risikomanagementprozesses dieser auf die Fußballunternehmen übertragen. Hierbei stehen – den Schritten des Risikomanagementprozesses folgend – insbesondere die spezifischen Risiken von Fußballunternehmen sowie die von den Fußballunternehmen praktizierten und in der sportökonomischen Forschung diskutierten Risikostrategien im Mittelpunkt der Untersuchung. Neben einer allgemeinen Vorstellung einzelner Strategien findet – vor dem Hintergrund der sich in Theorie und Praxis ergebenen Vor- und Nachteile der behandelten Maßnahmen – eine Beurteilung über die Eignung dieser im Sinne des Forschungsziels statt.

Aufbauend auf den im dritten Kapitel gewonnen Erkenntnissen wird im folgenden Kapitel mit derivativen Instrumenten eine von Unternehmen der Normalwirtschaft zur Reduzierung von wirtschaftlichen Risiken, die aus Kursveränderungen eines Vermögensgegenstandes

[31] Erinnert sei hierbei an die Insolvenzen sowie beinahe Insolvenzen gleich mehrerer Clubs – Frankfurt Lions, Kassel Huskies, Kölner Haie, Nürnberger Ice Tigers – in der Deutschen Eishockey Liga (DEL) im Laufe bzw. nach der Saison 2009/10.

resultieren, erfolgreich angewandte Alternative aufgezeigt. Neben einer allgemeinen Einführung zu derivativen Instrumenten werden mit Forwards und Futures, Swaps sowie Optionen drei Arten von Derivaten eingehend vorgestellt. Dabei werden jeweils ihre Funktionsweise, die mit ihnen durchzuführenden Strategien, ihre Preisbildung sowie die für das Forschungsziel besonders relevanten Absicherungsstrategien behandelt. Das Kapitel endet schließlich mit einem Überblick über den Forschungsstand.

Im fünften Kapitel werden auf Basis der im vorherigen Kapitel präsentierten Derivate die Einsatzmöglichkeiten dieser in Fußballunternehmen aufgezeigt – sowohl auf Einnahme- als auch auf Aufwandsseite. Nach einem kurzen Überblick über die Entwicklung der Einnahmen und Aufwendungen sowie ihren Anteil an den Gesamteinnahmen bzw. –aufwendungen der Fußball-Bundesligisten erfolgt eine intensive Analyse dieser. Hierbei wird insbesondere auf die Struktur der einzelnen Einnahmen und Aufwendungen sowie auf die bisherigen risikominimierenden Maßnahmen in den jeweiligen Kategorien eingegangen. Im Anschluss werden verschiedene Einsatzmöglichkeiten von derivativen Instrumenten beleuchtet. Bevor die „Fußball-Derivate" auf ihre Effizienz hin zu prüfen sind, erfolgt zum Ende des fünften Kapitels eine Übersicht über deren Preisbildung sowie deren Bewertung. Dies bildet die Grundlage, um im anschließenden Kapitel – gerade vor dem Hintergrund der möglicherweise anfallenden Kosten bei Abschluss von Derivaten – ihre Effizienz unter risikopolitischen und wirtschaftlichen Aspekten beurteilen zu können.

Im sechsten Kapitel findet die Effizienzanalyse der Derivate statt. Dazu wird zuerst ein Modell – mit dem Ziel für jeden Tabellenplatz der 1. Fußball-Bundesliga die jeweilig zu erwartenden Einnahmen und Aufwendungen zu prognostizieren – entwickelt. Die Einnahmen und Aufwendungen werden dabei auf Basis historischer Daten ermittelt. Anschließend wird anhand verschiedener sportlicher Szenarien die Eignung derivativer Instrumente aus kurzfristiger Sicht bewertet. Ferner werden im Zuge einer Mehrperioden-Betrachtung die entwickelten Derivate auf real existierende nationale und internationale Fußballunternehmen angewandt. Die aus der empirischen Untersuchung gewonnenen Erkenntnisse werden anschließend auch dazu genutzt, um Derivate mit den bisherigen von den Fußballunternehmen eingesetzten Maßnahmen zu vergleichen. Bevor im Anschluss aus den Resultaten Handlungsempfehlungen zum Einsatz derivativer Instrumente abzuleiten sind, werden zuvor zwei potenzielle Hindernisse im Zuge einer Einführung von derivativen Instrumenten in der Praxis diskutiert. Zum Abschluss der Arbeit erfolgt eine zusammenfassende Schlussbetrachtung sowie ein Ausblick, der insbesondere auf zukünftige mögliche Untersuchungsfelder hinweisen wird.

2 Theoretisches Fundament

2.1 Ökonomische Phänomene des Sports

Der Sport und insbesondere der Fußball haben sich mit sportspezifischen Besonderheiten auseinanderzusetzen, die bei Unternehmen der Normalwirtschaft in der Form nicht zu finden sind und somit diesen einzigartig machen. Um ein besseres Verständnis für diese Anforderungen zu erhalten, werden beispielhaft drei dieser aus ökonomischer Sicht und vor dem Hintergrund der vorliegenden Arbeit besonders relevanten sportspezifischen Besonderheiten kurz vorgestellt sowie Unterschiede zu Unternehmen der Normalwirtschaft dargestellt.

2.1.1 Unternehmensziele

Im marktwirtschaftlichen System stellen Unternehmensziele ein wesentliches Element eines privat geführten Unternehmens dar. Davon abzugrenzen sind Ziele öffentlicher Unternehmen, die diese nicht selbst bestimmen, sondern vom Staat in Abhängigkeit seiner Vorstellungen vorgegeben bekommen.[32]

Allgemein orientieren sich Unternehmensziele am Ökonomischen Prinzip der Volkswirtschaftslehre, wonach der sogenannte „homo oeconomicus“ aufgrund der Knappheit der Güter eingesetzte Mittel und das realisierte Ergebnis ins Verhältnis setzt und entsprechend seiner persönlichen Präferenz rational – ökonomisch sinnvoll – handelt.[33]

Die Ziele der Unternehmen sind keine von vornherein vorgegebenen, festen Größen. Vielmehr sind sie das Ergebnis von Zielentscheidungsprozessen, in denen die unterschiedlichen Interessen der am Unternehmen beteiligten Gruppen – sogenannte Stakeholder – zu einem Ausgleich zu bringen sind.[34, 35] Dabei werden Ziele als Aussagen mit normativem Charakter verstanden, die einen von den handelnden Personen im Unternehmen gewünschten zukünftigen Zustand der Realität beschreiben.[36]

---

[32] Vgl. Nufer, Rennhak, 2008, S.55.
[33] Vgl. Heinemann, 1995, S.48; Woll, 1992, S.521; Wöhe, 2005, S.56.
[34] Vgl. Eberhardt, 1998, S.42.
[35] Hierbei ist jedoch zu berücksichtigen, dass die Ziele zumeist in Abhängigkeit des Einflusses der einzelnen Interessensgruppen formuliert und anschließend verfolgt werden. Eine Gruppe mit geringerer Macht wird ihre Ziele nicht in dem Maße durchsetzen können wie eine Gruppe mit einem hohen Gewicht.
[36] Vgl. Hauschildt, 1977, S.9.

Oberstes Ziel von Unternehmen – und allgemein von Organisationen – stellt die Sicherung ihrer Überlebensfähigkeit dar.[37] Um dieses Ziel zu erreichen, sind weitere Ziele zu formulieren. Dabei wird grundsätzlich zwischen der ökonomischen, der sozialen und zunehmend auch der ökologischen Dimension der Unternehmensziele unterschieden, die insbesondere auf mitarbeiterbezogene und gesellschaftsbezogene Kriterien bezogen sind.[38]

Ökonomische Ziele des Unternehmens lassen sich dabei in drei Zielkategorien gliedern:[39]

1.Leistungsziele (Markt- und Produktionsziele des Unternehmens)
2.Finanzziele (Liquiditäts-, Investitions- und Finanzierungsziele)
3.Erfolgsziele (Gewinn-, Umsatz-, Produktivitäts- und Rentabilitätsziele)

Die ökonomischen Ziele werden – neben dem Ziel der Überlebensfähigkeit – traditionell von Unternehmen der Normalwirtschaft verfolgt.[40] In den vergangenen Jahren sind jedoch auch soziale und in letzter Zeit – vor dem Hintergrund des prognostizierten Klimawandels – insbesondere ökologische Ziele in den Fokus geraten. So finden im Geschäftsbericht der BMW Group neben ökonomischen Zielen auch soziale und ökologische Ziele Beachtung.[41] Durch die aufgezeigte Entwicklung ist die Koexistenz wirtschaftlicher, sozialer und ökologischer Ziele von Unternehmen der Normalwirtschaft heute anerkannt und findet bei den meisten Wirtschaftsunternehmen Berücksichtigung.[42]

Für im Sport agierende Unternehmen wie Fußballunternehmen sind die drei Zielkategorien um eine weitere Kategorie zu erweitern – den sportlichen Erfolg bzw. der sportlichen Leistungsfähigkeit.[43] Aufgrund zahlreicher Interpretationsmöglichkeiten ist sportlicher Erfolg nur schwerlich allgemein gültig zu definieren. Aus diesem Grund erachtet Klimmer (2003) es für sinnvoll, sportlichen Erfolg anhand eines geeigneten Systematisierungskriteriums enger einzugrenzen.[44] Im Folgenden wird der sportliche Erfolg anhand seiner Fristigkeit klassifiziert und in kurzfristigen, mittelfristigen und langfristigen sportlichen Erfolg eingeteilt. Der kurzfristige Erfolg berücksichtigt ein einziges Spiel. Hierbei wird zwischen Sieg,

---

[37] Vgl. Breuer, 2009, S.157; Zantow, 2007, S.41.
[38] Vgl. Nufer, Rennhak, 2008, S.55; Woll, 1992, S.698; Wöhe, 2005, S.89.
[39] Vgl. Schierenbeck, 2000, S.62, Woll, 1992, S.698; Zantow, 2007, S.41f.
[40] Vgl. Fritz, Förster, Raffée, Silberer, 1992, S.379ff.; Hauschildt, 1973, S.711.
[41] Vgl. BMW Group, 2009, S.138f.
[42] Vgl. Teichmann, 2007, S.45.
[43] Vgl. Benner, 1992, S.89ff.; Kohl, 2001, S.23; Schewe, Gaede, Haarmann, 2002, S.116.
[44] Vgl. Klimmer, 2003, S.5.

Unentschieden und Niederlage differenziert. Der mittelfristige Erfolg bewertet das Abschneiden eines Fußballunternehmens über die gesamte Saison. Der langfristige sportliche Erfolg bemisst schließlich die sportliche Kontinuität über mehrere Spielzeiten. Eine Methode zur Beurteilung des sportlichen Erfolgs stellt dabei ein Soll-Ist-Vergleich dar. Hierbei werden die verschiedenen Zielsetzungen des Vereins (Soll) mit dem tatsächlich erreichten Ergebnissen (Ist) verglichen. Entsprechen sich beide Parameter, so hat der Verein seine Ziele genau erreicht. Weichen die Werte jedoch voneinander ab, so wurde das Ziel entweder verfehlt (Soll > Ist), was sportlichen Misserfolg bedeuten würde, oder die Ziele wurden übertroffen (Soll < Ist) und somit übererfüllt.

Ursprüngliches Ziel der Vereine war die Erstellung sportlicher Leistungen seiner Mitglieder. So orientierte sich das Ziel früher ausschließlich an den Interessen der in den Vereinen organisierten Sporttreibenden, die an einer Maximierung ihrer sportlichen Leistungsfähigkeit und damit am Erreichen eines (persönlichen) Leistungsziels interessiert waren.[45] Ökonomische Ziele spielten, falls sie überhaupt Beachtung fanden, allenfalls eine untergeordnete Rolle im Sinne einer Fortführung der Geschäftstätigkeit, wie die Bereitstellung von für die im Verein organisierten Sportler adäquaten Sportstätten. Bedingt durch aufkommendes Zuschauerinteresse an sportlichen Dienstleistungen und die dadurch hervorgerufene Kommerzialisierung führte die Entwicklung zur Vermarktung dieser, so dass Schewe (2002) folgend zunehmend auch der wirtschaftliche Aspekt an Bedeutung gewann und mittlerweile als Nebenbedingung der sportlichen Leistungserstellung im Zielsystem der Sportvereine zu berücksichtigen ist.[46] Somit verfolgen heute professionell geführte Sportvereine – und somit auch Fußballunternehmen – neben sportlichen auch wirtschaftliche Ziele.[47] Dabei könnten – nach Auffassung verschiedener Autoren – wirtschaftliche Ziele im Fußball in Zukunft aufgrund der Ausgliederung der Fußballabteilung in Kapitalgesellschaften und der damit einhergehenden Möglichkeit von Engagements durch Investoren sowie die Inanspruchnahme neuartiger Finanzierungsformen noch an Bedeutung gewinnen.[48, 49] Welches Ziel in der Praxis Vorrang genießt bzw. haben sollte, ist in der sportökonomischen Literatur umstritten. So sieht Kops (2000) sportlichen Erfolg als Mittel zur Erzielung von wirtschaftlichem Erfolg an, während Gaede, Kleist und Schaeke (2002) sowie Lehmann und

[45] Vgl. Franck, 1995, S.208; Lehmann, Weigand, 2002, S.45; Szymanski, Kuypers, 2000, S.2.
[46] Vgl. Schewe, 2002, S.163.
[47] Vgl. Benner, 1992, S.89ff.; Kohl, 2001, S.32; Lehman, Weigand, 2002, S.45; Schwendowius, 2002, S.111.
[48] Vgl. Enderle, 2000, S.12; Erning, 2000, S.191f.
[49] Wobei in diesem Zusammenhang zu diskutieren ist, ob es sich bei Inanspruchnahme neuartiger Finanzierungsformen um die Ursache oder die Folge dieser Entwicklung handelt.

Weigand (1997) wirtschaftlichen Erfolg als Zwischenziel und Bedingung für sportlichen Erfolg auffassen.[50] Somit sprechen sich grundsätzlich die Autoren dafür aus, dass beide Ziele zu verfolgen sind.

Eine konträre Meinung nehmen Kuper und Szymanski (2009) ein. So zeigen sie auf, dass Fußballunternehmen aktuell im Durchschnitt keine Gewinne erzielen und zukünfig auch keine realisieren sollten. In ihren Ausführungen demonstrieren sie, dass in den letzten Jahrzehnten im Gegensatz zu Unternehmen der Normalwirtschaft so gut wie kein englischer Fußballclub aus finanziellen Gründen dauerhaft von der Bildfläche verschwunden ist.[51] Stattdessen hat sich bei drohender Insolvenz entweder ein Investor gefunden oder der Club hat einige Spielklassen tiefer unter fast demselben Namen und bei vorhandener Infrastruktur wie Trainingsgelände, Spielstätte und Anhängerschaft wieder angefangen, um sich nach und nach wieder in höheren Ligen zu etablieren.[52] Durch die Möglichkeiten entweder durch einen Investor – zumindestens vorübergehend – gerettet zu werden oder einige Ligen tiefer neu zu beginnen, spielen finanzwirtschaftliche Aspekte wie bei Unternehmen der Normalwirtschaft aus Sicht von Kupers und Szymanski (2009) eine weitaus geringere Rolle. Daher argumentieren sie, dass in erster Linie der sportliche Erfolg zu maximieren sei.

Ähnlich argumentiert Franck (2010) anhand eines sogenannten „Zombirennens", bei dem Fußballunternehmen auch bei Insolvenz nicht aus dem Wettbewerb ausscheiden.[53] So zeigt er, dass aus zweierlei Gründen Fußballunternehmen „unsterblich" zu sein scheinen.[54] Zum einen müssen Fußballclubs nicht wie Unternehmen der Normalwirtschaft mit einer genau abgesteckten Budgetgrenze arbeiten, da für etwaige Verluste die Eigentümer von Fußballunternehmen aufkommen. Zum anderen wird argumentiert, dass Gewinne für den sportlichen Erfolg nicht zwangsläufig dienlich sind, sondern stattdessen sogar Misserfolg hervorrufen können. So verdeutlicht er, dass ein vom Fußballunternehmen realisierter Gewinn mit verschiedenen Stakeholdern – genannt seien hierbei der Staat sowie Shareholder – zu teilen ist.[55] Dadurch kann nun nicht mehr der vollständige Gewinn in die Mannschaft investiert werden, so dass ein Gewinn erzielendes Fußballunternehmen seine Wettbewerbsposition verschlechtert. Somit werden diejenigen Fußballclubs, denen es gelingt,

[50] Vgl. Gaede et al., 2002, S.213; Kops, 2000, S.127; Lehmann, Weigand, 1997, S.387.
[51] Vgl. Kupers, Szymanski, 2010, S.88f.
[52] Vgl. Kupers, Szymanski, 2010, S.89ff.
[53] Vgl. Franck, 2010, S.3.
[54] Vgl. Franck, 2010. S.4.
[55] Vgl. Franck, 2010, S.4.

einen größeren Teil der realisierten Finanzmittel in die eigene Mannschaft, ohne dabei zuvor etwaige Stakeholder zu bedienen, zu kanalisieren, laut Franck (2010) erfolgreicher sein.[56]

Bei Berücksichtigung der von den Autoren dargestellten Argumenten ist zweifelslos zu diskutieren, ob unter diesen Voraussetzungen wirtschaftlicher Erfolg und somit auch Risikomanagementmaßnahmen, die sich positiv auf diesen auswirken sollen bzw. diesen zumindest absichern sollen, für Fußballunternehmen von Relevanz sind. Treffen die dargestellten Rahmenbedingungen – Geldgeber oder Infrastruktur im ausreichenden Maße vorhanden – zu, ist der wirtschaftliche Erfolg und die zu seiner Erzielung angewandten Risikomanagementmaßnahmen tatsächlich im Zielystem von Fußballunternehmen zu vernachlässigen. Jedoch sind die genannten Rahmenbedingungen nicht in allen Ländern des europäischen Fußballs gleichermaßen vorzufinden. So ist im deutschen Profifussball aufgrund der sogenannten „50+1"-Regel der Zugang für externe Investoren stark beschränkt.[57] Somit ist es für deutsche Fußballunternehmen bei drohender Insolvenz im Vergleich zu den europäischen Mitbewerbern ungleich schwerer einen externen Geldgeber zu akquirieren, der für aufkommende Verbindlichkeiten haftet. Somit steigt dann doch wieder die Verpflichtung, Gewinne zu erzielen bzw. zumindestens wirtschaftlich zu arbeiten und keine unüberschaubaren Verbindlichkeiten aufzubauen. Ferner ist nicht garantiert, dass dem Fußballunternehmen die sofortige sportliche Wiederkehr gelingt. So zeugen eine Reihe von Negativbeispielen – gedacht sei hier beispielsweise an den VfB Leipzig, Dynamo Dresden, Rot-Weiß Essen, Waldhof Mannheim oder auch die Offenbacher Kickers – im deutschen Fußball davon, dass auch Traditionsclubs die dauerhafte Rückkehr in den Profifussball nicht mehr schaffen, obgleich sie eigentlich über eine vergleichsweise gute Infrastruktur verfügen. Erschwerend kommt hinzu, dass bei Fußballclubs, die sich nicht wieder innerhalb weniger Jahre im Profifußball haben etablieren können, die Stakeholder nach und nach zu anderen Vereinen abwandern oder sich keine neue Generation an Fans an den Verein binden lässt. Vor diesem Hintergrund dürfte es für Fußballunternehmen doch bedeutend sein, neben dem sportlichen auch den wirtschaftlichen Erfolg zu berücksichtigen.

Neben den beiden zentralen Zielen der Sportvereine haben in den letzten Jahren – analog zu Unternehmen der Normalwirtschaft – auch soziale und ökologische Ziele in den Vereinen und Verbänden an Einfluss gewonnen. So zertifiziert der Deutsche Golf Verband (DGV) – mit dem Ziel das ökologische Bewusstsein der Golfvereine zu erhöhen – seit einigen Jahren

[56] Vgl. Franck, 2010, S.5.
[57] Verwiesen sei im Zuge der 50+1-Regel auf die Ausführungen in Kapitel 2.1.3.

besonders ökologisch nachhaltig handelnde Clubs, die beispielsweise auf für die Umwelt schädliche Chemikalien bei der Platzpflege verzichten.[58] Inwieweit die verschiedenen Unternehmensziele in den Fußballunternehmen verfolgt werden und in welcher Beziehung diese zueinander stehen, hängt dabei insbesondere von den Interessen der einzelnen am Unternehmen beteiligten Stakeholder und deren Einfluss im Unternehmen selbst ab. So streben Spieler und Trainer neben Zielen wie Reputation und Macht hauptsächlich den sportlichen Erfolg des Vereins an, der in der Folge das Ziel, das eigene Einkommen zu maximieren, erleichtert.[59] Demgegenüber sind die Anhänger der Fußballunternehmen nicht primär an wirtschaftliche Zusammenhänge und somit an der Erzielung eines möglichst hohen Gewinns – wie dies klassischerweise bei Investoren der Fall ist – interessiert, sondern vielmehr am sportlichen Erfolg des Sportclubs.[60]

Dabei können parallel verfolgte Ziele in ihrer Beziehung zueinander grundsätzlich komplementär, konkurrierend oder indifferent sein.[61] Ist die Zielbeziehung zwischen zwei Zielen komplementär, so wird durch das Erreichen des einen Ziels gleichzeitig das zweite Ziel erreicht. Hat hingegen das Erreichen des einen Ziels einen negativen Einfluss auf die Erfüllung des zweiten Ziels, wird von einer konkurrierenden Zielbeziehung gesprochen. Sind zwei Ziele unabhängig voneinander und beeinflussen sich nicht gegenseitig, so liegt eine indifferente Zielbeziehung vor. Die Untersuchung von Zielbeziehungen ist vor dem Hintergrund notwendig, dass – wie bereits verdeutlicht – Unternehmen nicht nur ein Ziel isoliert, sondern mehrere Ziele simultan zu verfolgen haben.[62]

Für Sportclubs besonders ist die komplementäre Zielbeziehung des wirtschaftlichen und sportlichen Erfolgs. So steigert allgemein der sportliche Erfolg den wirtschaftlichen Erfolg, wodurch in der Folge Investitionen in „Beine und Steine" ermöglicht werden. Investitionen in Infrastrukturprojekte, wie beispielsweise der Bau eines Nachwuchszentrums, können dann wiederum den zukünftigen sportlichen Erfolg des Vereins fördern.[63] Diesen komplementären Zusammenhang zwischen sportlichen und wirtschaftlichen Erfolg bestätigen – neben den bereits dargestellten Negativbeispielen aus der 1. und 2. Fußball-Bundesliga – auch zahlreiche

[58] Vgl. DGV, 2010, S.1.
[59] Vgl. Väth, 1994, S.71.
[60] Vgl. Lehmann, Weigand, 2002, S.50; Matusiewicz, 2000, S.162.
[61] Vgl. Nufer, Rennhak, 2008, S.56.
[62] Vgl. Lubatkin, Pitts, 1983, S.39; Macharzina, Wolf, 2005, S.210.
[63] Vgl. Gramatke, 2003, S.133.

sportökonomische Untersuchungen. So kamen unter anderem Gärtner und Pommerehne (1978), Lehmann und Weigand (1997) sowie schließlich Czarnitzki und Stadtmann (2001) in ihren Untersuchungen zum Ergebnis, dass ein positiver Zusammenhang zwischen sportlichem Erfolg und Zuschauerzuspruch, der wiederum steigende Einnahmen nach sich zieht, besteht.[64] Jedoch existieren ebenfalls Studien in denen entweder kein Zusammenhang oder gar ein negativer Zusammenhang zwischen beiden Zielen festgestellt wurde. So kamen Szymanski und Kuypers (2000) im englischen Fußball zu dem Ergebnis, dass zwischen den Jahren 1978 und 1997 weder sportlich erfolgreiche noch sportlich erfolglose Vereine signifikante Gewinne erzielten.[65]

Ein negativer Zusammenhang ist rein intuitiv ebenfalls einleuchtend. Obgleich die Umsätze in vielen Fußball-Ligen seit Jahren positive Wachstumsraten aufweisen, ist eine steigende Verschuldung vieler Fußballunternehmen – insbesondere im europäischen Ausland – zu konstatieren.[66] Erklärt werden kann dieser negativen Zusammenhangs durch den sogenannten „ruinösen Wettbewerb", der auf der Theorie des "Rattenrennen" von Akerlof (1976) fußt:

„In the rat race the chances of getting the cheese increase with the speed of the rat, although no additional cheese is produce."[67]

"Rattenrennen" beschreiben Wettbewerbsprozesse in Form von Positionsrennen. Solche Rennen liegen bei sportlichen Wettbewerben klassischerweise vor. Jede Rangverbesserung eines Clubs zieht negative externe Effekte für andere Vereine nach sich.[68] Bedingt durch die Abhängigkeit der Einnahmen vom sportlichen Erfolg fördern Positionsrennen den Anreiz der Teilnehmer in das sportliche Leistungsvermögen ihrer Mannschaft zu investieren und sich somit eventuell zu verschulden.[69] Somit entsteht ein die (finanziellen) Ressourcen verschwendender Rüstungswettlauf zwischen den teilnehmenden Sportclubs, da jeder Verein

---

[64] Hierbei ist jedoch anzumerken, dass insbesondere an den letzten Spieltagen einer jeden Spielzeit in der 1. Fußball-Bundesliga der Zuschauerzuspruch auch bei den sportlich nicht so erfolgreich spielenden Clubs, die sich im Abstiegskampf befinden, ansteigt. Dies lässt sich beispielsweise durch die ansteigende Spannung im Abstiegskampf begründen. Aus diesem Grund ist fraglich und demzufolge zu diskutieren, ob der Zuschauerzuspruch wirklich ein aussagekräftiger Indikator für den sportlichen Erfolg ist oder ob nicht auch weitere Faktoren wie Spannung, Attraktivität des Gegners, des Stadions, des Rahmenprogramms sowie die Spieler eine tragende Rolle für den Zuschauerzuspruch spielen.

[65] Vgl. Szymanski, Kuypers, 2000, S.24.

[66] Vgl. Dietl, Franck, 2008, S. 13ff.; Mai, 2010, www.ftd.de.

[67] Vgl. Akerlof, 1976, S.603.

[68] Ein Beispiel dafür ist die Verteilung der TV-Einnahmen in der Fußball-Bundesliga, die rein nach sportlichen Kriterien ausgeschüttet werden.

[69] Vgl. Keller, 2008, S.60.

versucht ist, eine qualitative Verbesserung eines Mitbewerbers – insbesondere im sportlichen Bereich – durch zusätzliche Investitionen aufzufangen.[70]

2.1.2 Louis-Schmeling-Paradox

Das auf Neale (1964) zurückgehende Louis-Schmeling-Paradox illustriert, dass konträr zur Normalwirtschaft die totale Überlegenheit eines Akteurs – die sogenannte Monopolstellung – im sportlichen Wettbewerb zum ökonomischen Ruin aller beteiligten Wettbewerber führt.[71] Neale (1964) illustrierte diesen Sachverhalt anhand des Boxsports und verdeutlichte daran, dass ein Boxer (Joe Louis) einen möglichst gleichwertigen Gegner (Max Schmeling) benötigt, um seine erbrachte sportliche Leistung – dank des durch die Unsicherheit des Resultats erhöhten Zuschauerinteresses – lukrativ vermarkten zu können. Hingegen sinkt bei anhaltender Dominanz einer Mannschaft bzw. bei Individualsportarten eines Sportlers langfristig die Spannung und somit das Zuschauerinteresse. Rückläufiges Zuschauerinteresse führt in der Folge zu geringeren Erlösen in allen Einnahmequellen der Vereine oder des Einzelsportlers. Eine Monopolstellung – also die übermäßige sportliche Überlegenheit – eines Sportlers oder eines Sportclubs ist somit im Sport aus wirtschaftlicher Sicht außerordentlich schädlich.

Daher muss Neale (1964) folgend im Gegensatz zur Normalwirtschaft – in der sich jedes Unternehmen über eine Monopolstellung glücklich schätzt – im Sport vorderstes Ziel sein, eine möglichst ausgeglichene Wettbewerbssituation entstehen zu lassen – die sogenannte „*assoziative Konkurrenz*“.[72] Nur in diesem Fall ist die Attraktivität der angebotenen Dienstleistungen zu maximieren und die maximalen Erträge von den beteiligten Akteuren zu generieren.

Im nordamerikanische Sport ist – anders als in der europäischen Sportkultur – der Gedanke des ausgeglichenen Wettbewerbs besonders ausgeprägt. So sind die Verantwortlichen durch regulatorische Maßnahmen in den Teamsportarten stets bestrebt, künstlich einen ausgeglichenen Wettbewerb zu erzeugen.[73] So soll die Spannung aufrecht erhalten werden, um möglichst hohe Einnahmen für alle Beteiligten zu erzielen. Ein Blick in die Liste aller Sieger der National Football League (NFL) zeigt die Effektivität dieser Maßnahmen. Allein in

---

[70] Vgl. Horch, Breuer, 2007, S.108.
[71] Vgl. Neale, 1964, S.1f.
[72] Vgl. Hannamann, 2003, S.162.
[73] Mögliche Maßnahmen sind hierbei beispielsweise das Rookie-Drafting sowie der Salary Cap.

den letzten zehn Jahren (Saison 2001 bis 2010) trugen sich insgesamt sieben verschiedene Clubs in die Siegerliste ein.[74]

In Europa gestaltet sich die Situation grundlegend verschieden von der amerikanischen. In der europäischen Sportkultur ist der Gedanke des Wettbewerbs und des Ermittelns des sportlich Leistungsfähigsten besonders ausgeprägt. Unterschiede bei der sportlichen Leistungsfähigkeit werden hierbei in Kauf genommen. Die Spannung liegt insbesondere im Kampf „David gegen Goliath"; sprich ob eine eigentlich sportliche unterlegene Mannschaft in der Lage ist, eine sportliche überlegene Mannschaft zu bezwingen. Eine Studie von Buraimo und Simmons (2008) verdeutlicht in diesem Zusammenhang, dass im englischen Fußball die Ticketeinnahmen bei einem ausgeglichen Wettbewerb zurückgehen. Begründet wird dies dadurch, dass die Anhänger der Heimmannschaft in erster Linie ihren eigenen Fußballclub siegen sehen möchten.[75] Jedoch sollte die unterlegende Mannschaft eine reelle Chance besitzen, die überlegene Mannschaft besiegen zu können. Sind die Unterschiede in der sportlichen Leistungsfähigkeit der Vereine oder Sportler zu gravierend und somit die Ergebnisse vorhersehbar, dann wird die Sportart langfristig auch hier das Interesse ihrer Stakeholder verlieren, da auf Dauer der Wettbewerb langweilig und unattraktiv wird.[76] So ist ein Abonnement-Meister in der 1. Fußball-Bundesliga mit 34 Siegen aus 34 Spielen weder im Interesse der gesamten Liga noch im Interesse des Vereins selbst.

Konträr zum Sport ist in der Normalwirtschaft ein Monopolist durchaus in der Lage, ohne Konkurrenz langfristig zu überleben, wettbewerbsfähig zu sein und seine Erträge zu maximieren. Sind seine produzierten Güter oder Dienstleistungen unverzichtbar für den Konsumenten, werden diese stets nachgefragt und der Monopolist kann hohe Umsätze generieren. Somit stellt das Erreichen einer Monopolstellung durch Verdrängung von Mitbewerbern für ein gewinnorientiertes Unternehmen eine erstrebenswerte Situation dar.[77] Ein eigentlich unterlegener Mitbewerber mit geringem Marktanteil kann jedoch durch eigene innovative Ideen dafür sorgen, dass sich der Monopolist nicht auf seinen Erfolgen ausruht und sein Produkt oder seine Dienstleistung stets weiterentwickelt.

[74] Vgl. NFL, 2010, www.nfl.com
[75] Vgl. Buraimo, Simmons, 2008, S.153.
[76] Vgl. Heinemann, 1995, S.179; Kücüker, Gurel, 2010, S.55.
[77] Vgl. Heinemann, 1995, S.178f.; Kohl, 2001, S.34; Korthals, 2005, S.19.

Ferner sind Sportvereine nicht in der Lage, ihre Dienstleistungen isoliert von anderen Mitbewerbern zu produzieren und anzubieten. Sowohl zur Ausübung einer Sportart als auch zum Verfolgen eines Sportwettkampfes sind Leistungen verschiedener Anbieter, die von diesen in Kooperation produziert und angeboten werden, unentbehrlich.[78] So ist die zwingende Voraussetzung für die Erstellung der Dienstleistung „sportlicher Wettkampf" die Teilnahme zweier Wettbewerber. Ein Fußballunternehmen kann folglich seine Dienstleistung nicht getrennt von Dritten anbieten, sondern es benötigt bereits für die Durchführung eines einzigen Spiels einen Mitbewerber, für die Austragung einer Meisterschaft ein Mehrfaches davon.[79] Ohne Mitbewerber ist kein sportlicher Wettbewerb möglich, wodurch die Produktionsgrundlage des Vereins entfällt.[80] Somit sind die eigentlich um die zu erzielenden Erlöse konkurrierenden Sportclubs bzw. alle am Wettkampfsport beteiligten Anbieter angehalten, ihre Dienstleistungen stets in Kooperation zu erstellen und am Markt anzubieten.[81]

Obgleich zur Leistungserstellung im Sport stets mindestens ein Mitbewerber erforderlich ist, findet – insbesondere in Ligasystemen – eine Beschränkung hinsichtlich der Anzahl der am Wettbewerb teilnahmeberechtigten Mitbewerber sowie der Wahlmöglichkeit des präferierten Marktes, auf denen die Dienstleistungen angeboten werden sollen, statt.[82] So ist die Anzahl der in einem Wettbewerb befindlichen Sportclubs auf die Größe der jeweiligen Liga begrenzt. Auch die Zahl der ausgetragenen Begegnungen ist im Voraus klar vom nationalen Verband definiert.[83] Ebenso ist – zumindest in den gängigen europäischen Ligen – ein Austausch der Wettbewerber durch einen erzwungen Auf- bzw. Abstieg vorgesehen.[84] Demgegenüber besteht in der Normalwirtschaft hinsichtlich der in einer Branche agierenden Unternehmen prinzipiell keine Beschränkung. Grundsätzlich kann eine unbegrenzte Anzahl von Unternehmen vergleichbare Leistungen produzieren und am Markt absetzen.[85] Darüber hinaus entscheiden Unternehmen der Normalwirtschaft frei, auf welchem Markt sie sich bewegen, gegen welche

---

[78] Vgl. Horch, Breuer, 2007, S.109; Schubert, 2009, S.259.
[79] Vgl. Benz, Gehring, 2009, S.37f.
[80] Vgl. Kipker, Parensen, 1999, S.138.
[81] Vgl. Fontanel, Bensahel, 2001, S.30; Galli, Wagner, Beiersdorfer, 2002, S.216; Horch, Breuer, 2007, S.109.
[82] Vgl. Benz, Gehring, 2009, S.38f.
[83] So regelt in Deutschland der Deutsche Fußball-Bund (DFB) in Zusammenarbeit mit seiner für den Lizenzfußball zuständigen Tochtergesellschaft DFL, dass am Spielbetrieb der 1. sowie 2. Fußball-Bundesliga genau 18 Fußballvereine teilnehmen, die, um den jeweiligen Meister zu bestimmen, jeweils zweimal pro Spielzeit in einem Hin- und Rückspiel gegeneinander antreten.
[84] Vgl. Benz, Gehring, 2009, S.41.
[85] Relativierend ist jedoch festzuhalten, dass gewisse Branchen/Märkte hohe Eintrittsbarrieren in Form hoher Investitionskosten aufweisen, so dass ein Markteinstieg – insbesondere in kapitalintensiven Branchen wie der Pharmabranche – dadurch erschwert wird und nur von kapitalstarken Unternehmen zu realisieren ist.

Mitbewerber – in Abhängigkeit des gewählten Zielmarktes – sie antreten und mit welchen Produkten und Dienstleistungen sie am Markt zu bestehen gedenken. Somit haben Unternehmen der Normalwirtschaft prinzipiell die Möglichkeit gegen Unternehmen auf der ganzen Welt zu konkurrieren. Dagegen ist der Markt, auf dem Fußballunternehmen ihre Dienstleistungen anbieten, von ihnen nicht frei wählbar. So sind deutsche Fußballunternehmen verpflichtet, gegen andere in Deutschland beheimatete Vereine anzutreten. Erst die nationale Qualifikation durch Erreichen eines der vorderen Tabellenplätze in der 1. Fußball-Bundesliga oder den Gewinn des nationalen Pokals ermöglicht den deutschen Fußballclubs gegen andere europäische Fußballunternehmen in einem europäischen Wettbewerb anzutreten und somit auch auf dem europäischen Markt aktiv zu werden. Einzig verschiedene Stakeholder der Fußballunternehmen wie Finanzinvestoren, Sponsoren oder auch Fans können sich ihren präferierten Markt – in diesem Fall beispielsweise einen nationalen oder internationalen Wettbewerb – frei auswählen.

2.1.3 Gewinne, Investoren und Emotionen

Im europäischen Fußball und insbesondere im deutschen Profifußball ist seit Jahren ein rasantes ökonomisches Wachstum zu konstatieren.[86] Doch obgleich deutsche und europäische Fußballunternehmen teilweise hohe Umsatzsteigerungen erzielen, verschlechtert sich zusehends ihre wirtschaftliche Performance und sie erwirtschaften im Durchschnitt nur geringe Gewinne.[87] Ferner ist die Anzahl der Bundesligisten mit einem positiven Betriebsergebnis rückläufig. So erreichten nur elf Fußballunternehmen in der Saison 2008/09 ein positives Betriebsergebnis – der niedrigste Stand seit der Spielzeit 2003/04.[88]

Auch ein Blick auf die an der Börse gelisteten Unternehmen kann aus ökonomischen Überlegungen heraus keine Erklärung liefern, weshalb Fußballunternehmen immer wieder das Ziel von Investoren ist. So zeigt ein Vergleich zwischen dem Dow Jones Stoxx Football-Index und dem Dow Jones Stoox 600-Index, dass seit Berechnung des Dow Jones Stoxx Football-Index dieser gerade einmal eine Performance von 42 Prozent erreicht hat. Demgegenüber hat der Dow Jones Stoxx 600-Index trotz zweier tiefgreifender Börsencrashs – „New-Economy“ Blase sowie die Finanzmarktkrise – im gleichen Zeitraum eine kummulierte Rendite von 180

[86] Einen Überblick über die Entwicklung der Einnahmen in der 1. Fußball-Bundesliga in den letzten Jahren bietet Abschnitt 5.2.1.
[87] Vgl. DFL, 2009, S.14; Dietl, Franck, 2007, S.663f.; Lago, Simmons, Szymanski, 2006, S.4ff.; LFP, 2009, S.59f.
[88] Vgl. DFL, 2008, S.173; DFL, 2010, S.37.

Prozent erzielt.[89, 90] Daher ist aus diesem Vergleich nicht nachzuvollziehen, weshalb Fußballunternehmen – abgesehen von einer Blase Mitte der neunziger Jahre – ein aus finanziellen Aspekten lohnenswertes Investment darstellen und dennoch von vielen Investoren als attraktives Ziel gesehen werden. Hingegen profitieren die Fußballunternehmen durch den Gang an die Börse, da sie das durch den Börsengang erlöste Kapital in der Folge zum Aufbau ihrer Infrastruktur wie dem Bau eines neuen Stadions – beispielsweise bei Olympique Lyonnais – verwenden können und bei der Finanzierung nicht vom Wohl und Wehe öffentlicher Subventionen abhängig sind.[91]

Im Gegensatz zu anderen Branchen der Normalwirtschaft, die bei geringen Gewinnen von Investoren missachtet werden, übt der Fußball auf Investoren sowohl im Inland als auch im Ausland eine große Faszination aus. Besonders ausgeprägt ist dieses Phänomen in England, Spanien und Italien.[92] Im deutschen Fußball spielen Investoren aufgrund der 50+1-Regel, nach der der Mutterverein mindestens 50 Prozent plus ein Stimmrecht an der ausgegliederten Lizenzabteilung halten muss, so gut wie keine Rolle.[93] Ziel dieser Regel ist unter anderem, die von der DFL befürchteten Unternehmensübernahmen zu verhindern. Allerdings gibt es – genannt sei hierbei das Beispiel Hannover 96 – immer wieder Überlegungen und Bestrebungen einzelner Vereinen diese Regel abzuschaffen oder zu umgehen.

Ein Grund für das nach den Grundsätzen eines ökonomisch rational handelnden Menschen teilweise irrationale Verhalten der Investoren im Fußball könnte in der emotionalen Bindung, die der Fußballsport mit sich bringt, liegen. Im Gegensatz zur Normalwirtschaft spielen diese im Sport allgemein und insbesondere im Fußball eine herausragende Rolle. Der gesamte Sport wird durch Emotionen – sowohl durch die Sportler selbst als auch von den Stakeholdern – begleitet und gelenkt.[94]

In anderen Wirtschaftszweigen spielen Emotionen zwar ebenfalls eine mitunter tragende Rolle – beispielsweise bei Unternehmensgründungen oder in der Werbung –, jedoch werden

---

[89] Der Dow Jones Football-Index beinhaltet alle an einer Börse gelisteten Fußballunternehmen Europas. Gewichtet werden die Unternehmen nach ihrer Marktkapitalisierung, so dass der Index die Fußballindustrie in ihrer Breite sowie in ihrer Tiefe abdeckt. Der Dow Jones Stoxx 600-Index repräsentiert insgesamt 600 hoch, mittel und gering kapitalisierte Unternehmen aus 18 Ländern Europas.

[90] Vgl. Stoxx, 2010, www.stoxx.com.

[91] Vgl. Bolonty, 2007, S.117f.

[92] Als bekanntestes Beispiel gilt hierbei die Übernahme des FC Chelsea durch den Russen Roman Abramowitsch im Juli 2003.

[93] Vgl. Ernst & Young, 2004, S.35; Swieter, 2002, S.26f.

[94] Vgl. Schubert, 2009, S.256f.

diese weniger von positiven oder negativen Schwankungen begleitet wie im Sport.[95] Bei börsennotierten Unternehmen findet ein direkter emotionaler Austausch mit Dritten hauptsächlich auf der Hauptversammlung der Aktionäre statt. Demgegenüber haben sich Fußballunternehmen im wöchentlichen Rhythmus mit den Emotionen ihrer Stakeholder auseinanderzusetzen, was das Management eines Fußballunternehmens nicht gerade vereinfacht. In der Werbung bemühen sich die Unternehmen zwar durch verschiedene Werbemaßnahmen die Emotionen – und somit das Kaufverhalten – ihrer Konsumenten anzuregen. Jedoch verflacht mit der Zeit auch die emotionalste Werbeaktion. Dagegen gelingt es einem Sportereignis durch die mit verbundene Unsicherheit über den Ausgang immer wieder die Emotionen – und somit die Nachfrage – seiner Konsumenten zu entfachen.

2.2 Risiko und Risikomanagement

Nach Schilderung einiger Spezifika des Sports, die im weiteren Verlauf an verschiedenen Stellen der vorliegenden Arbeit direkt oder zumindest indirekt von Relevanz sein werden, wird sich der nun folgende Abschnitt ausführlich dem theoretischen Bezugsrahmen der Fragestellung widmen. Dabei wird einführend allgemein der Begriff des Risikos definiert und anschließend auf die verschiedenen Risikoartenarten eingegangen. Darauf aufbauend wird das Risikomanagement und dabei insbesondere sein Prozess mit seinen verschiedenen Schritten vorgestellt. Mit Hilfe dieser allgemein gehaltenen Grundlagen wird im nächsten Kapitel aufgezeigt, wie der Risikomanagementprozess auf Fußballunternehmen zu übertragen ist. Abschließend werden der theoretische Bezugsrahmen sowie der Forschungsstand des Risikomanagement dargestellt. Hierbei wird stets ein Bezug zu Fußballunternehmen hergestellt und verdeutlicht.

2.2.1 Risikobegriff und Arten

Das Wort Risiko leitet sich aus dem frühitalienischen Wort *risicare* ab, das übersetzt *etwas wagen* bedeutet.[96] Allgemein ist unternehmerisches Handeln ohne Risiken nicht möglich, da die Ausrichtung eines Unternehmens nicht ein punktuelles und somit sicheres Vorgehen verlangt, sondern zukünftige unsichere Entwicklungen Berücksichtigung finden müssen.[97] Während in der Vergangenheit stets die negativen Auswirkungen des Risikos – ohne etwaige Gewinnmöglichkeiten zu beachten – betrachtet wurden, entwickelte sich in den letzten Jahren ein weitergehendes Verständnis des Risikobegriffs.[98] So werden mittlerweile nicht nur Abweichungen in negativer Richtung, die zur Gefährdung von Unternehmenserfolg und -ziele

[95] Vgl. Couvelaere, Richelieu, 2005, S.23.
[96] Vgl. Wolke, 2007, S.1; Schmitz, Wehrheim, 2006, S.15.
[97] Vgl. Schmitz, Wehrheim, 2006, S.15.
[98] Vgl. Wolke, 2007, S.1; Deutsche Gesellschaft für Qualität, 2007, S.12.

führt, sondern auch in positiver Richtung, was Chancen und Übererfüllung von Unternehmenszielen zur Folge hat, in die Analyse einbezogen.[99] Somit ist nicht nur die Vermeidung von Gefahren, sondern auch das Erkennen und Nutzen von Chancen von Bedeutung, wodurch eine rationale Entscheidung unter Berücksichtigung etwaiger Chancen und Gefahren zu treffen ist.[100] Vor dem Hintergrund, dass unternehmerische Tätigkeit stets mit dem Eingehen von Risiken einhergeht, ist diese Weiterentwicklung des Risikobegriffs nachvollziehbar.

Allgemein ist das Risiko von der Sicherheit abzugrenzen. Sicherheit setzt voraus, dass vollständige Informationen über sämtliche zukünftige Entwicklungen des Unternehmens vorliegen. Bei Risiko hingegen besteht Unsicherheit über eine positive oder negative zukünftige Fortentwicklung des Unternehmens. Hierbei kann das Unternehmen entweder keinerlei Vorstellungen über künftige Abweichungen haben oder es kann objektiv oder subjektiv mögliche Eintrittswahrscheinlichkeiten der Alternativen abschätzen.[101]

Die Systematisierung der unterschiedlichen Risikoarten erfolgt in der Literatur und in der Wirtschaft auf unterschiedlicher Weise. Auf zwei Systematisierungsansätze soll im Folgenden beispielhaft eingegangen werden.

Zum einen sind die Risikoarten in drei Ebenen zu unterteilen. Grundlage sind hierbei die Unternehmensrisiken, die in finanzwirtschaftliche Risiken sowie in leistungswirtschaftliche Risiken aufzuteilen sind. Vertreter der finanzwirtschaftlichen Risiken sind beispielsweise Marktpreisrisiken, Kreditrisiken sowie Liquiditätsrisiken. Die leistungswirtschaftlichen Risiken sind in externe und interne Betriebsrisiken sowie in Absatzrisiken zu unterteilen.[102] Dabei beruhen diese zumeist auf Risiken, die auf operationalen oder strategischen Entscheidungen der Unternehmen zurückzuführen sind.[103] Neben Unternehmensrisiken sind auf einer höheren Ebene betriebswirtschaftliche Risiken von volkswirtschaftlichen Risiken zu trennen. Auf der höchsten Stufe ist eine Unterscheidung zwischen naturwissenschaftlichen und wirtschaftswissenschaftlichen Risiken vorzunehmen.[104]

---

[99] Vgl. Benner, 1992, S.137; Campenhausen, 2006, S.13; Deutsche Gesellschaft für Qualität, 2007, S.12.
[100] Vgl. Ibers, Hey, 2005, S.16.
[101] Vgl. Schmitz, Wehrheim, 2006, S.15.
[102] Vgl. Wolke, 2007, S.7.
[103] Vgl. Campenhausen, 2006, S.14f.
[104] Vgl. Wolke, 2007, S.6.

Eine weitere Möglichkeit verschiedene Risikoarten zu systematisieren, ist die Kapitalmarkttheorie. Hierbei werden Risiken, die mit einer Kapitalanlage einhergehen, in systematische und unsystematische Risiken unterteilt.[105] Das Gesamtrisiko einer Kapitalanlage ergibt sich durch Addition von systematischem und unsystematischem Risiko:

$$\text{Gesamtrisiko} = \text{systematisches Risiko} + \text{unsystematisches Risiko}$$

Unsystematische Risiken sind einzelwirtschaftliche bzw. titelspezifische Risiken. Diese entstehen typischerweise nicht durch übergeordnete Ereignissen. Stattdessen ist die Ursache für diese beim betreffenden Objekt selbst zu suchen. Somit wirkt sich das unsystematische Risiko nur auf das jeweilige Objekt selbst aus.[106] Kennzeichnend für dieses sind seine schwere Prognostizierbarkeit sowie die Möglichkeit, dieses durch Diversifikation weitgehend zu eliminieren.[107] Systematische Risiken beruhen hingegen auf marktinhärenten Veränderungen. Dabei wird nicht nur ein einzelnes Objekt sondern die Gesamtheit der jeweiligen Anlagekategorie vom systematischen Risiko tangiert.[108] Dieses Risiko lässt sich nicht durch Diversifikation reduzieren, sondern es verlangt nach anderen Risikomanagementtechniken.[109]

Übertragen auf den Fußballsport werden unsystematische Risiken beispielsweise durch Vorgänge beim jeweiligen Fußballunternehmen hervorgerufen. Eine Verletzung eines Spielers oder ein Brandschaden an den Sachanlagen sind Beispiele dafür. Dagegen betrifft das systematische Risiko alle am Wettbewerb partizipierenden Fußballunternehmen. Übertragen auf die Fußball-Bundesliga sind dies beispielsweise die TV-Einnahmen, da diese zentral von der DFL und nicht in Eigenregie von den Clubs selbst vermarktet werden.[110] Somit sind alle Teilnehmer der Fußball-Bundesliga vom Verhandlungsgeschick der DFL abhängig. Darüber hinaus sind auch gesamtwirtschaftliche – wirtschaftliche Situation – oder gesellschaftliche – Interesse für eine Sportart – Risiken als weitere systematische Risikoquellen zu nennen.[111]

---

[105] Vgl. Albrecht, Maurer, 2005, S.274; Steiner, Bruns, 1998, S.54.
[106] Vgl. Steiner, Bruns, 1998, S.55.
[107] Vgl. Brealey, Myers, 2003, S.168.
[108] Vgl. Steiner, Bruns, 1998, S.55f.
[109] Vgl. Dreesbach, 1999, S.313.
[110] Vgl. DFL, 2009, S.20.
[111] Vgl. Longley, 2010, S.80.

2.2.2 Risikomanagement

2.2.2.1 Definition

Allgemein ist das Risikomanagement für *„die Messung und Steuerung aller betriebswirtschaftlichen Risiken unternehmensweit"* zuständig.[112] Durch Identifizierung, Bewertung sowie Handhabung potenzieller Unternehmensrisiken anhand verschiedener risikopolitischer Maßnahmen wird das Risikomanagement seiner Aufgabe gerecht.[113] Dabei fokussiert sich – aus der klassischen Sichtweise – das Risikomanagement auf die Verhinderung von Schäden und das Vermeiden von gefährlichen Situationen.[114] Durch Implementierung des Risikomanagements im Unternehmen ist hierbei eine Berücksichtigung sogenannter Verbundeffekte zwischen unterschiedlichen Risiken möglich, so dass Wechselwirkungen zwischen verschiedenen Risiken in die Analyse einzubeziehen sind.[115] Somit sind nicht mehr allein spezielle Risiken einer bestimmten risikobehafteten Entscheidung, sondern darüber hinaus auch deren Auswirkungen auf andere unternehmensrelevante Entscheidungen einzubeziehen.[116] Darüber hinaus müssen – im Zuge eines erweiterten Verständnisses des Risikobegriffs – auch zukünftige Chancen durch das bewusste Eingehen von Risiken erkannt, bewertet und anschließend wahrgenommen werden, um daraus eine umfassende und rationale Entscheidung im Sinne des Unternehmens abzuleiten.[117]

Aus diesen Anforderungen leitet sich das übergeordnete Ziel des Risikomanagements ab. So liegt nach Mugler (1979) das generelle Ziel des Risikomanagement in der Erhöhung der Sicherheit von Unternehmen.[118] Erreicht wird dieses Ziel, indem das Risikomanagement die Unternehmensleitung jederzeit über potenzielle Chancen und Risiken informiert und unterstützend bei der Umsetzung der risikominimierenden Maßnahmen tätig ist.[119] Mit Hilfe der getroffenen Maßnahmen soll die Unternehmensführung in der Lage sein, auch zukünftig den Unternehmensbestand sowie die Entwicklung des Unternehmens positiv zu beeinflussen.[120] Darüber hinaus hat das Risikomanagement die Aufgabe, das Risikobewusstsein der Mitarbeiter zu stärken, so dass etwaige Risiken vorausschauend identifiziert

[112] Vgl. Wolke, 2007, S.2.
[113] Vgl. Huch, Tecklenburg, 2001, S.309; Ibers, Hey, 2005, S.71; Imboden, 1983, S.84.
[114] Vgl. Campenhausen, 2006, S.26f.
[115] Vgl. Mikus, 2001, S.12; Wolke, 2007, S.2.
[116] Vgl. Mikus, 2001, S.12.
[117] Vgl. Campenhausen, 2006, S.26; Haller; 1986, S.8; Ibers, Hey, 2005, S.16.
[118] Vgl. Mugler, 1979, S.69.
[119] Vgl. Jordan, 2008, S.241.
[120] Vgl. Campenhausen, 2006, S.29; Deutsche Gesellschaft für Qualität, 2007, S.13.

und anschließend beurteilt werden können.[121] Ferner ermöglicht ein funktionierendes Risikomanagement, verschiedenste Nutzenpotenziale für das Unternehmen und seinen beteiligten Stakeholdern zu erschließen.[122] So führt es zu einer höheren Transparenz im Umgang mit der Öffentlichkeit, die in der Folge beispielsweise bei der Steigerung des Unternehmensimages behilflich sein kann. Außerdem ist der Unternehmenswert für die am Unternehmen beteiligten Gesellschafter durch Reduzierung von Risiken zu steigern.[123] Ein funktionierendes Risikomanagement dient demzufolge sowohl dem Unternehmen selbst als auch den verschiedenen Stakeholdern – gleich welche Interessen sie durch ihre Verbindung zum Unternehmen verfolgen.

Signifikant für eine erfolgreiche Umsetzung ist nach Mikus (2001) bei alledem, dass das Risikomanagement den handelnden Personen im Unternehmen Systeme bereitstellt, die in der Lage sind, jederzeit relevante Informationen über verschiedene Aktivitäten des Unternehmens zur Verfügung zu stellen und zu analysieren.[124]

Abschließend ist festzuhalten, dass das Risikomanagement zwar als Teildisziplin – sowohl in der Wissenschaft als auch in der Praxis – begründet ist, jedoch stets in einem Gesamtkontext zu sehen und somit anzusiedeln ist.[125] Haller (1986) folgend gilt es daher, „*das Risiko-Management als begleitende Führungsfunktion zu etablieren*".[126] Folglich muss dieses einen Einfluss auf alle Bereiche des Unternehmens ausüben.

2.2.2.2 Risikomanagementprozess

Das Risikomanagement ist keine einmalige statische Aktion, sondern ein dynamischer Vorgang, der sämtliche Unternehmensbereiche, in denen Risiken entstehen können, stets begleitet.[127] Demzufolge ist das Risikomanagement als Prozess zu betrachten.[128] Dieser Prozess wird in der Literatur typischerweise, wie nachfolgende Abbildung darstellt, in vier Teilprozesse unterteilt – angefangen mit der Risikoidentifikation, über die Risikomessung und Analyse sowie der Risikosteuerung, bis hin zum Risikocontrolling.[129]

---

[121] Vgl. Haller, 1986, S.9; Mensch, 1991, S.18 und S.60.
[122] Vgl. Deutsche Gesellschaft für Qualität, 2007, S.14.
[123] Vgl. Campenhausen, 2006, S.23.
[124] Vgl. Mikus, 2001, S.11f.
[125] Vgl. Haller, 1986, S.8.
[126] Vgl. Haller, 1986, S.9.
[127] Vgl. Ibers, Hey, 2005, S.71; Seidel, KPMG, 2002, S.17; Wolke, 2007, S.3.
[128] Vgl. Wolke, 2007, S.3
[129] Vgl. Imboden, 1983, S.95; Wolke, 2007, S.4; Schmitz, Wehrheim, 2006, S.19; Seidel, KPMG, 2002, S.16.

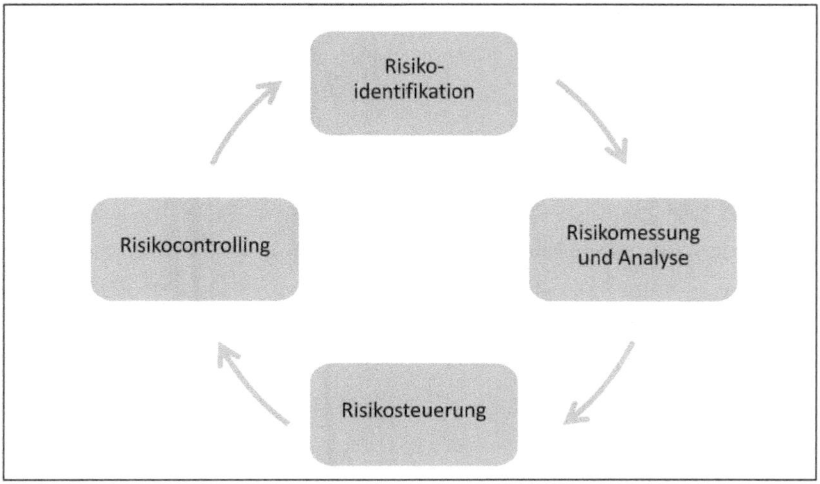

Abbildung 1: Risikomanagementprozess[130]

Dieser Prozess darf danach nicht als geschlossenes System begriffen werden, sondern als offener Prozess, in dem jederzeit neu identifizierte Risiken in den Kreislauf zu integrieren sind.[131]

2.2.2.2.1 Risikoidentifikation

Zu Beginn des Prozesses ist die Risikoidentifikation durchzuführen, die wie der gesamte Risikomanagementprozess als permanenter Vorgang anzusehen ist.[132] Hierbei sind in allen unternehmensrelevanten Bereichen Risikofaktoren zu identifizieren, aufzulisten und zu charakterisieren.[133] Die identifizierten Risiken beeinflussen dabei maßgeblich die Untersuchungsobjekte des weiteren Prozesses.[134]

Entscheidend für den künftigen Unternehmenserfolg ist eine möglichst vollständige Erfassung aller Risiken – insbesondere der existenzbedrohenden Risiken – einschließlich ihrer Wirkungszusammenhänge, da ein funktionierendes Risikomanagement essentiell von der

[130] Eigene Darstellung in Anlehnung an Seidel, KPMG, 2002, S.16; Schmitz, Wehrheim, 2006, S.19; Wolke, 2007, S.4.
[131] Vgl. Ibers, Hey, 2005, S.71.
[132] Vgl. Schmitz, Wehrheim, 2006, S.53.
[133] Vgl. Kauf, 1982, S.40; Schmitz, Wehrheim, 2006, S.34; Ziegenbein, 2007, S.61.
[134] Vgl. Mikus, 2001, S.13f.

umfangreichen Identifizierung der Risikofaktoren abhängig ist.[135] So postulieren Mehr und Hedges (1974):

„Often the process of problem solving breaks down because of failure to identify the problem accurately rather than because of a lack of ability to find a logical solution to it.“ [136]

Darüber hinaus wird Wert auf höchste Aktualität der gewonnenen Informationen gelegt, da Risiken nur bei rechtzeitiger Kenntnisnahme zu verhindern sind.[137] Ferner soll sich die Informationsidentifikation in einem wirtschaftlich zu vertretenden Rahmen bewegen.[138] Allerdings kann diese dritte Forderung in einem Konflikt zum Postulat der Vollständigkeit stehen.

Die Identifizierung der Risiken erfolgt auf Basis interner und externer Informationen, die anhand verschiedener Methoden und Instrumenten zu erkennen sind.[139] Typische Methoden zur Identifizierung von Umfeldrisiken – Risiken, deren Ursprung im Normalfall nicht im Unternehmen selbst liegt – sind die Umweltanalyse, die Konkurrenzanalyse, die Marktanalyse sowie die Branchenanalyse.[140] Die Umweltanalyse untersucht und bewertet sowohl politische, rechtliche, gesellschaftliche, gesamtwirtschaftliche als auch technologische Rahmenbedingungen des Unternehmens.[141] Während die Konkurrenzanalyse einen Überblick über die wichtigsten aktuellen und zukünftigen Mitbewerber samt eines Konkurrenzprofils gibt, wird im Zuge der Marktanalyse durch Beobachtung, Prognose und Forschung der Markt eingehend untersucht.[142] Die Branchenanalyse analysiert schließlich die Eigenheiten und Besonderheiten einer bestimmten Branche hinsichtlich Branchenstruktur, Branchengröße, Wettbewerbssituation, Marketinginstrumenten oder Innovationstendenzen.[143]

Neben externen Risiken sind auch originäre Unternehmensrisiken – deren Ursprung im Unternehmen selbst liegen – zu extrahieren. Relevante Methoden zur Identifizierung originärer Risiken sind unter anderem die Portfolio-Analyse, die SWOT-Analyse und die

[135] Vgl. Campenhausen, 2006, S.38; Deutsche Gesellschaft für Qualität, 2007, S.31 und S.63; Schmitz, Wehrheim, 2006, S.53.
[136] Vgl. Mehr, Hedges, 1974, S.191.
[137] Vgl. Imboden, 1983, S.100.
[138] Vgl. Mehr, Hedges, 1974, S.192.
[139] Einen Überblick externer und interner Informationsquellen bieten Schmitz, Wehrheim, 2006, S.35.
[140] Vgl. Schmitz, Wehrheim, 2006, S.53.
[141] Vgl. Schmitz, Wehrheim, 2006, S.53; Weis, 1999, S.515.
[142] Vgl. Becker, 1998, S.355f.; Schmitz, Wehrheim, 2006, S.54f; Weis, 1999, S.107.
[143] Vgl. Aaker, 1989, S.92; Schmitz, Wehrheim, 2006, S.56;.

Analyse verschiedener Kennzahlen des Unternehmens.[144] Die Portfolio-Analyse setzt das Marktwachstum einzelner Geschäftsfelder in Relation zum relativen Marktanteil, um daraus anschließend die Attraktivität einzelner Geschäftsfelder des Unternehmens und Ansatzpunkte für die Gestaltung zukünftiger Strategien abzuleiten.[145] Die SWOT-Analyse verbindet die Chancen-/Risikoanalyse mit der Stärken-/Schwächeanalyse und erreicht dadurch eine Verbindung der externen und internen Unternehmensressourcenanalyse, wodurch darauf aufbauend verschiedene Strategien zu entwickeln sind.[146] Mit dem Ziel einen Überblick über die aktuelle Situation des Unternehmens zu erhalten, komprimiert die Kennzahlenanalyse signifikante Tatbestände in einer oder mehreren aussagekräftigen Zahlen.[147]

Weitere bedeutende Instrumente zur Identifizierung von Unternehmensrisiken sind insbesondere Kreativitätstechniken, Szenarioanalyse sowie Expertenbefragungen.[148] Kreativitätstechniken erarbeiten zumeist in Gruppenarbeit durch freies Assoziieren der Teilnehmer Potenziale und Risikofelder des Unternehmens.[149] In der Szenarioanalyse werden verschiedene, nachvollziehbare und in sich logische zukünftige Entwicklungen des Unternehmens unter Berücksichtigung externer, negativer oder positiver Schocks ermittelt, um daraus anschließend das bestmögliche, das wahrscheinlichste sowie das negativste Szenario abzuleiten.[150] Bei der Expertenbefragung – auch Delphi-Methode genannt – werden unter der Annahme, dass Befragte fundierte Kenntnisse über zukünftige Entwicklungen in der Wirtschaft, der Branche oder des Unternehmens selbst besitzen, zu einer bestimmten Problemstellung sowohl in qualitativer als auch in quantitativer Hinsicht interviewt.Auf deren Grundlage werden anschließend Handlungsalternativen entwickelt.[151]

2.2.2.2.2 Risikomessung

Nach Identifikation der Risiken im Unternehmen folgt im zweiten Schritt die Risikomessung sowie darauf aufbauend die Analyse der erkannten und bewerteten Risiken. Die Messung der Risiken stellt einen weiteren essentiellen Schritt im Risikomanagementprozess dar. Denn nur identifizierte und bewertete Risiken sind anschließend zu steuern.[152] Allerdings sind diese selbst nicht messbar, sondern nur anhand ihrer möglichen Auswirkungen auf das

[144] Für einen Überblick aller Methoden vgl. Schmitz, Wehrheim, 2006, S.56ff.
[145] Vgl. Becker, 1998, S.424; Kotler, Bliemel, 2006, S.118; Meffert, 1998, S.238.
[146] Vgl. Götze, Mikus, 2001, S.398; Kotler, Bliemel, 2006, S.132; Meffert, 1998, S.65f.
[147] Vgl. Perridon, Steiner, 2007, S.535; Zantow, 2007, S.503 und S.517.
[148] Für einen Überblick aller Methoden vgl. Schimmelpfeng, 2001, S.281; Schmitz, Wehrheim, 2006, S.73ff.
[149] Vgl. Deutsche Gesellschaft für Qualität, 2007, S.65; Meffert, 1998, S.383; Schmitz, Wehrheim, 2006, S.73.
[150] Vgl. Götze, Mikus, 2001, S.395; Ibers, Hey, 2005, S.96; Kotler, Bliemel, 2006, S.105.
[151] Vgl. Becker, 1998, S.404; Ibers, Hey, 2005, S.95; Kotler, Bliemel, 2006, S.255.
[152] Vgl. Wolke, 2007, S.11.

Unternehmen zu quantifizieren.[153] Zur Messung wurden verschiedene Maße entwickelt, die in quantitative und qualitative Risikomaße zu unterteilen sind.
Abbildung 2 folgend sind bei quantitativen Verfahren insbesondere einfache Verlustmaße, Kennzahlen sowie das Value at Risk zu nennen. Qualitative Risikomessung beruht hingegen in erster Linie auf Scoring-Modelle.

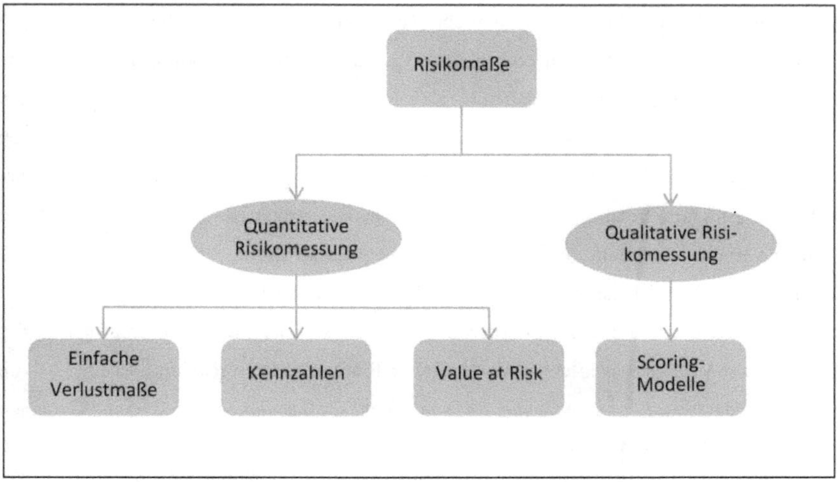

Abbildung 2: Übersicht Risikomaße[154]

Einfache Verlustmaße fußen auf Erkenntnissen der Wahrscheinlichkeitsrechnung sowie auf den „gesunden" Menschenverstand.[155] Typische Vertreter der einfachen Verlustmaße sind der Maximalverlust sowie der erwartete Verlust. Der Maximalverlust ermittelt den größtmöglichen Schaden bzw. Verlust einer Vermögensposition.[156] Allerdings berücksichtigt er nicht die Eintrittswahrscheinlichkeit des Verlustes, sondern nur deren mögliche Höhe. Diese Schwäche überwindet das Risikomaß des erwarteten Verlustes durch Berechnung des Erwartungswertes. Dieser berechnet sich aus der Summe der möglichen Verluste multipliziert mit ihrer zugehörigen Eintrittswahrscheinlichkeit.[157] Durch Beachtung von Wahrscheinlichkeiten findet im Vergleich zum Maximalverlust eine aussagekräftigere Risikobeurteilung statt. Jedoch wird weder die Risikoeinstellung der handelnden Personen

[153] Vgl. Ibers, Hey, 2005, S.113.
[154] In Anlehung an Wolke, 2007, S.11.
[155] Vgl. Wolke, 2007, S.12
[156] Vgl. Wolke, 2007, S.12f.
[157] Vgl. Ibers, Hey, 2005, S.114; Wolke, 2007, S.13f.

noch der Faktor Zeit sowie die Relation des prognostizierten Verlustes zum ursprünglichen Vermögen betrachtet.[158] Aus diesem Grund sind die einfachen Verlustmaße zur umfassenden Messung und Beurteilung der Risiken unzureichend. Sie geben jedoch eine erste Orientierung über die aus den Risiken resultierenden möglichen Verluste.

Mit Hilfe zweier Kennzahlen können diese Nachteile teilweise überwunden werden. So berücksichtigt die Volatilität unterschiedliche Risikostrukturen von Vermögensgegenständen und bildet darüber hinaus neben potenziellen Verlusten auch Schwankungen um mögliche Gewinne ab.[159] Allgemein ist die Volatilität als ein Maß für die Unsicherheit der zukünftigen Wertentwicklung des Vermögens definiert und beschreibt die durchschnittlichen Abweichungen bzw. Vermögensänderungen vom Mittelwert nach oben und unten.[160] Je höher hierbei die ermittelte Volatilität ist, desto schwankungsintensiver ist der Vermögenswert und somit sein Risiko. Aufgrund ihrer Aussagekraft, die passend für das Forschungsziel ist, wird sie im Zuge der Effizienzanalyse im sechsten Kapitel die zentrale Rolle spielen. Eine weitere bedeutsame Kennzahl stellt die Sensitivität dar.[161] Diese untersucht, wie empfindlich das Vermögen auf Veränderungen einer oder mehrerer Einflussfaktoren reagiert.[162] Dabei ist von Bedeutung, dass der Zusammenhang zwischen den Einflussfaktoren und dem Vermögen abzubilden ist, da ansonsten die Sensitivität nicht zu berechnen ist.[163]

Neben einfachen Risikomaßen sowie Kennzahlen stellt das Value at Risk ein weiteres Maß innerhalb der quantitativen Risikomessung dar. Ursprünglich entwickelt wurde das Value at Risk für den Finanzsektor zur Kontrolle von Finanzmarktrisiken.[164] Mittlerweile wird es zur Quantifizierung finanzwirtschaftlicher Risiken auch von Unternehmen außerhalb des Finanzsektors verwendet. Mit dem Value at Risk sind verschiedene Risikoarten in einer Kennzahl anschaulich zusammenzufassen und miteinander zu vergleichen.[165, 166] Allgemein wird das Value at Risk definiert als absoluter Wertverlust einer bestimmten Risikoposition, der bei gegebener Sicherheitswahrscheinlichkeit in einem bestimmten Zeitraum nicht

---

[158] Vgl. Wolke, 2007, S.14f.
[159] Vgl. Wolke, 2007, S.18.
[160] Vgl. Hull, 2006, S.259; Wolke, 2007, S.18.
[161] Im Zuge der Analyse von Optionspreisen wird die Sensitivitätsanalyse in Kapitel 6.5 von Bedeutung sein.
[162] Vgl. Holst, 2001, S.137; Schmitz, Wehrheim, 2006, S.93; Wolke, 2007, S.25.
[163] Vgl. Wolke, 2007, S.25.
[164] Vgl. Schmitz, Wehrheim, 2006, S.89; Wilkens, Völker, 2001, S.415.
[165] Vgl. Holst, 2001, S.140f.; Uhlir, Aussenegg, 1996, S.831f.; Wolke, 2007, S.27.
[166] So ist es möglich anhand des Value at Risk das Risiko eines Aktienportfolios, eines Zinsportfolios oder eines Kreditportfolios zu beschreiben, wobei die betriebswirtschaftliche Interpretation stets die gleiche ist.

überschritten wird.[167] Folglich dient das Value at Risk der Messung potenzieller Verluste aus einer Vermögensposition und quantifiziert das Risiko durch einen bestimmten Geldbetrag.[168]

Die bisher vorgestellten Risikomaße bewerten Risiken durch quantitative Methoden. Neben messbaren Risiken wie Finanzmarktrisiken existieren jedoch auch Risiken, die nicht direkt zu messen und somit zu quantifizieren sind.[169] Aus diesem Grund sind im Zuge der Risikomessung neben quantitativen auch qualitative Risikomaße zu betrachten. Anhand der qualitativen Verfahren können nicht direkt messbare Risiken quantifiziert werden. Ein bedeutendes qualitatives Verfahren stellen hierbei Scoring-Modelle dar. Diese haben den Vorteil, dass sie sowohl quantitative als auch qualitative Einflussfaktoren einbeziehen und durch Berechnung eines Zielwertes verschiedene Alternativen vergleichbar machen.[170]

Im Anschluss an die Risikobewertung findet die Analyse der Ergebnisse statt. Dabei steht im Mittelpunkt der Diskussion, welche Konsequenzen bzw. Handlungsmaßnahmen aus den Ergebnissen abzuleiten sind. Bedeutungsvoll bei der Ableitung der Maßnahmen ist die Risikoneigung der im Unternehmen handelnden Personen. Diese kann von einer vollkommenen Risikoaversion bis hin zu einer totalen Risikofreudigkeit reichen. Beide Extrembereiche sind in einem Unternehmen abzulehnen. Da jede (erfolgreiche) unternehmerische Tätigkeit stets auch mit unternehmerischem Risiko verknüpft ist, ist eine vollkommene Risikoaversion dem Unternehmensziel nicht dienlich. Das Gegenstück der absoluten Risikoaversion ist jedoch ebenso abzulehnen, da ein zu risikofreudiges Unternehmen seine aufgenommenen Risiken nur schwerlich kalkulieren und im Zweifel steuern kann. Ziel sollte ein vernünftiges Mittelmaß beider Extrembereiche sein.

Darüber hinaus ist – auf Basis individueller Risikoneigungen – festzulegen, welche identifizierten und bewerteten Risiken weiterhin durch risikopolitische Maßnahmen Aufmerksamkeit vom Unternehmen verdienen sollten.[171] Die Selektion ist umso erforderlicher, je mehr Wert im ersten Schritt des Risikomanagementprozesses auf die Vollständigkeit der Risikoidentifikation gelegt wurde. Es scheint logisch, dass grundsätzlich –

[167] Vgl. Keitsch, 2000, S.59; Schmitz, Wehrheim, 2006, S.89; Wilkens, Völker, 2001, S.415.
[168] Vgl. Campenhausen, 2006, S.88; Wolke, 2007, S.27.
[169] So bietet beispielsweise ein Fußballunternehmen bei einem Heimspiel die Dienstleistungen/Produkte Ticketverkauf, Merchandising sowie Restauration an. Jedes der Dienstleistungen/Produkte unterliegt einem Absatzrisiko. Das Absatzrisiko besteht darin, dass weniger Dienstleistungen als geplant (Tickets, Merchandisingartikel oder Speisen) verkauft werden und folglich ein Vermögensverlust entsteht.
[170] Ein Zahlenbeispiel anhand eines Scoring-Modells bieten Wolke, 2007, S.60f.; Ziegenbein, 2007, S.146.
[171] Vgl. Imboden, 1983, S.105.

allein aus ressourcentechnischen Gründen – nicht alle Risiken weiterzuverfolgen sind. Daher ist empfehlenswert, dass sich Unternehmen in erster Linie auf Risiken, die den Fortbestand der unternehmerischen Tätigkeit gefährden könnten, konzentrieren. Sind darüber hinaus noch Kapazitäten – finanzieller oder personeller Art – verfügbar, so kann sich das Unternehmen auf weitere Risiken fokussieren.

2.2.2.2.3 Risikosteuerung

Nachdem Risiken identifiziert, bewertet und analysiert worden sind, werden im dritten Schritt die relevanten Risiken durch risikopolitische Maßnahmen gesteuert. Diese Maßnahmen haben zum Ziel, den Eintritt von Risiken zu verhindern oder zumindest die (negativen) Auswirkungen der Risiken zu reduzieren und zu kontrollieren.[172] Grundsätzlich werden fünf verschiedene Risikostrategien voneinander unterschieden, die in folgender Abbildung veranschaulicht sind.

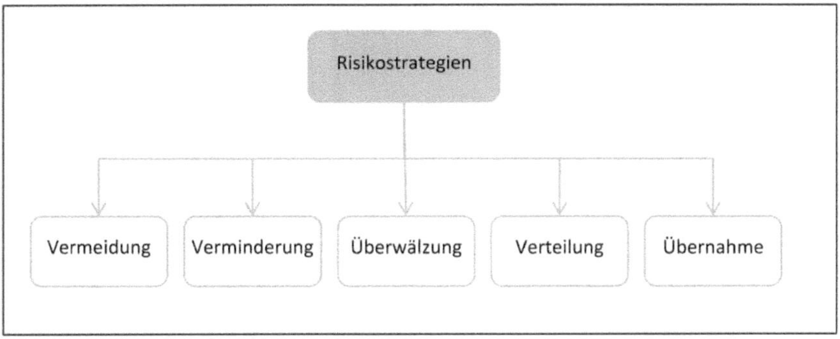

Abbildung 3: Risikosteuerungsstrategien[173]

Bei der Strategie der Risikovermeidung werden potenzielle Risiken durch das gänzliche Unterlassen einer risikobehafteten unternehmerischen Aktivität vermieden.[174] Hierbei zieht sich das Unternehmen entweder komplett aus riskanten Geschäftsfeldern und Märkten zurück oder verzichtet auf anstehende Investitionsmaßnahmen oder neue Technologien.[175] Unter Umständen schränkt diese Maßnahme jedoch die Handlungsfähigkeit des Unternehmens ein und ist daher mit dem Grundgedanken unternehmerischer Tätigkeit nicht kompatibel, so dass

[172] Vgl. Holst, 2001, S.143; Huch, Tecklenburg, 2001, S.321; Reichmann, 2006, S.633.
[173] Eigene Darstellung in Anlehung an Schmitz, Wehrheim, 2006, S.95; Wolke, 2007, S.75.
[174] Vgl. Imboden, 1983, S.113; Schmitz, Wehrheim, 2006, S.95; Zellmer, 1990, S.56; Ziegenbein, 2007, S.69.
[175] Vgl. Ibers, Hey, 2005, S.138; Schmitz, Wehrheim, 2006, S.95f.; Ziegenbein, 2007, S.69.

diese Maßnahme nur im Einzelfall Anwendung finden sollte.[176] So könnten beispielsweise zugunsten des Sicherheitsaspekts andere Unternehmensziele entweder komplett aufgegeben oder im Umfang reduziert werden.[177]
Im Gegensatz zur Risikovermeidung akzeptiert die Risikoverminderung potenzielle Risiken, die sie jedoch durch geeignete Maßnahmen im Unternehmen selbst zu dezimieren versucht.[178] So werden unternehmensinterne Risiken gesenkt, indem zum Beispiel der Anteil der fixen Kosten an den Gesamtkosten reduziert, ausschließlich qualifizierte Arbeitnehmer eingestellt sowie langfristige Lieferverträge abgeschlossen werden.[179] Damit ist das Unternehmen durch Risikoverminderung in der Lage, grundsätzlich an seinen Unternehmenszielen festzuhalten, wodurch diese Strategie nach Heller (1986) einen bedeutenden Stellenwert zur Risikosteuerung der Unternehmen einnimmt.[180]

Die Risikoüberwälzung eliminiert oder verringert nicht die Risiken an sich, sondern transferiert diese auf Dritte.[181] Somit werden bereits ex ante negative Folgen, die aus einer Risikoposition zukünftig entstehen können, auf andere Personen oder Unternehmen übertragen und von diesen kompensiert.[182] Im Gegensatz zu den bisher vorgestellten Risikostrategien wird bei der Überwälzung das Risiko nicht vermindert, sondern nur auf andere Partner weitergeleitet, so dass es sich stets um ein Nullsummen-Spiel handelt.[183] Durch Überwälzung der Risiken ist diese Maßnahme wohl die sicherste aller Strategien, da sämtliche Risiken zu übertragen sind. Allerdings ist diese je nach Ausgestaltung der Vereinbarung – wie folgende Maßnahmen zeigen – zugleich eine aus betriebswirtschaftlicher und volkswirtschaftlicher Sicht recht kostenintensive Strategie, da diese Maßnahmen nicht kostenlos durchzuführen sind.[184] So ist prinzipiell keine rational handelnde ökonomische Instanz bereit, Risiken zu übernehmen ohne im Gegenzug für das Tragen dieser kompensiert zu werden. Trotz etwaig anfallender Kosten hat die Überwälzung der Risiken verschiedene Vorteile. So sind die Kosten vom Unternehmen ex ante zu kalkulieren und zu planen.[185] Ohne eine Maßnahme der Risikoüberwälzung ist dies nicht möglich, da die restlichen Risikosteuerungsstrategien niemals das komplette Risiko eliminieren können. Dank dieser

[176] Vgl. Huch, Tecklenburg, 2001, S.321; Reichmann, 2006, S.634; Schmitz, Wehrheim, 2006, S.95.
[177] Vgl. Haller, 1986, S.31.
[178] Vgl. Campenhausen, 2006, S.97; Haller, 1986, S.31; Ibers, Hey, 2005, S.138.
[179] Vgl. Schmitz, Wehrheim, 2006, S.96; Ziegenbein, 2007, S.70.
[180] Vgl. Haller, 1986, S.31.
[181] Vgl. Holst, 2001, S.143; Imboden, 1983, S. 113; Schmitz, Wehrheim, 2006, S.97.
[182] Vgl. Zellmer, 1990, S.60.
[183] Vgl. Campenhausen, 2006, S.98.
[184] Vgl. Haller, 1986, S.32.
[185] Vgl. Haller, 1986, S.32.

Kalkulierbarkeit entsteht für das Unternehmen in der Folge Planungssicherheit, die dann wiederum zur Stabilität der Erträge führt, wodurch beispielsweise die am Unternehmen beteiligten Stakeholder profitieren.[186] Ferner sind die Erlöse unabhängig von etwaigen internen oder externen Schocks zu generieren, da Einnahmeminderungen durch die Risikopartner ausgeglichen werden. Vor dem Hintergrund des Forschungsziels ein nicht zu verachtender Vorteil der Risikoüberwälzung.

Die Maßnahmen der Risikoüberwälzung sind grundsätzlich in fünf Strategien einzuteilen. Zuerst sind die Risiken durch Vertragsvereinbarungen wie den Allgemeinen Geschäftsbedingungen auf die Geschäftspartner des Unternehmens abzuwälzen und somit zu reduzieren.[187] Der Abschluss von Leasing- oder Factoring-Vereinbarungen stellen je nach Vertragsvereinbarung eine weitere Strategie der Überwälzung der Risiken dar.[188] Allerdings stehen in der Praxis beim Leasing und Factoring zumeist nicht Aspekte der Risikosteuerung sondern deren Finanzierungswirkung im Vordergrund.[189, 190] Die dritte Strategie beinhaltet den Abschluss einer Versicherung. Durch den Versicherungsschutz ist das Unternehmen – je nach vereinbartem Leistungsumfang – vor der Gefahr eines plötzlichen Vermögensverlustes geschützt, da die im Schadensfall resultierenden Verluste durch die abgeschlossene Versicherungspolice teilweise oder im Optimalfall vollständig kompensiert werden.[191] Jedoch ist dem Versicherungsunternehmen für das Tragen der Risiken eine Prämie zu zahlen, die unabhängig vom Eintritt eines Versicherungsfalls vom Versicherungsnehmer zu begleichen ist.[192] Neben den genannten Strategien der Risikoüberwälzung stellen Derivate ein weiteres bedeutendes Instrument dar. Durch gezielten Einsatz von derivativen Instrumenten sind Risiken zu mindern und im Optimalfall zu eliminieren, indem mögliche Verluste aus einer bestehenden Vermögensposition durch gleichzeitige Gewinne im Derivat ausgeglichen und somit kompensiert werden.[193] Dadurch ermöglichen Derivate eine genaue Steuerung des Risikos.[194]

---

[186] Vgl. Campenhausen, 2006, S.101f.
[187] Vgl. Zellmer, 1990, S.61; Ziegenbein, 2007, S.70.
[188] Vgl. Holst, 2001, S. 143; Wolke, 2007, S.81.
[189] Vgl. Wolke, 2007, S.81.
[190] So verkaufte Borussia Dortmund aus Finanzierungsgründen sein Stadion an eine Tochter der Commerzbank AG, um es postwendend durch eine Leasing-Vereinbarung zu mieten. Durch den Verkaufserlös konnte Borussia Dortmund ihre Liquidität sichern und eine kritische finanzielle Situation überwinden. Als sich einige Jahre später die finanzielle Situation entspannte, kaufte sich die Borussia ihr Stadion zurück.
[191] Vgl. Farny, 2006, S.22; Ibers, Hey, 2005, S.140;
[192] Vgl. Campenhausen, 2006, S.100; Wolke, 2007, S.83.
[193] Vgl. Holst, 2001, S.144; Keitsch, 2000, S.86; Wolke, 2007, S.81.
[194] Vgl. Bruns, Meyer-Bullerdick, 2008, S.333; Das, 2006, S.3.

Die Risikoverteilung stellt die vierte Maßnahme innerhalb der Risikosteuerung dar. Die beiden bedeutendsten Instrumente der Risikoverteilung bzw. -verlagerung sind Outsourcing sowie Diversifikation. Beim Outsourcing werden Risiken aus dem Unternehmen heraus in andere unternehmensferne Bereiche oder Organisationen transferiert.[195, 196] Dabei wird jedoch nicht nur das Risiko sondern auch die dazugehörige Vermögensposition verlagert, so dass auf potenzielle Gewinne aus dem ausgelagerten Geschäftsbereich verzichtet wird.[197]

Die Diversifikation hat zum Ziel, das Gesamtrisiko des Unternehmens durch Streuung und systematischer Kombination von nicht korrelierten Einzelrisiken zu vermindern.[198] Die theoretische Grundlage der Diversifikation liefert die Portfoliotheorie nach Markowitz (1959). Deren Erkenntnisse wurden aus der Zusammensetzung von Aktienportfolios abgeleitet und später im Zuge der Optimierung von Wertpapierportfolios angewandt. Die Möglichkeit der Reduktion von Risiken durch Diversifikation findet neben finanzwirtschaftlichen Anwendungen auch Berücksichtigung in weiteren unternehmerischen Entscheidungsbereichen wie beispielsweise der Unternehmensführung, der Produktion oder im Marketing.[199]

Die Risikoübernahme stellt die letzte Strategie der Risikosteuerung dar. Hierbei werden die Risiken entweder bewusst durch das Unternehmen getragen oder sie sind nicht durch andere Risikostrategien zu verringern, da beispielsweise im Zuge der Risikoüberwälzung kein Partner gefunden werden konnte.[200] Zumeist handelt es sich dabei um Risiken, die elementar für die (zukünftige) Geschäftstätigkeit der Unternehmen sind.[201] Als Beispiel sind Risiken im Zusammenhang mit Forschungs- und Entwicklungsaktivitäten zu nennen, da der spätere Output der Aktivitäten ex ante nicht feststellbar ist. Trotzdem stellen diese Aktivitäten für viele Unternehmen die Basis für den weiteren zukünftigen Unternehmenserfolg dar.[202]

---

[195] Vgl. Wolke, 2007, S.80.
[196] In der Praxis werden typischerweise Unternehmensbereiche wie der EDV-Bereich aus dem Unternehmen heraus verlagert.
[197] Vgl. Wolke, 2007, S.80.
[198] Vgl. Holst, 2001, S.143; Schmitz, Wehrheim, 2006, S.101.
[199] Vgl. Wolke, 2007, S.79.
[200] Vgl. Ibers, Hey, 2005, S.138; Schmitz, Wehrheim, 2006, S.106; Zellmer, 1990, S.73.
[201] Vgl. Schmitz, Wehrheim, 2006, S.106.
[202] So wird eine Pharmaunternehmen, welches auf Forschung und Entwicklung neuer Medikamente verzichtet, mittel- bis langfristig vom Markt verschwinden.

2.2.3.2.4 Risikocontrolling

Das Risikocontrolling bildet den Abschluss des Risikomanagementprozesses. Allgemein definiert sich die Funktion des Controllings in der Unterstützung der Unternehmensführung durch Planung, Kontrolle und Informationsbesorgung.[203] Im Risikomanagementprozess hat das Controlling die Aufgabe, den Überblick über den gesamten Prozess zu bewahren und die in den einzelnen Prozessstufen angewandten Methoden zu koordinieren und auf ihre Effizienz hin zu kontrollieren.[204] So sind die im vorherigen Schritt angewandten Strategien zur Risikosteuerung auf ihre Wirksamkeit hin zu überwachen und bei Bedarf zu korrigieren.[205]

2.3 Theoretischer Bezugsrahmen

Als Ausgangspunkt für die theoretischen Überlegungen zum Risikomanagement können die Argumente von Modigliani und Miller (1958) herangezogen werden. Auf einem vollkommenen Markt ohne jegliche Unvollkommenheiten ist durch Risikomanagement der Wert eines Unternehmens weder zu steigern noch zu senken. Durch die Vollkommenheit des Marktes ist ein Unternehmen keinerlei Risiken ausgesetzt, wodurch die Durchführung eines Risikomanagementprogramms als unzweckmäßig zu klassifizieren ist. Allerdings ist die Annahme eines vollkommenen Marktes in der Realität nicht zu halten. So sind Unternehmen sowie die darin in verantwortungsvoller Position agierenden Personen mit Unsicherheit über zukünftige Entwicklungen des Unternehmens im Speziellen und der gesamten Wirtschaft im Allgemeinen konfrontiert, die beispielsweise durch Informationsasymmetrien oder Transaktionskosten hervorgerufen werden. Durch Unsicherheiten über zukünftige Entwicklungen entstehen für Unternehmen Risiken, die diese zu handhaben haben und anhand verschiedener Maßnahmen innerhalb eines Risikomanagementprogramms zu bewältigen versuchen.

In der Literatur haben sich zwei hauptsächliche Erklärungsstränge für Risikomanagement-Aktivitäten in Unternehmen entwickelt. Während sich der eine Ansatz auf den Shareholder Value und der damit einhergehenden Maximierung bezieht, fokussiert sich die zweite Perspektive auf die Maximierung der individuellen Nutzenfunktion der agierenden Manager. Im Folgenden werden diese beiden Ansätze samt ihrer verschiedenen Aspekten im Risikomanagement vorgestellt. Darüber hinaus wird eruiert, inwieweit diese auch in Fußballunternehmen von Relevanz sind.

[203] Vgl. Wolke, 2007, S.235.
[204] Vgl. Ibers, Hey, 2005, S.27; Jordan, 2008, S.242; Wolke, 2007, S.235f.
[205] Vgl. Deutsche Gesellschaft für Qualität, 2007, S.33.

2.3.1 Shareholder Value Ansatz

Der Shareholder Value fokussiert sich ausschließlich auf die Anspruchsgruppe der Eigenkapitalgeber und berücksichtigt somit ausschließlich deren Interessen.[206] Interessen der sonstigen am Unternehmen beteiligten Stakeholder finden höchstens als unvermeidbare Nebenbedingungen Berücksichtigung.[207] Allgemein ist davon auszugehen, dass der Shareholder in erster Linie eine Verbesserung seiner persönlichen Einkommenssituation verfolgt und damit an einer positiven Wertentwicklung des Unternehmens interessiert ist. Alle Maßnahmen – gleich ob sie von den Eigentümern selbst oder von den mit der Geschäftsführung beauftragten Personen getroffen werden – sind darauf hin zu beurteilen, ob sie in der Lage sind, den Unternehmenswert (nachhaltig) zu steigern. Im Zusammenhang mit Risikomanagementmaßnahmen sind verschiedene Motive, die den Unternehmenswert positiv beeinflussen, zu verfolgen. Dies umfasst in erster Linie die Möglichkeit durch Risikomanagement die Insolvenzgefahr und die daraus entstehenden Mehrkosten für Unternehmen, die Investitionspolitik sowie steuerliche Aspekte im Sinne der Unternehmen positiv zu beeinflussen.

2.3.1.1 Insolvenzgefahr

Bessembinder (1991) sowie Smith und Stulz (1985) argumentieren, dass durch Maßnahmen des Risikomanagements die Insolvenzgefahr zu senken und somit der Unternehmenswert zu steigern ist. Durch konstante und planbare Zahlungsströme wird die Wahrscheinlichkeit einer Insolvenz reduziert, wodurch sich dies in der Folge positiv auf den Wert des Unternehmens auswirkt.

Ferner kann durch das Risikomanagement erreicht werden, dass ein Unternehmen in der Lage ist, die aus der Finanzierung über Fremdkapital anfallenden Zins- und Tilgungszahlungen rechtzeitig zu begleichen und somit schlussendlich seine Insolvenzgefahr zu reduzieren.[208] Ein weiterer Effekt, der in diesem Zusammenhang als erwähnenswert hervorzuheben ist, besteht darin, dass durch eine geringere Insolvenzgefahr ebenfalls die Kosten zur Aufnahme von Fremdkapital zu begrenzen sind.[209] Somit eröffnet sich dem Unternehmen auch die Möglichkeit, weiteres Fremdkapital zu moderaten Konditionen aufzunehmen.[210]

[206] Vgl. Brealey, Myers, 2003, S.15ff.; Zantow, 2007, S.43.
[207] Vgl. Perridon, Steiner, 2007, S.14f.
[208] Vgl. Froot, Scharfstein, Stein, 1993, S.1632.
[209] Gedacht sei in diesem Zusammenhang beispielsweise an das Rating von Unternehmensanleihen. Je schlechter das Rating ausfällt, desto höher fällt der Risikoaufschlag aus und somit die geforderte Rendite der Kapitelgeber.
[210] Vgl. Froot et al., 1993, S.1632; Tufano, 1996, S.1106.

Tufano (1996) verdeutlichte diesen Zusammenhang – Reduzierung der Insolvenzgefahr bei Einsatz von Risikomanagement – anhand von in der Förderung von Gold agierenden Unternehmen, die insbesondere dann in finanzielle Zwänge geraten können, wenn der Goldpreis unter die für die Förderung anfallenden Kosten fällt.[211] Somit ist der wirtschaftliche Erfolg vornehmlich vom zu erzielenden Goldpreis abhängig. Durch Maßnahmen des Risikomanagements muss das Risiko schwankender Goldpreise eingedämmt werden, um in der Folge die Insolevenzgefahr zu reduzieren. Übertragen auf Fußballunternehmen wurde bereits einleitend dargestellt, dass der sportliche Erfolg einen signifikanten Einfluss auf den wirtschaftlichen Erfolg und somit schlussendlich auf die Insolvenzgefahr dieser ausübt. Übertragen auf den vorliegenden Ansatz, muss das Risikomanagement dafür Sorge tragen, dass der wirtschaftliche vom sportlichen Erfolg entkoppelt wird, um in der Folge die Insolvenzgefahr sowie die bei Aufnahme von Fremdkapital anfallenden Kosten zu reduzieren.

2.3.1.2 Investitionspolitik

Neben der Insolvenzgefahr sind ebenfalls investitionspolitische Aspekte als Ansatzpunkt zur theoretischen Begründung des Risikomanagements zu nennen. So argumentieren Froot, Scharfstein und Stein (1993), Lessard (1990) sowie Stulz (1990), dass ohne Risikomanagement Unternehmen unter Umständen gezwungen sind, eine suboptimale Investitionspolitik zu betreiben. Hierbei identifizieren die Autoren einen starken Zusammenhang zwischen Cash Flows auf der einen und Investitionen auf der anderen Seite, die oftmals aufgrund von Unvollkommenheiten auf dem Kapitalmarkt wie Informationsasymmetrien negativ beeinflusst werden.

Im Falle, dass der Cash Flow eines Unternehmens gering ist und sich somit die Aufnahme von zusätzlichem Fremdkapital als zu kostenspielig erweist, ist ein Unternehmen angehalten, interessante und gewinnbringende Investitionsalternativen zu unterlassen. Durch Maßnahmen des Risikomanagements ist hingegen die Abhängigkeitsbeziehung zwischen Investitionen auf der einen sowie die zur Finanzierung benötigten Cash Flows auf der anderen Seite zu verringern. Somit sind die Unternehmen durch die nun planbar gewordenen Einnahmeströme in der Lage, versprechende Investitionsalternativen durchzuführen und auch im Falle, dass die Cash Flows unerwartet eigentlich schwächer ausfallen, fortzuführen. Darüber hinaus sind die Unternehmen nicht darauf angewiesen, unerwartete Mindereinnahmen durch Aufnahme von Fremdkapital auszugleichen, um angeschobene Investitionen weiterhin finanzieren zu können.

[211] Vgl. Tufano, 1996, S.1106.

In diesem Zusammenhang gehen Froot, Scharfstein und Stein (1993) davon aus, dass aus genanntem Grund insbesondere Unternehmen, die für die Aufnahme von Fremdkapital hohe Kosten zu tragen haben, ein Risikomanagementprogramm anwenden. Laut den Autoren dürften dies insbesondere kleine Unternehmen, die zumeist mehr unter Informationsasymmetrien oder Transaktionskosten zu leiden haben als größere Unternehmen, zutreffen. Allerdings zeigen Jin und Jorion (2006), dass tendenziell größere Unternehmen ein Risikomanagementprogramm auflegen. Sie begründen dies vor allem durch die mitunter hohen fixen Kosten, die ein solches Programm mit sich bringt.[212]

Die Problematik, nicht immer eine optimale Investitionspolitik verfolgen zu können, ist aufgrund des direkten Einflusses des sportlichen auf den wirtschaftlichen Erfolg bei einer Vielzahl von Fußballunternehmen anzutreffen. So können diese oftmals keine nachhaltigen Investitionen – gedacht sei hier insbesondere an Investitionen in Infrastrukturprojekte – durchführen, da beispielsweise bei sportlich schwächeren Fußballunternehmen fortwährend ein sportlicher Abstieg sowie damit verbundene Mindereinnahmen drohen. Daher ist das Motiv der Investitionspolitik durchaus auch in Fußballunternehmen anzutreffen und somit zur Begründung für ein Risikomanagementprogramm geeignet.

2.3.1.3 Steuerliche Aspekte

Eine steuerliche Perspektive zur theoretischen Begründung des Risikomanagements liefern Smith und Stulz (1985). Diese argumentieren, dass bei einem konvexen Steuerverlauf Unternehmen durch Maßnahmen des Risikomanagements ihre erwarteten Steuerzahlungen reduzieren und das Niveau der zu versteuernden Einnahmen fixieren können.[213] Die Logik dahinter ist, dass durch Konvexität ein volatiler Einnahmestrom zu höheren erwarteten Steuern führt als ein weniger volatiler Einnahmestrom. Dies hat schlussendlich auch Auswirkungen auf den Unternehmenswert, da durch das Mehr an zu zahlenden Steuern erwirtschaftete Einnahmen aus dem Unternehmen hin in die Staatskassen „wandern" und somit nicht an die Shareholder zu verteilen sind. Somit gilt, dass je größer die Konvexität des Steuerverlaufs ist, desto bedeutender die Implementierung eines Risikomanagementprogramms ist.

[212] Vgl. Jin, Jorion, 2006, S.897.
[213] Vgl. Smith, Stulz, 1985, S.392ff.

Der steuerliche Aspekt mag bei Fußballunternehmen mitunter auch eine Rolle spielen, für die vorliegende Fragestellung dieser Arbeit ist diese Perspektive jedoch zu vernachlässigen, wodurch im weiteren Verlauf der vorliegenden Arbeit auf diese vollständig verzichtet wird.

2.3.2 Nutzenmaximierung der Manager

Neben dem soeben dargestellten Ansatz des Shareholder Value wird das Risikomanagement auch bei den im Unternehmen handelnden Personen selbst begründet. Im Gegensatz zum Shareholder Value Ansatz steht nicht die Maximierung des Unternehmenswerts im Mittelpunkt der Betrachtung, sondern vielmehr die persönlichen Ziele der in den Unternehmen in verantwortungsvoller Position handelnden Managern. Hierbei spielen sowohl die Risikoneigung der Manager als auch die Signalisierung eigener Managementfähigkeiten eine zentrale Rolle.

2.3.2.1 Risikoneigung der handelnden Personen

Sowohl Smith und Stulz (1985) als auch Stulz (1984) identifizieren die persönliche Risikoneigung der verantwortlichen Manager als Einflussfaktoren für Risikomanagement in Unternehmen. Hierbei wird argumentiert, dass insbesondere risikoaverse Manager fehlende Diversifizierbarkeit ihres Humankapitals zum Anlass nehmen, um das Unternehmensrisiko und damit ihr eigenes Einkommensrisiko durch Maßnahmen des Risikomanagements zu dezimieren. Zur Überwindung dieses Verhaltens hat in den neunziger Jahren die Ausgabe von Aktienoptionen als Argument gedient, um in der Folge risikofreudigeres Investitionsverhalten von Managern im Interesse der Shareholder zu erreichen.[214] Abzuleiten ist diese Annahmen beispielsweise anhand eines von Smith und Stulz (1985) entwickelten Modells, wonach Manager, die durch Aktien am Unternehmen beteiligt sind, eher ein Risikomanagementprogramm auflegen als jene, die Aktienoptionen vom Unternehmen halten.[215] Zu erklären ist dies durch die Tatsache, dass die Volatilität einen signifikanten Einfluss auf den Optionswert ausübt.[216] Somit wird ein Manager ein Risikomanagementprogramm, welches auf die Reduzierung des Risikos und somit schlussendlich auf die Volatilität der Einnahmeströme ausgerichtet ist, bei gleichzeitigem Besitz von Optionen nicht auflegen, da sich dieses negativ auf den erwarteten Nutzen bzw. Erlös aus seinen Optionskontrakten auswirken würde.

[214] Vgl. Kürsten, 2006, S.16.
[215] Vgl. Smith, Stulz, 1985, S.399ff.
[216] Eine ausführliche Darstellung der Einflussfaktoren auf den Wert einer Option folgt in Abschnitt 4.5.

Im Fußball ist diese Argumentationslinie zu vernachlässigen. Dies liegt in erster Linie daran, dass bis dato kaum Fußballunternehmen existieren, die an ihre Manager Aktienoptionen ausgeben können.[217] So ist für die Herausgabe von Aktienoptionen zwingend erforderlich, dass vom Unternehmen auch Aktien gehandelt werden, um diese adäquat bewerten zu können. Aktuell hätte im deutschen Fußball nur Borussia Dortmund die Möglichkeit, Aktienoptionen an seine handelnden Personen zu begeben. Ferner scheinen in Fußballunternehmen vielerorts die verantwortlichen Personen nicht an zu viel, sondern an zu wenig Risikoaversion zu „leiden". Da von der Öffentlichkeit in erster Linie der sportliche und nicht der wirtschaftliche Erfolg honoriert wird, scheuen eine Vielzahl von Manager ohnehin kaum ein (wirtschaftliches) Risiko.[218] Verstärkt wird dies noch dadurch, dass vielerorts – ähnlich wie das spielende Personal – die Manager Bonuszahlungen bei Erreichen sportlicher Ziele erhalten.

2.3.2.2 Signalisierung der Managementfähigkeiten

Die Signalisierung der Fähigkeiten der handelnden Personen ist als letzter theoretischer Bezugspunkt für das Risikomanagement heranzuziehen. Der Ansatz basiert auf der Annahme, dass auf Seiten des Managements Informationsvorsprünge existieren, die den Shareholdern genaue Einschätzungen über die dargebotene Managementleistung erschweren und im Extremfall unmöglich machen. Nach Breeden und Viswanathan (1998) sowie DeMarzo und Duffie (1995) können Manager bei einer wenig detaillierten Berichterstattung mit Hilfe von Risikomanagementmaßnahmen ihre eigene Managementleistung in günstigem Licht erscheinen lassen und negative Effekte auf den Cash Flow unterdrücken, um so ihre angeblich überdurchschnittlichen Managementfähigkeiten gegenüber Shareholdern aber auch dem Arbeitsmarkt zu signalisieren. Somit sind sie in der Lage, ihre Reputation durch Maßnahmen des Risikomanagement zu steigern und somit auch attraktiv für Mitbewerber zu werden.

Ähnlich wie das Motiv der Risikoneigung spielt auch der zweite Ansatz eine eher untergeordnete Rolle in Fußballunternehmen. Wie bereits zuvor – verwiesen sei an dieser Stelle insbesondere an die Ausführungen in Kapitel 2.1.1 – geschildert, gilt die Aufmerksamkeit der meisten Stakeholder wie Fans und Medien in erster Linie dem sportlichen Erfolg des Unternehmens. Somit beurteilen diese Stakeholder die Fähigkeit eines Fußballmanagers

---

[217] Verwiesen sei in diesem Zusammenhang an den bereits in Abschnitt 2.1.3 dargestellen DJ Stoxx Football-Index, der alle aktuell börsennotierten Fußballunternehmen Europas, die somit auch Aktienoptionen ausgeben könnten, beinhaltet.

[218] Verweisen sei hierbei auf die in Kapitel 2.1.1 dargestellten Ausführungen von Kuper und Szymanski (2009), dass im Zweifelsfall ohnehin Geldgeber etwaig entstandene Verbindlichkeiten begleichen. Dies könnte den Effekt, jedes Risiko einzugehen, noch verstärken.

in erster Linie dahingehend, ob eine nach sportlichen Gesichtspunkten möglichst konkurrenzfähige Mannschaft in den Wettbewerb geschickt werden konnte. Da die Risikomanagementmaßnahmen – jedenfalls wie sie im Kontext der vorliegenden Arbeit verstanden werden – ausschließlich auf ökonomische Gesichtspunkte ausgerichtet sind, dürfte einen Risikomanagementprogramm nicht aus Gründen des sportlichen Abschneidens aufgelegt werden. Allenfalls dann, wenn mit diesem zu erreichen wäre, dass Spielerinvestitionen durch ein solches Programm sichergestellt werden – unabhängig vom sportlichen Erfolg.

2.3.3 Fazit

Ausgehend von der Irrelevanz der Annahmen von Modigliani und Miller (1958) wurde aufgezeigt, dass in den theoretischen Überlegungen zum Risikomanagement grundsätzlich zwei Ansätze zu verfolgen sind – der Shareholder Value Ansatz sowie der Ansatz der Nutzenmaximierung der Manager. Bei Übertragung der verschiedenen Perspektiven auf Fußballunternehmen zeigte sich, dass insbesondere die Ansätze der Insolvenzgefahr sowie der Investitionspolitik als Begründung für Risikomanagementmaßnahmen in Fußballunternehmen herangezogen werden können. Steuerliche Motive sowie Aspekte, die direkt bei den handelnden Personen zu finden sind, wurden hingegen als weniger relevant für Fußballunternehmen – insbesondere im Zusammenhang mit der Fragestellung der vorliegenden Arbeit – eingestuft. Aus diesem Grund werden im weiteren Verlauf der Arbeit ausschließlich die beiden erst genannten theoretischen Bezugspunkte weiterverfolgt.

2.4 Forschungsstand

Nachdem soeben der theoretische Bezugsrahmen des Risikomanagements dargestellt worden ist und hierbei verschiedene Aspekte auf ihre Relevanz hin in Fußballunternehmen überprüft worden sind, soll nun abschließend ein kurzer Überblick über den aktuellen Forschungsstand gegeben werden. Neben einer allgemeinen Perspektive über den Forschungsstand bei Unternehmen der Normalwirtschaft wird auch auf den Forschungsstand des Risikomanagements im Sport eingegangen, um insbesondere vorliegende Forschungslücken im Sport aufzudecken.

Obgleich das Thema Risikomanagement in zahlreichen Publikationen behandelt und diskutiert wurde, existieren einzelne Teilbereiche, die nicht abschließend und somit zufriedenstellend beantwortet werden konnten.[219] So ist, wie in den vorherigen Abschnitten dargestellt, das Aufgabenfeld dieses intensiv beleuchtet worden, dennoch herrscht über seine Einordnung in verwandte Gebiete – gedacht sei hier insbesondere an das strategische Management, das Finanzmanagement oder das Management im Allgemeinen – bzw. die Abgrenzung zu diesen Gebieten ein gewisses Maß an Uneinigkeit. Daher entsteht nach Fichtner (2008) der Eindruck, dass das Risikomanagement ohne rechten Bezug oder klarer Abgrenzung irgendwo zwischen den einzelnen Gebieten steht. Dieser Umstand lässt sich dadurch begründen, dass Risiken und deren Handhabung für alle Unternehmensbereiche von Bedeutung sind und somit eine eindeutige Zuordnung nicht möglich ist.[220] Unterstützt wird diese These durch einen näheren Blick auf die zahlreichen wissenschaftlichen Publikationen, die jeweils verschiedene Aspekte des Risikomanagements bzw. Unternehmensgebiete beinhalteten.

Während Henselmann (2001), Holst (1998), Wall (2002) sowie Wolf und Runzheimer (2000) Risikomanagement im Zusammenhang mit gesetzlichen Vorschriften behandeln und sich somit auf rechtliche Herausforderungen konzentrieren, ordnet Braun (1984) es in das Aufgabengebiet des Controllings. Brühweiler (1980) sieht es schließlich als Aufgabe der Unternehmensführung an. Darüber hinaus wurde das Risikomanagement im Zuge von speziellen Risiken wie beispielsweise finanzielle Risiken, Absatzrisiken oder Beschaffungsrisiken untersucht. Zu nennen sind hierbei Ausführungen von Holst (2001) sowie Jöhnk (2001) für finanzielle Risiken und insbesondere Rogler (2001) für Beschaffungs- und Absatzrisiken. Ferner stand das Management allgemeiner Risiken oder Risiken in spezifischen Branchen im Mittelpunkt der Untersuchung. So zeigen Mauch (2000), Schierenbeck (1997) sowie Schröck (1997), wie in Banken mit Risiken umzugehen ist. Während sich Huch und Tecklenburg (2001) mit dem Risikomanagement in der Bauwirtschaft auseinandersetzen, stellen Rogler (2002) und Schimmelpfeng (2001) Industrieunternehmen in den Mittelpunkt ihrer Ausführungen. Darüber hinaus widmet sich eine recht aktuelle Publikation von Rimscha (2010) dem Risikomanagement in der Filmbranche.

Im Sport bieten zuerst einmal die Beiträge von Appenzeller (2003), Benner (1992), Clarke (1998), Elliott (2004) sowie Piekarz (2009) einen allgemeinen Überblick über das Risiko-

[219] Für Publikationen im Risikomanagement von Unternehmen vgl. beispielsweise Bieta, Siebe, 2001; Gleißner, Meier, 2000; Ibers, Hey, 2005; Keitsch, 2000; Mensch, 1991; Mikus, 2001; Schmidbauer, 2000; Schmitz, Wehrheim, 2006; Wolke, 2007; Brown, Chew, 1999.
[220] Vgl. Fichtner, 2008, S.88.

management im Sport. Ersterer stellt in einer weiteren Publikation die Bedeutung des Risikomanagements im Sport dar und zeigt darüber hinaus Trends im Risikomanagement auf.[221] Neben einem allgemeinen Überblick untersuchen zahlreiche weitere Autoren das Risikomanagement in Teilbereichen des Sports. So verdeutlichen Spengler, Connaughton und Pittman (2006) den Sachverhalt in Verbindung mit Sport und Freizeit und gehen hierbei insbesondere auf gesundheitliche Aspekte der Sportler sowie der Ausrüstung und der Sportstätte ein. Ferner stellen Mulrooney und Farmer (1998) das Risikomanagement in Sportstätten dar. In eine ähnliche Richtung stoßen Harlowe (2008), der die Risiken in Fitnessstudios darstellt, Clement (1998), die ein Risikomanagement-System für Wassersportarten zur Vermeidung von Unfällen entwickelt, sowie Quinn (1998), der die Gefahren bei Outdoor-Aktivitäten unter die Lupe nimmt und hierbei am Ende seiner Ausführungen feststellt, dass die Handhabung der Risiken essentiell für die Sicherheit der Sportler ist.[222] Auf die speziellen Risiken sowie deren Handhabung bei Sportevents gehen Büdingen und Hamel (2006) sowie Maloy und Higgins (2000) ein, wobei beide Publikationen neben rechtliche und finanzielle auch sicherheitsrelevante Aspekte behandeln. Ferner geben Appenzeller (2003) sowie Corbett und Findlay (1998) einen Leitfaden zur Entwicklung eines Risikomanagementprogramms in Sportorganisationen.

Einen ausschließlichen Bezug auf das Management finanzieller Risiken in Fußballunternehmen nimmt keine der zitierten Publikationen. So behandelt Benner (1992) in seiner Monographie zum Risikomanagement im professionellen Sport zwar auch Sportvereine, allerdings allgemein und nicht speziell auf Fußballunternehmen ausgerichtet. Am zielführendsten vor dem Hintergrund der vorliegenden Fragestellung ist die Publikation von Doleczik und Drewes (2003). Die Autoren nehmen das Risikomanagement in Sportclubs sowie dessen Prüfung am Beispiel professioneller deutscher Fußballunternehmen unter die Lupe. Hierbei widmen sie sich insbesondere den spezifischen Risiken von Fußballclubs sowie anschließend dem Aufbau sowie den Komponenten eines Risikomanagementsystems in Fußballunternehmen.

Allen zitierten Werken fehlt jedoch eine genaue sowie umfassende Analyse der Zweckmäßigkeit der einzelnen, in den Clubs angewandten Strategien. An diesem Punkt setzt die vorliegende Arbeit an. Im folgenden Kapitel werden daher, nachdem eine Darstellung der grundsätzlichen Risikoquellen von Fußballunternehmen – insbesondere in finanzieller

221 Vgl. Appenzeller, 2008.
222 Vgl. Quinn, 1998, S.353.

Hinsicht – vorgenommen wurde, die zum jetzigen Zeitpunkt in den Clubs angewandten risikominimierenden Strategien eingehend untersucht, um deren Effektivität und Effizienz auf Basis bisheriger Untersuchungen und der in der Praxis erzielten Ergebnisse zu evaluieren. In diesem Abschnitt wird auf eine Darstellung des Forschungsstandes bezüglich Effektivität und Effizienz einzelner Strategien verzichtet, da diese im nachfolgenden Kapitel direkt in die Analyse einfließen. Anzuführen ist jedoch, dass allgemein gesehen verschiedene Instrumente des Risikomanagements im Fokus verschiedener Publikationen, wie beispielsweise jene von Baetge und Jereschensky (1999), Götze und Mikus (2001) sowie Wilkens und Völkers (2001), standen und stehen.

3 Risikomanagement im Fußball

3.1 Einleitung

Nachdem im vorherigen Abschnitt der theoretische Bezugsrahmen dargestellt wurde, wird der vorgestellte Risikomanagementprozess im Folgenden auf die Fußballunternehmen übertragen. Analog zum Risikomanagementprozess werden zuerst die signifikantesten Risiken dieser evaluiert, wobei im Sinne der Forschungsfrage der vorliegenden Arbeit eine Fokussierung auf die aus der Abhängigkeit zwischen finanziellen und sportlichen Erfolg resultierenden Risiken stattfindet. Anschließend wird kurz auf die Risikomessung bei Fußballunternehmen eingegangen. Der dritte Schritt des Risikomanagementprozesses – die Risikosteuerung – dokumentiert, welche Instrumente und Strategien die Fußballunternehmen bereits jetzt anwenden, um die typischen Risiken im Fußball zu dezimieren sowie die Korrelation zwischen sportlichem und wirtschaftlichem Erfolg zu reduzieren. Dieser Schritt stellt – auch im Sinne der Forschungsfrage – den Kern dieses Kapitels dar. Neben Darstellung bisheriger Strategien zur Risikosteuerung werden aus theoretischen und praktischen Erfahrungen Stärken und Schwächen der einzelnen Instrumente abgeleitet. Der vierte Schritt des Risikomanagementprozesses – Risikocontrolling – wird nicht behandelt, da er für die Forschungsfrage an dieser Stelle nicht von Relevanz ist.

3.2 Risikoidentifikation in Fußballunternehmen

Bei der Risikoidentifikation sind Sportvereine im Allgemeinen und Fußballunternehmen im Speziellen angehalten, sensibel, fortdauernd und umfassend auf kleinste Signale zu reagieren, um anschließend effektive Maßnahmen zur Bekämpfung existenzbedrohender Risiken in die Wege leiten zu können. Zur Identifikation potenzieller Gefahrenquellen bietet folgende Abbildung eine erste Orientierung. Analog zu Unternehmen der Normalwirtschaft entstehen wirtschaftliche Chancen und Risiken bei Fußballunternehmen entlang einer Wertschöpfungskette – eingeteilt in die Bereiche Beschaffung, Dienstleistung sowie Absatz. Darüber hinaus sind verschiedene Faktoren von Relevanz, die sich auf alle Bereiche der Wertschöpfungskette sowohl positiv als auch negativ auswirken können.

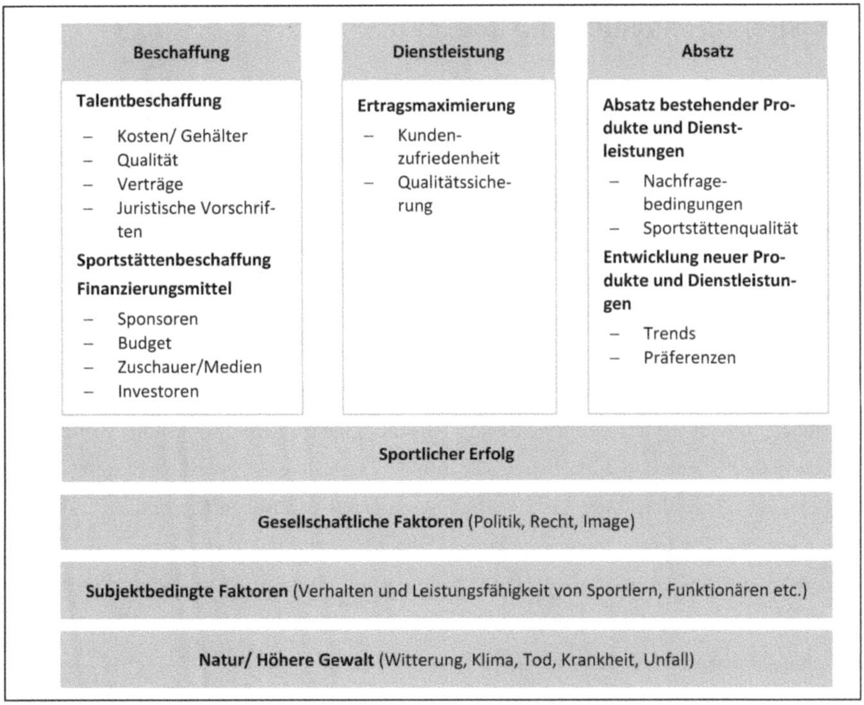

Abbildung 4: Risikoquellen in Fußballunternehmen[223]

Auf der Beschaffungsseite entstehen Risiken insbesondere bei der Talentbeschaffung, der Bereitstellung einer den Bedürfnissen des Fußballunternehmens entsprechenden Sportstätte sowie der Generierung von Finanzierungsmitteln, um das Fortbestehen des Clubs zu sichern. Innerhalb der Talentbeschaffung ist die Ausbildung und/oder Verpflichtung qualitativ hochwertiger Spieler der zentrale Inputfaktor für den sportlichen sowie finanziellen Erfolg des Fußballunternehmens. Erschwerend bei der Verpflichtung von Spielern ist die Tatsache, dass abgesehen von vereinzelten Ausnahmen Transfers von Spielern grundsätzlich nur zweimal pro Jahr – im Sommer sowie im Winter – gestattet sind.[224] Somit ist das Fußballunternehmen nur eingeschränkt in der Lage, kurzfristig auf Verletzungen einzelner Spieler zu reagieren. Aus diesem Grund ist eine präzise und vorausschauende Planung des Kaders von besonderer Bedeutung. Ferner ist darauf zu achten, dass die im Kader des Fußballunternehmens unter

[223] Eigene, um den sportlichen Erfolg modifizierte Darstellung in Anlehnung an Benner, 1992, S.191; Doleczik, Drewes, 2003, S.108.
[224] Vgl. Benz, Gehring, 2009, S.45.

Vertrag stehenden Spieler – sowohl auf als auch abseits des Spielfelds – möglichst gut harmonieren, um potenziellen Minderleistungen der Lizenzspieler durch anhaltende Konflikte entgegenzuwirken. Darüber hinaus muss das Fußballunternehmen adäquate Spielstätten bereitstellen. Dies umfasst zum einen die Spielstätte des Clubs und zum anderen die Infrastruktur wie beispielsweise Trainingsmöglichkeiten und Leistungszentrum. Das Auftreiben von Finanzierungsmitteln stellt eine weitere Anforderung an die handelnden Personen im Fußballunternehmen dar. Nur durch Akquise und Bereitstellung ausreichend hoher finanzieller Mittel ist ein Fußballclub per se in der Lage, konkurrenzfähig am sportlichen Wettbewerb teilzunehmen. Die Höhe des generierten Kapitals hat dabei einen signifikanten Einfluss auf den sportlichen Erfolg und somit ebenso auf den wirtschaftlichen Erfolg des Fußballunternehmens.[225]

Die Dienstleistung der Fußballunternehmen besteht in erster Linie in der Durchführung eines oder mehrerer Fußballspiele. Darüber hinaus bieten auf Basis der ursprünglichen Dienstleitung – Durchführung eines Sportereignisses – die Fußballunternehmen in Form verschiedener Rechte wie Vermarktungsrechte weitere Dienstleistungen an. Dabei unterliegen Dienstleistungen von Sportclubs allgemein einigen ökonomischen Besonderheiten. So zeichnen sich Dienstleistungen im Allgemeinen und Sportdienstleistungen im Speziellen unter anderem durch ihre Immaterialität, die zu Bewertungsproblemen der Konsumenten hinsichtlich ihrer Qualität führt, ihre Komplexität – durch Einbindung verschiedener Stakeholder – und ihre „Flüchtigkeit“ – keine Möglichkeit der Vorratsproduktion oder der Lagerhaltung – aus.[226]

Aus finanzieller Sicht ist das übergeordnete Ziel der Fußballunternehmen, die sich aus den angebotenen Dienstleistungen ergebenen Erträge zu maximieren. Dies erreichen sie zum einen durch Zufriedenstellung der am Club beteiligten Stakeholder – beispielsweise durch die (subjektiv) empfundene Attraktivität der angebotenen Dienstleistungen. Zum anderen muss das Fußballunternehmen insbesondere Sorge für die Sicherstellung der sportlichen Qualität tragen. Aufgrund der in Kapitel 2.1.1 erwähnten Abhängigkeitsbeziehung zwischen sportlichem und finanziellem Erfolg von Sportvereinen ist eine Maximierung der Erträge nur bei gleichzeitiger Maximierung der sportlichen Qualität und somit des sportlichen Erfolgs

---

[225] Verwiesen sei in diesem Zusammenhang auf die in Abschnitt 2.1.1 getätigten Ausführungen.
[226] Vgl. Fontanel, Bensahel, 2001, S.24f.; Gouguet, 2009, S.71; Heinemann, 1995, S.179; Tribou, Augé, 2003, S.109; Woratschek, 2002, S.3f.

umzusetzen.[227] Darüber hinaus ist – im Sinne der Ertragsmaximierung – von Fußballunternehmen die Qualität der angebotenen Leistung auch in anderen Bereichen zu maximieren, da erst alle angebotenen Leistungsmerkmale die Gesamtqualität aus Sicht der Stakeholder bestimmen.[228] So ist die angebotene Qualität der Dienstleistung für Besucher eines Sportereignisses eingeschränkt, wenn rund um den Austragungsort die Infrastruktur mangelhaft ist – beispielsweise durch eine zu geringe Kapazität an Parkplätzen oder einer schlechte Anbindung an das öffentliche Nahverkehrssystem. Ferner üben Stakeholder selbst einen gewichtigen Einfluss auf die Qualität der von den Fußballunternehmen angebotenen Dienstleistungen aus. So wird ein Sportereignis in der Regel erst durch die von den Sportlern aber auch vom Publikum selbst erzeugten Emotionen zu einem unvergesslichen Ereignis.[229]

Allgemein lassen sich nach Heinemann (1995) die Bestimmungsfaktoren der Nachfrage nach sportlichen Wettkämpfen in vier Faktoren einteilen – ökonomische und sozio-demographische Einflussfaktoren, Qualitätsfaktoren sowie Unsicherheitsfaktoren.[230] Die Nachfrage der vom Fußballunternehmen angebotenen Produkte und Dienstleistungen bemisst sich somit anhand ihrer Nachfragebedingungen. So berücksichtigen beispielsweise die Qualitätsfaktoren neben der aktuellen Position der Mannschaft auch die bisher erzielten sportlichen Erfolge sowie die Attraktivität der Spieler.[231] So hat die Attraktivität der im Sportclub agierenden Spieler – wie das Beispiel Real Madrid zeigt – einen signifikanten Einfluss auf das Nachfrageverhalten der Stakeholder nach den Produkten wie Merchandising-Artikel des jeweiligen Fußballunternehmens. Ferner belegten Brandes, Franck und Nüesch (2008) sowie Lawson, Sheehan und Stephenson (2008), dass Fußballunternehmen durch die Verpflichtung eines Starspielers in der Folge höhere Einnahmen erwarten können.[232, 233] Darüber hinaus hat auch die Beschaffenheit der vom Fußballunternehmen bereitgestellten Sportstätte einen Einfluss auf die Nachfrage. So zeigte sich im Zuge des Sportstättenbaus in Deutschland für die Fußball-Weltmeisterschaft 2006, dass die Qualität der Stadien einen entscheidenden Einfluss auf das Nachfrageverhalten der Stakeholder nach Eintrittskarten hat. Bundesligisten, deren

---

[227] Wobei hierbei, wie bereits einleitend anhand Eintracht Frankfurt dargestellt (vgl. hierzu auch noch einmal Anhang 1), der aus finanzielle Sicht optimale sportliche Erfolg nicht zwangsläufig gleichbedeutend mit dem Gewinn eines Titels sein muss – jedenfalls in der saisonalen Perspektive.
[228] Vgl. Horch, Breuer, 2007, S.109.
[229] Vgl. Tribou, Augé, 2003, S.110f.; Uhrich, Königstorfer, 2007, S.139.
[230] Eine genaue Übersicht bietet Heinemann, 1995, S.179ff.
[231] Vgl. Heinemann, 1995, S.179.
[232] Vgl. Brandes et al., 2008, S.282; Lawson et al., 2008, S.194.
[233] Des Weiteren zeigen Studien von Berri, Schmidt und Brook (2004), Berri und Schmidt (2006) sowie Hausman und Leonard (1997) für die NBA, dass Starspieler positive Externalitäten in Form höherer Einnahmen erzeugen – sowohl für den Verein bei dem der Spieler unter Vertrag steht als auch für die restlichen am Wettbewerb teilnehmenden Mannschaften.

Stadion für die Weltmeisterschaft modernisiert oder neu gebaut wurde, steigerten nach Fertigstellung ihren Zuschauerschnitt sowie die Auslastung des Stadions signifikant.[234] Darüber hinaus verdeutlicht eine Untersuchung von Feddersen, Maenning und Borcherding (2006), dass allgemein Fußballunternehmen mit modernisierten oder neu gebauten Stadien eine höhere Nachfrage nach Eintrittskarten verzeichnen.[235] Ferner müssen die Fußballunternehmen fähig sein, neue Trends und Präferenzen der Kunden aufzuspüren und anschließend darauf adäquat zu reagieren. So ist am Beispiel der modernisierten Stadien ersichtlich, dass insbesondere diejenigen Fußballunternehmen von ihren neuen Stadien profitieren, die neben dem klassischen Angebot von Steh- und Sitzplätzen ihre Angebotspalette um sogenannte Business-Seats oder Logen erweiterten. Doch auch in anderen Einnahmequellen muss sowohl das Fußballunternehmen als auch die gesamte Liga bzw. der Fußballsport bereit sein, auf Veränderungen in der Nachfrage seiner Stakeholder einzugehen und entsprechende Maßnahmen in die Wege zu leiten.[236] Sind die Akteure nicht willig oder in der Lage, neue Trends zu identifizieren und auf diese angemessen zu antworten, kann dieses Verhalten mittel- bis langfristig das Interesse der Stakeholder hin zu anderen Sportarten lenken, so dass die Nachfrage sinkt und sich somit in der Folge die Erträge verringern.

Neben Risikoquellen entlang der Wertschöpfungskette sind weitere Faktoren zu nennen, die sich nicht allein auf einen Bereich auswirken, sondern einen Einfluss auf die gesamte Wertschöpfungskette ausüben. Diese Faktoren sind grob in die Bereiche subjektbedingte Faktoren, gesellschaftliche Faktoren, Natur bzw. höhere Gewalt sowie schließlich sportlicher Erfolg, der insbesondere vor dem Hintergrund der vorliegenden Fragestellung von Relevanz ist, zu gliedern.

Subjektbedingte Faktoren spielen insbesondere im Fußballunternehmen selbst eine tragende Rolle, da Risiken direkt bei den im Club handelnden Personen entstehen. Das betrifft sowohl das spielende Personal als auch die Entscheidungsträger der Fußballunternehmen. Beide Personengruppen haben durch ihr Verhalten, ihr Leistungsvermögen sowie ihren

---

[234] So erhöhte Eintracht Frankfurt seinen Zuschauerschnitt in der 1. Fußball-Bundesliga von ca. 35.000 vor der Modernisierung auf über 45.000 zahlende Zuschauer nach Beendigung der Umbaumaßnahmen des Stadions; trotz einer Reduzierung der Stadionkapazität von annähernd 60.000 Plätzen auf 51.500 Plätzen. Darüber hinaus sind ähnliche Entwicklungen auch bei anderen Bundesligisten – Hamburger SV, 1. FC Köln, FC Bayern München, etc. – zu erkennen.
[235] Vgl. Feddersen et al., 2006, S.184f.
[236] Ein Beispiel ist die Aufteilung des Spieltages mit inzwischen fünf verschiedenen Anstoßzeiten. Damit reagierte die DFL auf die Wünsche ihres bedeutendsten Medienpartners, der sich durch die Aufteilung mehr Zuschauer und somit höhere Erlöse verspricht.

Leistungswillen einen entscheidenden Einfluss auf die zukünftige sportliche und wirtschaftliche Entwicklung des Fußballunternehmens entlang seiner Wertschöpfungskette. So treibt ein unfähiges Management nicht genügend Finanzmittel auf, so dass im Dienstleitungsbereich aufgrund der geringen Mittel keine Ertragsmaximierung zu erreichen ist und daran anknüpfend aus finanziellen Gründen im Absatz keine neuen Produkte und Dienstleistungen zu entwickeln sind. Durch die hohe Korrelation zwischen sportlichem und wirtschaftlichem Erfolg hat auch das spielende Personal einen signifikanten Einfluss auf alle Bereiche der Wertschöpfungskette des Fußballunternehmens.

Gesellschaftliche Faktoren beeinflussen ebenfalls die Wertschöpfungskette der Fußballunternehmen. Eine Sportart bzw. explizit ein Sportclub mit einem schlechten Image wird dauerhaft weniger Stakeholder als ein Sportclub mit einem positiven Image akquirieren, so dass dies Auswirkungen auf die Wertschöpfungskette hat. Neben dem Image spielen politische sowie rechtliche Eingriffe bzw. Rahmenbedingungen eine tragende Rolle für Sportclubs. Bekanntestes Beispiel ist hierbei sicherlich das Bosman-Urteil in den neunziger Jahren.[237] Bedingt durch das Urteil wurden Fußballunternehmen dazu gezwungen, ihre bisherige Transferpolitik komplett zu überdenken und an die neuen Gegebenheiten anzupassen. Solche politischen und rechtlichen Eingriffe können auch zukünftig einen substanziellen Einfluss auf die Wertschöpfungskette der Fußballunternehmen ausüben.

Darüber hinaus kann auch die Natur sowie höhere Gewalt eine Wirkung auf die Wertschöpfungskette der Sportclubs haben. Der Ausfall von Sportlern oder Funktionären durch Tod, Krankheit oder Unfall kann einen kurz-, mittel- oder sogar langfristigen Schock auf verschiedene Bereiche des Fußballunternehmens zur Folge haben. Insbesondere der verletzungsbedingte Ausfall wichtiger Leistungsträger kann negative Auswirkungen auf den weiteren Erfolg des Clubs nach sich ziehen.

Schlussendlich übt, wie im Laufe der vorliegenden Arbeit an verschiedenen Stellen aufgezeigt, auch der sportliche Erfolg einen Einfluss auf verschiedene Bereiche der Wertschöpfungskette aus. Wie geschildert, sind innerhalb der Beschaffung insbesondere die Finanzierungsmittel von diesem abhängig. Darüber hinaus werden Ertragsmaximierung sowie abschließend der Absatz bestehender Produkte und Dienstleistungen vom sportlichen Erfolg direkt oder zumindest indirekt beeinflusst.

---

[237] Der Abschnitt 5.3.4 bietet einen Überblick über das Bosman-Urteil.

3.3 Risikomessung in Fußballunternehmen

Für die Messung und Analyse der identifizierten Risiken sind sowohl quantitative als auch qualitative Risikomaße anzuwenden. Um die finanziellen Auswirkungen des sportlichen Werdegangs des Fußballunternehmens zu messen, ist es sinnvoll unterschiedliche sportliche Szenarien – vom schlechtesten, über den wahrscheinlichsten bis hin zum optimalen Fall – aufzustellen. Anhand dieser Szenarien sind die finanziellen Auswirkungen zu ermitteln.[238] Alternativ ist auch die Entwicklung der Volatilität in die Analyse einzubeziehen. Hierbei sind im Sinne der Forschungsfrage bei den Einnahmen fallende und bei den Aufwendungen steigende Volatilitäten das Ziel.

3.4 Risikosteuerung in Fußballunternehmen

In diesem Abschnitt werden die bereits von den Fußballunternehmen angewandten Strategien zur Steuerung der Risiken vorgestellt. Dies geschieht anhand der im vorherigen Kapitel vorgenommenen Klassifizierung der Risikosteuerungsstrategien in Vermeidung, Verminderung, Überwälzung, Verteilung sowie Übernahme. Ferner werden sonstige Maßnahmen behandelt, die nicht klar in eine der genannten Risikosteuerungsstrategie einzuordnen sind. Neben Vorstellung der Maßnahmen innerhalb der einzelnen Risikosteuerungsstrategien werden auch mögliche Vor- und Nachteile eruiert, um darauf aufbauend ein Urteil über die in Fußballunternehmen zur Steuerung (finanzieller) Risiken angewandten Maßnahmen abzuleiten. Darüber hinaus werden die einzelnen Strategien im Sinne des Forschungsziels stets vor dem Hintergrund, die Abhängigkeitsbeziehung zwischen sportlichem und wirtschaftlichem Erfolg zu reduzieren, betrachtet und bewertet.

3.4.1 Vermeidung von Risiken

Im Zuge der Strategie zur Risikovermeidung vermeiden Fußballunternehmen potenzielle Risiken durch das gänzliche Unterlassen einer risikobehafteten unternehmerischen Aktivität. So kann ein Fußballunternehmen im Sinne der Risikovermeidung eine anstehende Investition in Spieler oder in Sachanlagen unterlassen, falls er sich über die künftige Entwicklung eines Spielers bzw. über die Notwendigkeit neuer Sachanlagen nicht sicher ist. Allerdings schränken Maßnahmen zur Risikovermeidung zumeist die Handlungsfähigkeit ein und sind mit dem Grundgedanken unternehmerischer Tätigkeit nicht kompatibel, so dass die Strategie der Risikovermeidung nur im Einzelfall Anwendungen finden sollte – sprich bei besonders unkalkulierbaren Risiken oder bei Investitionen, die sehr hohe finanzielle Aufwendungen

---

[238] Eine ausführliche Analyse der wirtschaftlichen Auswirkungen in Abhängigkeit des sportlichen Erfolgs wird im sechsten Kapitel geliefert. Daher findet eine eingehende Bewertung der identifizierten Risiken in diesem Abschnitt nicht statt.

erfordern und denen nur äußerst unsichere zukünftige Einzahlungsüberschüsse gegenüberstehen. So ist beispielsweise die Verpflichtung eines neuen Spielers ex ante stets mit Risiken behaftet, da der aufnehmende Club die zukünftige Leistungsfähigkeit des Spielers nur auf Basis seiner bisher gezeigten Leistungen in anderen Vereinen abschätzen kann. Die bisherigen Leistungen sind jedoch keine Garantie dafür, dass der neu zu verpflichtende Spieler auch weiterhin sein Potenzial abrufen wird. Darüber hinaus ist die „Schnittstellenkompatibilität" der zukünftigen Neuverpflichtung ein weiterer Risikofaktor. So ist ex ante nicht zweifelsfrei messbar, ob dieser wie geplant in das bisherige System – den Spielerkader – reibungslos zu integrieren ist.[239] Jedoch reduziert auch eine nicht getätigte Investition eines Spielers per se nicht das wirtschaftliche Risiko, da insbesondere durch Verpflichtung eines qualitativ werthaltigen Spielers zukünftige Einzahlungsströme sichergestellt werden sollen. Darüber hinaus ist der Verzicht risikobehafteter Aktivitäten auch nicht dazu geeignet, den wirtschaftlichen Erfolg unabhängiger vom sportlichen Erfolg zu gestalten. Gerade Investitionen in risikobehaftete Spielerverpflichtungen stellen per se den zukünftigen sportlichen Erfolg des Fußballunternehmens sicher. Ist ein Fußballclub nicht bereit, Investitionen in den Kader zu tätigen, ist – eingedenk des in Abschnitt 2.1.2 vorgestellten Phänomen des Rattenrennens im Sport – davon auszugehen, dass das Risiko sogar noch ansteigt. So erhöht sich durch eine gleichzeitige Spielerverpflichtung eines konkurrierenden Fußballunternehmens die Wahrscheinlichkeit, dass dieses den nicht in den Kader investierenden Club sportlich und wirtschaftlich überholt bzw. die Differenz der Leistungsfähigkeit zwischen beiden noch weiter auseinandergeht. Einschränkend ist jedoch festzuhalten, dass zwar Investitionen in den Kader notwendig sind, diese sich aber idealerweise stets in einem vertretbaren finanziellen Rahmen bewegen sollten. So sollten Investitionen in den Spielerkader nur durch bereits sicher generierte Umsätze oder in der Vergangenheit aufgebaute Rücklagen getätigt werden. Handeln Fußballunternehmen nicht nach dieser Maxime, so fördert dieses Verhalten ebenfalls das wirtschaftliche Risiko.

Ferner können Investitionen in die Infrastruktur wie die Modernisierung des vereinseigenen Stadions die unsicheren Einzahlungsströme durch die erwähnte neue Attraktivität der Stadien durch erhöhten Komfort sowie einer umfangreicheren Angebotspalette ein Stück weit stabiler gestalten. Durch die Anziehungskraft ihrer Stadien konnten – wie bereits verdeutlicht –

[239] Vgl. Frick, Prinz, 2005, S.31.

Fußballunternehmen ihre Einnahmen erhöhen und unabhängiger vom sportlichen Erfolg erzielen.[240] Im Sinne des Forschungsziels ein nicht zu vernachlässigender Aspekt.

3.4.2 Verminderung von Risiken

Im Gegensatz zur Risikovermeidung akzeptiert die Risikoverminderung potenzielle Risiken, die jedoch durch verschiedene Maßnahmen im Unternehmen selbst verringert werden. So akzeptieren Fußballunternehmen, dass sie im Voraus nicht exakt die künftige Leistungsfähigkeit ihrer Spieler einschätzen können. Durch risikominimierende Ablösemodalitäten sowie Klauseln in der Vertragsgestaltung mit dem Spieler sind Fußballclubs jedoch in der Lage, ihre Risiken zu vermindern. So sind im Zuge einer Spielerverpflichtung finanzielle Risiken auf zweierlei Arten zu senken. Zum einen kann der aufnehmende Verein den Spieler zuerst nur für einen bestimmten Zeitraum ausleihen und ihn anschließend, falls der Spieler die in ihn gesteckten Erwartungen erfüllen konnte, zu einer im Voraus festgelegten Ablösesumme verpflichten. Überzeugt der Spieler während der Ausleihphase jedoch nicht nachhaltig die Verantwortlichen von seiner Leistungsfähigkeit, verzichtet der Fußballclub auf seine endgültige Verpflichtung. Im Gegensatz zu einer sofortigen Verpflichtung gegen Zahlung einer Ablösesumme vermindert das aufnehmende Fußballunternehmen sein aus einer Spielerverpflichtung resultierendes sportliches und wirtschaftliches Risiko. Jedoch sind in der Praxis nicht alle abgebenden Fußballunternehmen zum Abschluss einer solchen Vereinbarung bereit. Diese Situation tritt insbesondere bei Spielern auf, die das Fußballunternehmen eigentlich behalten möchte, aber auf Druck des Spielers selbst oder aus wirtschaftlichen Zwängen heraus verkaufen muss. In diesen Fällen ist der abgebende Verein daran interessiert, sich möglichst schnell von seinem Spieler zu trennen, um nicht einen ewigen Unruhepol in seiner Mannschaft zu haben. Neben besonderen Ablösemodalitäten besteht nach Verpflichtung des Spielers prinzipiell die Möglichkeit, Gehaltszahlungen in Abhängigkeit des sportlichen Werdegangs des Spielers zu gestalten. Allerdings sind die Spieler im Normalfall nicht dazu bereit auf ihre sicheren Bezüge zu verzichten, falls sie nicht aufgrund fehlender Nachfrage anderer potenzieller Arbeitgeber dazu gezwungen sind.

Die aufgezeigten Beispiele demonstrieren, dass Fußballunternehmen zur Steuerung ihrer Risiken die Strategie der Risikoverminderung einsetzen können und dies teilweise auch durchführen. Trotz der anhand einer Spielerverpflichtung gezeigten Vorteile für den

[240] So erreichte der 1. FC Köln in der Spielzeit 2008/09 eine Auslastung seines Stadions in Höhe von 98,25 Prozent, obwohl der Club um das sportliche Überleben in der 1. Fußball-Bundesliga zu kämpfen hatte.

aufnehmenden Verein, ist eine Durchführung dieser Maßnahme nicht immer praktikabel. Interessanterweise ist jedoch mit beiden aufgezeigten Instrumenten durch spezielle Vertragsinhalte der wirtschaftliche Erfolg vom sportlichen Erfolg ein Stück weit abzukoppeln – entweder durch den Einsatz vom sportlichen Erfolg abhängigen Prämien oder im Zuge eines Leihgeschäftes durch die endgültige Verpflichtung eines Spielers in Abhängigkeit seines sportlichen Werdegangs.

3.4.3 Überwälzung von Risiken

Innerhalb der Strategie der Risikoüberwälzung können Fußballunternehmen verschiedene Maßnahmen durchführen. In der Praxis finden insbesondere Versicherungen sowie Factoring- und Leasing-Vereinbarungen Berücksichtigung. Einschränkend ist bei Zweitem jedoch zu erwähnen, dass diese Vereinbarungen sowohl bei Unternehmen der Normalwirtschaft als auch bei Sportclubs zumeist aufgrund ihrer Finanzierungswirkung abgeschlossen werden und weniger aus Gründen der Risikovorsorge. Daher wird im Folgenden der Einsatz von Versicherungen im Vordergrund der Untersuchung stehen.

Allgemein nehmen Versicherungen sowohl in der Wirtschaft als auch im Sport eine bedeutende Rolle ein. So ließ sich die deutsche Fußballnationalmannschaft bereits 1921 bei ihrem Länderspiel gegen Ungarn unfallversichern.[241] Durch die in Abschnitt 2.1 bereits an verschiedenen Stellen skizzierte Professionalisierung im Sport entwickelten sich in der Folge immer neue Versicherungsformen, die sich jeweils an den Bedürfnissen der Sportler sowie der Vereine orientierten und anpassten.

Versicherungen dienen allgemein dazu, Risiken auf Dritte zu übertragen, so dass die Gefahr eines unerwarteten Vermögensverlustes verhindert wird.[242] Dies wird erreicht, indem Verträge mit dem Ziel, gegenläufige Zahlungsströme zu generieren, abgeschlossen werden.[243] So gleichen Zahlungen der Versicherungen entstandene Schäden beim Versicherten aus. Der Risikotransfer kommt dabei nur zustande, wenn sowohl der Versicherungsnehmer als auch der Versicherer einen positiven Nettonutzen aus Nutzen abzüglich Mißnutzen aus dem Versicherungsgeschäft ziehen können.[244] Im gegenteiligen Fall besteht zumeist eine unbefriedigte Nachfrage nach der Versicherungspolice oder ein nicht angenommenes

[241] Vgl. Roos, 2002, S.488.
[242] Vgl. Farny, 2007, S.22; Ibers, Hey, 2005, S.140; Schulenburg, 2005, S.24.
[243] Vgl. Campenhausen, 2006, S.100.
[244] Vgl. Farny, 2007, S.35.

Versicherungsangebot.[245] In beiden Fällen stellt die Höhe der Prämie das signifikante Entscheidungskriterium dar. Bei unbefriedigter Nachfrage ist der Versicherungsnehmer nicht bereit, eine aus Sicht des Versicherers adäquate Prämie zu zahlen. Bei nicht akzeptiertem Angebot sind hingegen die Prämienforderungen des Versicherers zu hoch. Der Versicherungsnehmer seinerseits schließt keine Versicherungspolice ab, wenn der Nutzen des Risikotransfers im Vergleich zur geforderten Prämie nur gering ist, weil beispielsweise die Schadensgröße sowie ihre Eintrittswahrscheinlichkeit unerheblich sind.[246] Darüber hinaus ist von Bedeutung, dass die Risiken für das Versicherungsunternehmen beherrschbar und kalkulierbar sind.[247] Ist dies nicht der Fall, da der Versicherer beispielsweise das Risiko nicht eindeutig definieren oder den Umfang der im Schadensfall resultierenden Zahlungsverpflichtungen einschätzen kann, wird das Versicherungsunternehmen keine Police abschließen. Ferner entstehen Hindernisse im Zuge der Versicherbarkeit bei kumulierten und besonders großen Risiken.[248]

Im Sport entwickelten sich in den vergangenen Jahren verschiedene Versicherungsformen. Allgemein lassen sich diese nach Ross (2002) in Vermögensversicherungen, Personenversicherungen und Sachversicherungen unterteilen.[249] Zu den Vermögens-versicherungen werden verschiedene Formen der Ausfallversicherung sowie Versicherungen gegen Misserfolg und Erfolg gezählt. Die Sportinvaliditätsversicherung sowie die Zuschauerversicherungen sind bekannte Formen der Personenversicherung. Die Sportstätten-Versicherung ist als Vertreter der Sachversicherung zu nennen.

Im Zusammenhang mit wirtschaftlichen Risiken und dem sportlichen Werdegang von Fußballunternehmen ist die Versicherung gegen Misserfolg bzw. Erfolg eine in den letzten Jahren bedeutend werdende Versicherungsform. Bei der Versicherung gegen Erfolg versichert sich ein Fußballunternehmen gegen zusätzlich zu zahlende Prämienzahlungen, die es mit seinen Spielern für das Erreichen eines bestimmten sportlichen Ziels vereinbart hat.[250] Bei Realisierung des vereinbarten Ziels zahlt anstelle des Fußballunternehmens das Versicherungsunternehmen die ausstehenden Prämien.[251] Somit muss das Fußballunternehmen keine Rückstellungen für etwaige Prämien bilden und macht die

[245] Vgl. Farny, 2007, S.37.
[246] Vgl. Farny, 2007, S.40ff.
[247] Vgl. Campenhausen, 2006, S.130.
[248] Vgl. Campenhausen, 2006, S.131; Gabler, 1992, S.3587.
[249] Vgl. Roos, 2002, S.489ff.
[250] Vgl. Napp, Vornholz, 2002, S.85.
[251] Vgl. Roos, 2002. S.499.

ungewissen Aufwendungen durch die Versicherungsprämie kalkulierbar.[252] Damit mindert eine Versicherungspolice gegen Erfolg das wirtschaftliche Risiko bei sportlichem Erfolg.

Darüber hinaus können sich Fußballunternehmen auch gegen Misserfolg, wie beispielsweise gegen einen drohenden Abstieg, versichern. Im Abstiegsfall zahlt das Versicherungsunternehmen eine vorher vereinbarte Entschädigung.[253] Diese kann dabei als Ausgleichszahlung für die durch den Abstieg drohenden Mindereinnahmen angesehen werden. Verwendet werden die Entschädigungszahlungen typischerweise zum Aufbau einer schlagkräftigen Mannschaft, die den direkten Wiederaufstieg anstreben kann.[254] Durch die gezahlten Ausgleichzahlungen im Versicherungsfall werden die finanziellen Auswirkungen reduziert, wodurch die zu erwartenden Mindereinnahmen im Abstiegsfall um die vereinbarte Entschädigung gesenkt werden.

Zentraler Vorteil dieser Versicherungsformen ist, dass Fußballunternehmen ihre unsicheren zukünftigen Zahlungsströme bis zu einem gewissen Grad absichern können. Als problematisch erweist sich jedoch, dass Versicherungspolicen stets gegen Zahlung einer Prämie abgeschlossen werden.[255] Diese ist im Sport zumeist relativ hoch und ist in den vergangenen Jahren stark angestiegen. In Folge dessen hat die Bereitschaft der Fußballunternehmen in Deutschland abgenommen, eine Versicherung abzuschließen.[256] Die gestiegenen Versicherungsprämien sind auch der Tatsache geschuldet, dass in der Vergangenheit – insbesondere in Deutschland – zu wenig Fußballunternehmen eine solche Versicherung abgeschlossen haben.[257] So schließen zumeist nur diejenigen Fußballunternehmen, die nach eigener subjektiver Einschätzung besonders gefährdet sind, eine Versicherungspolice ab. Jedoch muss es dem Versicherungsunternehmen gelingen, genügend Prämien zu akkumulieren, um den fast sicheren Schaden, der aus den

---

[252] Vgl. Napp, Vornholz, 2002, S.85.

[253] Bayer 04 Leverkusen schloss 2003 bei der Hannover Rück eine Abstiegsversicherungen ab und hätte im Abstiegsfall eine Entschädigungszahlungen in Höhe von 7 Millionen Euro erhalten. Laut des Fußballunternehmens hätte die Zahlung die Mindereinnahmen aus der Sponsoring-Vereinbarung mit dem Hauptsponsor aufgefangen.

[254] Vgl. Napp, Vornholz, 2002, S.86; Roos, 2002, S.499.

[255] Vgl. Campenhausen, 2006, S.100; Ibers, Hey, 2005, S.140; Wolke, 2007, S.83.

[256] So erklärte der Geschäftsführer von Bayer 04 Leverkusen, Wolfgang Holzhäuser, dass sich eine Abstiegsversicherung aufgrund der gestiegenen Prämien nicht mehr rechne. Ein weiterer Fußballmanager eines traditionsreichen aber in den letzten Jahren stets gegen den Abstieg spielenden Fußballunternehmens bezifferte die Versicherungsprämie bei seinem Unternehmen auf ca. 50 Prozent der Versicherungssumme, wodurch auf einen Versicherungsschutz verzichtet worden sei.

[257] Branchenkenner schätzen, dass aktuell kein einziger Bundesligist eine Abstiegsversicherung in Anspruch nimmt. Im Gegensatz zu Deutschland sei jedoch – laut Versicherungsunternehmen – die Nachfrage im europäischen Ausland höher; insbesondere in der englischen Premier League, in der eine Vielzahl von Fußballunternehmen versichert seien.

abgeschlossenen Versicherungspolicen entsteht, auch refinanzieren zu können.[258, 259] Schließen zu wenig Fußballunternehmen eine solche Versicherung ab, führt dies zwangsläufig zu höheren Versicherungsprämien. Eine effektive und günstige Versicherungspolice gegen sportlichen Erfolg bzw. Misserfolg ist somit nur erreichbar, wenn möglichst alle am Wettbewerb partizipierenden Fußballunternehmen eine solche abschließen. Diese ist dann allerdings zwingend auf die individuellen Bedürfnisse und Anforderungen des jeweiligen Fußballunternehmens anzupassen.[260]

Darüber hinaus haben insbesondere Fußballunternehmen mit einem hohen prognostizierten Risiko hohe Versicherungsprämien zu zahlen. So variieren die Prämien von hohen einstelligen bis zu mittleren zweistelligen Prozentanteilen der Versicherungssumme.[261] Diese hohen Prämien sind insbesondere für Fußballunternehmen mit einem geringen Budget und einer daraus zumeist resultierenden begrenzten sportlichen Leistungsfähigkeit nur schwer zu stemmen.

Ein weiteres Problem der Versicherungspolicen besteht in deren Vertragslaufzeiten. So akzeptieren Versicherungsunternehmen aufgrund der schwer zu prognostizierenden sportlichen Entwicklung der Fußballunternehmen in der Regel nur Vertragslaufzeiten von einem bis zu maximal drei Jahren.[262] Ein langfristiger Schutz ist somit nicht möglich.

Ferner gibt es auf dem deutschen Markt kaum Anbieter von Versicherungspolicen auf den sportlichen Erfolg oder Misserfolg von Sportclubs, so dass die Auswahl für Versicherungsnehmer begrenzt ist und somit aufgrund des begrenzten Angebots die Preismacht bei den Versicherungsunternehmen liegt.[263] Zusätzlich erschwert das geringe Angebot an Versicherungspolicen die Suche für ein als risikoreich eingeschätztes Fußballunternehmen nach einem Versicherer, das seine Risiken absichert.[264]

Aufgrund der dargestellten Problematik sind Versicherungspolicen nur als ungenügende Antwort zur Reduzierung des wirtschaftlichen Risikos der Fußballunternehmen zu

[258] Vgl. Roos, 2002, 499f.
[259] So soll einem deutschen Versicherungsunternehmen aus früheren Geschäften mit Atletico Madrid, Eintracht Frankfurt, Arminia Bielefeld sowie dem SSV Ulm ein Verlust in Höhe von 40 Millionen Euro entstanden sein.
[260] So dürfte es keinen Sinn machen, einem Abstiegskandidaten eine Versicherung gegen Erfolg – beispielsweise Meisterschaft – anzubieten.
[261] Vgl. Guthardt, 2010, S.44.
[262] Vgl. Guthardt, 2010, S.44.
[263] Vgl. Guthardt, 2010, S.45.
[264] Vgl. Hughes, 2000, S.52f.

bezeichnen. Darüber hinaus sind die Einnahmen nicht vom sportlichen Erfolg abzukoppeln, sondern maximal die Aufwendungen. Dies gelingt jedoch höchstens in den Grenzfällen Abstieg und in den verschiedenen Erfolgsszenarien wie beispielsweise den Gewinn eines bedeutenden Wettbewerbs.

3.4.4 Verteilung der Risiken

Bei der Strategie der Risikoverteilung sind allgemein die Diversifikation sowie das Outsourcing von Bedeutung. Bei Fußballunternehmen wird das Outsourcing insbesondere in zwei Geschäftsbereichen angewandt – im Ticketing sowie im Marketing. So verkaufen einige Fußballclubs ihre Tickets nicht mehr ausschließlich in Eigenregie, sondern geben beispielsweise den Onlineverkauf ihrer Eintrittskarten an ein darauf spezialisiertes Unternehmen ab. Auch die Vermarktung verschiedener Rechte findet nicht mehr allein durch das Fußballunternehmen statt. Stattdessen wird auf die Dienste eines auf Sportrechte spezialisierten Unternehmens vertraut, das anstelle des Fußballunternehmens potenzielle Geschäftspartner identifiziert und anschließend Vertragsverhandlungen mit diesen führt. Jedoch müssen die Fußballunternehmen als Kompensation für die beanspruchten Dienstleistungen Dritter einen Teil ihrer Erlöse an diese abtreten.

Des Weiteren werden Outsourcing-Entscheidungen nicht allein aufgrund wirtschaftlicher Risiken getroffen, sondern aufgrund der Tatsache, dass Unternehmen in einzelnen Geschäftsfeldern nicht selbst über die nötige fachliche Kompetenz verfügen, um beispielsweise das Maximum aus Sponsoring-Vereinbarungen zu erlösen. Stattdessen wird auf die Dienste eines kompetenten Partners gesetzt, der einen profunden Einblick in das jeweilige Geschäftsfeld hat und durch Zusammenarbeit mit anderen Fußballunternehmen Synergieeffekte erzielen kann. Diese können dem eigenen Fußballclub ebenfalls zum Vorteil gereichen.

Die Diversifikation hat sich in den vergangenen Jahren als weitere Maßnahme zur Risikoverteilung, die das wirtschaftliche Risiko von Unternehmen reduziert, etabliert. Allgemein ist die Diversifikation aus unternehmenspolitischer sowie aus kapitalmarktorientierter Sicht zu betrachten.

Aus unternehmenspolitischer Sichtweise gelten Überlegungen von Ansoff (1957) als grundlegend. Im Zuge seiner entwickelten „Produkt-Markt-Matrix“ wird Diversifikation als strategische Neuorientierung der Unternehmung verstanden, die sowohl die Einführung neuer

Produkte als auch die Erweiterung der Aktivitäten auf neue, bisher nicht bediente Märkte umfasst. Johnson und Jones (1957) definierten fast zeitgleich Diversifikation als eine Strategie der gleichzeitigen Orientierung auf neue Technologien und neue Märkte. Beide Ansätze sehen Diversifikation als gleichzeitige Neuartigkeit in zwei Dimensionen an – Produkt (Technologie) und Markt.[265]

Aus unternehmenspolitischer Sicht können Unternehmen mit Hilfe der Diversifikation verschiedene Ziele verfolgen. Zu den wichtigsten Zielen zählen dabei das Wachstum, die Risikostreuung sowie die Verbesserung der Wirtschaftlichkeit und der Wettbewerbsfähigkeit des Unternehmens.[266] Ansoff (1965) folgend ist das Wachstum eines Unternehmens durch Diversifikation zu steigern und das Unternehmen somit in der Lage länger im Wettbewerb zu überleben.[267] Die Risikostreuung bzw. die Risikoreduktion stellt ein weiteres wesentliches Ziel der Diversifikation dar. Wie in Abschnitt 2.2.1 erwähnt, kann sich ein Unternehmen zwar nicht vor systematischen Risiken schützen, jedoch sind unsystematische Risiken zu senken. Dies zeigt sich besonders bei saisonalen, konjunkturellen oder strukturellen Nachtfrageänderungen.[268] Folglich ist ein Risikoausgleich zwischen den verschiedenen Tätigkeitsbereichen des Unternehmens zu erreichen.[269] Schließlich fördert Diversifikation die Wirtschaftlichkeit sowie die Wettbewerbsfähigkeit eines Unternehmens, indem beispielsweise bestehende Kapazitäten oder Ressourcen effizienter ausgelastet oder ausgenutzt werden.[270]

Die kapitalmarktorientierte Sicht der Diversifikation greift das Ziel der Risikostreuung bzw. der Risikoreduktion im Zuge der Portfoliotheorie nach Markowitz (1959) wieder auf. Ausgangspunkt seiner Theorie ist die Erkenntnis, dass das Risiko eines Portfolios nicht der Summe der Risiken der einzelnen Finanztitel des Portfolios entspricht, sondern dass das Gesamtrisiko eines Portfolios durch Diversifikation zu reduzieren ist.[271] Er ging dabei nicht der Frage der Auswahl einzelner Finanztitel nach, sondern wie diese unter Rendite/Risiko-Überlegungen optimal zu kombinieren sind.[272]

---

[265] Vgl. Zanger, 1995, S.516.
[266] Vgl. Gebert, 1983, S.82.
[267] Vgl. Ansoff, 1965, S.108ff. und 127ff.
[268] Vgl. Döhmen, 1991, S.165; Gebert, 1983, S.57f.; Weyand, 1975, S.24.
[269] Vgl. Gort, 1962, S.3f.
[270] Vgl. Weyand, 1975, S.33.
[271] Vgl. Albrecht, Maurer, 2005, S.238.
[272] Vgl. Albrecht, Maurer, 2005, S.239; Zantow, 2007, S.501.

Die Korrelation zwischen den Renditen der im Portfolio enthaltenen Finanztitel stellt den zentralen Einflussfaktor des Portfoliorisikos dar.[273] Das unsystematische Risiko wird nur unter der Voraussetzung, dass die Renditen der Finanztitel nicht miteinander korrelieren, vollständig eliminiert.[274] Somit ist im Sinne einer kompletten Reduzierung des unsystematischen Risikos ein Portfolio erforderlich, in dem die darin enthaltenen Finanztitel nicht miteinander korrelieren. Ziel der Diversifikation nach Markowitz (1959) ist es, ein sogenanntes „effizientes Portfolio" zu bilden. Ein Portfolio ist dabei nur dann als effizient zu bezeichnen, wenn sich kein anderes Portfolio finden lässt, das bei gleichem Ertrag ein geringeres Risiko aufweist oder bei gleichem Risiko einen höheren Ertrag verspricht.[275] Zu erreichen ist ein solches Portfolio wiederum durch optimale Kombination der zuvor ausgewählten Finanztitel.

In der sportökonomischen Literatur und Praxis findet die Diversifikationsstrategie insbesondere im Zuge von Börsengängen von Fußballunternehmen Berücksichtigung. So bezeichnen sowohl Suciu-Sibianu (2004) als auch Keller (2006) die Diversifikationsstrategie als alternativlos, um die Gesamterlöse vom sportlichen Erfolg zu entkoppeln.[276] Ferner regt Haas (2006) Investitionen in neue Geschäftsfelder an, um die Abhängigkeit vom sportlichen Erfolg zu reduzieren. Lohnenswerte Geschäftsfelder seien dabei mittels einer Portfolio-Analyse zu eruieren.[277] Nach Galli, Wagner und Beiersdorfer (2002) ist die wirtschaftliche Leistungsfähigkeit zu steigern, indem Fußballunternehmen ökonomisch sinnvolle Diversifikationsmöglichkeiten durchführen.[278] Paul und Sturm (2004) kommen zum Ergebnis, dass Aktionäre von Fußballunternehmen Diversifikationsprojekte erwarten.[279] Voraussetzung einer erfolgreichen Diversifikation ist hierbei nach Keller (2006) und Haas (2006), dass die neuen Geschäftsfelder eine gewisse Affinität zum Fußball aufweisen.[280] Allerdings ist im Zuge der Forderung von Keller (2006) sowie Haas (2006) kritisch zu hinterfragen, ob im Sinne von Markowitz durch Aktivitäten in fußballnahe Einheiten ein effizientes Portfolio zu erreichen ist. Sobald nämlich neue Geschäftsfelder eine gewisse Affinität zum Kerngeschäft Fußball aufweisen, dürften die Risiken mehr oder weniger stark mit den Risiken des Kerngeschäftes korrelieren – in diesem Fall mit dem sportlichen Erfolg. Somit ist das

[273] Vgl. Albrecht, Maurer, 2005, S.238; Perridon, Steiner, 2007, S.243.
[274] Vgl. Markowitz, 1959, S.5.
[275] Vgl. Markowitz, 1959, S.22.
[276] Vgl. Keller, 2006, S.110; Suciu-Sibianu, 2004, S.181.
[277] Vgl. Haas, 2006, S.79.
[278] Vgl. Galli et al., 2002, S.215.
[279] Vgl. Paul, Sturm, 2004, S.208.
[280] Vgl. Haas, 2006, S.80; Keller, 2006, S.110.

eigentliche Ziel – Reduzierung der Korrelation zwischen wirtschaftlichem und sportlichem Erfolg – nicht zu realisieren.

In der sportökonomischen Praxis nahmen britische Fußballunternehmen die Vorreiterrolle ein und weiteten ihre Geschäftsaktivität insbesondere in die Bereiche Hotel und Gastronomie, Freizeitindustrie, Finanzdienstleistungen sowie den Sport- und Mediensektor aus.[281] Demgegenüber steht die Diversifikationsstrategie in Deutschland erst am Anfang ihrer Entwicklung, obgleich sich beispielsweise Borussia Dortmund im Zuge ihres Börsengangs in fußballnahe Geschäftsfelder wie den Aufbau eines eigenen Sportartikelherstellers engagierte.[282] Darüber hinaus diversifizierten in den letzten Jahren einige Bundesligisten ihr Fußballangebot durch den Aufbau bzw. die Übernahme einer Damenmannschaft.[283] Neben dem Aufbau weiterer Fußballmannschaften bauen einige Fußballunternehmen auch konkurrenzfähige Mannschaften in anderen Sportarten auf. So spielt nicht nur die Fußballmannschaft des FC Barcelona eine herausragende nationale und internationale Rolle, sondern auch deren Basketball- und Handballmannschaft gewinnen bedeutende Titel. Vorteilig hierbei ist, dass die handelnden Personen bereits mit den Chancen und Risiken des Produkts Mannschaftsport vertraut sind und Sportstätten durch Nutzung verschiedener Profimannschaften ausgelasteter sind.

Allerdings zeigt die Praxis trotz vorhandener positiver Beispiele wie Olympique Lyonnais, die diese Strategie bisher recht erfolgreich bei allerdings relativ geringen Umsätzen durchführen, dass Diversifikation mit großem wirtschaftlichem Risiko behaftet ist und ein Scheitern dieser nicht unüblich ist.[284] So gelang es bisher nicht vielen Fußballunternehmen, eine funktionierende und wirtschaftlich erfolgreiche Diversifikationsstrategie umzusetzen. Sowohl in England als auch in Deutschland scheiterten verschiedene Fußballunternehmen an ihr und kamen anschließend aufgrund der getätigten Fehlinvestitionen in wirtschaftliche Schwierigkeiten, von denen sich in der Folge nicht jedes Fußballunternehmen nachhaltig erholen konnte.[285] Klimmer (2003) folgend lagen die Ursachen zumeist in der mangelnden

[281] Vgl. Klimmer, 2003, S.28f.; Teichmann, 2007, S.113.
[282] Vgl. Borussia Dortmund, 2001, S.18; Hasler, 2003, S.23; Paul, Sturm, 2004, S.210.
[283] Die Damenmannschaften des FC Bayern München sowie des Hamburger SV spielen mittlerweile in der 1. Fußball-Bundesliga der Frauen.
[284] So belaufen sich die Umsätze aus den sonstigen Geschäftsbereichen bei Olympique Lyonnais in der Spielzeit 2008/09 auf 10,34 Millionen Euro, Dies entspricht einem Anteil von 5,38 Prozent der von dem Fußballunternehmen realisierten Gesamteinnahmen. Vgl. diesbezüglich Olympique Lyonnais, 2009, S.12ff.
[285] In Deutschland betrifft dies insbesondere Borussia Dortmund, die den Ausflug in die Welt der Sportartikelhersteller nach wenigen Jahren aufgaben. In England scheiterten beispielsweise Tottenham Hotspurs, FC Millwall sowie Newcastle United an ihren Diversifikationsaktivitäten.

Nähe der neuen Geschäftsaktivitäten zum Kerngeschäft sowie in der Vernachlässigung des Kerngeschäfts.[286] Diese Ergebnisse sind bei Vergleich mit Erfahrungen aus der Normalwirtschaft nicht weiter verwunderlich. Analog zu den dargestellten Untersuchungen im Sport ist auch in der Normalwirtschaft die Diversifikationsstrategie aufgrund hoher Anfangsinvestitionen mit wirtschaftlichen Risiken behaftet und wird dementsprechend von den dort agierenden Unternehmen nicht immer erfolgreich umgesetzt.[287]

Ferner ist die Diversifikationsstrategie am Kapitalmarkt nicht unumstritten. So werden diversifizierte Unternehmen regelmäßig als Gesamtunternehmen niedriger bewertet als die einzelnen Teile des Unternehmens eigentlich laut Bilanz wert wären. Dieser Diversifikationsabschlag in der Bewertung des Unternehmens resultiert daraus, dass Investoren die Diversifikation ihres Portfolios selbst vornehmen und nicht den Unternehmen selbst überlassen möchten.[288] In diesem Zusammenhang ist eine Studie von Aglietta, Andreff und Drut (2010) anhand des in Abschnitt 2.1.3 bereits dargestellten Dow Jones Stoxx Football-Indizes zu nennen. Sie demonstrieren an diesem, dass ein Investor aufgrund der unmittelbaren Abhängigkeit aller Einnahmen von Fußballunternehmen vom sportlichen Erfolg bei Investition in diesem im Gegensatz zu anderen Indizes – hier sei beispielhaft der Dow Jones Stoxx 50 genannt – sein Portfolio nicht effizient diversifizieren kann.[289] Die Ergebnisse dieser Studie können somit als weiterer Grund gegen eine Diversifikationsstrategie vor dem Hintergrund der Interessen von Investoren hervorgebracht werden.

Resümierend ist für die Fragestellung der Arbeit festzuhalten, dass die Diversifikationsstrategie in der Theorie das wirtschaftliche Risiko vermindern kann und die Gesamteinnahmen durch den Aufbau neuer Geschäftsfelder teilweise vom sportlichen Erfolg zu entkoppeln sind. Jedoch offenbart ein Blick auf die praktische Umsetzung dieser Maßnahme, dass sie bisher kaum erfolgreich umgesetzt werden konnte. Aufgrund hoher Anfangsinvestitionen in neue Geschäftsfelder kann nicht zweifelsfrei von einer Reduzierung des wirtschaftlichen Risikos für die Fußballunternehmen gesprochen werden. Ferner ist – aufgrund der Korrelation der Risiken – die Empfehlung einiger Autoren, in sportnahe Geschäftsfelder zu investieren, nicht mit der von Markowitz begründeten Portfolio-Theorie zu

[286] Vgl. Klimmer, 2003. S.53.
[287] Vgl. Weyand, 1975, S.34; Zanger, 1995, S.527f.
[288] Vgl. Copeland et al., 2008, S.976; Paul, Sturm, 2004, S.208.
[289] Vgl. Aglietta et al. 2010, S.76f.

vereinbaren. Engagiert sich das Fußballunternehmen dennoch in sportaffine Geschäftsfelder, so werden die daraus resultierenden Einnahmen nicht komplett unabhängig vom sportlichen Werdegang des Fußballclubs zu erzielen sein. Aus den genannten Gründen ist die Diversifikation als Antwort auf die Fragestellung der vorliegenden Arbeit als ungenügend einzuschätzen und somit abzulehnen.

3.4.5 Sonstige Strategien der Risikosteuerung im Fußballunternehmen

Neben den bisher vorgestellten Strategien der Risikosteuerung von finanziellen Risiken in Fußballunternehmen werden in diesem Abschnitt drei weitere Strategien vorgestellt, die von Sportclubs angewandt werden. Da diese nicht exakt in eine der bisherigen Strategien der Risikosteuerung zu klassifizieren sind, sondern mehrere Strategien gleichzeitig betreffen, werden diese als weitere Maßnahmen der Risikosteuerung behandelt. Im Einzelnen sind dies die Strategie des Aufbaus einer starken Marke, aus dem US-Sport abgeleitete Strategien sowie das deutsche und europäische Lizenzierungsverfahren samt nationalem Sicherungsfonds.

3.4.5.1 Aufbau einer starken Marke

Der Aufbau einer starken Marke und somit eines hohen Markenwerts ist eine weitere diskutierte und in der Praxis angewandte Maßnahme mit deren Hilfe das wirtschaftliche Risiko verringert und die Einnahmen unabhängiger vom sportlichen Erfolg gestaltet werden sollen.

Meffert (2000) definiert eine Marke allgemein als *„ein in der Psyche des Konsumenten und sonstiger Bezugsgruppen der Marke fest verankertes, unverwechselbares Vorstellungsbild von einem Produkt oder einer Dienstleistung"*.[290] Eine ihrer grundlegenden Funktion ist die Unterscheidung von Produkten.[291] Dabei zeigt eine Marke dem Kunden die Herkunft der Produkte oder Dienstleistungen an und schützt damit sowohl den Kunden als auch den Hersteller vor Konkurrenten, die erfolgreiche Produkte oder Dienstleistungen zu imitieren versuchen.[292]

Den Markenwert definiert Aaker (1992) als *„eine Gruppe von Vorzügen und Nachteilen, die mit einer Marke, ihrem Namen und Symbol in Zusammenhang stehen und den Wert eines Produkts oder Dienstes für ein Unternehmen oder seine Kunden mehren oder mindern"*.[293]

[290] Vgl. Meffert, 2000, S.847.
[291] Vgl. Aaker, 1991, S.7; Treis, Gripp, 2001, S.173.
[292] Vgl. Aaker, 1992, S.22.
[293] Vgl. Aaker, 1992, S.31.

Der Begriff des Markenwerts fußt dabei auf fünf Kategorien – Markentreue, Bekanntheit des Namens, angenommene Qualität, weitere Markenassoziationen sowie andere Markenvorzüge. Diese sind sowohl für den Kunden als auch für das Unternehmen wertvoll.[294] So unterstützen verschiedene Markeneigenschaften durch ihre Signalwirkung den Kunden, aus einer Flut von Informationen eine für ihn optimale Kaufentscheidung zu treffen.[295] Ferner erhöht die angenommene Qualität und die Markenassoziation, die mit einem bestimmten Produkt oder Dienstleistung verbunden wird, die Zufriedenheit des Kunden.[296] Aus Unternehmenssicht ist es von Bedeutung, dass die Marke des Unternehmens einen hohen Markenwert erreicht, da dieser einen positiven Einfluss auf verschiedene Bereiche des Unternehmens ausübt.[297] So fördert ein hoher Markenwert die Markentreue von Konsumenten, die sich langfristig positiv auf die Umsätze des Unternehmens auswirken. Ferner ist eine positive Korrelation zwischen Markenwert und Gewinnsituation eines Unternehmens zu erkennen. Durch einen hohen Markenwert ist das Unternehmen beispielsweise in der Lage, höhere Preise seiner Produkte durchzusetzen und somit eine höhere Gewinnspanne zu erzielen.[298] So werden sogenannte Markenartikel zu höheren Preisen verkauft als „No Name Artikel", da die Kunden für diese eine höhere Preisbereitschaft – Bereitschaft, einen Preisaufschlag für eine Leistung zu zahlen – besitzen.[299] Aus der erhöhten Preisbereitschaft ist der ökonomische Markenwert zu ermitteln. So ist der ökonomische Wert einer Marke als jener Teil des Gewinns zu interpretieren, der auf die Preisdifferenz zwischen Markenartikel und „No Name Produkt" zurückzuführen ist.[300]

Sportökonomische Untersuchungen unterstreichen den von Aaker (1992) genannten positiven Effekt auf die Gewinnsituation eines im Sport tätigen Unternehmens. So belegen die empirischen Untersuchungen von Gladden und Milne (1999) sowie von Bauer, Sauer und Schmidt (2004) die wirtschaftliche Bedeutung eines hohen Markenwerts für Sportunternehmen. Beide Studien zeigen einen signifikanten Einfluss des Markenwerts auf

[294] Vgl. Aaker, 1992, S.31.
[295] Vgl. Aaker, 1992, S.31; Meffert, 1979, S.29.
[296] Vgl. Aaker, 1992, S.31f; Hänsel, 2009, S.357.
[297] Vgl. Aaker, 1992, S.32ff.
[298] Vgl. Aaker, 1991, S.18; Aaker, 1992, S.33ff.
[299] In der Textilbranche werden Poloshirts von bekannten Markenherstellern zu Preisen von gut 90 Euro angeboten, obgleich es ähnliche Poloshirts von Mitbewerbern ohne eine starke Marke zu ähnlicher Qualität zu einem niedrigeren Preis zu erwerben gibt. In der Automobilbranche werden Automobile von Premiumherstellern auch zu deutlich höheren Preisen angeboten, obwohl – gerade in Hinblick auf die Qualität im Sinne der Haltbarkeit – die Premiumhersteller per se keine besseren Automobile herstellen als beispielsweise die japanische Konkurrenz.
[300] Vgl. Biel, 2001, S.66; Esch, 2003, S.63; Meffert, Burmann, Koers, 2002, S.7f.

den ökonomischen Erfolg der Unternehmen auf.[301] Darüber hinaus kommen Mohr und Merget (2004) zum Ergebnis, dass insbesondere Fußballunternehmen mit einem hohen Markenwert in verschiedenen Bereichen deutliche Vorteile gegenüber Clubs mit einem niedrigen Markenwert besitzen.[302] So können Fußballunternehmen aufgrund ihrer Attraktivität für verschiedene Stakeholder beispielsweise höhere Preise bei Eintrittskarten oder höhere Prämien bei Sponsoring-Vereinbarungen durchsetzen. Schließlich sprechen sich Couvelaere und Richelieu (2005) für die Implementierung einer Markenstrategie in Fußballunternehmen aus, um durch die daraus zu erwartenden steigenden Erlöse den Fortbestand dieser zu garantieren.[303] Im Idealfall – im Falle einer starken Marke – könnten dabei die Fußballunternehmen ihre Einnahmen gegen sportliche Unwägbarkeiten auf dem Platz unabhängiger gestalten.[304]

Auch die sportökonomische Praxis spiegelt, wie Tabelle 4 zu entnehmen ist, die Ergebnisse der wissenschaftlichen Untersuchungen wider.

Tabelle 4: Vergleich Umsätze und Markenwert von Fußballunternehmen[305]

Fußballunternehmen	Ranking Umsätze	Ranking Markenwert
Real Madrid	Position 1	Position 2
Manchester United	Position 2	Position 1
FC Barcelona	Position 3	Position 3
FC Bayern München	Position 4	Position 4
FC Chelsea London	Position 5	Position 6
FC Arsenal London	Position 6	Position 5
FC Liverpool	Position 7	Position 8
AC Milan	Position 8	Position 7
AS Roma	Position 9	Position 11
Inter Mailand	Position 10	Position 9

So zeigt ein Vergleich zwischen den umsatzstärksten und den nach dem Markenwert am höchsten eingeschätzten Fußballunternehmen Europas, dass Fußballclubs mit dem höchsten Markenwert auch die höchsten Umsätze generieren. Dies ist sowohl für Deutschland als auch

[301] Vgl. Bauer et al., 2004, S.26; Gladden, Milne, 1999, S.28.
[302] Zu den Bereichen gehören insbesondere Medienrechte, Sponsoring, Spiel, Merchandising sowie Beteiligungsfinanzierung.
[303] Vgl. Couvelaere, Richelieu, 2005, S.42.
[304] Vgl. Couvelaere, Richelieu, 2005, S.43.
[305] Eigene Darstellung auf Basis der Daten von Deloitte, 2009, S.6; Soccerex Business, 2009, S.19.

für das europäische Ausland gültig.[306] In Deutschland gilt der FC Bayern München als der Verein mit dem höchsten Markenwert.[307] Ein Blick auf seine Umsätze legt dar, dass die Münchener von allen deutschen Fußballunternehmen – sowohl in sportlich erfolgreichen als auch in sportlich enttäuschenden Jahren – unangefochten die höchsten Umsätze erzielen.[308] Als weiteres Beispiel für einen hohen Markenwert kann der FC St. Pauli genannt werden, der einen Teil seiner Einnahmen seinem hohen Markenwert und seinem positiven Image zu verdanken hat. So gelingt es dem FC St. Pauli trotz mäßigem sportlichen Erfolgs, besonders im Merchandising – dem verlängerten Arm der Markenpolitik – vergleichsweise hohe Einnahmen zu erlösen.[309] Im europäischen Ausland generiert Real Madrid mit dem höchsten bzw. zweithöchsten Markenwert aller Fußballunternehmen weltweit seit Jahren auch die höchsten Umsätze, obwohl sie sportlich nicht immer zu überzeugen wussten.[310] Die Beispiele verdeutlichen, dass die Einnahmen der Fußballunternehmen durch einen hohen Markenwert vom sportlichen Erfolg loszulösen sind.

Trotz nachweislicher Reduzierung der finanziellen Abhängigkeit vom sportlichen Erfolg ist die Strategie der Erhöhung des Markenwerts mit Risiken behaftet. So ist diese allgemein mit einem hohen finanziellen, personellen sowie zeitlichen Ressourcenaufwand verbunden.[311] Folglich gehen Investitionen in den Markenwert stets mit erheblichen Risiken einher.[312] Ferner gilt der aus den getroffenen Maßnahmen resultierende Wert der Aktivitäten als schwer zu ermitteln und es ergeben sich aufgrund des Aktivierungsverbots negative Bilanzauswirkungen für das Unternehmen.[313] Eingedenk der begrenzten Finanz- und Personalressourcen vieler Fußballunternehmen und der daraus resultierenden Fokussierung auf den sportlichen Erfolg ist diese Maßnahme wohl nur von wenigen Clubs effizient durchzuführen. Darüber hinaus fehlt nach Mohr (2001) sowie Mohr und Bohl (2001) vielerorts das fachspezifische Wissen zur Umsetzung dieser.[314]

Ein weiteres Problem besteht allgemein im Streben der Unternehmen nach kurzfristigen Erfolgen. Der Aufbau einer starken Marke erfordert dagegen ein langfristiges Vorgehen. Jedoch werden nach Aaker (1992) Unternehmen oftmals zu sehr von kurzfristigen Erfolgen –

[306] Vgl. Deloitte, 2009, S.2.
[307] Vgl. Kintzinger, 2009, S.27; Mohr, Merget, 2004, S.106; Sportfive, 2007, S.17.
[308] Vgl. Deloitte, 2006, S.4; Deloitte, 2007, S.3; Deloitte, 2009, S.6.
[309] Vgl. Hoffmeister, 2005, S.135; Märzendorder, 2009, S.35.
[310] Vgl. Deloitte, 2007, S.3; Deloitte, 2009, S.6; Märzendorfer, 2009, S.30.
[311] Vgl. Hätty, 1989, S.139; Sattler, 1997, S.86.
[312] Vgl. Sattler, 1997, S.90.
[313] Vgl. Kriegbaum, 2001, S.10.
[314] Vgl. Mohr, 2001, S.38; Mohr, Bohl, 2001, S.149.

insbesondere finanzieller Natur – geleitet.[315] Besonders ausgeprägt ist dies bei börsennotierten Unternehmen, die – getrieben durch ihre Aktionäre nach Vermögensmaximierung – insbesondere die Erhöhung des Shareholder Value im Auge behalten (müssen). Verschärft wird diese Situation durch die Pflicht quartalsweise Zwischenberichte anzufertigen.[316] Demzufolge sind die Verantwortlichen der Unternehmen stets um den kurzfristigen finanziellen Erfolg bemüht, um den unerfüllten Hoffnungen ihrer Shareholder nicht zum Opfer zu fallen. Die Konsequenz daraus ist nach Aaker (1992), dass die Verantwortlichen ihr Handeln zu sehr an kurzfristigen Gewinnen ausrichten, statt längerfristigen Strategien die notwendige Beachtung zuteilen zu lassen.[317]

Im Gegensatz zur Normalwirtschaft stehen im Sport nicht kurzfristige finanzielle Erfolge im Mittelpunkt des Interesses sondern der kurz- bis mittelfristige sportliche Erfolg.[318] So führt der jährliche Austausch von Fußballunternehmen durch Auf- und Abstieg zu einer mittelfristigen Erfolgsabhängigkeit.[319] Aus diesem Grund werden Investitionen in erster Linie in den Spielerkader vorgenommen, so dass oftmals kaum Ressourcen für den Aufbau der Marke verbleiben.[320] Durch Fokussierung auf kurz- bzw. mittelfristige Erfolge bleiben die langfristigen Ziele der Fußballunternehmen häufig außer Acht.[321] Dabei erfordert der Markenaufbau Zeit vom Management des Unternehmens, da sich der ökonomische Nutzen von Marken erwiesenermaßen erst langfristig auswirkt.[322]

Ferner sind Unternehmen mit einem hohen Markenwert bemüht, einen hohen Qualitätsstandard ihrer Produkte zu erreichen und anschließend dauerhaft zu halten. Aufgrund der Abhängigkeit von der unsicheren zukünftigen sportlichen Leistung ist eine hohe und

[315] Vgl. Aaker, 1992, S.27f.

[316] So besteht für Aktiengesellschaften, die sich für eine Mitgliedschaft im sogenannten „Prime Standard" der Deutschen Börsen AG entscheiden, die Pflicht zur unterjährigen Berichterstattung. Die Quartalsberichte umfassen neben einer Bilanz auch eine Gewinn- und Verlustrechnung, eine Kapitalflussrechnung sowie weitere Angaben zu Geschäftstätigkeit und Unternehmen. Mit dem Argument, dass langfristige Strategien durch Quartalsberichte nicht ohne Behinderung verfolgt werden können, zog im Jahr 2004 die Porsche AG vor Gericht, um trotz Einstellung der Quartalsberichte wieder im M-Dax, dem Index für mittelgroße Unternehmen, gelistet zu werden.

[317] Vgl. Aaker, 1992, S.27.

[318] Zur Klassifizierung der Fristigkeit des sportlichen Erfolges vgl. die getätigten Ausführung in Abschnitt 2.1.1.

[319] Vgl. Benz, Gehring, 2009, S.42.

[320] Vgl. Schilhaneck, 2008, S.119.

[321] Dieses Verhalten ist nicht nur beim Aufbau einer starken Marke zu beobachten, sondern auch im sportlichen Bereich. So gelingt es kaum einen Trainer langfristig bei einem Verein zu arbeiten und seine mittel- bis langfristige Philosophie umzusetzen. Sobald gute Ergebnisse ausbleiben, verlieren vielerorts – auch auf Druck ihrer Stakeholder – die Verantwortlichen die Geduld und versuchen den sportlichen Erfolg durch einen Trainerwechsel zu erreichen. Langfristige Strategien und Vorstellungen des Vereins bleiben dabei zumeist jedoch auf der Strecke.

[322] Vgl. Aaker, 1991, S.11ff.; Kriegbaum, 2001, S.10f.

gleich bleibende Qualität im Sport per se nicht zu garantieren, so dass Schwankungen in der Produktqualität im Sport an der Tagesordnung sind.[323] Ein reibungsloser Markenaufbau ist somit speziell für sportlich mäßig erfolgreiche Fußballunternehmen, die sich in einem ständigen sportlichen Auf und Ab befinden, nur schwer umzusetzen. Darüber hinaus ist die Qualität der angebotenen Dienstleistungen nicht nur abhängig vom Fußballunternehmen selbst, sondern auch – aufgrund der besonderen Leistungserstellung im sportlichen Wettkampf – die Qualität des Wettbewerbers von Bedeutung.[324]

Als weitere Problemfelder dieser Strategie, die einen konfliktfreien Markenaufbau behindern, sind die Missinterpretation der Aufgabe des Markenmanagements sowie die Kundengruppenheterogenität zu nennen.[325] Allein die verschiedenen Stakeholder von Sportclubs können unterschiedliche, mitunter konträre Erwartungen an die vom Fußballunternehmen angebotenen Dienstleistungen und deren Qualität haben.[326] So unterscheiden sich bereits die Besucher von Fußballspielen in ihren Interessen und Qualitätsansprüchen. Während die „wahren“ Fans in den Kurven bedingungslos ihre Mannschaft unterstützen und als herausragendes Qualitätsmerkmal der Sieg ihres präferierten Teams gilt, bemisst sich die Qualität der Dienstleistung bei anderen Zuschauergruppen beispielsweise anhand eines „schönen“ und abwechslungsreichen Spiels mit möglichst vielen Toren. Für die Markenmanager ist es daher kompliziert, die verschiedenen Interessengruppen unter einen Hut zu bringen.[327]

All die genannten Probleme führen trotz der in Literatur und Praxis – gedacht sei hierbei auch an dem in Abschnitt 2.3.1 hervorgebrachten Ansatz des Shareholder Value, der durch weniger schwankungsintensive Einnahmeströme positiv beeinflusst wird – erwiesenermaßen erfreulichen Ergebnisse dazu, dass diese Strategie für die Beantwortung der Fragestellung nur als unzureichend zu beurteilen ist.

3.4.5.2 Strategien aus US-Ligen

In den vergangenen Jahrzehnten entwickelten sich im amerikanischen Ligasystem verschiedene Strategien der Quersubventionierung. Neben dem Ziel die Höhe der an die

[323] Vgl. Neumann, 2003, S.304; Schierl, 2005, S.254; Schubert, 2009, S. 255.
[324] Vgl. Schilhaneck, 2008, S.120f.
[325] Vgl. Schilhaneck, 2008, S.118f.
[326] Vgl. Horch, Breuer, 2007, S.109.
[327] Leichter gestaltet sich die Situation bei Unternehmen, deren Zielgruppe relativ homogene Interessen bei dem vom Unternehmen angebotenen Produkte und Dienstleistungen hat. So legen beispielsweise Autokäufer von Audi – dem Autohersteller mit der höchsten nachgewiesenen Markenbindung aller Hersteller – besonderen Wert auf innovative Technik („Vorsprung durch Technik“), zukunftsweisendem Design sowie Sportlichkeit der Autos.

Spieler zu entrichtenden Gehälter zu kontrollieren, ist der hauptsächliche Zweck all dieser Strategien, den sportlichen Wettbewerb so ausgeglichen wie möglich zu gestalten und somit die Ungewissheit des Spielausgangs zu erhöhen.[328] Diese künstlich hervorgerufene Ungewissheit soll in der Folge – bedingt durch erhöhte Spannung und einem damit einhergehenden größeren Zuschauerinteresse – größeren ökonomischen Erfolg nach sich ziehen.[329] Ausgangspunkt dieser zentralen These der Sportökonomie bildet dabei die Unsicherheitshypothese nach Rottenberg (1956), deren Ausgangspunkt der Wunsch des Konsumenten (Zuschauer) nach einem unsicheren Verlauf und Ausgang eines Spiels ist, sowie die bereits in Abschnitt 2.1.2 dargestellte These von Neale (1964), nachdem die Unsicherheit des sportlichen Ausgangs das Nachfrageverhalten der Zuschauer positiv beeinflusst.

Im Fokus der Übertragbarkeit dieser Strategien auf den europäischen Fußball stehen besonders zwei Maßnahmen; zum einen die Einführung des sogenannten „Salary Cap" und zum anderen die Implementierung einer geschlossenen Liga, zumeist als Europaliga mit den besten Mannschaften des Kontinents, ohne sportlichen Aufstieg und Abstieg.

Die erste Strategie, der Salary Cap, begrenzt die an das spielende Personal zu entrichtenden Gehaltszahlungen.[330] In seiner Grundform ist er für alle am Wettbewerb teilnehmenden Mannschaften gleich hoch, so dass unabhängig von den erzielten Umsätzen alle Vereine ein Maximum an Gehaltsaufwendungen nicht überschreiten dürfen.[331] Neben größerer Ausgeglichenheit des Wettbewerbs wird auch das Ziel formuliert, die wirtschaftlichen Risiken der Sportunternehmen zu reduzieren. Der Salary Cap diene dabei zum einen als Selbstschutz für Sportvereine – sich nicht durch Zahlung zu hoher Spielergehälter übermäßig zu verschulden – und zum anderen fördere er die wirtschaftlichen Stabilität der gesamten Liga und somit ihrer Teilnehmer.[332]

Diesen theoretischen Vorteilen stehen in der Umsetzung jedoch praktische und rechtliche Barrieren im Wege. So zeigen praktische Erfahrungen in den amerikanischen Major Leagues, in denen der Salary Cap seit Jahren ein fester Bestandteil ist, dass durch zahlreiche Ausnahmen keine wirksame Steuerung der Spielergehälter möglich ist.[333] So wurde das dortige

[328] Vgl. Lavoie, 2003, S.11.
[329] Vgl. Heinemann, 1995, S.179; Holzhüter, 2007, S.18.
[330] Vgl. Stopper, 2004, S.146.
[331] Vgl. Desbordes, 2000, S.75.
[332] Vgl. Stopper, 2004, S.147; Fikentscher, 2003, S.192.
[333] Vgl. Keller, 2006, S.60; Zimbalist, 2009, S.444f.

Regelwerk durch verschiedene Modifikationen in den vergangenen Jahren verändert und dadurch verwässert. Darüber hinaus besteht für die Vereine genügend Spielraum für Umgehungs- und Ausweichaktivitäten. So zahlen die Clubs beispielsweise im Rahmen einer Spielerverpflichtung einen sogenannten „Signing Bonus" an den neu verpflichteten Spieler.[334] Alternativ können sie ihrem spielenden Personal auch nicht unmittelbar monetäre Leistungen gestatten, wie zum Beispiel die kostenlose Bereitstellung eines Dienstwagens oder einer Wohnung.

Ferner besteht bei der Implementierung des Salary Cap in der Alleinstellungsposition von Ligen ein weiteres praktisches Problem. Im Gegensatz zu den amerikanischen Major Leagues verfügen die einzelnen europäischen Fußballligen über keine Alleinstellungsposition und somit über vergleichsweise wenig Marktmacht gegenüber den Spielern.[335] Durch die zahlreichen Ligen Europas ist der Spieler in der Lage, bei Einführung des Salary Cap ohne größere Probleme in eine andere Liga ohne Gehaltsobergrenzen abzuwandern. Folglich ist die grundsätzliche Bedingung einer Einführung des Salary Cap im europäischen Fußball, dass dieser einheitlich nach gleichen Regeln europaweit in allen am Wettbewerb teilnehmenden Ligen eingeführt wird.[336] Jedoch besitzt ein Spieler weiterhin die Möglichkeit, auf nicht europäische Ligen auszuweichen. So zeugen verschiedene Wechsel von Fußballspielern im Spätherbst ihrer Karriere in Ligen der arabischen Halbinsel davon, dass auch dort mittlerweile lukrativ dotierte Verträge angeboten werden.

Neben den dargestellten praktischen Hindernissen ist die Einführung des Salary Cap im europäischen Sport auch aus rechtlichen Gründen kritisch zu beurteilen. So verstößt die Einführung von Gehaltsobergrenzen grundsätzlich gegen den Kartellverbotstatbestand des Art. 81 Abs. 1 EG.[337] Dieser besagt im Kern, dass alle Vereinbarungen zwischen Unternehmen, welche den Handel zwischen Mitgliedsstaaten zu beeinträchtigen geeignet sind und eine Verhinderung, Einschränkung oder Verfälschung des Wettbewerbs innerhalb des gemeinsamen Marktes bezwecken oder bewirken, verboten sind. Einziger rechtlicher Ausweg ist, dass der Salary Cap nach amerikanischen Vorbild von tariffähigen Sozialpartnern im

[334] Der „Signing Bonus" kann als einmalige Bonuszahlung verstanden werden, die der aufnehmende Verein an den neu unter Vertrag genommenen Spieler als Prämie für die Unterzeichnung des Vertrages entrichtet.
[335] Vgl. Keller, 2006, S.61.
[336] Vgl. Fikentscher, 2003, S.203f.; Stopper, 2004, S.152.
[337] Vgl. Fikentscher, 2003, Hannamann, 2003, S.185; Schopf, 2003, S.32.

Rahmen eines Tarifvertrages vereinbart werden. In diesem Fall sei die Kartellrechtswidrigkeit nach europäischem Kartellrecht abzulehnen.[338]

Die zweite Überlegung ist, eine geschlossene Liga nach amerikanischem Vorbild zu implementieren. Als wesentliches Charakteristikum dieser Liga kann die Geschlossenheit des Teilnehmerfeldes genannt werden. Im Gegensatz zum klassischen europäischen Wettbewerbsmodell – sich durch sportliche Leistungen für einen bestimmten Wettbewerb oder einer höheren Spielklasse zu qualifizieren – besteht bei geschlossenen Ligen nicht die Möglichkeit, durch herausragende sportliche Leistungen in den Wettbewerb aufgenommen zu werden.[339] Eine Veränderung des Teilnehmerfeldes kommt nur durch Ausstieg eines bisherigen Teilnehmers, durch Aufnahme eines neuen Teams oder durch Umsiedlung eines bestehenden Teams in einen struktur- und finanzstärkeren Ort oder Markt zustande.[340] Dabei erfordert eine Veränderung in der Führung eines Clubs stets das Einverständnis aller anderen Wettbewerber.[341] Bei der anfänglichen Zusammensetzung der Liga spielen hauptsächlich ökonomische Kriterien eine Rolle.[342] Der Grund für diese Vorgehensweise ergibt sich aus den wirtschaftlichen Risiken. So sind beim Aufbau eines Teams in den USA hohe Anfangsinvestitionen erforderlich.[343] Um die wirtschaftlichen Risiken überschaubar zu gestalten und finanzkräftige Investoren anzulocken, wird ihnen im Gegenzug garantiert, auch bei sportlichem Misserfolg in den folgenden Spielzeiten fester Bestandteil der Liga zu sein.[344] Diese Teilnahmegarantie führt für die teilnehmenden Vereine zu zwei zentralen Vorteilen. Zum einen fördert die langfristig garantierte Teilnahme am Wettbewerb eine relative Planungssicherheit der Zahlungsströme, so dass strategische Investitionen in die Zukunft ermöglicht werden.[345] Hierbei könnte das von Froot, Scharfstein und Stein (1993), Lessard (1990) sowie Stulz (1990) formulierte Defizit eines suboptimalen Investitionsprogramms zur Begründung des Risikomanagement überwunden werden, da nun auch langfristig angelegte Investitionen leichter durchzuführen sind. Zum anderen werden Einnahmeausfälle, die mit einem Abstieg verbunden sind, größtenteils eliminiert. Zwar dürften auch im geschlossenen Ligasystem die Erlöse bei sportlichem Misserfolg sinken – beispielsweise durch vom

[338] Vgl. Heermann, 2004, S.138; Schopf, 2003, S,73f.
[339] Vgl. Hoehn, Szymanski, 1999, S.46ff.; Noll, 2002, S.169; Sloane, 2009, S.301.
[340] Vgl. Schopf, 2003, S.32.
[341] Vgl. Drewes, 2003, S.241.
[342] Vgl. Hellenthal, 2000, S.130.
[343] Beispielsweise durch den Aufbau einer Mannschaft oder den Bau geeigneter Sportstätten.
[344] Vgl. Hellenthal, 2000, S.130.
[345] Vgl. Gaede, Becker, Müller, 2003, S.52.

sportlichen Erfolg abhängige Medienerlöse –, jedoch nicht in dem Maße wie bei einem Abstieg.

Allerdings zeigt ein Blick auf die europäische Sportkultur, dass ein geschlossenes Ligasystem nur schwer vom europäischen Sportkonsumenten akzeptiert werden dürfte. Das unterschiedliche Sportverständnis in Europa und den USA ist dabei von zentraler Bedeutung. So beruht der europäische Sport auf dem Wettbewerbsprinzip, wonach nur sportliche Kriterien bei der Zusammensetzung des Teilnehmerfeldes von Relevanz sind.[346] Ferner steht das Sportereignis selbst mit seinen Traditionen sowie die emotionale Bindung der Fans mit einer Mannschaft im Vordergrund. Dagegen verkommt in den USA das Sportereignis durch das parallel angebotene Entertainment vielerorts zur Nebensache.[347] Darüber hinaus zieht der europäische Fußball im Gegensatz zu den amerikanischen Ligen seine Spannung nicht aus der Chancengleichheit, sondern auch aus der Ungleichheit der am Wettbewerb teilnehmenden Mannschaften.[348] So bieten die europäischen Spitzenligen von Woche zu Woche trotz wachsender Unausgeglichenheit der Teilnehmer genügend Unterhaltung, wie die starke Zuschauernachfrage insbesondere in den englischen und deutschen Stadien eindrucksvoll beweist.[349] Allerdings zeigt Késenne (2010), dass neutrale Zuschauer, die bei einem bestimmten Spiel keinen Favoriten haben, insbesondere einen ausgeglichen und somit spannenden Wettbewerb verfolgen wollen.[350] Die Realität zeigt jedoch, dass trotz verschiedener wettbewerbsausgleichender Maßnahmen die europäischen Fußballigen hinsichtlich der Gewinnwahrscheinlichkeit ausgeglichener sind als die amerikanischen Sportligen.[351] Insgesamt dürfte eine Umstellung des Ligasystems sowie die Zusammenstellung der Liga nach rein ökonomischen Motiven aus den genannten Gründen beim europäischen Sportfan keine Akzeptanz finden. Die Folge wäre, dass langfristig das Ziel, stabil hohe und sichere Einnahmeströme zu generieren und somit das finanzielle Risiko zu reduzieren, nicht zu erreichen ist. Aus einer vom Zuschauer nicht akzeptierten Liga werden sich Stakeholder in andere Sportarten oder Gesellschaftsbereiche zurückziehen.

Obgleich beide Strategien das finanzielle Risiko senken, stehen einer Umsetzung im europäischen Fußball sowohl rechtliche als auch kulturelle Hindernisse im Wege. Darüber

[346] Vgl. Desbordes, 2000, S.76; Drewes, 2003, S.240; Sloane, 2009, S.301.
[347] Vgl. Gaede et al., 2003, S.62.
[348] Vgl. Drewes, 2003, S.242f.; Holzhüter, 2007, S.73.
[349] Vgl. Dietl et al., 2006, S.30f.
[350] Vgl. Késenne, 2010, S.27.
[351] Vgl. Gerrard, Kringstad, 2010, S.20.

hinaus sind die Einnahmen in einem geschlossenen Ligasystem maximal in Extremsituationen wie Abstieg zu einem gewissen Grad unabhängiger von der sportlichen Entwicklung zu gestalten. Aufwendungen sind ferner durch den Salery Cap nicht an den sportlichen Werdegang zu koppeln.

3.4.5.3 Lizenzierungsverfahren und Sicherungsfonds

Das Lizenzierungsverfahren der Union des Assocciations Européennes de Football (UEFA) bzw. der DFL für deutsche Fußballunternehmen stellt eine freiwillige Maßnahme des Lizenzfußballs im Zuge der Qualitätssicherung aber auch der Risikosteuerung dar.[352] So ist ein von der DFL im Zuge des Lizenzierungsverfahrens verfolgtes Ziel, den Spielbetrieb sowohl mittelfristig – insbesondere für die kommende Spielzeit – als auch langfristig zu sichern.[353] Darüber hinaus soll die Stabilität sowie die Leistungs- und Konkurrenzfähigkeit der deutschen Fußballunternehmen für nationale aber auch internationale Wettbewerbe gewährleistet und somit sichergestellt werden, wodurch die Integrität des gesamten Wettbewerbs erhöht wird.[354]

Die UEFA verfolgt mit dem europaweiten Lizenzierungsverfahren ähnliche Ziele – Qualitätssicherung sowie Verbesserung der wirtschaftlichen Leistungsfähigkeit – wie die DFL.[355] Allerdings gelten deren Anforderungen im Vergleich zum deutschen Verfahren als weniger anspruchsvoll. So gehen insbesondere die finanziellen Kriterien der DFL weit über die von der UEFA geforderten Mindestanforderungen hinaus.[356] Jedoch ist – wie verschiedene Beispiele aus der Vergangenheit zeigen – auch das deutsche Lizenzierungsverfahren nicht ohne Fehler. So stellt die DFL als Lizenzgeberin keine von den Fußballunternehmen komplett unabhängige Institution – wie dies beispielsweise in Frankreich der Fall ist – dar, sondern diese ist von den Clubs zu beeinflussen.[357] Somit ist es in Deutschland – wie die Beispiele Borussia Dortmund, Hertha BSC Berlin sowie FC Schalke 04 zeigen – ungewöhnlich, dass die DFL drastische Strafen verhängt.[358] Darüber hinaus darf die DFL die von den Fußballunternehmen gelieferten Daten nicht auf ihre Qualität hin bewerten. Stattdessen muss sie ihre Entscheidung ausschließlich auf Basis der gelieferten Daten treffen und darf diese

[352] Vgl. DFL, 2007a, S.2.
[353] Vgl. DFL, 2007a, S.2.
[354] Vgl. DFL, 2007a, S.2.
[355] Vgl. Galli, 2002, S.99; UEFA, 2008a, S.1.
[356] Vgl. DFL, 2008, S.74.
[357] Vgl. Bolotny, 2009, S.509f.; Dietl, Franck, 2007, S.666; Gouguet, Primault, 2006, S.57.
[358] Vgl. Dietl. Franck, 2007, S.667.

nicht in Frage stellen.[359] Hierbei ist anhand der aktuellen Liquiditätssituation eines Fußballunternehmens von der DFL zu überprüfen, ob das jeweilige Unternehmen in der Lage ist, jederzeit am Spielbetrieb teilzunehmen und einen reibungslosen Verlauf zu gewährleisten.[360] Ferner berücksichtigt werden im Lizenzierungsverfahren auch die Vermögenslage der Bundesligisten sowie deren voraussichtliche Entwicklung.[361] Trotz dieser Kritikpunkte ist zu konstatieren, dass im Gegensatz zu anderen europäischen Ligen – als aktuellster Fall gilt hierbei Excelsior Mouscron aus Belgien – kein Fußballunternehmen während der Saison seinen Spielbetrieb hat einstellen müssen. Somit leistet das Lizenzierungsverfahren im deutschen Profifußball einen wichtigen Beitrag im Risikomanagement der Fußballunternehmen, da diese dadurch angehalten werden, im Voraus ihre Liquidität sicherzustellen und somit kurzfristig überraschende interne oder externe Schocks ein Stück weit überstehen können, ohne gleich kurz vor der Insolvenz zu stehen oder alternativ nach einem externen Geldgeber suchen zu müssen. Eingendenk der von Bessembinder (1991) sowie Smith und Stulz (1985) angeführten Begründung für Risikomanagementmaßnahmen im Zuge einer Reduzierung der Insolvenzgefahr leistet somit das deutsche Lizenzierungsverfahren einen nicht zu verachtenden Beitrag. Auch das kürzlich von der UEFA verabschiedete Konzept des finanziellen Fairplays, wonach auf Basis einer Break-Even-Vorschrift die Fußballunternehmen ab der Saison 2013/14 kostendeckend wirtschaften müssen – Clubs dürfen nicht mehr ausgeben als sie in ihren originären Einnahmequellen (Spiel, Sponsoring, Medien, Transfers) einnehmen –, wird zukünftig sicherlich einen gewichtigen Anteil im Sinne des Risikomanagement leisten können.[362] So soll zum einen die finanzielle Fairness zwischen den Fußballunternehmen erhöht werden, zum anderen sollen langfristige und somit nachhaltige Investitionen in Bereiche wie Sportstätten gefördert werden.[363]

Darüber hinaus hat die DFL mit der Schaffung eines Sicherungsfonds, an dem sich alle Lizenznehmer beteiligen, ein weiteres Instrumentarium implementiert, mit dessen Hilfe kurzfristige Liquiditätsengpässe zu überwinden sind. Dadurch soll sichergestellt werden, dass im Interesse aller Lizenznehmer der DFL der laufende Spielbetrieb durch einen drohenden Ausfall eines oder mehrerer Fußballunternehmen nicht gefährdet wird.[364] Der

[359] Vgl. Dietl, Franck, 2007, S.666f.
[360] Vgl. DFL, 2006a, S.1 und S.4.
[361] Vgl. DFL, 2006a, S.4.
[362] Vgl. im Zuge des finanziellen Fairplays sowie insbesondere der Break-Even-Vorschrift UEFA, 2010, S.36ff.
[363] Vgl. UEFA, 2010, S.2.
[364] Vgl. DFL, 2007c, S.1.

Sicherungsfonds weist hierbei ein Volumen von zehn Millionen Euro auf und steht prinzipiell jedem Lizenznehmer zur Verfügung. Bei Inanspruchnahme wird der Lizenznehmer jedoch mit einem Punktabzug bestraft und auf das aufgenommen Kapital sind Zinsen in Höhe von fünf Prozent zu entrichten.[365] Somit leistet auch der Sicherungsfonds einen Beitrag im Risikomanagement der Fußballunternehmen, da sie auf diesen kurzfristig zurückgreifen können. Fraglich ist jedoch, inwieweit der Fonds einem ligaweiten Schock wie beispielsweise den plötzlichen Ausfall von Medienerlösen begegnen kann. Dennoch ist die bloße Existenz eines solchen Instrumentariums grundsätzlich als positiv zu bezeichnen – insbesondere vor dem Hintergrund der aktuellen Finanzkrise und der Schwierigkeit der nationalen und internationalen Politik einen solchen Fonds auch für die in der Finanzwirtschaft agierenden Unternehmen zu kreieren und diese daran in angemessener Weise zu beteiligen.

Resümierend ist somit festzuhalten, dass das deutsche und europäische Lizenzierungsverfahren sowie der von der DFL implementierten Sicherungsfonds zwei Maßnahmen zur Risikosteuerung der Fußballunternehmen sind. Der Erfolg dieser Instrumente zeigt sich insbesondere anhand des deutschen Fußballs, bei dem noch kein Fußballunternehmen während einer laufenden Spielzeit in die Insolvenz gehen musste. Einschränkend ist jedoch zu konstatieren, dass beide Instrumente weder die Einnahmen unabhängiger noch die Aufwendungen abhängiger vom sportlichen Werdegang des Fußballunternehmens gestalten können. Die Aufnahme von Kapital aus dem Sicherungsfonds ist zwar unabhängig vom sportlichen Werdegang durchzuführen, allerdings zieht dies negative Auswirkungen insbesondere auf den sportlichen Bereich durch Punktabzug nach sich, wodurch im mittel- bis langfristigen Kontext die wirtschaftliche Situation des betreffenden Fußballunternehmens sicherlich nicht nachhaltig zu verbessern ist.

3.4.6 Fazit

Zusammenfassend ist festzuhalten, dass alle vorgestellten Strategien das Ziel der Arbeit, das wirtschaftliche Risiko der Fußballunternehmen zu reduzieren und die Einnahmen vom sportlichen Erfolg zu entkoppeln, aus unterschiedlichen Gründen nicht erreichen bzw. andere Risikoquellen hervorrufen.

Die Vermeidung potenzieller Risiken durch Verzicht von Investitionen in risikobehaftete Investitionsalternativen wie die Verpflichtung neuer Spieler oder die Verbesserung der

[365] Vgl. DFL, 2007c, S.2.

Infrastruktur mindern zwar per se wirtschaftliche Risiken, da die Geldmittel statt in risikobehaftete Investitionsalternativen alternativ als Tages- oder Festgeld anzulegen sind. Allerdings steht das Unterlassen von Investitionen und somit von potenziellen Risiken weder im Einklang mit den Grundsätzen des Unternehmertums, noch können sich dadurch die Einnahmen der Fußballunternehmen unabhängiger vom sportlichen Erfolg entwickeln. Gerade im Sport ist immer wieder zu beobachten, dass diejenigen Vereine, die sinnvolle Investitionen in ihre Infrastruktur tätigen, zumindest langfristig Wettbewerbsvorteile erzielen, da sie aufgrund einer attraktiven Sportstätte unabhängig vom sportlichen Werdegang Zuschauer anlocken.

Anschließend zeigt sich bei der Verminderung von Risiken, dass diese Strategie der Risikosteuerung zwar grundsätzlich möglich ist und Vorteile mit sich bringt, jedoch in der Praxis nur eingeschränkt umzusetzen ist. So kann ein Fußballunternehmen nicht nur nach seinen individuellen Vorstellungen handeln, sondern muss darüber hinaus auch Bedürfnisse Dritter berücksichtigen.

Bei der Risikoüberwälzung wurde im Zuge der Versicherungen aufgezeigt, dass die Versicherungsprämien in den letzten Jahren gestiegen sind und Fußballunternehmen somit hohe Zahlungen zu leisten haben. Ferner dienen sie nicht im ausreichenden Maße dazu, Einnahmen vom sportlichen Erfolg loszulösen bzw. die Aufwendungen an diesen zu koppeln. Allenfalls in sportlichen Grenzfällen wie Abstieg mildern Versicherungspolicen die aus dem sportlichen Werdegang resultierenden wirtschaftlichen Folgen ab und verringern somit das Risiko.

Im Zuge der Risikoverteilung demonstrierte die Diversifikationsstrategie, dass unsystematisches Risiko durch sie zu senken bzw. sogar komplett zu eliminieren ist. Das Ziel, Einnahmen durch Investitionen in neue Geschäftsfelder zumindest ein Stück weit vom sportlichen Werdegang zu entkoppeln, ist somit grundsätzlich zu erreichen. Jedoch ist ihre Umsetzung nur unter hohem finanziellen und personellen Aufwand zu realisieren. Aufgrund der aufgezeigten wirtschaftlichen Risiken ist hingegen zweifelhaft, ob auch das Gesamtrisiko für das Fußballunternehmen zu mindern ist. Zahlreiche Fälle aus der sportökonomischen Praxis zeugen davon, dass diese Maßnahme für Fußballunternehmen als sehr riskant einzuschätzen ist.

Der Aufbau einer starken Marke und der damit einhergehenden teilweisen Loslösung der Einnahmen vom sportlichen Erfolg konnte sowohl in der Praxis als auch in der sportökonomischen Forschung nachgewiesen werden. Jedoch verdeutlichte auch hier ein genauer Blick, dass die Umsetzung dieser Strategie mit unkalkulierbaren finanziellen Risiken verbunden ist. Gerade sportlich und somit zumeist auch wirtschaftlich schwächer aufgestellte Fußballunternehmen, die in erster Linie auf ihr sportliches Überleben fokussiert sind, werden ihr Hauptaugenmerk auf das sportliche Tagesgeschäft lenken. Des Weiteren ist bis heute kein Weg bekannt, wie eine solche Strategie bei geringem wirtschaftlichen Risiko erfolgsversprechend umzusetzen ist. Außerdem ist ein mühsam aufgebautes Image durch negative interne und externe Schocks schnell zu zerstören.[366]

Darüber hinaus fand eine Begutachtung zweier Strategien aus dem amerikanischen Ligasystem statt. Hierbei wurde deutlich, dass diese zum jetzigen Zeitpunkt aus praktischen, rechtlichen und kulturellen Gründen nur schwer in Europa umzusetzen sind. Beide Strategien sind zwar in der Lage, das finanzielle Risiko der Fußballunternehmen besonders bei sportlichem Misserfolg zu reduzieren. Jedoch gestalten auch diese nicht grundlegend genug die Einnahmen unabhängiger bzw. die Aufwendungen – im Fall des Salary Cap - abhängiger vom sportlichen Werdegang des Fußballunternehmens.

Abschließend wurde das nationale und internationale Lizenzierungsverfahren samt dem kürzlich verabschiedeten Konzept des finanziellen Fairplays sowie der nationale Sicherungsfonds untersucht. Hierbei wurden alle Maßnahmen als sinnvoll erachtet, auch wenn beide die Struktur der Einnahmen bzw. Aufwendungen der Fußballunternehmen im Sinne der Forschungsfrage nicht positiv beeinflussen können.

Da alle vorgestellten Strategien nur als unzureichend für das Forschungsziel der vorliegenden Arbeit zu beurteilen sind, wird im Folgenden eine alternative Maßnahme aufgezeigt. Innerhalb der Strategie der Risikoüberwälzung wurde in Abschnitt 2.2.2.2.3 neben Versicherungspolicen sowie Leasing- und Factoring-Vereinbarungen auch der Einsatz von derivativen Instrumenten zur Überwälzung von Risiken auf Dritte als Maßnahme aufgeführt. Eine Vielzahl von Unternehmen sowie Privatpersonen setzen erfolgreich Derivate zur Risikoreduzierung ein. Durch Derivate sichern sie sich gegen verschiedene Risiken ab und

[366] So kann sich ein Verein beispielsweise ein kämpferisches Image geben wollen. Wenn dieses Auftreten dann von der Mannschaft auf dem Spielfeld nicht übernommen wird, ist auch die beste Imagekampagne zum Scheitern verurteilt.

schützen ihre Vermögenspositionen vor etwaigen Preisschwankungen, die dadurch unabhängig von diesen werden. Insbesondere die Loslösung von Preisschwankungen eines Vermögensgegenstandes erscheint ein interessanter Ansatz zur Entkoppelung der Einnahmen vom sportlichen Werdegang des Fußballunternehmens. Als Preisschwankung ist hierbei der sportliche Erfolg zu interpretieren, der auf den Vermögensgegenstand – in diesem Fall die vom sportlichen Erfolg abhängigen Einzahlungsströme – einen signifikanten Einfluss ausübt. Mittels Derivate sind nun diese Einzahlungsströme der Fußballunternehmen unabhängig von den sportlichen Erfolgen zu gestalten. Im Sinne der Forschungsfrage der vorliegenden Arbeit wird daher die Möglichkeit eines Einsatzes dieser Instrumente im Fokus der Betrachtung der folgenden Abschnitte stehen. Aus diesem Grund werden Derivate im folgenden Kapitel eingehend vorgestellt, bevor daran anschließend evaluiert wird, ob und inwieweit ein Einsatz dieser in Fußballunternehmen möglich und zweckmäßig ist.

4 Risikoüberwälzung mittels derivativer Instrumente

4.1 Einleitung

Obgleich Derivate ein wichtiges Finanzinstrument in der heutigen Wirtschaftswelt darstellen, entstand die Grundidee dieses Geschäfts vor fast 4.000 Jahren in Mesopotamien.[367] Die Geschäfte dienten dabei in erster Linie der Absicherungen gegen etwaige Ernteausfälle. Daneben fand die Grundidee des Geschäfts im Jahre 1.700 vor Christus auch im Handel mit Sklaven Anwendung.[368] So gewährten Sklavenhändler ihren Kunden das Recht, zu einem bestimmten Zeitpunkt bei ihnen Sklaven zu erwerben. Neben dem Motiv der Absicherung dienten diese Vereinbarungen auch der Spekulation. So spekulierte 500 vor Christus der Grieche Thales von Milet anhand der Sternenkonstellation sowie dem Zug der Vögel auf die Ernteerträge von Oliven und sicherte sich frühzeitig das Recht, von Besitzern von Olivenpressen zu einem festen Preis die Maschinen zur Erntezeit zum Marktpreis vermieten zu dürfen.[369]

In diesem Abschnitt werden nun die Grundlagen des Risikomanagements mittels derivativer Instrumente eingehend vorgestellt; angefangen mit der Definition, den Arten, dem Einsatzgebiet von Derivaten sowie den verschiedenen Händlertypen auf den Terminmärkten. Anschließend werden verschiedene Derivate eingehend dargestellt. Sowohl deren Funktionsweise als auch Absicherungsstrategien, die mit ihnen zu realisieren sind, finden Berücksichtigung. Außerdem wird dargestellt, wie die einzelnen Derivate zu bewerten sind. Abgerundet wird das Kapitel anhand einer kurzen Darstellung des aktuellen Forschungsstands.

4.2 Derivate

Dieser Abschnitt liefert zum einen eine Definition und zeigt verschiedene Arten derivativer Instrumente auf. Zum anderen werden verschiedene Händlertypen von Derivaten samt ihrer Motive kurz vorgestellt. Aufbauend auf diesen Informationen können dann nachfolgend verschiedene derivative Instrumente eingehend vorgestellt werden.

4.2.1 Definition und Arten

Unter einem Derivat wird allgemein ein Wertpapier verstanden, dessen Preis vom Preis eines anderen Vermögensgegenstands, dem sogenannten Underlying oder Basiswert, abhängt oder

---

[367] Vgl. Schmitt, 2009, www.ftd.de.
[368] Vgl. dp payoff, 2007, www.4finance.ch.
[369] Vgl. Arlman, 2006, S.93; Schmitt, 2009, www.ftd.de.

abgeleitet wird.[370] So orientiert sich der Preis einer Aktienoption am Kursverlauf einer Aktie. Neben Aktien sind beispielsweise auch Indizes, Devisen oder Rohstoffe weit verbreitete Basiswerte für Derivate.[371]

Derivate gehören zur Gruppe der Termingeschäfte.[372] Bei Termingeschäften werden die Bedingungen, zu denen der Vertrag zu einem zukünftigen Zeitpunkt erfüllt wird, zum Zeitpunkt des Vertragsabschlusses festgelegt.[373] Derivate unterteilen sich in unbedingte und bedingte Termingeschäfte, wobei unbedingte, sprich fixe Termingeschäfte von den Vertragspartnern zu den vorher vereinbarten Konditionen und Zeitpunkten zwingend zu erfüllen sind. Demgegenüber stehen bedingte Termingeschäfte, bei denen die Erfüllung des Termingeschäfts von der Ausübung des Wahlrechts durch den Käufer abhängt. Während Forward- und Futureskontrakte einerseits sowie Swaps andererseits zu den unbedingten Termingeschäften zu zählen sind, gehören Optionen zu den bedingten Termingeschäften.[374]

Der Handel mit Derivaten findet sowohl börslich als auch außerbörslich statt. So werden beispielsweise Futures und Optionen weltweit über zahlreiche Börsen gekauft und verkauft.[375] Hingegen werden außerhalb der Börse verschiedene Arten von Forwardkontrakten und andere Derivate durch Finanzinstitute, Fondsmanager oder Finanzmanager auf dem sogenannten Over-the-Counter-Markt (OTC-Markt) gehandelt. Dieser stellt auch aufgrund geringerer Transaktionskosten eine bedeutende Alternative zum Börsenhandel dar und weist mittlerweile ein größeres Handelsvolumen als der börsennotierte Handel auf.[376]

Zu den bekanntesten und volumenmäßig bedeutendsten Derivaten zählen Forward- und Futureskontrakte, Swaps sowie Optionen. Jedoch haben sich in den letzten Jahren weitere Derivate entwickelt, wie Credit Default Swaps oder Derivate, deren Basiswert nicht handelbar ist wie beispielsweise sogenannte Wetter-Derivate.[377, 378]

---

[370] Vgl. Hull, 2006, S.893; Pfeifer, 2006, S.300.
[371] Vgl. Bruns, Meyer-Bullerdick, 2008, S.333.
[372] Der Finanzmarkt wird unterteilt in Kassamarkt und Terminmarkt. Auf dem Kassamarkt werden beispielsweise Aktien, Renten sowie Divisen und am Terminmarkt unterschiedliche Derivate gehandelt.
[373] Vgl. Schmitz, Wehrheim, 2006, S.97; Steiner, Bruns, 1998, S.267.
[374] Vgl. Bruns, Meyer-Bullerdick, 2008, S.335; Pfeifer, 2006, S.301.
[375] Die Börse Stuttgart hat sich mit ihrer Handelsplattform „euwax" in den vergangenen Jahren zum bedeutendsten Handelsplatz für Termingeschäfte in Europa entwickelt.
[376] Vgl. Hull, 2006. S.24f.
[377] Bei einem Credit Default Swap (CDS) hat der Inhaber beispielsweise das Recht, bei einem etwaigen Zahlungsausfall des Emittenten eine Anleihe zum Nennwert zu verkaufen. Ein Wetter-Derivat gibt dem Inhaber wie beispielsweise einem Landwirt die Möglichkeit, sich gegen schlechtes Wetter und somit gegen Ernteausfälle zu versichern, und einem Skigebiet, sich gegen zu wenig Schneefall und den sich daraus ergebenden Umsatzeinbußen durch den Wegfall von Touristen zu schützen.

Derivate besitzen gegenüber Direktinvestments in den jeweiligen Basiswert einige grundlegende Vorteile. Neben geringeren Transaktionskosten ist ihre Flexibilität ein nicht zu unterschätzender Vorteil. Derivate sind sehr flexibel anzuwenden und miteinander zu kombinieren. So kann mittels derivativer Instrumente sowohl auf steigende als auch auf fallende Kursbewegungen des Basiswerts spekuliert werden. Ferner ermöglicht der gezielte Einsatz dieser eine genaue Steuerung des Risikos.[379]

4.2.2 Händlertypen

Grundsätzlich werden beim Handel von Derivaten drei Händlertypen unterschieden: Absicherer, Spekulanten sowie Arbitrageure.[380]

Absicherer (Hedger) verwenden Derivate, um das Risiko, das ihnen aus einer möglichen zukünftigen Kursveränderung eines Basiswerts droht, abzufedern. So schützen sich Absicherer beispielsweise anhand von Währungs-Derivaten gegen zukünftige Wechselkursänderungen. Ziel der Absicherer ist, den Verlust aus der einen Position durch den Gewinn aus einer anderen Position zu kompensieren, so dass mittels Derivat das Kursveränderungsrisiko verringert und im Optimalfall eliminiert wird.[381] Demgegenüber stehen Spekulanten, die auf Basis ihrer Erwartungen über zukünftige Kursentwicklungen von Vermögensgegenständen eine bestimmte Position auf dem Markt einnehmen.[382] So wetten sie mittels Derivat darauf, dass der Kurs des Basiswerts entweder steigt oder fällt. Absicherer und Spekulanten hängen stets voneinander ab. So ist der Absicherer darauf angewiesen, dass ein Dritter an seiner Stelle das Kursrisiko eines Basiswerts übernimmt. Diesen Part nimmt der Spekulant ein.[383] Für das Übernehmen der Kursrisiken kann dieser vom Absicherer eine Prämie verlangen. Der Arbitrageur zielt schließlich auf die Realisierung eines risikolosen Gewinns ab. Dieser soll durch die gleichzeitige Ausführung von Transaktionen auf zwei oder mehreren Märkten realisiert werden.[384]

Für den weiteren Verlauf der Arbeit sind im Zuge der Forschungsfrage jedoch nur Absicherer sowie Spekulanten als Risikoübernehmer von Relevanz. Arbitrageure spielen bei der

[378] Vgl. Ankirchner, Imkeller, dos Reis, 2010, S.289; Chance, 2008, S.99.
[379] Vgl. Bruns, Meyer-Bullerdick, 2008, S.333; Das, 2006, S.3.
[380] Vgl. Hull, 2006, S.32.
[381] Vgl. Bruns, Meyer-Bullerdick, 2008, S.512; Hull, 2006, S.32.
[382] Vgl. Hull, 2006, S.903.
[383] Vgl. Cusatis, Thomas, 2005, S.100; Kolb, Overdahl, 2007, S.136.
[384] Vgl. Hull, 2006, S.38; Kolb, Overdahl, 2007, S.8f.

Beantwortung der Fragestellung hingegen keine Rolle und finden somit keine weitere Berücksichtigung.

4.3 Forwards und Futures

4.3.1 Definition und Funktionsweise

Sowohl Forwards als auch Futures beinhalten für Käufer und Verkäufer die feste Verpflichtung zu einem festgelegten zukünftigen Zeitpunkt einen Vermögensgegenstand zu einem ebenfalls festgelegten Abrechungspreis zu kaufen oder zu verkaufen.[385] Somit entspricht der Kauf des Vermögensgegenstandes via Forward einem zukünftigen Kauf des Basiswerts zu den im Zeitpunkt des Kontraktabschlusses vereinbarten Bedingungen. Typische Basiswerte für Forwards und Futures sind Währungen und Rohstoffe.

Tabelle 5: Unterschiede zwischen Forwards und Futures[386]

	Forwards	**Futures**
Handel	nicht börsennotiert organisiert	an einer Börse zentralisiert
Größe und Gegenstand des Kontraktes	individuell nach den Bedürfnissen des Kunden festgelegt	standardisiert
Zeitpunkt der Erfüllung	individuell nach den Bedürfnissen des Kunden festgelegt	standardisiert
Effektive Erfüllung	beabsichtigt	nur 2-5% werden erfüllt; Verpflichtung kann durch ein Gegengeschäft ausgeglichen werden
Erfüllungsrisiko	tragen Käufer und Verkäufer gleichzeitig	übernimmt die Clearing-Stelle
Geldfluss	bei Lieferung	täglicher Gewinn- und Verlustausgleich
Liquidität	niedrig, da aufgrund individueller Absprache so gut wie nicht übertragbar	hoch, da aufgrund der Standardisierung übertragbar

Der entscheidende Unterschied zwischen Forward- und Futurekontrakten besteht darin, dass im Gegensatz zu Forwards Futures an einer Börse gehandelt werden.[387] Daraus ergeben sich eine Reihe von Konsequenzen, die in der obigen Tabelle kurz zusammengestellt sind. Aus den Unterschieden zwischen Forwards und Futures sind einige bedeutende Vor- und Nachteile abzuleiten. Zentraler Vorteil von Forwards ist ihre Individualität. So besitzen die Vertragsparteien die Möglichkeit, einen Forwardkontrakt nach ihren Wünschen zu gestalten.

[385] Vgl. Das, 2006, S.9; Hull, 2006, S.895; Johnson, 2009, S.314.
[386] Eigene Darstellung in Anlehnung an Albrecht, Maurer, 2005, S.34.
[387] Vgl. Albrecht, Maurer, 2005, S.34; Zantow, 2007, S.345.

Nachteile ergeben sich dann, wenn eine Vertragspartei entweder den Forward an eine dritte Partei übertragen möchte (Liquiditätsrisiko) oder am Ende der Laufzeit seinen Verpflichtungen nicht nachkommen kann (Erfüllungsrisiko).

Durch Börsenhandel überwinden Futureskontrakte diese beiden zentralen Nachteile der Forwards. Futures sind innerhalb von wenigen Minuten über eine Börse zu handeln, so dass im Regelfall für genügend Liquidität gesorgt ist. Auch tendiert das Erfüllungsrisiko bei Futurekontrakten gegen null, da der Vertragspartner – sowohl für Käufer als auch für Verkäufer – eine Clearingstelle ist.[388] Des Weiteren findet bei Futures eine tägliche Verrechnung von Gewinnen und Verlusten statt. Aus diesem Grund hinterlegen beide Kontraktparteien bei Abschluss auf einem Konto eine Sicherheitsleistung. Diese dient dazu, dass beide Vertragsparteien die aus dem Kontrakt entstehenden Verpflichtungen am jeweiligen Abrechnungstag erfüllen können.[389] Nachteilig ist jedoch, dass Futureskontrakte standardisiert sind und somit nicht in jeder Situation den individuellen Bedürfnissen des Käufers und Verkäufers entsprechen.

4.3.2 Basispositionen

In diesem Abschnitt steht im Mittelpunkt die Darstellung der Basispositionen von Forwards und Futures. Diese bildet eine wichtige Grundlage für die Preisbildung von Forward- und Futureskontrakten. Im Folgenden wird ein Forwardkontrakt betrachtet, der sich auf eine Einheit des Basiswertes bezieht. Hierzu werden zur weiteren Analyse folgende Bezeichnungen getroffen:

T: Erfüllungstermin des Forwardkontrakts

K_T: Wert der Basisposition in $t = T$

s: Zeitpunkt des Kontraktabschlusses ($s < T$)

K_s: Wert der Basisposition in $t = s$

F_s: Vereinbarter Abrechungspreis am Laufzeitende des Forwardkontrakts

G_T: Gewinn-Verlustposition des Käufers oder Verkäufers am Laufzeitende

F_T: Wert des Forwardkontrakts in $t = T$

Mit Hilfe der Notation wird die Gewinn-/Verlustposition der Basisposition eines Forwardkontrakts am Laufzeitende aufgestellt. Folgende Abbildung veranschaulicht dies.

[388] Eine Clearingstelle ist eine Firma, welche die Leistung der Parteien in einer Derivate-Transaktion an der Börse sicherstellt.

[389] Vgl. Schlag, 1995, S.63.

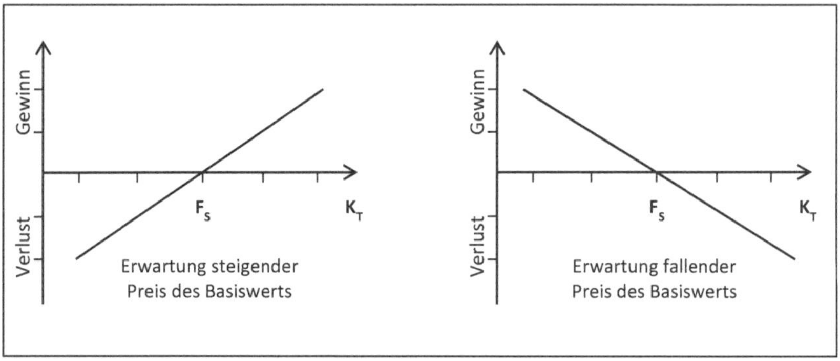

Abbildung 5: Gewinn-/Verlustfunktion eines Forwardkontrakts zum Liefertermin[390]

Der Käufer eines Forwards erwartet tendenziell steigende Kurse des Basiswerts, während der Verkäufer auf fallende Kurse setzt. Somit erzielt der Käufer eines Forwards einen Gewinn, wenn der Kurs des Basiswerts über dem anfangs vereinbarten Abrechnungspreis liegt. Bei Absinken des Kurs des Basiswerts unterhalb des Abrechnungspreises hat er hingegen einen Verlust zu realisieren. Der Verkäufer eines Forwards generiert hingegen bei steigenden Kursen Verluste, während er von fallenden Notierungen profitiert.

Die Gewinn-/Verlustfunktionen für beide Parteien sind somit folgendermaßen aufzustellen:

Käufer: $G_T = K_T - F_s = F_T - F_s$

Verkäufer: $G_T = F_s - K_T = F_s - F_T$

Bei Futurekontrakten, der börsengehandelten Variante der Forwardkontrakte, ist die Situation aufgrund der börsentäglichen Abrechnung komplexer. Zunächst werden zur weiteren Analyse weitere Bezeichnungen für einen Future festgelegt:

K_t: Wert des Basiswerts in t ($s \leq t \leq T$)

$F_t = F(t,T)$: Wert des Futureskontrakts mit Liefertermin T zum Zeitpunkt t ($s \leq t \leq T$)

390 Eigene Darstellung in Anlehnung an Albrecht, Maurer, 2005, S.509.

Im Gegensatz zum Forward wird bei Futures zum Zeitpunkt des Kontraktabschlusses (s) der Abrechnungspreis F_s nicht mehr zwischen den Kontraktparteien verhandelt. Stattdessen richtet sich der Abrechungspreis an dem zum Zeitpunkt des Kontraktabschlusses am Markt gültigen Futurepreis (Kurs) F(s, T).[391]

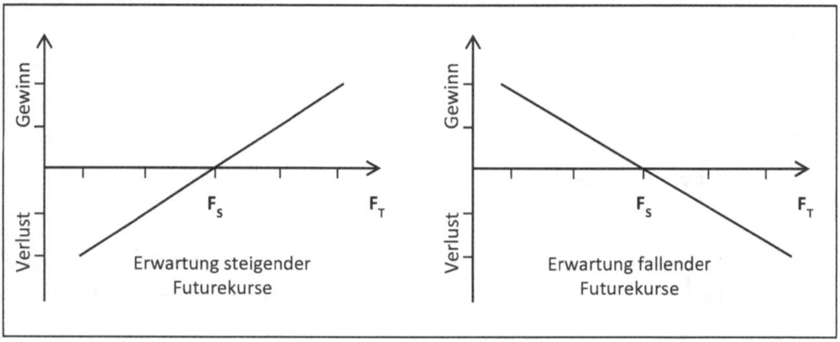

Abbildung 6: Gewinn-/Verlustfunktion bei Glattstellung eines Futureskontrakts[392]

Wie obige Abbildung veranschaulicht, lässt sich die Gewinn-/Verlustfunktion bei Glattstellung des Kontrakts folgendermaßen bestimmen:

Käufer: $G_t = F(t,T) - F(s,T)$

Verkäufer: $G_t = F(s,T) - F(t,T)$

Im Unterschied zu Forwardkontrakten ist ein vorzeitiger Verkauf der Futureskontrakte jederzeit möglich. Somit hat der Investor die Möglichkeit, eine Position vor Erfüllungstermin des Futures „glattzustellen", sprich zu schließen.[393]

4.3.3 Preisbildung und Bewertung

Dieser Abschnitt widmet sich der Preisbildung sowie der Bewertung von Forward- und Futureskontrakten. Im Folgenden werden der Übersicht halber ausschließlich Forwardkontrakte betrachtet. Jedoch sind folgende Gleichungen auch auf Futureskontrakte übertragbar.

---

[391] Vgl. Albrecht, Maurer, 2005, S.509.
[392] Eigene Darstellung in Anlehnung an Albrecht, Maurer, 2005, S.512.
[393] Vgl. Hull, 2006, S.67; Perridon, Steiner, 2007, S.302.

Zur Verallgemeinerung wird ein Forwardkontrakt auf einen einkommensfreien Basiswert mit dem Kurs K_t, der während der Laufzeit des Kontrakts keine Zins- oder Dividendenzahlungen zahlt, betrachtet. T bezeichnet hierbei die Zeit bis zur Fälligkeit des Kontrakts, r ist der risikolose Zinssatz und F_t ist der aktuelle Preis des Forwards. Somit bestimmt sich der aktuelle Forwardpreis folgendermaßen:

$$F_t = K_t \, e^{rT}$$

Der Wert eines Forwardkontrakts zum Zeitpunkt des Abschlusses ist stets null. Während der Laufzeit des Kontrakts kann der Wert sowohl positiv als auch negativ sein.[394]

Mit der bei der Bestimmung des Forwardpreises eingeführten Notation sei F_t der aktuelle Forwardpreis. Das Lieferdatum sei in T Jahren und r ist der risikolose Zinssatz für T Jahre. Die Variable V bezeichnet den Wert des Forwardkontrakts, während K_T für den Lieferpreis des Kontrakts steht. Daraus ergibt sich die folgende Gleichung:

$$V = (F_t - K_T) \, e^{-rT}$$

Diese verdeutlicht, dass ein heute abgeschlossener Kontrakt den Wert null annimmt, da der festgesetzte Lieferpreis im Zeitpunkt des Abschlusses gleich dem Forwardpreis ist. Während im Zeitablauf der Lieferpreis konstant bleibt, ändert sich der Forwardpreis, so dass der Wert des Forwards entweder positiv oder negativ wird.

4.3.4 Absicherungsstrategien

Die große Attraktivität von Forward- und Futureskontrakten leitet sich aus der Möglichkeit ihres Einsatzes für verschiedene Absicherungsstrategien ab.[395] Mit Hilfe von Forwards und Futures sind bestimmte Risiken des Absicherers (Hedger) zu reduzieren. Praxisrelevante Risiken, denen anhand von Derivaten zu begegnen sind, stellen klassischerweise Preisschwankungen des Ölpreises, der Wechselkurse sowie zukünftige Entwicklungen am Aktienmarkt dar.[396]

Grundsätzlich wird bei Absicherung von Risiken neben einer bestehenden oder zukünftigen Kassaposition (Grundposition) eine entgegengesetzte offene Terminposition eingegangen,

[394] Vgl. Hull, 2006, S.145.
[395] Vgl. Perridon, Steiner, 2007, S.306.
[396] Vgl. Hull, 2006, S.76.

deren Wertänderung die Wertänderung des Grundgeschäftes kompensiert.[397] Gelingt es, die Kursänderungen der Grundposition durch das Termingeschäft exakt aufzufangen, wird von einem perfekten Hedge gesprochen. Das Risiko wird dabei vollständig eliminiert, so dass eine vollkommen risikolose Position zu realisieren ist.[398]

Prinzipiell wird zwischen einem Short Hedge (Verkaufsabsicherung) und einem Long Hedge (Kaufabsicherung) unterschieden.[399] Ein Short Hedge enthält die Short Position in einem Forward- oder Futureskontrakt. Ein Short Hedge ist dann sinnvoll, wenn der Absicherer bereits im Besitz des Vermögensgegenstands ist, diesen zukünftig verkaufen wird und sich bereits heute das aktuelle Preisniveau sichern möchte. Durch einen Short Hedge erhält er das gegenwärtige Preisniveau des Vermögensgegenstands. Somit ist er immun gegen zukünftig auftretende Wertverluste aufgrund zwischenzeitlicher Kursänderungen.[400] Hingegen nimmt ein Absicherer bei einem Long Hedge die Long Position in einem Forward- oder Futureskontrakt ein. Der Long Hedge bietet sich an, wenn das Unternehmen einen bestimmten Vermögensgengegenstand zu einem zukünftigen Zeitpunkt kaufen wird und sich bereits heute das derzeitige Kursniveau sichern möchte. Folgende Abbildung illustriert einen perfekten Short Hedge aus einem Kassageschäft und einem Future.

[397] Vgl. Perridon, Steiner, 2007, S.306.
[398] Vgl. Albrecht, Maurer, 2005, S.525.
[399] Vgl. Hull, 2006, S.76f.
[400] Allerdings werden auch mögliche Wertgewinne der Kassaposition durch die Hedge Position ausgeglichen.

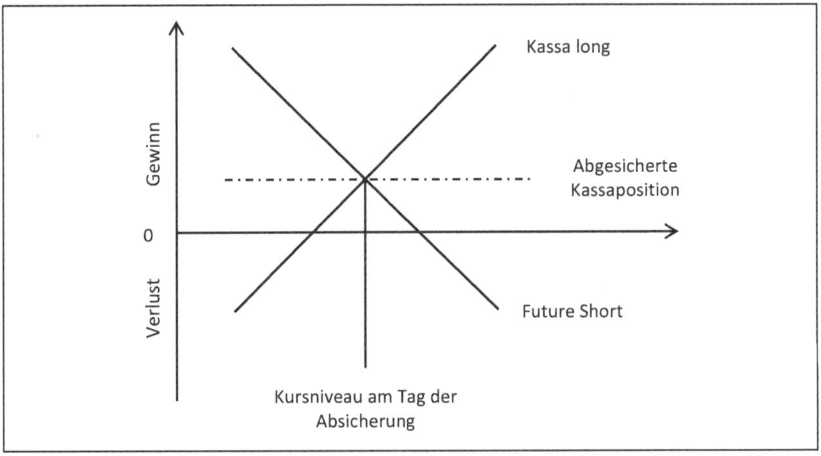

Abbildung 7: Perfekter Short Hedge[401]

Der Erfolg einer Absicherung mittels Futureskontrakte hängt von der Anzahl der Kontrakte ab, die der Hedger einsetzt. Um die optimale Anzahl der Kontrakte zu bestimmen, ist die sogenannte Hedge Ratio zu bestimmen. Diese ermittelt das optimale Gewichtungsverhältnis zwischen den einzusetzenden Kontrakten im Vergleich zur abzusichernden Grundposition.[402] Zur Bestimmung der Hedge Ratio sind in der Literatur verschiedene Verfahren entwickelt worden.[403] Jedoch ist keines dieser Verfahren fehlerfrei, so dass das Ergebnis des Hedge zu beeinflussen ist und somit unter Umständen kein perfekter Hedge zu realisieren ist.[404]

Neben einer ungenauen Hedge Ratio unterliegen Absicherungsstrategien mittels Futureskontrakten noch weiteren Risikokomponenten. Zu erwähnen sind insbesondere das sogenannten Basisrisiko sowie die Risikodauer.[405] Das Basisrisiko beinhaltet unter anderem das Risiko, dass ein Vermögensgegenstand, dessen Kursrisiko abgesichert werden soll, nicht mit dem Basiswert des Futureskontrakts übereinstimmt.[406, 407] Diese Nicht-Identität zwischen den Basiswerten der Kassaposition und des Kontrakts wird allgemein als Cross Hedge-Risiko

401 Eigene Darstellung in Anlehnung an Albrecht, Maurer, 2005, S.526; Eller, Spindler, 1994, S.124.
402 Vgl. Hull, 2006, S.896; Perridon, Steiner, 2007, S.306.
403 Einen Überblick der gängigen Verfahren bieten beispielsweise Steiner, Bruns, 1998, S.438ff.
404 Vgl. Berger, 1990, S.402ff.
405 Vgl. Perridon, Steiner, 2007, S.306.
406 Dieses Risiko entfällt bei Forwardkontrakten, da diese direkt zwischen zwei Parteien nach deren Bedürfnissen gestaltet werden.
407 Vgl. Hull, 2006, S.82.

bezeichnet.[408] Auch tritt der Fall auf, dass ein Absicherer zum jetzigen Zeitpunkt nicht abschätzen kann, zu welchem Zeitpunkt er den Basiswert kaufen oder verkaufen wird. Des Weiteren ist möglich, dass der Futurekontrakt schon lange vor dem Verfallstag geschlossen wird.[409] Im Bezug auf die Dauer des Risikos ist vom Absicherer abzuschätzen, wie lange ein zukünftiger oder bestehender Basiswert einem Kursänderungsrisiko ausgesetzt ist. Wird diese nur unzureichend beurteilt, hat dies ebenfalls Auswirkungen auf das Hedge-Ergebnis.[410]

4.4 Swaps

4.4.1 Definition und Funktionsweise

Wie Forwards und Futures gehören auch Swaps zu den unbedingten Termingeschäften. Swapvereinbarungen beinhalten den Austausch von Zahlungsströmen zwischen zwei Parteien. Im Zuge einer Swapvereinbarung verpflichten sich beide Tauschpartner zu einem festgelegten Zeitpunkt bestimmte Nominalbeträge auszutauschen.[411] Aufgrund individueller Vereinbarungsmöglichkeiten spielen Swaps besonders auf dem OTC-Markt eine zentrale Rolle.[412]

Swapvereinbarungen werden grundsätzlich in drei Grundformen von Swaptransaktionen unterteilt; dem Währungstausch, dem Zinstausch sowie dem Zins- und Währungstausch.[413] Beim Währungstausch wird beispielsweise eine in Euro laufende Verbindlichkeit gegen eine in US-Dollar laufende Verbindlichkeit zu jeweils fixen Zinssätzen getauscht. Beim Zinstausch werden entweder Verbindlichkeiten mit variablem Zinssatz in Verbindlichkeiten mit fixem Zinssatz oder Verbindlichkeiten mit variablem Zinssatz in Verbindlichkeiten mit ebenfalls variablem Zinssatz übertragen. Bei der dritten Alternative werden beide Tauschmöglichkeiten miteinander kombiniert. Ein Beispiel dafür ist der Tausch einer in Euro laufenden Unternehmensanleihe mit einem festen Zinssatz gegen eine in US-Dollar laufenden Unternehmensanleihe mit einem variablen Zinssatz.

Aus den Grundformen von Swaptransaktionen werden die in der Normalwirtschaft relevantesten Swapformen – Zinsswaps und Währungsswaps – abgeleitet.[414] Zinsswaps stellen dabei die einfachste und am weitesten verbreitete Form von Swaps dar.[415]

---

[408] Vgl. Albrecht, Maurer, 2005, S.527; Hull, 2006, S.86.
[409] Vgl. Hull, 2006, S.82.
[410] Vgl. Perridon, Steiner, 2007, S.306.
[411] Vgl. Albrecht, Maurer, 2005, S.39; Johnson, 2009, S.536; Lerbinger, 1988, S.3.
[412] Vgl. Hull, 2006, S.192.
[413] Vgl. Lerbinger, 1988, S.34ff.; Perridon, Steiner, 2007, S.310.
[414] Vgl. Hull, 2006, S.192; Kolb, Overdahl, 2007, S.660.

Folgende Abbildung verdeutlicht das Grundprinzip eines Zinsswaps, bei dem Partner A einen festen Zinssatz zahlt und im Gegenzug einen variablen Zinssatz von Partner B erhält.[416]

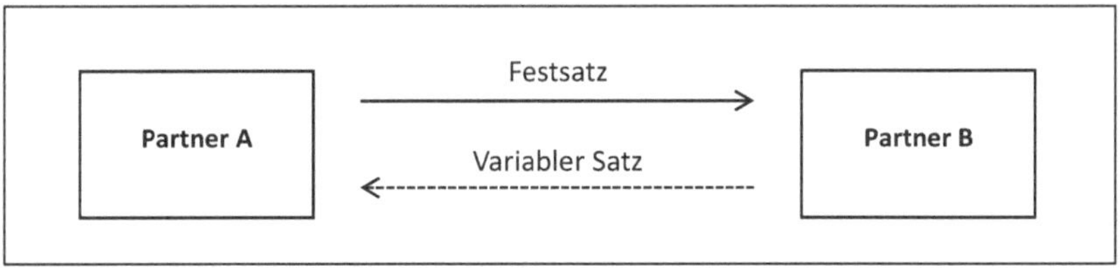

Abbildung 8: Grundprinzip eines Zinsswaps[417]

Am Perioden- oder Laufzeitende des Swaps begleichen die Tauschpartner nur den entsprechenden Zahlungssaldo.[418] Somit werden die Nominalbeträge am Laufzeitende nicht ausgetauscht, da dies netto keine Auswirkungen hätte und ein Austausch der Nominalbeträge somit ökonomisch sinnlos wäre.[419]

Neben Zinsswaps gelten Währungsswaps, die ursprünglich den Markt für Swaps bestimmten, als zweites wichtigstes Swapgeschäft.[420] Währungsswaps beinhalten in ihrer Grundform den Austausch von Nominalbetrag und Zinszahlungen in einer Währung gegen Nominalbetrag und Zinszahlungen in einer anderen Währung. Im Unterschied zu Zinsswaps werden bei Währungsswaps somit auch die Nominalbeträge der Swaps ausgetauscht.[421]

Swapgeschäfte verfügen über ein ähnliches Chancen/Risiko-Profil wie Forwardkontrakte. So sind Swaps ähnlich flexibel wie Forwardkontrakte, da die beteiligten Parteien die Möglichkeit haben, die Konditionen des Swaps direkt miteinander zu vereinbaren.[422] Daneben existieren jedoch einige Nachteile. Die bedeutendsten Nachteile sind dabei das Bonitätsrisiko sowie das Marktrisiko. Im Zuge des Bonitätsrisiko besteht die Gefahr, dass vereinbarte Zahlungen vom

---

[415] Vgl. Brealey, Myers, 2003, S.765.
[416] Ein beliebter Zinssatz für die Bestimmung des variablen Zinses ist die LIBOR (London Interbank Offered Rate). Dies ist der Zinssatz, den Banken für Einlagen anderer Banken am Eurogeldmarkt anbieten.
[417] Eigene Darstellung in Anlehnung an Eller, 1999, S.13.
[418] Nur derjenige Tauschpartner, der zum Zahlungszeitpunkt einen negativen Saldo aufweist, hat eine Zahlung zu leisten.
[419] Vgl. Nabben, 1990, S.24; Pfeifer, 2006, S.352.
[420] Vgl. Perridon, Steiner, 207, S.313.
[421] Vgl. Hull, 2006, S.209; Lerbinger, 1988, S.4; Pfeifer, 2006, S.352.
[422] Vgl. Lerbinger, 1988, S.6.

Swappartner nicht oder nur teilweise geleistet werden. Beim Marktrisiko entwickelt sich der variable Zinssatz anders als erwartet. Dies zieht dann für denjenigen Swappartner, der die variablen Zinsen zu begleichen hat, ungünstige Konsequenzen nach sich.[423]

4.4.2 Bewertung

Stellvertretend für alle Arten von Swaps wird im Folgenden auf die Bewertung von Zinsswaps eingegangen.

Allgemein verändert sich der Wert eines Zinsswaps, wenn sich der variable Zinssatz ändert. Aus Sicht des Zahlenden der Festzinsen, der somit die variablen Zinsen erhält, steigt der Wert eines Swaps bei Anstieg des variablen Zinssatzes während der Laufzeit. Analog dazu erhöht sich der Wert des Swaps für den Zahler der variablen Zinsen, wenn der variable Zinssatz fällt.[424] Zinsswaps weisen zu Beginn der Laufzeit stets einen Wert von null oder nahezu null auf. Während der Laufzeit kann der Wert des Zinsswaps negativ oder positiv werden.[425]

Zinsswaps sind mithilfe zweier Verfahren zu bewerten. Das erste Verfahren sieht den Zinsswap als Differenz zweier Anleihen an, das zweite als Portfolio bestehend aus Forward Rate Agreements.[426, 427] Findet eine Bewertung des Zinsswaps über Anleihen statt, so wird zwischen einem variablen und einem festverzinslichen Zinszahler unterschieden. Im Falle des variablen Zinszahlenden ist der Swap als Long-Position in einer festverzinslichen Anleihe und Short-Position in einer variabel verzinslichen Anleihe aufzufassen.[428] Bezeichnet V_{swap} den Wert des Swaps, B_{fl} den Wert der variabel verzinslichen Anleihe und B_{fix} den Wert der festverzinslichen Anleihe, so gilt die folgende Gleichung:

$$V_{swap} = B_{fix} - B_{fl}$$

Analog dazu lässt sich aus Sicht des Festzinszahlers der Swap als eine Long-Position in einer variabel verzinslichen Anleihe und eine Short-Position in einer festverzinslichen Anleihe

---

[423] Vgl. Bruns, Meyer-Bullerdieck, 2008, S.586; Kolb, Overdahl, 2007, S.679.
[424] Vgl. Cusatis, Thomas, 2005, S.138.
[425] Vgl. Hull, 2006, S.205.
[426] Vgl. Eller, 1999, S414ff.; Hull, 2006, S.205.
[427] Ein Forward Rate Agreement stellt eine individuelle, nicht standardisierte und daher nicht börsenfähige Vereinbarung zweier Marktteilnehmer dar. Hierbei wird ein vereinbarter Zinssatz auf einen bestimmten Nominalbetrag nach einem bestimmten Zeitraum gezahlt.
[428] Vgl. Hull, 2006, S.206.

interpretieren.[429] Der Wert des Swaps des Festzinszahlers wird dann durch nachstehende Gleichung bestimmt:

$$V_{swap} = B_{fl} - B_{fix}$$

Um den Wert eines Swaps zu berechnen, sind zuerst die Werte der zugrunde liegenden Anleihen zu kalkulieren. Der Wert einer festverzinslichen Anleihe ermittelt sich dabei allgemein durch den Barwert aller zukünftigen Zahlungen, die dem Halter der Anleihe zufließen.[430] Im Zuge der Bewertung der variabel verzinslichen Anleihe ist anzumerken, dass ihr Wert direkt nach einer Zinszahlung ihrem (fiktiven) Nominalbetrag entspricht. Die Anleihe stellt nämlich zu diesem Zeitpunkt ein „faires Geschäft" dar, bei dem der Kreditnehmer für jede folgende Zinsperiode beispielsweise den London Interbank Offered Rate (LIBOR) zahlt.[431]

Ist L der fiktive Nominalbetrag, t^* der Zeitpunkt des nächsten Zahlungsaustausch und die variable Zahlung in t^* ist k^*, dann gilt unmittelbar nach der Zahlung $B_{fl} = L$. Daraus folgt, dass direkt vor der Zahlung $B_{fl} = L + k^*$ ist. Die Anleihe kann daher als Wertpapier mit einem einzelnen Cash Flow in Höhe von $L + k^*$ zum Zeitpunkt t^* interpretiert werden. Der heutige Wert der variabel verzinslichen Anleihe ergibt sich durch Diskontierung, wobei r^* die LIBOR für die Laufzeit t^* bezeichnet.[432]

$$B_{fl} = (L + k^*)\, e^{-r^* t^*}$$

Zur Bewertung von Anleihen ist alternativ ein Swap auch durch Forward Rate Agreements zu bewerten. Hierbei wird ein Swap als ein Portfolio bestehend aus diesen charakterisiert.[433]

4.4.3 Absicherungsstrategien

Swaps stellen für Absicherer ein wichtiges Instrument dar, da sie auf dem OTC-Markt individuell nach den Bedürfnissen der Tauschpartner zu vereinbaren sind.[434] Klassischerweise werden Swaps mit einem zugrundeliegenden Geschäft verbunden, das mit Kursänderungsrisiken behaftet ist. Mit Hilfe von Swaps werden diese Risiken reduziert und

[429] Vgl. Hull, 2006, S.206.
[430] Vgl. Hull, 2006, S.114f.
[431] Vgl. Hull, 2006, S.206.
[432] Vgl. Hull, 2006, S.206.
[433] Vgl. Eller, 1999, S.419; Hull, 2006, S.207ff.
[434] Vgl. Cusatis, Thomas, 2005, S.136.

im Optimalfall beseitigt.[435] Zinsswaps schalten das Zinsänderungsrisiko aus, während Währungsswaps das Wechselkursrisiko eliminieren. Ein Zinsswaps wandelt beispielsweise einen ursprünglich variabel verzinslichen Kredit in einen Kredit mit festem Zinssatz um. Der Absicherer befürchtet steigende Zinsen und schützt sich durch den Abschluss eines Zinsswaps vor steigenden Kreditzinssätzen und somit vor zukünftigen Zinsänderungsrisiken.[436] Währungsswaps wandeln indes unsichere, in Fremdwährung erzielte Erträge in sichere inländische Zahlungsströme, so dass eine Absicherung gegen Währungsrisiken erreicht wird.[437]

Zum besseren Verständnis wird eine Absicherungsstrategie mit einem Zinsswaps anhand eines Beispiels erläutert. Hierbei emittiert ein Unternehmen zur Finanzierung neuer Maschinen einen Floater, der bei steigenden Geldmarktzinsen steigende Zinskosten zur Folge hat.[438] Durch Eingehen eines Swapgeschäfts, bei dem ein Austausch zwischen variablem Zinssatz und Festzinssatz stattfindet, beseitigt das Unternehmen das variable Zinsrisiko. Das Unternehmen zahlt in den Swap den Festzins und erhält dafür den variablen Zins, so dass insgesamt eine Festzinsverbindlichkeit generiert wird. Folglich sind die Refinanzierungskosten des Floater festgeschrieben und das variable Zinsrisiko gehedgt. Die folgende Abbildung zeigt die Wirkungsweise dieses Swaps.

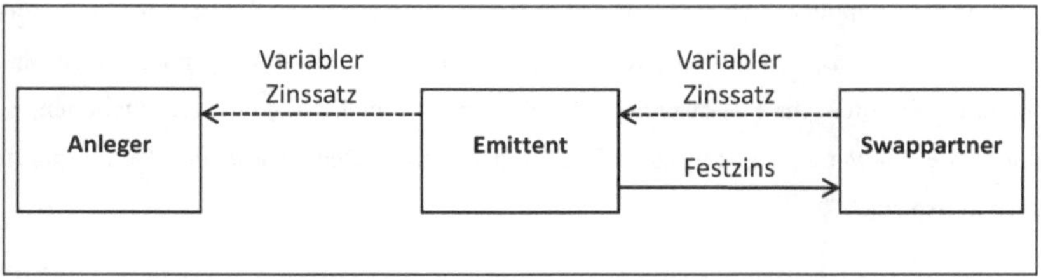

Abbildung 9: Wirkungsweise eines Swaps[439]

Die zwei bedeutendsten Risikokomponenten von Swapgeschäften im Zuge von Absicherungsstrategien sind das Bonitätsrisiko sowie das Mismatch-Risiko.[440] Beim Bonitätsrisiko werden die vereinbarten Zahlungen von einem Swappartner nicht oder nur

[435] Vgl. Eller, Spindler, 1994, S.159.
[436] Vgl. Hull, 2006, S.221; Nabben, 1990, S.18.
[437] Vgl. Albrecht, Maurer, 2005, S.703.
[438] Ein Floater ist eine Anleihe mit variablem Zins, der an einem kurzfristigen Zinssatz gekoppelt ist.
[439] Eigene Darstellung in Anlehnung an Eller, Spindler, 1994, S.163.
[440] Vgl. Bruns, Meyer-Bullerdick, 2008, S.586f.; Lerbinger, 1988, S.91f.

teilweise geleistet.[441] Trotzdem ist dem Beispiel folgend das Unternehmen angehalten, die Zinszahlungen des Floaters zu begleichen. Das Mismatch-Risiko tritt dann auf, wenn die Konditionen des Swapgeschäftes hinsichtlich der Betragshöhe, der Laufzeit oder des Referenzzinses nicht exakt denen des Basisgeschäfts entsprechen.[442] So könnte der Floater beispielsweise über sechs Jahre laufen. Der Swappartner ist allerdings nur bereit, einen Swap über eine Laufzeit von fünf Jahren abzuschließen. Im letzten Jahr ergäbe sich dadurch für das Unternehmen ein Zinsrisiko, so dass die Risikoposition nicht optimal gehedgt wäre.

4.5 Optionen

4.5.1 Definition und Funktionsweise

Optionen – erstmals 1973 am „Chicago Board Options Exchange" eingeführt – gehören zu den bedingten Termingeschäften.[443] Diese verbriefen für den Käufer das Recht, sie auszuüben oder verfallen zu lassen. Der Verkäufer einer Option, der sogenannte Stillhalter, muss sich der Entscheidung des Käufers fügen und erhält dafür vom Käufer eine Prämie.[444] Kann der Käufer jederzeit von seinem Recht Gebrauch machen, so liegt eine amerikanische Option vor. Demgegenüber kann bei einer Option europäischen Typs der Käufer sein Recht nur am Verfallstag selbst ausüben.[445]

Optionen existieren sowohl in standardisierter als auch in nichtstandardisierter Form. Standardisierte Optionen werden, wie die bereits vorgestellten Futures, an der Börse gehandelt. Sie besitzen einheitliche Kontraktspezifikationen hinsichtlich ihrer Laufzeit, ihrer Kontraktgröße sowie ihrer Basispreise. Daneben gibt es nichtstandardisierte Optionen, die ähnlich wie Forwards und Swaps auf die individuellen Bedürfnisse der Optionspartner zugeschnitten sind.[446]

Typischerweise wird das Optionsgeschäft zeitlich in zwei Schritten abgewickelt. Im ersten Schritt wird das Optionsgeschäft durch Kauf bzw. Verkauf eines Optionsrechts sowie Bezahlung der Optionsprämie durch den Käufer abgeschlossen. Anschließend erfolgt die Ausübung oder der Verfall des Optionsrechts. Übt der Käufer der Option sein Recht aus,

---

[441] Vgl. Bruns, Meyer-Bullerdick, 2008, S.586; Kolb, Overdahl, 2007, S.679.
[442] Vgl. Bruns, Meyer-Bullerdick, 2008, S.587; Kolb, Overdahl, 2007, S.680; Lerbinger, 1988, S.91f.
[443] Vgl. Brealey, Myers, 2003, S.564; Cordero, 1989, S.6.
[444] Vgl. Albrecht, Maurer, 2005, S.36f.; Eller, 1999, S.15; Pfeifer, 2006, S.317.
[445] Vgl. Johnson, 2009, S.4f.; Schlag, 1995, S.87.
[446] Vgl. Albrecht, Maurer, 2005, S.37; Steiner, Bruns, 1998, S.267.

erfolgt der Kauf bzw. Verkauf der Kontraktpapiere durch Bezahlung des vereinbarten Basispreises.[447]

Grundsätzlich existieren zwei Arten von Optionen. Eine Kaufoption (Call) gibt ihrem Käufer das Recht, den Basiswert bis zu einem bestimmten Zeitpunkt (Verfallsdatum) zu einem vorher vereinbarten Kurs (Ausübungs- bzw. Basispreis) zu kaufen. Ist am Verfallstag der Kurs des Basiswerts (S_T) höher als der vereinbarte Kurs (K), so wird der Inhaber der Kaufoption von seinem Recht Gebrauch machen und diese ausüben. Andernfalls lässt er den Call verfallen. Der Inhaber eines Calls rechnet bei Kauf der Option somit mit steigenden Kursen des Basiswerts. Das Gegenstück, die Verkaufsoption (Put), beinhaltet für den Käufer das Recht, den Basiswert zu einem bestimmten Verfallsdatum zu einem festgelegten Kurs zu verkaufen. Der Inhaber der Verkaufsoption erzielt einen Gewinn und wird somit sein Recht ausüben, wenn am Verfallstag der aktuelle Kurs des Basiswerts unter dem vereinbarten Kurs liegt. Generell erwartet der Inhaber von Verkaufsoptionen damit sinkende Kurse des Basiswerts.[448]

Optionen lauten stets auf einen bestimmten Basiswert, so dass zwischen Option und ihrem Basiswert eine sehr enge Beziehung besteht. Diese zeigt sich insbesondere anhand der Preisbildung von Optionen. Zu den bekanntesten und meist gehandelten Basiswerten gehören Optionen auf Aktien, Währungen, Zinssätze sowie Indizes. Jedoch sind bei der Auswahl von Basiswerten für Optionen theoretisch keine Grenzen gesetzt.[449]

4.5.2 Basispositionen

Optionen werden generell in vier verschiedene Optionspositionen unterteilt, so dass jeder Optionskontrakt zwei Seiten hat. Eine Seite bildet dabei die Long-Position ab, die andere die Short-Position einer Option. Nimmt der Inhaber einer Option die Long-Position ein, so kauft er die Option, währenddessen er in der Short-Position die Option verkauft.[450] Gewinne oder Verluste des Verkäufers, die aus einem Optionsgeschäft entstehen, sind denen des Optionskäufers stets entgegengesetzt. Den Betrag, den ein Kontraktpartner gewinnt, verliert somit der zweite Kontraktpartner.[451] Im Einzelnen sind die vier Optionspositionen die folgenden:

1. Long-Position in einer Kaufoption (Long Call) – klarer Optimist

[447] Vgl. Perridon, Steiner, 2007, S.317.
[448] Vgl. Hull, 2006, S.228ff.; Perridon, Steiner, 2007, S.316.
[449] Vgl. Cordero, 1989, S.9f.; Zantow, 2007, S.366.
[450] Vgl. Cordero, 1989, S.26; Hull, 2006, S.230; Zantow, 2007, S.369.
[451] Vgl. Hull, 2006, S.230.

2. Long-Position in einer Verkaufsoption (Long Put) – klarer Pessimist
3. Short-Position in einer Kaufoption (Short Call) – gemäßigter Pessimist
4. Short-Position in einer Verkaufsoption (Short Put) – gemäßigter Optimist

Aus den vier Optionspositionen resultieren verschiedene Gewinn- und Verlustmöglichkeiten. In der folgenden Abbildung werden diese gegenübergestellt.

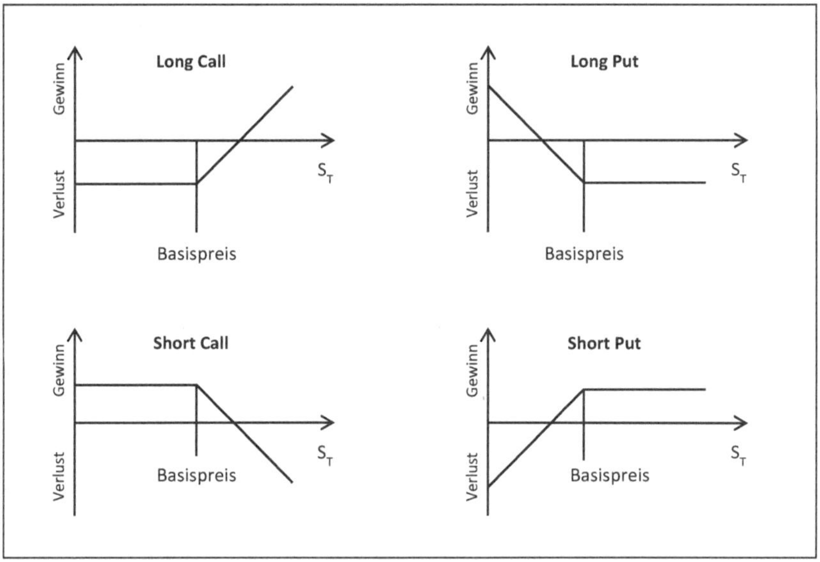

Abbildung 10: Gewinn- und Verlustmöglichkeiten bei Optionsgeschäften[452]

Das Gewinnpotenzial eines Long Calls ist unbegrenzt und das eines Long Put nahezu uneingeschränkt. Das Verlustpotenzial ist bei beiden auf die Höhe der anfangs zu entrichtenden Optionsprämie limitiert. Demgegenüber ist das Gewinnpotenzial der Short-Position auf die Höhe der Optionsprämie begrenzt. Das Verlustpotenzial ist hingegen beim Short Call unbeschränkt und beim Short Put nahezu unbegrenzt. Somit geht der Inhaber der Short-Position insgesamt ein höheres Risiko als der Inhaber der Long-Position ein, der als Kompensation für das Kursrisiko lediglich eine Optionsprämie zu entrichten hat. Allerdings ist der Inhaber der Short-Position bei Abschluss der Option zunächst auf der „Gewinnerseite", während der Inhaber der Long-Position mit einem Verlust startet.

[452] Eigene Darstellung in Anlehnung an Hull, 2006, S.232; Perridon, Steiner, 2007, S. 317f.

Die Gewinn-/Verlustfunktion der einzelnen Positionen werden wie folgt aufgestellt, wobei der Gewinn am Laufzeitende der Option mit G_T, der Kurs des Basiswerts am Laufzeitende der Option mit S_T, der vereinbarte Kurs des Basiswerts K und die Optionsprämie mit P bezeichnet wird.

Inhaber Long Call: $G_T = \max(S_T - K, 0) - P$

Inhaber Short Call: $G_T = \min(K - S_T, 0) + P$

Inhaber Long Put: $G_T = \max(K - S_T, 0) - P$

Inhaber Short Put: $G_T = \min(S_T - K, 0) + P$

4.5.3 Preisbildung und Bewertung

Optionspreise werden von sechs preisbestimmenden Faktoren beeinflusst. Im Einzelnen sind dies der aktuelle Aktienkurs (S_0), der Basispreis (K), die Restlaufzeit der Option (T), die Volatilität des Aktienkurses (σ), der risikolose Zinssatz (r) sowie die gezahlte Dividende des Basiswerts während der Laufzeit (D).[453] Nachfolgende Tabelle veranschaulicht, inwiefern Optionspreise auf Änderung eines Einflussfaktors bei gleichzeitiger Konstanz der anderen Faktoren reagieren.

Tabelle 6: Auswirkungen auf den Preis einer Aktienoption[454, 455]

Einflussfaktor	europäischer Call	europäischer Put	amerikanischer Call	amerikanischer Put
S_0	+	–	+	–
K	–	+	–	+
T	?	?	+	+
Σ	+	+	+	+
R	+	–	+	–
D	–	+	–	+

Generell üben steigende Aktienkurse sowie steigende risikolose Zinssätze einen positiven Einfluss auf den Preis eines Calls und einen negativen Einfluss auf den eines Puts aus. Die Höhe des Basispreises sowie die Höhe der Dividende der Aktie beeinflussen umgekehrt den

[453] Vgl. Daube, 1999, S.164ff.; Hull, 2006, S.256; Perridon, Steiner, 2007, S.320; Zimmermann, 1988, S.141.
[454] Das Pluszeichen (+) bedeutet hierbei, dass eine Erhöhung im Wert des Einflussfaktors eine Erhöhung des Optionspreises zur Folge hat, während das Minuszeichen (–) bedeutet, dass eine Erhöhung im Wert des Einflussfaktors eine Verringerung des Optionspreises nach sich zieht. Bei einem Fragezeichen (?) ist der Zusammenhang nicht eindeutig.
[455] Eigene Darstellung in Anlehnung an Hull, 2006, S.256.

Putpreis positiv und den Callpreis negativ. Die Volatilität wirkt sich stets positiv auf den Preis von Optionen aus – sowohl bei Calls als auch bei Puts. Bei amerikanischen Optionen ist eine lange Restlaufzeit von Vorteil. Bei europäischen Optionen ist dieser Zusammenhang nicht eindeutig nachzuweisen, da eine längere Restlaufzeit beispielsweise eine erhöhte Wahrscheinlichkeit einer Dividendenausschüttung des zugrundeliegenden Basiswerts zur Folge hat.

Der Optionswert bzw. der Preis einer Option zerfällt grundsätzlich in zwei Komponenten – den inneren Wert sowie den Zeitwert einer Option. Der innere Wert bestimmt sich als Differenz zwischen aktuellem Kurs des Basiswerts (S_0) und vereinbartem Basispreis (K). Je größer hierbei die Differenz ist, desto wertvoller ist die Option für ihren Käufer. Der Zeitwert entspricht dem Optionspreis abzüglich des inneren Werts. Der Zeitwert wird als Aufgeld interpretiert, die der Inhaber einer Kaufoption für die Möglichkeit, von Kursveränderungen des Basiswerts zu profitieren, bereit ist zu zahlen. Je dichter sich eine Option dem Laufzeitende nähert, desto geringer wird der Zeitwert bis er schließlich am Verfallstag null beträgt.[456]

Jede Option besitzt eine Wertober- sowie eine Wertuntergrenze. Generell bestimmen der aktuelle Kurs des Basiswerts sowie der Basispreis diese. Die Wertuntergrenze einer Kaufoption ist durch ihren inneren Wert, die Wertobergrenze durch den aktuellen Kurs des Basiswerts gegeben. Eine Kaufoption ist somit nie wertvoller als ihr Basiswert. Auf der anderen Seite fällt der Optionspreis niemals unter den inneren Wert der Option.[457] Der Wert einer Verkaufsoption ist hingegen niemals größer als der vereinbarte Basispreis. Die Wertuntergrenze einer Verkaufsoption ist analog zur Kaufoption gleich dem inneren Wert. Am Verfallstag bestimmt sich der Wert einer Option allein aus dem aktuellen Aktienkurs sowie dem Basispreis – er entspricht somit dem inneren Wert der Option.[458]

Am Laufzeitende gilt somit für den Wert einer Kaufoption (C_T) bzw. einer Verkaufsoption (P_T):

$$C_T = \max (S_T - K; 0)$$

[456] Vgl. Perridon, Steiner, 2007, S.319; Zantow, 2007, S.372f.
[457] Andernfalls ergäbe sich in beiden Fällen eine Arbitragemöglichkeit.
[458] Vgl. Albrecht, Maurer, 2005, S.567; Hull, 2006, S.260ff.; Perridon, Steiner, 2007, S.21; Steiner, Bruns, 1998, S.271.

$P_T = \max (K - S_T; 0)$

Um während der Laufzeit den Wert einer Option zu ermitteln, entwickelten sich verschiedene Optionswertmodelle. Diese versuchen allesamt mit verschiedenen Ansätzen unter Berücksichtigung verschiedener Einflussfaktoren den aktuellen Optionswert zu bestimmen.[459] Folgende Abbildung illustriert die verschiedenen Arten von Optionswertmodellen.

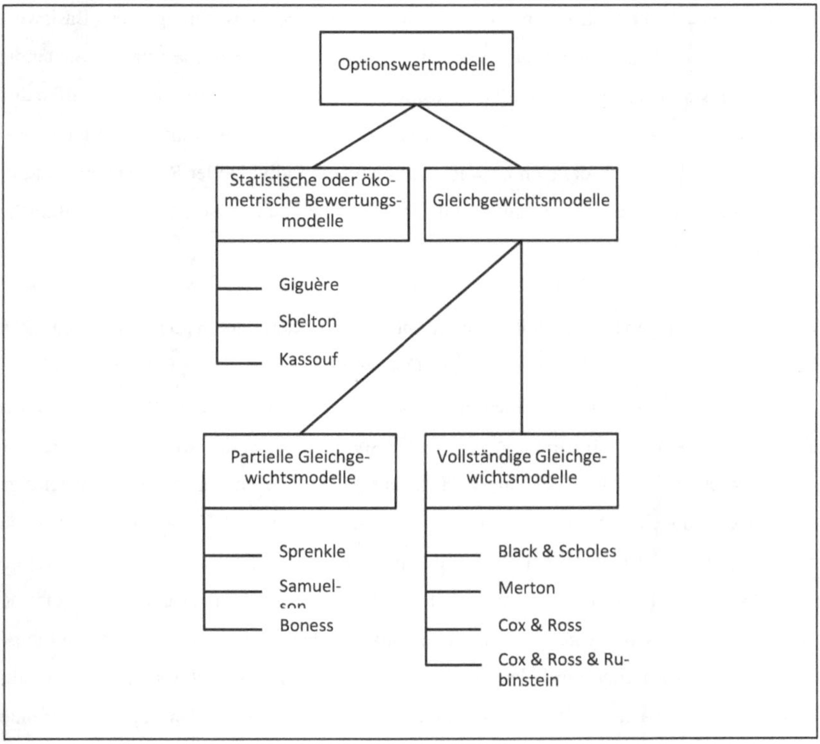

Abbildung 11: Arten von Optionswertmodellen[460]

Optionswertmodelle sind in statistische oder ökonometrische Bewertungsmodelle und Gleichgewichtsmodelle einzuteilen. Die statistischen oder ökonometrischen Modelle ermitteln durch Beobachtung vergangener Optionspreise und anderer ökonomisch relevanter Daten den

[459] Vgl. Lingner, 1991, S.100.
[460] In Anlehnung an Perridon, Steiner, 2007, S.32; Steiner, Bruns, 1998, S.270.

Wert einer Option.[461] Sie analysieren somit vergangene Optionspreisrelationen samt ihrer Einflussgrößen mittels einer Regressionsanalyse und nehmen an, dass diese zukünftig konstant bleiben. Das künftige Kursverhalten des Basiswerts findet dabei keine Berücksichtigung. Aus diesem Grund liefern statische oder ökonometrische Modelle nur eine unbefriedigende Antwort für die Bestimmung von Optionspreisen.[462, 463]

Demgegenüber stehen Gleichgewichtsmodelle. Diese berücksichtigen im Gegensatz zu statistischen oder ökonometrischen Modellen auch zukünftige Entwicklungen des Basiswerts. Gleichgewichtsmodelle unterteilen sich noch einmal in partielle und vollständige Gleichgewichtsmodelle. Bei partiellen Gleichgewichtsmodellen wird unter Zuhilfenahme eines Diskontierungszinsfußes der Wert einer Option bestimmt. Aufgrund der „freien“ Wahl des Diskontierungsfaktors, der sich beispielsweise anhand individueller Risikoeinstellung des Investors bemisst, werden partielle Gleichgewichtsmodelle vielfach als willkürlich bezeichnet.[464, 465]

Vollständige Gleichgewichtsmodelle, die in den vergangenen Jahren die größte praktische Relevanz erlangten, ermitteln den Wert einer Option unabhängig von individuellen Zeit- und Risikopräferenzen der Marktteilnehmer und somit auch unabhängig von einem Diskontierungsfaktor. Zur Bestimmung des Optionspreises finden die bereits genannten sechs preisbestimmenden Einflussfaktoren Berücksichtigung. Die bekanntesten vollständigen Gleichgewichtsmodelle sind die Modelle von Black und Scholes (1973) sowie Cox, Ross und Rubinstein (1979).[466] Beide Modelle leiten den theoretischen Preis einer europäischen Option auf eine Aktie ohne Dividendenzahlungen allein mittels des Grundsatzes der Arbitragefreiheit ab und ermitteln diesen bei gegebenem Aktienkurs unabhängig von den Risikoeinstellungen der Investoren. Abgeleitet wird der Optionspreis, indem die Auszahlung aus der Option mittels einer dynamischen selbstfinanzierenden Portfoliostrategie in den zugrundeliegenden Basiswert sowie einer risikolosen Anlage exakt repliziert und anschließend angenommen wird, so dass im Sinne der Arbitragefreiheit beide Portfolios den gleichen Preis aufweisen – sprich gleich wertvoll sind.[467]

[461] Vgl. Thiel, 2001, S.26f.
[462] Vgl. Lingner, 1991, S.100f.; Perridon, Steiner, 2007, S.323; Steiner, Bruns, 1998, S.270.
[463] Einen Überblick über die genannten Modelle bietet Thiel, 2001, S.27ff.
[464] Vgl. Perridon, Steiner, 2007, S.323f.; Thiel, 2001, S.33.
[465] Einen Überblick über die partiellen Gleichgewichtsmodelle bietet Thiel, 2001, S.35ff.
[466] Vgl. Daube, 1999, S.166; Johnson, 2009, S.148; Lingner, 1991, S.102f.; Perridon, Steiner, 2007, S.324f.; Steiner, Bruns, 1998, S.270.
[467] Vgl. Schlag, 1995, S.1f.

Das Cox-Ross-Rubinstein-Modell – auch Binomialmodell bezeichnet – ist ein diskretes Modell für die Bewertung von Aktienoptionen. Aktienkurse ändern sich dabei diskret mit endlich vielen Möglichkeiten um einen bestimmten Prozentsatz mit einer bestimmten Wahrscheinlichkeit in jedem Zeitschritt.[468, 469] Wie nachfolgende Abbildung veranschaulicht, ist ausgehend vom aktuellen Aktienkurs S_0 der Kurs am Ende einer Periode entweder um $u \cdot S_0$ gestiegen oder um $d \cdot S_0$ gefallen. Der Aktienkurs steigt dabei mit der Wahrscheinlichkeit q und fällt mit der Gegenwahrscheinlichkeit (1 – q).[470]

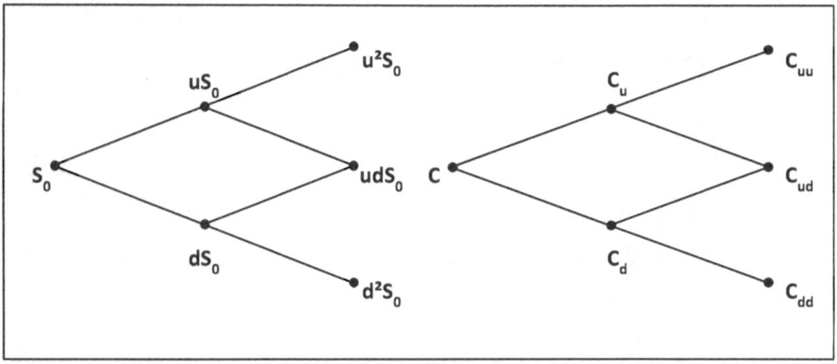

Abbildung 12: Aktienkursverlauf und Optionspreisverlauf eines Call im Binomialmodell[471]

Wie erwähnt, wird für die Bewertung von Optionen angenommen, dass keine Arbitragemöglichkeit existiert. Dieser Annahme folgend kann ein Investor zwischen zwei verschiedenen Portfolios auswählen. Das erste Portfolio besteht aus einer Calloption auf einen Basiswert, das zweite investiert in den Basiswert direkt sowie in eine risikolose Anlage. Beide Portfolios müssen sowohl zu Beginn als auch am Ende der Optionslaufzeit den gleichen Wert aufweisen (Law of one Price) – andernfalls entstünde eine Arbitragemöglichkeit. Der Wert einer Option am Optionslaufzeitende ist im Binomialmodell stets im Voraus bekannt.[472]

[468] Dabei wird angenommen, dass der Aktienkurs einem Random Walk, der den zeitlichen Verlauf von Marktpreisen wie Wertpapierkurse mathematisch darstellt, folgt.
[469] Vgl. Hull, 2006, S.300; Pfeifer, 2006, S.323; Thiel, 2001, S.43.
[470] Vgl. Pfeifer, 2006, S.325f.; Thiel, 2001, S.43.
[471] Eigene Darstellung in Anlehnung an Cox et al., 1979, S.236.
[472] Vgl. Albrecht, Maurer, 2005, S.572; Branger, Schlag, 2004, S.34; Pfeifer, 2006, S.326.

Um den Wert einer europäischen Option zu Beginn bzw. an einem Knotenpunkt des Binomialmodells zu ermitteln, erfolgt eine Rückwärtsrechnung im Binomialbaum.[473] Im Fall einer amerikanischen Option ist der berechnete Wert mit der Ausübungszahlung am jeweiligen Knotenpunkt zu vergleichen. Ist diese größer als der ermittelte Wert, so wird die Option sofort und somit vor dem Verfallstag ausgeübt.[474]

Zur Berechnung des Optionswerts sind nachfolgende Formeln von Bedeutung.[475] Im ersten Schritt wird die Wahrscheinlichkeit einer Aufwärtsbewegung des Aktienkurses p unter Berücksichtigung des risikolosen Zinssatzes r berechnet. Die Parameter u und d sind dabei an die Volatilität des Aktienkurses anzupassen und zu bestimmen.[476]

$$p = \frac{(1+r)-d}{u-d}$$

Im zweiten Schritt wird mit Hilfe der berechneten Wahrscheinlichkeit p der Wert einer Calloption (C) für eine Periode ermittelt.[477]

$$C = \frac{p \cdot C_u + (1-p) \cdot C_d}{1+r}$$

Dieses Verfahren ist auch auf zwei Perioden auszuweiten.

$$C = \frac{p^2 \cdot C_{uu} + 2p(1-p) \cdot C_{ud} + (1-p)^2 \cdot C_{dd}}{(1+r)^2}$$

Die beiden zentralen Vorteile des Binomialmodells sind sein einfacher Aufbau sowie seine hohe Flexibilität.[478] Im Grenzfall, wenn die Anzahl der Perioden n gegen unendlich strebt, lässt sich sogar das Black-Scholes-Modell aus dem Binomialmodell ableiten. Im Gegensatz zum Binomialmodell, welches mit diskreten Aktienkursänderungen arbeitet, ändert sich der

[473] Abbildung 14 folgend sind, um C berechnen zu können, zuerst die Knotenpunkte C_u und C_d zu bestimmen.
[474] Vgl. Branger, Schlag, 2004, S.71
[475] Zur genauen Herleitung der Gleichungen vgl. Cox et al., 1979, S.232ff.
[476] Vgl. Hull, 2006, S.312ff.
[477] Analog dazu lässt sich der Wert einer Putoption ebenfalls mit dieser Gleichung bestimmen.
[478] Vgl. Thiel, 2001, S.47f.

Aktienkurs im Black-Scholes-Modell stetig.[479] Dabei folgt der natürliche Logarithmus eines Basiswerts einer Option einem sogenannten Wiener Prozess, so dass sich die Aktienkurse analog einer geometrisch Brownschen Bewegung verhalten.[480, 481] Das Black-Scholes-Modell setzt dabei voraus, dass die relativen Änderungen der Aktienkurse logarithmisch normalverteilt sind; mit μ als die erwartete Rendite einer Aktie, σ als Volatilität des Aktienkurses und σ^2 als Varianz der Aktienkurse.

Die Volatilität ist hierbei durch zwei verschiedene Arten zu ermitteln. Die sogenannte historische Volatilität wird anhand historischer Daten wie beispielsweise vergangener Renditezeitreihen von Aktien ermittelt.[482] Demgegenüber wird die implizite Volatilität aus den am Markt beobachteten Optionspreisen gewonnen.[483] Voraussetzung hierfür ist, dass alle übrigen Parameter zur Bestimmung des Optionspreis bekannt sind. Zu beachten ist bei Verwendung der impliziten Volatilitäten, dass Optionspreise, die sich entweder weit im oder weit aus dem Geld befinden, sich recht immun gegenüber der Volatilität verhalten.[484] Aus diesem Grund ist die aus solchen Optionen ermittelte implizite Volatilität weniger aussagekräftig.

Unter Annahme einer konstanten Zins- und Volatilitätsbewegung zeigt das Black-Scholes-Modell, dass eine Option durch ein geeignetes Duplikationsportfolio bestehend aus dem Basiswert sowie einer Anlage oder eines Kredits mit dem risikolosen Zinssatz r zu duplizieren ist. Somit muss – analog zum Binomialmodell – der Wert der Option dem des Duplikationsportfolios zu jedem Zeitpunkt entsprechen (Law of one Price).[485]

Der Wert einer europäischen Kaufoption (C) sowie analog einer europäischen Verkaufsoption (P) auf eine dividendenlose Aktie bestimmt sich durch folgende Gleichung, wobei S_0 der aktuelle Aktienkurs ist, K der Basispreis, r der risikolose Zinssatz, σ die Volatilität und T die Restlaufzeit der Option:

---

[479] Im zeitstetigen Modell ist im Gegensatz zum diskreten Modell das Handeln der Aktien zu jedem Zeitpunkt möglich. Eine Veranschaulichung im Binomialmodell ist dadurch nicht mehr möglich, so dass zur Bewertung der Optionen Konzepte aus der stochastischen Analysis notwendig sind.
[480] Vgl. Perridon, Steiner, 2007, S.325.
[481] Der Wiener Prozess, der in der Literatur auch als Brownsche Bewegung bezeichnet wird, ist ein zeitstetiger Prozess, der normalverteilte und unabhängige Zuwächse hat.
[482] Vgl. Albrecht, Maurer, 2005, S.582; Hull, 2006, S.351.
[483] Vgl. Albrecht, Maurer, 2005, S.582f.; Hull, 2006, S.367.
[484] Vgl. Hull, 2006, S.368.
[485] Vgl. Bruns, Meyer-Bullerdick, 2008, S.338; Branger, Schlag, 2004, S.105f.

$$C = S_0 N(d_1) - Ke^{-rT} N(d_2)$$

$$P = Ke^{-rT} N(-d_2) - S_0 N(-d_1)$$

mit

$$d_1 = \frac{\ln(S_0/K) + (r + \sigma^2/2)T}{\sigma\sqrt{T}}$$

$$d_2 = \frac{\ln(S_0/K) + (r - \sigma^2/2)T}{\sigma\sqrt{T}} = d_1 - \sigma\sqrt{T}$$

$N(d_i)$ stellt den Flächeninhalt unter der Standardnormalverteilungsdichtefunktion von $-\infty$ bis d_i dar. Die Werte für $N(d_i)$ sind der Wertetabellen für die Verteilungsfunktion der Standardnormalverteilung zu entnehmen.

4.5.4 Absicherungsstrategien

Wie bei Forwards und Futures sind mithilfe von Optionen potentielle Kursrisiken im Basiswert zu reduzieren bzw. zu eliminieren. Verluste des Basiswerts auf dem Kassamarkt werden durch gleichzeitige Gewinne auf dem Optionsmarkt kompensiert. Das Hedging mithilfe von Optionen ist dabei sowohl gegen steigende als auch gegen fallende Kurse des Basiswerts einzusetzen.[486] Soll zum Beispiel ein bestehender Vermögenswert gegen Kursverluste abgesichert werden, so ist vom Hedger ein Long Put zu erwerben. Dieser gleicht Wertverluste unterhalb des abgesicherten Niveaus aus. Ein Long Call wird hingegen erworben, wenn ein Vermögensgegenstand, welcher beispielsweise aus Kapazitätsgründen zum jetzigen Zeitpunkt noch nicht erworben werden kann, zum heutigen Preisniveau gekauft werden soll. Der Long Call gleicht etwaig steigende Kosten des Vermögensgegenstands aus, so dass sich der Absicherer das heutige Preisniveau durch die Option sichern kann.

Grundsätzlich sind drei Arten von Absicherungsstrategien zu unterscheiden. Im Einzelnen sind dies der Fixed Hedge, das Delta-Hedging sowie das Gamma-Hedging.[487] Beim Fixed Hedge wird am Laufzeitanfang das Verhältnis zwischen gehaltenem Basiswert und gekaufter Optionen fixiert und während der Laufzeit konstant gehalten. Somit wird im Zuge der Kurssicherung pro gehaltene Aktie eine bestimmte Anzahl an Puts gekauft. Das gewählte Verhältnis beträgt beim Fixed Hedge normalerweise 1:1. Problematisch bei dieser Absicherungsstrategie ist, dass sich während der Laufzeit Aktien und Optionen nicht

[486] Vgl. Cordero, 1989, S.103f.
[487] Vgl. Lingner,1991, S.70ff.

gleichermaßen bewegen, so dass insbesondere während der Laufzeit nur ein unbefriedigendes Hedge-Ergebnis erreicht wird.[488]

Aus den Defiziten des Fixed Hedge haben sich als Alternative das Delta- sowie das Gamma-Hedging entwickelt, die jeweils die Schwächen überwinden sollen. Für die vorliegende Arbeit spielen diese beiden jedoch keine Rolle, da im späteren empirischen Teil die Optionen stets bis zum Laufzeitende gehalten werden und somit die beim Fixed Hedge dargestellte Problemantik nicht von Relevanz ist, so dass auf eine Darstellung der beiden Absicherungsstrategien an dieser Stelle verzichtet wird.[489]

4.7 Forschungsstand derivativer Instrumente

Bevor im nachfolgenden Kapitel derivative Instrumente auf Basis der Einnahmen und Aufwendungen der Fußballunternehmen entwickelt werden, soll abschließend ein kurzer und somit sicherlich kein erschöpfender Überblick über den Forschungsstand gegeben werden. Insgesamt ist festzuhalten, dass Publikationen rund um das Thema derivative Instrumente zahlreich sind. Im Folgenden werden daher insbesondere diejenigen Themenkomplexe angesprochen, die auch für die vorliegende Arbeit direkt oder zumindest indirekt von Bedeutung sind – angefangen mit der Begründung für den Einsatz derivativer Instrumente im Risikomanagement von Unternehmen, über die Entwicklung neuer Derivate, den bereits dargestellten Schwierigkeiten bei Ermittlung der optimalen Hedge-Ratio von Optionen sowie deren Bepreisung, der Bestimmung des optimalen Derivats im Risikomanagement sowie der daraus zu entwickelnden Hedge-Strategie, bis hin zur Fragestellung, wie und ob Derivative das Risiko von Unternehmen reduzieren.

Begründungen, weshalb Unternehmen überhaupt innerhalb ihres Risikomanagements Derivate einsetzen, liefern unter anderem Mayers und Smith (1982), Stulz (1984), Smith und Stulz (1985), Stulz (1990), Stulz (2003), Lessard (1990), Nance, Smith und Smithson (1993), Ross (1997) sowie Graham und Smith (1999). Die Motive lassen sich – wie bereits in Abschnitt 2.3 dargestellt – zusammenfassen in der Maximierung des Shareholder Values sowie individueller Nutzenfunktionen der handelnden Manager. Durch Zahlungsströme, die anhand von Derivaten fixiert wurden, sind Unternehmen beispielsweise in der Lage,

[488] Vgl. Steiner, Bruns, 1998, S.498f.
[489] Eine Darstellung des Delta- und des Gamma-Hedging bieten jedoch unter anderem Chance, Brooks (2010), Hull, Godleweski, Merli (2007), Lingner (1991) sowie Steiner, Bruns (1998).

aussichtsreiche Investmentmöglichkeiten wahrzunehmen, die sie vorher aufgrund unsicherer Zahlungsströme aus ihren bisherigen Aktivitäten haben unterlassen müssen.[490]

Darüber hinaus beschäftigt sich die Wissenschaft mit der Entwicklung neuer derivativer Instrumente, um den fortwährenden Bedürfnissen verschiedener Unternehmen und Investoren nach immer passgenaueren Derivaten zu entsprechen. So haben sich in den letzten Jahren neben den soeben vorgestellten klassischen Derivaten – Forwards und Futures, Swaps sowie Optionen – auf Währungen oder Rohstoffe auch weitere Formen derivativer Instrumente auf immer neue Basiswerte entwickelt. Eine Darstellung neuer Derivatarten sowie deren Bepreisung bieten beispielsweise Dazzo (2006), Pirrong (2010) für Energiederivate, Blazenko, Boyle und Newport (1990) für Tandem-Derivate, Gastineau (1993), Hunter und Picot (2006) für hybride Derivate, Bouaziz, Briys und Crouhy (1994), Haykov (1993), Kolb (2010), Nelken (1996), Zhang (1994, 1995) für exotische Optionen sowie Cheyette (1990), Rich und Chance (1993) für Derivate auf multiple Vermögensgegenstände. Die in letzter Zeit stark in der öffentlichen Diskussion stehenden Credit Default Swaps werden unter anderem von Todd (2010) ausführlich betrachtet. In diesem Kontext wird auch das vorliegende Werk einen Beitrag leisten, da es zwar auf bestehende Derivatarten zurückgreift, diese jedoch im kommenden Kapital auf neue Basiswerte anwendet.

Neben derivativen Instrumenten auf neue Basiswerte werden ebenfalls Derivate entwickelt, die sich mit bestimmten Fragestellungen auseinandersetzen. So zeigen beispielsweise Leippold und Syz (2007) anhand von sogenannten „Trend-Derivaten", wie Investoren dem Problem des richtigen „Timing" bei der Geldanlage begegnen können und somit ihre Entscheidungen unabhängiger von zeitlichen Zwängen treffen können.[491]

Ferner werden die in diesem Kapitel bereits kurz umrissenen Schwierigkeiten bei der Bewertung von derivativen Instrumenten untersucht. So liefert beispielsweise das Black-Scholes-Modell durch einen systematischen Bias in der Bewertung von Optionen mitunter fehlerhafte Preise.[492] Aufbauend auf den bekannten Ansätzen von Black und Scholes (1973) sowie Cox, Roos und Rubinstein (1979) nahmen sich zahlreiche Autoren mit dem Ziel, die in

---

[490] Vgl. hierzu die Ausführungen von Froot, Scharfstein, Stein (1993), Geczy, Monton, Schrand (1997), Lessard (1990) sowie Shapiro, Titman (1986).

[491] Bei „Trend-Derivaten" ist der Payoff gekoppelt an dem Trend, den ein Underlying vollzieht. Dieser Trend ist beispielsweise durch eine Regressionsanalyse zu berechnen. Somit werden tägliche Kursschwankungen weniger bedeutend, wodurch einzig und allein ein mittel- bis langfristiger Durchschnittswert zur Bestimmung des Preises dieses Derivats von Bedeutung ist.

[492] Vgl. Câmara, Heston, 2008, S.214.

der Praxis bei Bewertung der Derivate entstehenden Preisdifferenzen zu reduzieren oder sogar zu eliminieren, diesem Themenkomplex an. Zu nennen sind hierbei beispielsweise Studien von Black und Karasinski (1991), Brooks, Corson und Wales (1994), Heston (1993), Hull und White (1993), Levy und Byun (1987), Levy und Levy (1991) sowie Lin (1994). Neben den übergeordneten Studien im Zusammenhang mit der Bestimmung von Preisen wird ebenfalls die Bepreisung von speziellen Derivaten, die beispielsweise auf einen bestimmten Basiswert lauten, behandelt. So setzen sich Wilkens und Wimschulte (2007) mit der Bepreisung von Futures auf dem Elektrizitätsmarkt auseinander und vergleichen hierzu die theoretischen Kontraktpreise mit den an der Europäischen Energie Börse tatsächlich geforderten Preisen. Ferner seien stellvertretend für eine Reihe von Publikationen zur Bepreisung von Derivaten die Ausführungen von Amin und Jarrow (1991), Leipold und Syz (2007), Turnbull (1993) sowie Turnbull und Wakeman (1991) genannt, die allesamt für zuvor neu aufgelegte derivative Instrumente – oftmals ausgestattet mit besonderen Mechanismen – Möglichkeiten zur Bepreisung dieser entwickelten.

Eine weitere Richtung, die insbesondere im Zuge eines effektiven Risikomanagements und eines damit verbunden Einsatzes derivativer Instrumente von Relevanz ist, beschäftigt sich mit der Ermittlung der optimalen Hedge-Ratio sowie der Auswahl des passenden Derivats. Wie insbesondere bei den Optionen verdeutlicht, spielt die Bestimmung der optimalen Hedge-Ratio eine zentrale Rolle für den Erfolg einer Absicherungsstrategie im Risikomanagement von Unternehmern oder Investoren. Publikationen zur Bestimmung dieser liefern unter anderem Anderson und Danthine (1980), Benninga, Eldor und Zilcha (1984), Myers (1991) sowie Myers und Thompson (1989). Neben dem Risiko, keine optimale Hedge-Ratio zu erreichen, werden weitere Risikofaktoren beim Hedging untersucht. So demonstieren Briys, Crouhy und Schlesinger (1993) sowie Mahul (2002), wie trotz nicht übereinstimmender Basiswerte ein optimaler Hedge zustande kommen kann.

Der Frage nach dem passenden Derivat gehen beispielsweise Brown und Toft (2002) nach. Ferner zeigen Adler und Detemple (1988), wie Unternehmen mittels Futures und Optionen hedgen können. In diesem Zusammenhang evaluieren Froot, Scharfstein und Stein (1993), welche Strategie als die optimale Hedging-Strategie zu bezeichnen ist und vergleichen hierbei lineare Derivate wie Forwards und Futures mit nicht-linearen Derivaten wie Optionen. Darüber hinaus zeigen Gay, Nam und Turac (2003), wie Unternehmen in ihrem Risikomanagementprogramm mittels derivativer Instrumente einen optimalen Mix aus linearen und nicht-linearen Derivaten bestimmen können. Ferner gehen weitere Autoren der Fragestellung nach, ob und welche Absicherungsstrategien idealerweise von den Unternehmen eingesetzt werden sollte. So untersucht Haushalter (2000) den Sachverhalt anhand von Öl- und Gasunternehmen und Tufano (1996) anhand Goldminenindustrie, während Guay und Kothari (2003) kurze Zeit später allgemein prüfen, inwieweit Unternehmen überhaupt Derivate im Risikomanagement einsetzen.

Ein weiteres Untersuchungsgebiet, welches besonders für die vorliegende Arbeit von Relevanz ist, evaluiert, wie mittels Derivaten das Risiko von Unternehmen zu reduzieren ist. Hierbei werden verschiedene Einzelfälle behandelt. So zeigen beispielsweise Adam-Müller und Panaretou (2009), wie derivative Instrumente trotz Liquiditätsrisiken – erinnert sei in diesem Zusammenhang an die Tatsache, dass bei einzelnen Derivaten eine tägliche Abrechnung der entstanden Gewinne bzw. Verluste stattfindet – im Risikomanagement von Unternehmen anzuwenden sind. Ferner stellen Benninga und Oosterhof (2004) dar, wie mittels Forwards und Optionen in vollständigen und unvollständigen Märkten zum Hedging einzusetzen sind. Allayannis und Ofek (2001), Brown (2001), Chowdhry (1995) sowie Lewent und Kearney (1990) evaluieren, wie Wechselkursrisiken durch Derivate zu managen sind. Die Frage, wie Preisrisiken von Unternehmen – beispielsweise bei der Produktion – durch derivative Instrumente zu hedgen sind, beantworten Losq (1982) sowie Moschini und Laplan (1992). Zinsrisiken und deren Management stehen bei Byers (2010) im Mittelpunkt der Untersuchung, und wie trotz eines nicht absolut passenden Derivats ein gutes Hedge-Ergebnis zu erzielen ist, demonstrieren beispielsweise Anderson und Danthine (1981)

Schlussendlich wird in verschiedenen Studien der Frage nachgegangen, ob und inwieweit derivative Instrumente überhaupt im Risikomanagement von Nutzen sind. In diesem Zusammenhang untersuchen beispielsweise Bali, Hume und Martell (2007), ob Risiken, die durch Änderungen von Wechselkursen, Zinssätzen oder Rohstoffen entstehen, durch derivative Instrumente in der Praxis einzudämmen sind und kommen hierbei zu unterschiedlichen Ergebnissen. Harris und Shen (2006) demonstrieren, dass das Value at Risk und somit das Risiko eines Portfolios bestehend aus verschiedenen Währungen durch Hedging zu reduzieren ist. Weiter verdeutlichen Mayers und Smith (1982) sowie Smith und Stulz (1985), dass durch Hedging die Wahrscheinlichkeit einer finanziellen Schieflage eines Unternehmens – hervorgerufen durch zuvor unsichere Einnahmeströme – zu verringern ist und dass diese Strategie schlussendlich zu einem höheren Unternehmenswert führt. In zwei weiteren Studien zeigen Allayannis und Weston (2001) sowie Carter, Rogers und Simkins (2005), dass Unternehmen, die derivative Instrumente im Risikomanagement einsetzen, im Durchschnitt einen höheren Unternehmenswert aufweisen als Unternehmen, die auf diese verzichten. Ferner unterstreichen Adam (2009) sowie Bodnar, Hayt und Marston (1998) die bedeutende Rolle von Derivaten – insbesondere von Optionen – im Risikomanagement von Unternehmen. Davon abweichend stellen Jin und Jorion (2006) jedoch fest, dass – zumindest bei amerikanischen Öl- und Gasunternehmen – der Einsatz derivativer Instrumente den Unternehmenswert nicht beeinflusst. Interessant wird nun sein, inwieweit Derivate im Risikomanagement von Fußballunternehmen einzusetzen sind und ob sie diese dabei unterstützen können, ihre wirtschaftlichen Risiken zu reduzieren. An diesen beiden Fragestellungen setzen nun die nachfolgenden Kapitel ein.

5 Risikoüberwälzung mittels derivativer Instrumente in Fußballunternehmen

5.1 Einleitung

Bevor die im vorherigen Kapital vorgestellten Derivate auf Basis der Bedürfnisse der Fußballunternehmen entwickelt werden, wird im Folgenden ein kurzer Überblick über die aktuelle wirtschaftliche Situation in der 1. Fußball-Bundesliga gegeben. Hierzu werden die Einnahmequellen sowie die verschiedenen Aufwendungen der Bundesligisten vorgestellt. Anschließend werden die einzelnen Einnahmequellen und Aufwendungen eingehend untersucht und analysiert. Die Einnahmen werden dabei unterteilt in die Kategorien Spiel, Werbung, Medienrechte, Transfer, Merchandising sowie Sonstige und die Aufwendungen in die Kategorien Personal Spielbetrieb, Personal Handel und Verwaltung, Transfer, Spielbetrieb, Jugend/Amateure/Leistungszentrum sowie Sonstige. Im zweiten Schritt wird aufgezeigt, welche alternativen risikominimierenden Vorkehrungen zu den im dritten Kapitel vorgestellten einnahmeübergreifenden Strategien die Bundesligisten bereits zum jetzigen Zeitpunkt praktizieren, um die jeweiligen Einnahmen bzw. Aufwendungen unabhängiger bzw. abhängiger vom sportlichen Erfolg zu gestalten. Anschließend werden für jede Einnahme- und Aufwandskategorie verschiedenen Anwendungsmöglichkeiten der vorgestellten Derivate entwickelt und aufgezeigt. Abgeschlossen wird das Kapitel mit der Bewertung und Preisbildung von den zuvor entwickelten Derivaten.

5.2 Einnahmequellen der Fußball-Bundesligisten

5.2.1 Übersicht

Nachdem es in der Spielzeit 2007/2008 den Fußball-Bundesligisten erstmals gelang, die Erlöse über die 1,5 Milliarden-Euro-Marke zu steigern, verzeichneten die 1. Fußball-Bundesliga in der Saison 2008/09 mit Gesamterlösen in Höhe von knapp über 1,7 Milliarden Euro einen neuen Rekordwert.[493] Dies bedeutet eine Wachstumsrate von 9,50 Prozent. Damit festigte die Bundesliga ihre Position als umsatzstärkste Liga Europas hinter der englischen Premier League.[494]

Ein Blick auf den Anteil der verschiedenen Einnahmequellen an den Gesamterlösen zeigt insgesamt einen ausgeglichen und gesunden Einnahme-Mix. Im Gegensatz zu anderen Ligen Europas, in denen zumeist die Medienrechte einen Großteil der Einnahmen generieren, wird

[493] Vgl. DFL, 2010, S.30.
[494] Vgl. Jürgens, 2009, S.19.

die 1. Fußball-Bundesliga wie schon in den vergangenen Jahren von den Säulen Spiel, Werbung sowie Medienrechte getragen.[495] Insgesamt sind diese in der Saison 2008/09 für gut 78 Prozent der Gesamterlöse verantwortlich gewesen, wie folgende Abbildung darstellt.[496]

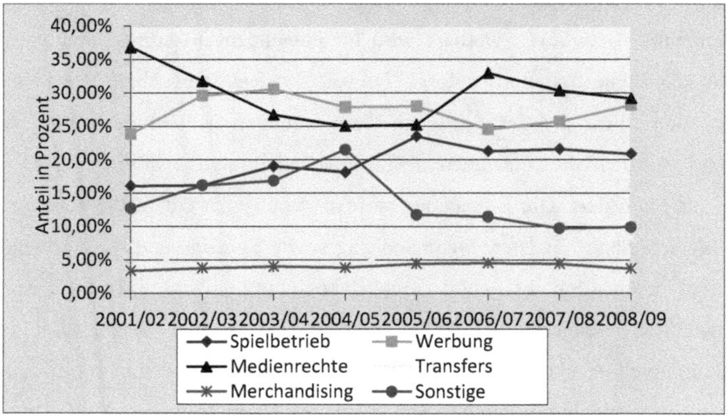

Abbildung 13: Anteil Einnahmequellen[497]

Von eher untergeordneter Bedeutung sind Einnahmen aus Transfers, Merchandising sowie Sonstige. Keine dieser Einnahmequellen erreichte in der abgelaufenen Spielzeit einen Anteil von über 10 Prozent. Jedoch ist – gerade im Vergleich zum europäischen Ausland – die Aufteilung der Einnahmen in Deutschland als ausgeglichen zu bezeichnet.

Im Hinblick auf die Fragestellung der vorliegenden Arbeit ist festzuhalten, dass aufgrund des aktuellen Einnahme-Mix der deutsche Lizenzfußball als Gesamtkonstrukt weniger anfällig für einen externen Einnahmeschock als Ligen im europäischen Ausland ist. So erzielen beispielsweise die französischen Fußballunternehmen über die Hälfte ihrer Gesamteinnahmen aus der Vermarktung ihrer Medienrechte.[498] Allerdings ist im Zuge der bereits beschriebenen Portfolio-Theorie nach Markowitz aufgrund der korrelierten Risiken der verschiedenen Einnahmequellen das Portfolio-Risiko aller Einnahmen nur begrenzt zu reduzieren.

495 Vgl. Jürgens, 2009, S.18f.
496 Vgl. DFL, 2010, S.30.
497 Eigene Abbildung in Anlehnung an DFL, 2005, S.12; DFL, 2006, S.41; DFL, 2007, S.49; DFL, 2009, S.144; DFL, 2010, S.30.
498 Vgl. Besson, 2008, S.9.

5.2.2 Spiel

Einnahmen aus der Einnahmequelle Spiel generieren die Bundesligisten in erster Linie durch den Verkauf von Eintrittskarten für ihre jeweiligen Heimspiele. Der Verkauf von Eintrittskarten stellt dabei die ursprünglichste Einnahmequelle der Clubs dar, die in der Gründungsphase der Fußball-Bundesliga fast 90 Prozent der Gesamteinnahmen ausmachten.[499] Neben dem klassischen Verkauf von Eintrittskarten etablierten sich im Zuge der Modernisierung vieler Stadien weitere Umsatzpotenziale, wie beispielsweise die Errichtung von VIP-Logen, Business-Seats oder Restaurants.[500] Dabei bieten VIP-Logen sowie Business-Seats neben zusätzlichen Einnahmepotenzialen auch die Möglichkeit, Sponsoren durch auf sie zugeschnittene Leistungspakete wirksamer an das Fußballunternehmen zu binden.[501] Ferner erzielen eine Reihe von Fußballunternehmen, die Eigentümer ihres Stadions sind, weitere Einnahmen durch Durchführung zusätzlicher Veranstaltungen wie Konzerte oder andere Sportveranstaltungen.[502] Folglich erweitern Fußballunternehmen ihre Angebotspalette, so dass sie nun verschiedene Gruppen an Stadionbesuchern ansprechen können.

Mit einem Zuschauerschnitt von 41.904 zahlenden Zuschauern pro Bundesligaspiel erreichte die 1. Fußball-Bundesliga in der Spielzeit 2008/09 einen absoluten Zuschauerrekord, der auch im europäischen Vergleich als einzigartig zu bezeichnen ist.[503] Analog hierzu erreichte die durchschnittliche Auslastung der Stadien mit 88,89 Prozent einen neuen Spitzenwert.[504] Mit dem FC Bayern München, dem FC Schalke 04 sowie dem 1.FC Köln realisierten drei Fußball-Bundesligisten eine fast 100 prozentige Auslastung ihrer Stadien, so dass die 1. Fußball-Bundesliga trotz größtenteils moderner Stadien an ihre Kapazitätsgrenze stößt.[505]

Eingedenk dieser positiven und stabilen Entwicklung der Zuschauerzahlen ist es verwunderlich, dass in der Regel die Bundesligisten vor jeder Spielzeit bestrebt sind, eine möglichst hohe Anzahl an Dauerkarten zu einem nicht unbedeutenden Rabatt abzusetzen. So

---

499 Vgl. Brandmaier, Schimany, 1998, S.78; Erning, 2000, S.247.
500 Vgl. Karlowitsch, 2005, S.128; Mauer, Schmalhofer, 2001, S.27.
501 Vgl. Ernst & Young, 2005, S.38.
502 Als vorbildlich in der Akquise und Durchführung von zusätzlichen Events im eigenen Stadion kann der FC Schalke 04 genannt werden. So schafft es der FC Schalke 04, hochrangige Veranstaltungen in sein Stadion zu locken; angefangen bei Konzerten, über Events im Wintersportbereich, bis hin zu erstklassigen Boxkämpfen.
503 Vgl. DFL, 2010, S.21.
504 In der Saison 2005/06, dem Jahr der Fußball-Weltmeisterschaft im eigenen Land, betrug die durchschnittliche Auslastung starke, aber aus heutiger Sicht vergleichsweise niedrige 79,39 Prozent.
505 Vgl. Kicker, 2009, S.143.

veranschaulicht nachfolgende Tabelle für die Spielzeit 2009/10, dass die Bundesligisten eine durchschnittliche Ermäßigung von fast 23 Prozent auf Dauerkarten gewähren.[506]

Tabelle 7: Dauerkartenrabatt[507]

	teuerster Sitz	mittlerer Sitz	billigster Sitz	Stehplatz	alle Kategorien
Höchster Rabatt	37,33%	38,31%	50,13%	52,94%	44,68%
Durchschnittlicher Rabatt	19,39%	21,05%	24,29%	27,18%	22,98%
Niedrigster Rabatt	-0,79%	-1,09%	-1,63%	-2,35%	-1,47%

Interessanterweise gestattet der FC Bayern München mit einem durchschnittlichen Preisnachlass von fast 40 Prozent den höchsten aller Bundesligisten. Das Gegenteil hierzu bilden der FC Schalke 04 sowie der FSV Mainz 05. Beide verkaufen ihre Dauerkarten ohne jegliche Preisreduktion. Beim FSV Mainz 05 ist die Dauerkarte sogar leicht teurer als die Summe der Einzelkarten für alle Heimspiele in der 1. Fußball-Bundesliga. Der relative Anteil der Dauerkarten an allen verkauften Eintrittskarten betrug dabei in den vergangenen Spielzeiten im Durchschnitt 55,68 Prozent.[508] Somit verkaufen die Bundesligisten bereits vor dem ersten Spiel einer anstehenden Saison über die Hälfte ihrer Eintrittskarten.

Diese Vorgehensweise birgt sowohl aus finanzieller als auch risikopolitscher Sicht Vorteile. Zum einen generiert das Fußballunternehmen bereits vor Saisonbeginn einen Großteil der Einnahmen aus dem Spielbetrieb, die diese in der Folge in den Kader investieren oder frühzeitig in sonstige Vermögensgegenstände gewinnbringend anlegen kann. Zum anderen sind ihm diese Gelder unabhängig vom sportlichen Verlauf der anstehenden Saison sicher. Im Zuge der Reduzierung des finanziellen Risikos ist der Verkauf von Dauerkarten vor Saisonbeginn also ein geeignetes Instrument, um die Einnahmen im Spielbetrieb ein Stück weit vom sportlichen Werdegang des Fußballunternehmens loszulösen. Jedoch gestatten die Fußballclubs ihren Dauerkartenkäufern eine nicht geringe Risikoprämie in Form des erwähnten Dauerkartenrabattes, der im Vergleich zum ausschließlichen Verkauf von Einzelkarten Mindereinnahmen im Spielbetrieb nach sich zieht. Aus diesem Grund limitiert

[506] Dieser Rabatt bezieht sich auf eine normale Dauerkarte. Darüber hinaus gewähren viele Bundesligisten einen weiteren Rabatt für Vereinsmitglieder oder ermäßigungsberechtigte Personen wie beispielsweise Schüler, Studenten, Rentner, Schwerbehinderte und Mitglieder von Fanclubs. Dieser Rabatt ist dann nochmals größer als jener auf die normalen, nicht ermäßigungsberechtigten Dauerkarten.

[507] Einen detaillierte Analyse der Tages- und Dauerkartenpreise sowie die daraus resultierenden Preisnachlässe bietet Anhang 2.

[508] Vgl. DFL, 2009, S.127; DFL, 2010, S.21.

eine Vielzahl der Fußball-Bundesligisten die Anzahl der zum Verkauf stehenden Dauerkarten.[509]

Interessanterweise ist das Instrument der Dauerkarte sehr gut mit einem Long Call-Optionsschein zu vergleichen, da beide eine ähnliche Pay-Off-Struktur aufweisen. Beide Instrumente bieten bei positivem Zuschauer- bzw. Kurs-Verlauf des Basiswerts die Möglichkeit, weitere Einnahmen bzw. Gewinne zu realisieren. Während diese bei einem Long Call auf eine Aktie jedoch theoretisch unbegrenzt sein können, sind sie bei Fußballunternehmen auf die Größe des Stadions und der nach Abzug der bereits verkauften Dauerkarten auf die Anzahl der Tageskarten begrenzt. Auch bezüglich der geforderten Risikoprämie unterscheiden sich beide Instrumente nicht. In beiden Konstellationen verlangen die Risikonehmer eine Risikoprämie.[510] Bei den Dauerkarten ist dies der gewährte Rabatt und bei Optionen der Preis, den der Inhaber der Optionen an den Verkäufer für die Übernahme des Kursrisikos zahlt.

Folgende Abbildung illustriert beispielhaft den Sicherungsmechanismus beider Instrumente im Vergleich zur Situation in der ausschließlich Tageskarten angeboten werden.

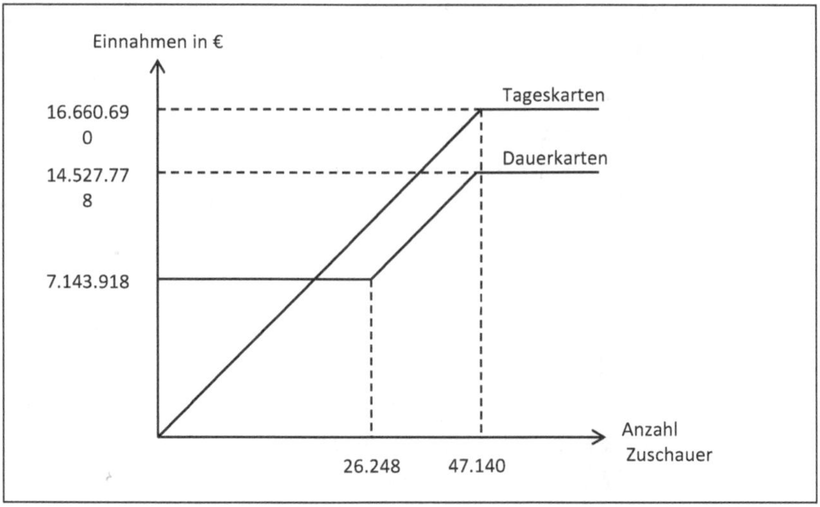

Abbildung 14: Pay-Off-Struktur Tageskarten und Dauerkarten

[509] So werden von Eintracht Frankfurt maximal 26.000 Dauerkarten angeboten. Bei einer Stadionkapazität von 51.500 beträgt der Anteil der Dauerkarten in etwa 50 Prozent.

[510] Im Fall der Dauerkarte übernimmt der Käufer des Saisontickets den Part des Risikonehmers, da dieser unabhängig von der späteren sportlichen Entwicklung des Bundesligisten eine Vorausleistung erbringt.

Werden ausschließlich Tageskarten verkauft, so sind die Einnahmen linear ansteigend. Die Einnahmen aus dem Spiel sind ex ante vollkommen unsicher. Im ungünstigsten – wenn auch unrealistischen – Fall besucht kein Zuschauer die Heimspiele des Fußballunternehmens, so dass dieses in der Einnahmequelle Spiel keinen Euro einnimmt. Im optimalen Fall sind alle Heimspiele ausverkauft und übertragen auf die 1. Fußball-Bundesliga erzielt ein Bundesligist einen maximalen Gewinn in Höhe von 16,66 Millionen Euro.[511] Bietet der Bundesligist hingegen Dauerkarten an und erreicht den durchschnittlichen Anteil der Dauerkarten, so verkauft dieser insgesamt 26.247 Dauerkarten. Somit generiert dieser sichere Einnahmen in Höhe von 7,14 Millionen Euro aus dem Verkauf der Saisontickets. Setzt der Bundesligist darüber hinaus die restlichen Tageskarten allesamt ab, so erzielt er jährliche Spieleinnahmen von maximal 14,53 Millionen Euro. Daraus ergeben sich Mindereinnahmen in Höhe von 2,13 Millionen Euro aus dem gleichzeitigen Verkauf von Tages- und Dauerkarten gegenüber der ausschließlichen Veräußerung von Tageskarten. Zu begründen ist diese Differenz anhand des gewährten Dauerkartenrabatts.

Diese Pay-Off-Struktur ist alternativ auch durch einen Long Call abzubilden. So erwirbt beispielsweise ein Fußballunternehmen nach Beendigung des Dauerkartenverkaufs Long Call-Optionsscheine. Der Zuschauerschnitt ist hierbei das Underlying der Option und der durch den Verkauf der Dauerkarten abgesicherte Zuschauerschnitt der Basispreis. Auf obige Abbildung übertragen beträgt der Basispreis genau 26.247 Zuschauer. Besuchen durchschnittlich weitere Zuschauer die Heimspiele, steigt der Wert des Underlying durch die zusätzlichen Einnahmen und die Optionsscheine werden in der Folge wertvoller. Die Pay-Off-Struktur ist somit identisch zu derjenigen der Dauerkarten. Zur Absicherung von Einnahmen dienen die Long Calls allerdings nicht, da sie dem Inhaber erst bei steigendem Basiswert zusätzliche Erlöse generieren – in diesem Fall bei Erhöhung des Zuschauerschnitts. Die Wirkungsweise ist somit dieselbe, so dass es nur zur Verdopplung des positiven Effekts käme.

Zielt ein Bundesligist allerdings darauf ab, ein bestimmtes Zuschauerniveau und die daraus resultierenden Einnahmen zu erreichen bzw. abzusichern, so sind die drei bereits vorgestellten derivativen Instrumente dafür geeignet. Prinzipiell sind insbesondere zwei markante

[511] Zur Berechnung der Einnahmen wurde der durchschnittliche Brutto-Kartenpreis der Saison 2008/09 in Höhe von 20,79 € verwendet. Dieser wurde anschließend um den durchschnittlichen Dauerkartenrabatt reduziert, um den Kaufpreis einer durchschnittlichen Dauerkarte zu ermitteln; dieser beläuft sich auf 16,01 € pro Spiel bzw. auf 272,21 € pro Dauerkarte. Darüber hinaus wurde mit der durchschnittlichen Stadionkapazität der Spielzeit 2008/09 in der 1. Fußball-Bundesliga gerechnet.

Zeitpunkte zum Abschluss derivativer Instrumente interessant. Der erste günstige Zeitpunkt ist vor Beginn des Dauerkartenverkaufs. Mittels Derivate ist die erwartete Anzahl der verkauften Saisontickets zu hedgen. Ferner besteht die Möglichkeit, nach Beendigung des Dauerkartenverkaufs den Tageskartenverkauf in den Fokus der Absicherungsstrategien zu stellen. Hierbei ist beispielsweise der in der vorherigen Saison erreichte Zuschauerschnitt abzusichern.

Bei Forwards und Futures bieten sich aufgrund der erwähnten Individualität bei der Gestaltung des Instrumentes insbesondere die Forwards an. So ist ein Fußballunternehmen in der Lage, den Forward nach seinen Wünschen und Bedürfnissen zu gestalten. Wird das vorherige Beispiel eines durchschnittlichen Bundesligisten auf einen Forward übertragen, so ergibt sich im Zuge einer Absicherungsstrategie mittels Forwards folgendes Bild:

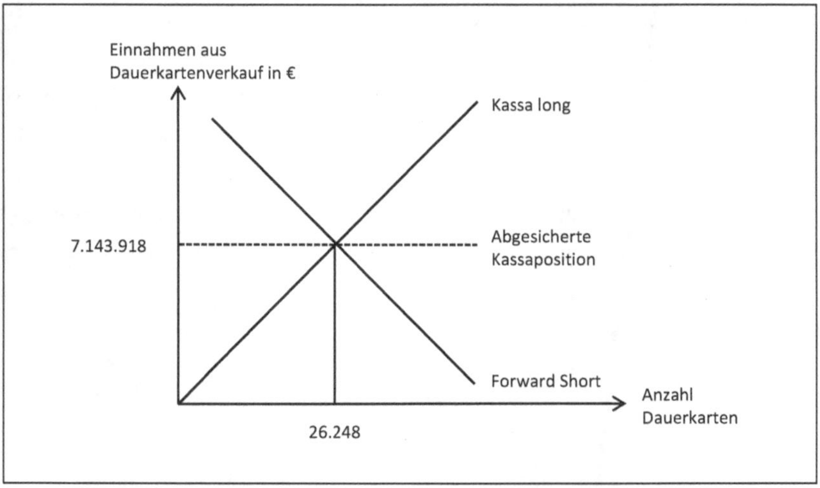

Abbildung 15: Short Hedge bei Dauerkartenverkauf

Der Dauerkartenverkauf, die Kassa long Position, wird dabei von einer Short-Position im Forward perfekt gehedgt. Werden weniger als die angestrebten 26.248 Dauerkarten abgesetzt, so werden die Mindereinnahmen durch gleichzeitige Gewinne in der Short-Position des Forwards aufgefangen und egalisiert. Verkauft der Bundesligist allerdings mehr als die angestrebte Anzahl an Dauerkarten, so werden zusätzliche Einnahmen durch Verluste im Forward zunichte gemacht. Die abgesicherte Kassaposition beträgt in diesem Beispiel 26.248

Dauerkarten und führt zu Einnahmen in Höhe von 7,14 Millionen Euro. Der Bundesligist wird somit in jedem Fall seine geplanten Einnahmen aus dem Verkauf der Dauerkarten erzielen.[512]

Alternativ sind Forwards zur Absicherung eines angestrebten Zuschauerschnitts einsetzbar. Die Funktionsweise ist hierbei dieselbe wie beim Dauerkartenverkauf. Forwards können dabei noch vor Saisonbeginn vereinbart werden, aber auch erst im Laufe der Spielzeit. Eine Absicherung im Laufe der Spielzeit ist dann sinnvoll, wenn der Zuschauerschnitt über den Erwartungen liegt und das Fußballunternehmen einen in den nächsten Heimspielen fallenden Zuschauerschnitt befürchtet.[513] Mittels Forward ist dieser jedoch abzusichern.

Die zweite Möglichkeit Spieleinnahmen gegen Änderungsrisiken der Zuschauerzahlen zu hedgen, ist der Abschluss von Swapvereinbarungen. Aufgrund individueller Gestaltungsmöglichkeiten bei Swapvereinbarungen bestimmen das Fußballunternehmen und sein Swappartner die Bedingungen nach ihren Wünschen und Bedürfnissen. Anstelle von Zinsänderungs- und/oder Wechselkursrisiken tritt bei Fußballunternehmen ein „Zuschaueränderungsrisiko“ auf – sprich das Risiko, dass die erwartete Anzahl von verkauften Dauerkarten oder der erwartete Zuschauerschnitt nicht realisiert wird. Mit Hilfe einer Swapvereinbarung generiert das Fußballunternehmen aus einem ursprünglich unsicheren einen sicheren Zahlungsstrom. Demzufolge trägt es nicht mehr das beschriebene „Zuschaueränderungsrisiko“ und kann mit sicheren Einnahmen in dieser Einnahmequelle rechnen – unabhängig vom Verlauf der kommenden Spielzeit und dem damit verbundenen Zuschauerzuspruch. Folgende Abbildung illustriert die Grundform einer Swapvereinbarung zwischen einem Fußballunternehmen und einem Swappartner.

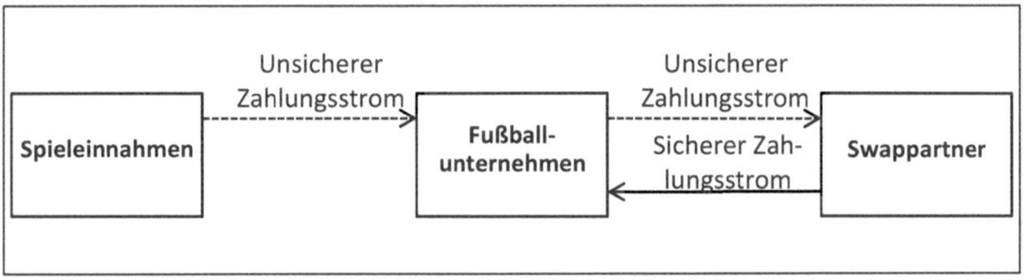

Abbildung 16: Swapvereinbarung Spieleinnahmen

[512] In diesem Beispiel strebt der Bundesligist an, 26.248 Dauerkarten zu verkaufen und somit Einnahmen in Höhe von 7,14 Millionen € zu generieren.

[513] Beispielsweise waren alle attraktiven Mannschaften bereits zu Gast und in den restlichen Heimspielen kommen tendenziell unattraktivere Gegner.

Das Fußballunternehmen erhält im Laufe der Saison einen unsicheren Zahlungsstrom in Höhe der Spieleinnahmen. Diesen unsicheren Zahlungsstrom überträgt das Fußballunternehmen auf einen Swappartner, der ihm im Gegenzug einen sicheren und im Voraus vereinbarten Zahlungsstrom zukommen lässt. Durch die Swapvereinbarung transformiert der Club seine unsicheren Erlöse in einen sicheren und somit kalkulierbaren Zahlungsstrom. Das „Zuschauersänderungsrisiko“ wird somit auf den Swappartner abgewälzt. Dieser erzielt Gewinne, wenn der Zuschauerschnitt und damit der unsichere Zahlungsstrom über den Erwartungen des Vereins liegt, und erleidet Verluste, wenn die Zuschauernachfrage und somit die Einnahmen geringer als die vom Swappartner garantierten Zahlungen anfallen.

Mit Hilfe von einem Long Put sind die Spieleinnahmen und somit sowohl die Erlöse aus den Dauerkartenverkauf als auch die Einnahmen aus dem kalkulierten Zuschauerschnitt abzusichern. Folgende Abbildung zeigt den Einsatz von Long Puts beim Verkauf von Dauerkarten.

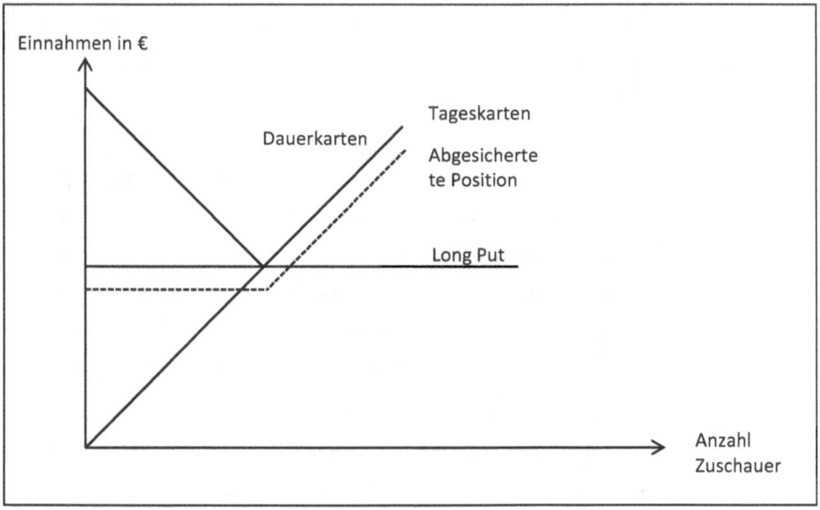

Abbildung 17: Long Put bei Spieleinnahmen

Der Long Put sichert die geplanten Einnahmen aus dem Dauerkartenverkauf ab. Werden weitere Dauerkarten verkauft, so kann das Fußballunternehmen diese voll vereinnahmen, da dieser den Optionsschein bei Erreichen der kalkulierten Dauerkartenanzahl verfallen lässt. Im Gegensatz zu Forwards und Swaps besteht für ein Fußballunternehmen die Möglichkeit, bei positiven „Zuschauerverlauf" weitere Erlöse zu generieren. Dies ist als zentraler Vorteil gegenüber den bisherigen Hedge-Instrumenten anzusehen, die jeweils mögliche über dem vereinbarten Basispreis erzielte Zusatzeinnahmen zunichtemachen. Nachteilig wirkt sich jedoch aus, dass ein Fußballclub bei gleichzeitigem Verkauf von Dauerkarten sowie Halten von Long Put-Optionsscheinen eine doppelte Risikoprämie zu entrichten hat. Zum einen für den Dauerkartenrabatt an die Käufer der Saisontickets, zum anderen muss er dem Risikonehmer – dem Halter der Short-Position – eine solche gewähren. Somit ist der Einsatz von Optionen im Gegensatz zu den aufgezeigten Alternativen nicht kostenlos.

Anstelle des Dauerkartenverkaufs kann ein Fußballunternehmen unter Zuhilfenahme von Long Puts allein Tageskarten anbieten. Zentraler Vorteil dieser Alternative ist, dass dadurch der einnahmeminimierende Dauerkartenrabatt einzusparen ist. Es hat somit allein noch eine für die durch den Halter der Short-Position übernommenen Risiken zu zahlende Prämie an diesen zu entrichten. Dabei ist aus Sicht des Fußballclubs zu überlegen, ob eine angestrebte Dauerkartenanzahl oder gleich der kalkulierte Zuschauerschnitt der gesamten Saison durch den Kauf von Optionsscheinen abgesichert werden soll.

Eingedenk der bisherigen Ausführungen ist festzuhalten, dass in der Einnahmequelle Spiel mit dem Verkauf von Dauerkarten ein Instrumentarium existiert, dass die Gesamteinnahmen aus diesem Bereich bei einem durchschnittlichen Bundesligisten zu gut 55 Prozent absichern kann. Folglich werden diese unabhängig vom zukünftigen sportlichen Werdegang des Clubs erzielt. Allerdings gewähren die Bundesligisten hierfür einen nicht unbedeutenden Rabatt. Jedoch demonstriert eine Untersuchung von Beccarini und Ferrand (2006) anhand von Olympique Lyonnais, dass sich neben Motiven wie sportliche Leistung oder Image des Fußballunternehmens insbesondere finanzielle Aspekte in Form des gewährten Dauerkartenrabatts positiv auf die Nachfrage auswirken und somit ein finanzieller Vorteil unabdinglich für den erfolgreichen Verkauf von Dauerkarten ist.[514]

Alternativ wurde gezeigt, dass unter Zuhilfenahme von Forwards, Swaps und Optionen weitere Instrumente bestehen, welche ein vereinbartes Einnahmeniveau – sowohl aus dem Dauerkartenverkauf als auch darüber hinaus aus dem Tageskartenverkauf – garantieren

[514] Vgl. Beccarini, Ferrand, 2006, S.8.

können. Die Flexibilität der derivativen Instrumente ist dabei als zentraler Vorteil anzusehen, da das Fußballunternehmen das Derivat individuell nach seinen Wünschen gestalten und einsetzen kann.

Für Tageskarten existiert daneben fast keine Strategie, wie deren Verkauf abzusichern ist. Einige Fußballunternehmen bieten zwar einen Teil ihrer Eintrittskarten für attraktive Spiele nur in Kombination mit Tickets für unattraktive Spiele an, jedoch stellt diese Strategie prinzipiell nichts anderes dar als eine „Dauerkarte light“ für 2-3 Spiele.[515] Jedoch werden mittlerweile von vielen Fußballunternehmen Tageskarten nach Beendigung des Dauerkartenverkaufs für das gesamte Halbjahr – Hinrunde oder Rückrunde – oder sogar für die gesamte Saison – für alle Heimspiele – in den Vorverkauf gegeben, so dass auch auf diesem Weg das finanzielle Risiko eingedämmt wird. Allerdings sind auch deren Erlöse unsicher, so dass derivative Instrumente auch im Tageskartenverkauf eine interessante Alternative darstellen.

5.2.3 Medienrechte

Umsätze im Bereich der Medienrechte werden durch den Handel und Verkauf von Übertragungsrechten erzielt. Der Käufer der Übertragungsrechte sichert sich durch den Kauf dieser das Recht von Fußballspielen in Bild und/oder Ton zu berichten.[516] Im Gegensatz zu anderen europäischen Ligen werden diese in Deutschland zentral von der DFL vermarktet und anschließend die Erlöse auf die Bundesligisten beider Ligen nach einem erfolgsabhängigen Schlüssel verteilt.[517]

Nach dreijähriger „Durststrecke“ im Zuge der „Kirch-Krise“ im April 2002, infolgedessen die Bundesligisten jährliche Mindereinnahmen von bis zu 80 Millionen Euro zu verkraften hatten, eroberten die Medienrechte in der Saison 2006/2007 die Spitzenposition als umsatzstärkste Einnahmequelle zurück.[518] Dank des im Jahr 2008 abgeschlossenen Medienvertrags können die Bundesligisten der 1. und 2. Fußball-Bundesliga in den Spielzeiten 2009/2010 bis 2012/2013 mit Gesamteinnahmen von durchschnittlich 412 Millionen Euro pro Saison kalkulieren.[519] Somit ist – abgesehen von einem neuerlichen externen Schock – in den

---

[515] Der französische Club Olympique Lyonnais bot beispielsweise vor einigen Jahren einen Teil seiner Tageskarten für das Derby gegen den AS Saint-Étienne nur in Kombination mit Spielen gegen unattraktive Gegner an.
[516] Vgl. Nitschke, 2003, S.16.
[517] Vgl. Elter, 2002, S.261; Mauer, Schmalhofer, 2001, S.28.
[518] Vgl. DFL, 2010, S.30; Schmeh, 2005, S.153ff.
[519] Vgl. DFL, 2010, S.10

kommenden Jahren nicht damit zu rechnen, dass die Medienrechte ihre Spitzenposition einbüßen. Vor dem Hintergrund neuer Anstosszeiten ist, wie in anderen europäischen Spitzenligen bereits geschehen, auch im deutschen Fußball ein klarer Trend in Richtung medienfreundlicher Spielplangestaltung zu konstatieren. Dies dürfte langfristig – ähnlich wie im europäischen Ausland – zu steigenden Medienerlösen führen. Ein erstes Indiz ist hierfür die Ende 2008 stattgefundene Vergabe der Medienrechte. Trotz eines schwierigen Medienmarktes, kartellrechtlicher Vorgaben sowie einer weltweiten Wirtschaftskrise erhöhten sich die Erlöse aus den Medienrechten sogar leicht um rund 7 Millionen Euro jährlich.[520] Darüber hinaus sind die Verantwortlichen des deutschen Profifußballs zuversichtlich, dass dieser Trend weiter anhält und die Einnahmen in den kommenden Jahren noch steigen werden.[521]

Der Verteilungsschlüssel der von der DFL zentral in einem Bieterverfahren erlösten Einnahmen aus Medienrechten hat sich seit der Spielzeit 2006/2007 grundlegend verändert. So wurden in der Spielzeit 2005/06 noch 50 Prozent der Einnahmen zu gleichen Teilen an die Clubs verteilt. 37,5 Prozent wurden abhängig von der sportliche Performance der laufenden Spielzeit und 12,5 Prozent für die sportliche Leistung der vergangenen drei Jahre gezahlt.[522] Seit Beginn der Saison 2006/2007 werden die Medienerlöse nach rein sportlichen Kriterien verteilt. Hierzu wurde eine Punktewertung eingeführt, die sowohl die Tabellenplatzierung der aktuellen Saison als auch die der letzten drei Spielzeiten berücksichtigt. Der erste Tabellenplatz ist 18 Punkte wert, während der Achtzehnte der Tabelle nur einen Punkt gutgeschrieben bekommt. Daneben wird die aktuelle Saison mit vierfacher Punktzahl, die vorherige Saison dreifach, die vorletzte zweifach und die vorvorletzte einfach gewertet. Aus den sich daraus ergebenen Punktzahlen wird ein Ranking erstellt. Nach festgelegten Prozentsätzen erhält der bestplatzierte Bundesligist 5,8 Prozent und der Letzte 2,9 Prozent der inländischen Medienerlöse. Die Prozentzahlen addieren sich zu insgesamt 79 Prozent. Die restlichen 21 Prozent teilen sich die Teilnehmer der 2. Fußball-Bundesliga. Erlöse aus der Auslandsvermarktung werden etwas mehr zu Gunsten der sportlich erfolgreichen Bundesligisten verteilt.[523]

[520] Vgl. DFL, 2009, S.20f.
[521] Vgl. Ernst & Young, 2009, S.9.
[522] Vgl. Elter, 2002, S.263.
[523] Vgl. Ernst & Young, 2006, S.13ff.

Durch den aktuellen Verteilungsschlüssel sind die Erlöse aus Medienrechten für die Bundesligisten prinzipiell weniger prognostizierbar als beim vorherigen Verteilungsschlüssel. So sind die Medienerlöse vollständig vom sportlichen Erfolg abhängig, was die Planungen erschwert. Allerdings sind aufgrund der Berücksichtigung der sportlichen Leistungsfähigkeit über vier Spielzeiten große Veränderungen im Ranking selten. Somit ist der Bundesligist schon vor der anstehenden Saison in der Lage, seine voraussichtlichen Mindest- und Höchsteinnahmen zu berechnen.

Die nachfolgende Tabelle zeigt beispielhaft die Verteilung der Medienerlöse auf Basis des aktuellen Medienvertrags.[524]

Tabelle 8: Verteilung der Medienerlöse

Tabellenplatz	Gesamtpunktzahl	Anteil in %	Betrag in Mio. €
Platz 1	360	5,80%	23,896
Platz 2	350	5,64%	23,237
Platz 3	340	5,48%	22,578
Platz 4	330	5,32%	21,918
Platz 5	320	5,16%	21,259
Platz 6	310	5,00%	20,600
Platz 7	300	4,84%	19,941
Platz 8	290	4,68%	19,282
Platz 9	280	4,51%	18,581
Platz 10	270	4,34%	17,881
Platz 11	260	4,17%	17,180
Platz 12	250	3,99%	16,439
Platz 13	240	3,81%	15,697
Platz 14	230	3,62%	14,914
Platz 15	220	3,43%	14,132
Platz 16	210	3,24%	13,349
Platz 17	200	3,07%	12,648
Platz 18	190	2,90%	11,948
Gesamt	**4950**	**79,00%**	**325,480**

Jeder gewonnene Platz im Ranking zieht Zusatzeinnahmen in Höhe von gut 700.000 Euro nach sich. Insbesondere für Vereine aus dem unteren Tabellendrittel mit einem meist bescheidenen Budget und Gesamterlösen ist eine höhere Position im Ranking nicht ohne

[524] Zur Berechnung der Gesamtpunktzahl wurde die vereinfachende Annahme getroffen, dass alle Bundesligisten sowohl in der aktuellen als auch in den drei vorherigen Spielzeiten stets den gleichen Tabellenplatz erreichten. Somit wurde die Deutsche Meisterschaft in den vergangenen vier Jahren von ein und demselben Verein gewonnen und die Aufsteiger stiegen in der kommenden Spielzeit umgehend wieder ab. Da jedoch die Prozentsätze für die Verteilung der Medienerlöse festgelegt sind und der absolute Punkteabstand zwischen den Vereinen unbedeutend ist, kann diese Vereinfachung bedenkenlos durchgeführt werden.

Bedeutung. So zieht eine Verbesserung im Ranking um einen Platz bei Arminia Bielefeld, das in der 1. Fußball-Bundesliga durchschnittliche Umsatzerlöse von gut 30 Millionen Euro pro Jahr generierte, ein Umsatzwachstum von immerhin 2,33 Prozent nach sich.[525] Beim FC Bayern München mit Umsatzerlösen von fast 270 Millionen Euro in der Spielzeit 2007/2008 hat eine Verbesserung im Ranking um einen Platz hingegen nur eine Umsatzänderung von 0,23 Prozent zur Folge.[526]

Werden derivative Instrumente auf ihre Anwendbarkeit in der Einnahmequelle Medienrechte überprüft, so ist zu konstatieren, dass sich prinzipiell alle drei Instrumente zu Absicherungszwecken eignen. Forwards sind insbesondere dann lohnenswert, wenn sich ein Fußballunternehmen im Verlaufe einer Spielzeit auf einem überraschend guten Tabellenplatz befindet. Mittels Forwards sichert es sich das aktuelle Niveau – sprich den aktuellen Tabellenplatz samt den damit verbundenen Einnahmen. Ferner sind Forwards bereits vor Saisonbeginn einsetzbar. Auf Basis des aktuellen Einnahmeniveaus der Medienrechte sichert sich ein Fußballunternehmen das bisherige Niveau durch den Kauf von Forwards und ist somit unabhängig vom sportlichen Werdegang.

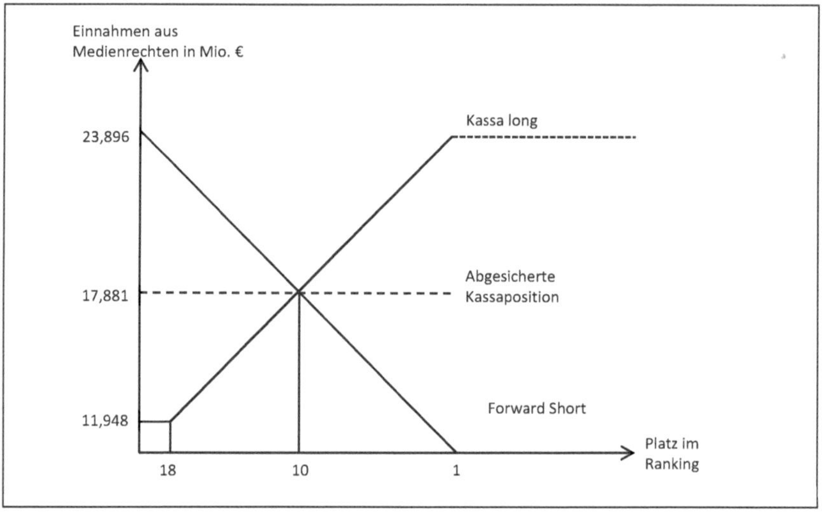

Abbildung 18: Short Hedge bei Medienrechte

[525] Vgl. Arminia Bielefeld, 2006a, S.3; Arminia Bielefeld, 2007, S.2.
[526] Vgl. FC Bayern München, 2008, S.2.

Abbildung 19 folgend hedgt ein Fußballunternehmen durch Halten eines Forwards in der Short-Position seinen unsicheren Zahlungsstrom aus den Medienrechten. Besonders ist dabei, dass es in der Kassaposition jeweils einen Mindestbetrag und einen Höchstbetrag gibt. Damit hat auch der der Wert des Forwards ein Minimum sowie ein Maximum. Dies ist ein interessanter Unterschied zu einem klassischen Forward auf Aktien oder Rohstoffe. Da der Kurs einer Aktie theoretisch unendlich an Wert gewinnen kann, können dem Verkäufer eines Forwards short – bei alleinigem Halten des Forwards – unbegrenzte Verluste aus dem Termingeschäft entstehen. Bedingt durch den Maximalwert des Basiswerts über den die Medienerlöse nicht steigen können, sind die Verluste im Forward short auf diesen Wert begrenzt. Diese Begrenzung der Verlustmöglichkeit ist aber für ein Fußballunternehmen, das die Short-Position im Forward allein aus risikominimierenden Aspekten eingeht, von untergeordneter Bedeutung. Von größerer Relevanz ist diese Tatsache für den Verkäufer der Forwards, der durch die begrenzten Wertsteigerungen der Kassa long Position seinen maximalen Verlust aus dem Termingeschäft schon bei Abschluss des Kontrakts kalkulieren kann.

Außer der Alternative dem Kursrisiko aus Medienerlösen durch Abschluss von Forwards entgegenzuwirken, ist ebenso gut eine Swapvereinbarung praktikabel. Aufgrund der eher mittel- bis langfristig angelegten Swapvereinbarungen ist der Abschluss eines solchen besonders vor der Saison sinnvoll. Die Länge der Laufzeit beträgt dabei idealerweise eine Saison. Alternativ ist jedoch ebenso eine Laufzeit über mehrere Spielzeiten denkbar. Eine langfristige Vereinbarung von beispielsweise drei Jahren hat den zentralen Vorteil, dass das jeweilige Fußballunternehmen frühzeitig und über die anstehende Saison hinaus mit sicheren und vom sportlichen Erfolg sowie externen Schocks, wie geringere Erlöse aus der Vergabe der Medienrechte oder einer zweiten „Kirch-Krise“, unabhängigen Zahlungsströmen rechnen kann. Besonders relevant ist eine längere Laufzeit für Fußballunternehmen, die sich basierend auf ihrer subjektiven Einschätzung in einer sportlich „zu guten“ Situation befinden. Fußballclubs, die zwar ihre sportlichen Ziele übertroffen haben, jedoch befürchten, dass dieser positive Trend nicht von Dauer sein wird. Ein Beispiel stellt hierbei ein Zweitligist dar, der überraschend in die erste Liga aufgestiegen ist und realistisch einschätzt, dass eine langfristige Etablierung in der ersten Liga unwahrscheinlich ist.[527] Ein weiterer Fall ist ein

[527] Als Beispiel können die klassischen „Fahrstuhlmannschaften“ genannt werden, wie beispielsweise der VfL Bochum, der FC Energie Cottbus oder der FSV Mainz 05. Diese bewegen sich im regen Wechsel zwischen der 1. und 2. Fußball-Bundesliga.

Fußballunternehmen, das sich normalerweise im unteren Mittelfeld der Liga befindet, jedoch durch eine sportlich außergewöhnliche Saison im Ranking nach oben gespült wird.[528]

Abgesehen von Forwards und Swapvereinbarungen sind ebenfalls Optionen für Absicherungsmaßnahmen der Medienerlöse geeignet. Die Absicherung vollzieht sich dabei in gleicher Weise wie im Zuge der Spieleinnahmen. Durch Kauf von Long Put-Optionsscheinen hedgt das Fußballunternehmen die Risiken einer negativen Kursänderung des Basiswerts. Daneben erhält er sich jedoch die Möglichkeit auf zusätzliche, nicht einkalkulierte Zusatzeinnahmen im Erfolgsfall.

Neben der Absicherung der Einnahmen aus nationalen Medienrechten können Fußballunternehmen, die in einem internationalen Wettbewerb vertreten sind, prinzipiell auch ihre internationalen Medienerlöse absichern. Insbesondere in der UEFA Champions League ist eine Absicherung der Einnahmen sinnvoll. Allgemein werden hierbei die Medienerlöse ebenfalls in Abhängigkeit des sportlichen Erfolgs verteilt. Neben einem garantierten Grundbetrag für die Teilnahme am Wettbewerb in Höhe von 5,40 Millionen Euro erhalten die Vereine erfolgsabhängige Prämienzahlungen, die pro erreichte Runde ansteigen. Daneben existiert ein sogenannter „Market Pool" aus dem die teilnehmenden Vereine einen Anteil nach Wert des nationalen TV-Marktes erhalten.[529] Manchester United erzielte in der Spielzeit 2007/2008 als Gewinner dieses Wettbewerbs annähernd 43 Millionen Euro, wobei 23,4 Millionen Euro aus erfolgsabhängigen Prämienzahlungen und 19,5 Millionen Euro aus dem „Market Pool" stammten.[530] Im Vergleich dazu sind die Einnahmen im UEFA-Cup gering. So erhielt der Sieger des UEFA-Cups 2007/2008, FC Zenit St. Petersburg, gerade einmal 5 Millionen Euro.[531] Die Medienerlöse werden dabei ebenfalls in Abhängigkeit der sportlichen Leistung sowie eines „Market Pools" verteilt. Jedoch werden die Medienrechte erst ab dem Viertelfinale zentral von der UEFA vermarktet. In der Gruppenphase sowie im Achtelfinale sind die Vereine in Eigenregie für die Erlöse aus den Medienrechten zuständig.[532]

---

[528] So gelang dem 1.FC Nürnberg in der Saison 2006/2007 mit dem Erreichen 6. Tabellenplatzes in der ersten Bundesliga ein positiver „Ausrutscher" nach oben. In den Spielzeiten davor spielte der 1.FC Nürnberg tendenziell im unteren Mittelfeld mit.

[529] Vgl. UEFA, 2008, S.50.

[530] Vgl. UEFA, 2008, S.53.

[531] Vgl. UEFA, 2008, S.55.

[532] Vgl. UEFA, 2008. S.54.

Durch die zur Spielzeit 2009/2010 neu ins Leben gerufene UEFA Europa League sollen sich die Einnahmen für die dort teilnehmenden Mannschaften erhöhen.[533] Dies soll insbesondere durch einheitliche Spielzeiten, neuem Spielmodus sowie zentraler Vermarktung der TV- und Werbevermarktung zu einem verbesserten Wettbewerb und somit schlussendlich zu steigenden Erlösen führen.[534]

Aufgrund der Abhängigkeit der Größe und des Werts des nationalen TV-Marktes sind die Medienerlöse aus dem „Market Pool" weniger für Absicherungsstrategien geeignet. Die leistungsabhängige Komponente der Medienerlöse ist jedoch durch derivative Instrumente zu hedgen. Dabei kommen prinzipiell alle drei vorgestellten Instrumente in Betracht.

5.2.4 Werbung

Werbeeinnahmen subsummieren jene Umsätze, die Fußballunternehmen aus Vereinbarungen im Sponsoring generieren. Typischerweise nutzt der Sponsor den Sport zur Förderung und Erreichung von Kommunikationszielen, während das Sponsoring dem Fußballunternehmen als ein Instrument der Mittelbeschaffung dient, so dass beide Vertragspartner voneinander profitieren.[535] Der Erwerb von Werberechten durch den Sponsor ermöglicht, eine von ihm formulierte Werbebotschaft auf Werbeträgern (Trikots, Banden, Stadionzeitung etc.) zu platzieren oder dem Gesponserten als Testimonial in Anzeigen oder Werbespots zu nutzen.[536] Zu den wichtigsten Umsatzträgern gehören klassischerweise die Trikotwerbung, der Ausrüster, die Bandenwerbung im Stadion sowie eine Reihe von Co- und Kleinsponsoren.[537, 538] Die erbrachten Leistungen der Sponsoren sind in der Regel monetäre Zuwendungen, aber auch Sach- oder Dienstleistungen.[539] Als Gegenleistung für ihre finanziellen Zuwendungen erhalten Sponsoren verschiedene Leistungen wie beispielsweise Business-Seats, kostenlose Anzeigen in der Stadionzeitung oder das Recht in Verbindung mit dem Logo des Fußballclubs das eigene Produkt bzw. die eigene Dienstleistung zu bewerben. Somit beruhen Vereinbarungen im Sportsponsoring im Gegensatz zu anderen Formen der Förderung im Sport stets auf dem Prinzip Leistung und Gegenleistung, wobei die vom Fußballunternehmen erbrachte Gegenleistung für den Sponsor zumeist kommunikativen Wert hat.[540] Dabei sollte

[533] Vgl. UEFA, 2009, S.38.
[534] Vgl. Rehm, Kuske, 2009, S.27.
[535] Vgl. Fischer, 2007, S.521; Hermanns, 2002, S.336; Jeanrenard, 2009, S.49; Preuß, 2009, S.284.
[536] Vgl. Bruhn, 2003, S.43ff.; Preuß, 2009, S.286.
[537] Vgl. Dörnemann, 2002, S.147; Karlowitsch, 2005, S.130; Mauer, Schmalhofer, 2001, S.29.
[538] Einen Überblick über die Charakteristika einzelner Kommunikationsmittel bieten Zastrow, Cordes, 2002, S.26f.
[539] Vgl. Heinemann, 1995, S.224; Kern, Haas, Dworak, 2002, S.426; Preuß, 2009, S.284.
[540] Vgl. Bruhn, 2003, S.7; Hermanns, 1989, S.5; Roth, 1990, S.44.

im Sinne eines gewinnbringenden Sponsorings dieses stets auf systematischen Planungs- und Entscheidungsprozessen basieren, um die vereinbarte Gegenleistung in Form des kommunikativen Werts auch zu erreichen.[541]

Durch Werbung erzielten die Bundesligisten in der Saison 2008/2009 Erlöse in Höhe von fast 489 Millionen Euro.[542] Dies stellt einen neuen absoluten Rekordwert in dieser Einnahmequelle dar und bedeutet gleichzeitig, dass die Werbeeinnahmen – erstmals seit der Saison 2005/06 – wieder die umsatzstärkste Einnahmequelle der Bundesligisten darstellt.[543] Die Verteilung dieser Einnahmen ist, wie folgende Tabelle veranschaulicht, jedoch recht unausgewogen.

Tabelle 9: Erträge aus Werbung[544]

	Platz 1 bis 6	Platz 7 bis 12	Platz 13 bis 18	Durchschnitt
Saison 2003/04	27,792	20,721	6,989	18,500
Saison 2004/05	35,458	15,814	8,360	19,877
Saison 2005/06	32,028	14,357	13,694	20,026
Saison 2006/07	28,995	15,760	14,821	19,846
Saison 2007/08	37,489	16,455	13,163	22,369
Saison 2008/09	45,477	26,004	9,981	27,154
Durchschnitt	34,540	18,185	11,168	**in Mio. €**

So erzielen im langfristigen Durchschnitt die sechs sportlich erfolgreichsten Bundesligisten fast doppelt so hohe Werbeeinnahmen wie die Vereine des Mittelfelds und mehr als dreifach so hohe Erlöse wie die Vereine des letzten Tabellendrittels. Dies verdeutlicht unter anderem die große Abhängigkeit der Werbeeinnahmen vom sportlichen Erfolg. Allerdings ist in diesem Zusammenhang nicht außer Acht zu lassen, dass sich die Attraktivität eines Fußballunternehmens für Sponsoren nicht ausschließlich nach sportlichen Kriterien bemisst. So spielen Faktoren wie häufige Präsenz in den Medien, eine große Anhängerschaft, ein hoher Bekanntheitsgrad sowie das Image eines Vereins eine nicht unbedeutende Rolle.[545] Der Werbepartner verfolgt durch die Partnerschaft prinzipiell zwei Ziele. Zum einen die Steigerung seines Bekanntheitsgrades und zum anderen die Imagepositionierung bzw. der

[541] Vgl. Bruhn, 2003, S.7.
[542] Vgl. DFL, 2010, S.32.
[543] Vgl. DFL, 2010, S.10.
[544] Vgl. DFL, 2005, S.48; DFL, 2006, S.106; DFL, 2007, S.190; DFL, 2008, S.176; DFL, 2009, S.155; DFL, 2010, S.43.
[545] Vgl. Heinemann, 1995, S.218f.; Korthals, 2005, S.103.

Imagetransfer.[546] Die genannten Faktoren haben bei der Zielerreichung der Werbepartner einen zentralen Einfluss. So dürfte der FC Bayern München aufgrund seiner Attraktivität als Werbeplattform – losgelöst von zukünftigen sportlichen Entwicklungen – auch in den nächsten Jahren der Liebling bei Sponsoren und somit Umsatzkrösus aller Bundesligisten bleiben.[547]

Grundsätzlich haben Werbeeinnahmen eine fixe und eine variable Komponente, wobei im Normalfall die fixe Komponente den variablen, vom sportlichen Erfolg abhängigen Teil übertrifft.[548] Aus risikopolitischen und absicherungstechnischen Erwägungen ist dies für die Fußballunternehmen von Vorteil, da sie den Großteil der Werbeeinnahmen unabhängig vom sportlichen Werdegang erzielen. Im Sinne der Risikovorsorge sollten Fußballclubs darauf bedacht sein, möglichst nicht von einem einzigen Werbepartner abhängig zu sein. Vielmehr sollte – durch Abschluss möglichst vieler Werbeverträge – das Risiko eines Ausfalls eines Partners begrenzt werden.[549] Entscheidender als der sportliche Erfolg stellen somit das Verhandlungsgeschick bei Abschluss des Werbevertrags sowie die Ausgestaltung dessen und das Portfolio der Sponsoren dar.

Aufgrund der bereits risikominimierenden Struktur der Werbeeinnahmen – fester und flexibler Bestandteil – sind die Werbeeinnahmen schon teilweise vom sportlichen Erfolg des Fußballunternehmens entkoppelt. Alternativ ist eine Absicherung gegen drohende Mindereinnahmen bei Auslauf alter Werbeverträge und Abschluss eines neuen Werbevertrages ein interessantes Einsatzgebiet für derivative Instrumente. So fanden in den letzten Jahren selbst sportlich erfolgreiche Fußballunternehmen nur mit Mühe einen neuen Hauptsponsor.[550]

Mittels langjähriger Swapvereinbarung sind die Fußballclubs in der Lage, diesem Problem zu begegnen und mögliche, aus dem Auslaufen eines Werbevertrags resultierende Mindereinnahmen abzufedern. Im Sinne einer effizienten Absicherung muss die Swapvereinbarung zwingend über die Vertragslaufzeit des Werbevertrags hinauslaufen. Ist

[546] Vgl. Bruhn, 2003, S.66f .; Drees, 1990, S.112; Ferrand, Torrigiani, Camps i Povill, 2006, S.13; Hermanns, 1989, S.6; Preuß, 2009, S.294f.

[547] In der Saison 2007/08 erzielte der FC Bayern München 74,3 Millionen Euro Einnahmen aus Sponsoring und Vermarktung. Ein nochmals deutlich höherer Wert als der Durchschnitt aller Bundesligisten im ersten Tabellendrittel.

[548] Vgl. Bär, 2008, S.53.

[549] Allerdings ist darauf zu achten, dass die Exklusivität der Sponsoren gewahrt bleibt. Folglich sollte nicht mehr als ein Unternehmen pro Branche (Beispielsweise Automobil) bei einem Fußballunternehmen werben dürfen, da ansonsten die Exklusivität des einzelnen Sponsors verloren geht. So ist es aus Sicht des Werbetreibenden wenig sinnvoll, wenn ein Fußballunternehmen ähnlich geartete Produkte eines Konkurrenten in gleicher Weise bewirbt.

[550] So spielte beispielsweise Werder Bremen über mehrere Bundesligaspiele ohne einen Schriftzug auf der Brust.

dies nicht der Fall, ist das Ziel einer Absicherung gegen mögliche Mindereinnahmen nicht zu erreichen. Eine typische Swapvereinbarung zwischen einem Fußballunternehmen und einem Swappartner hat dabei die folgende Form:

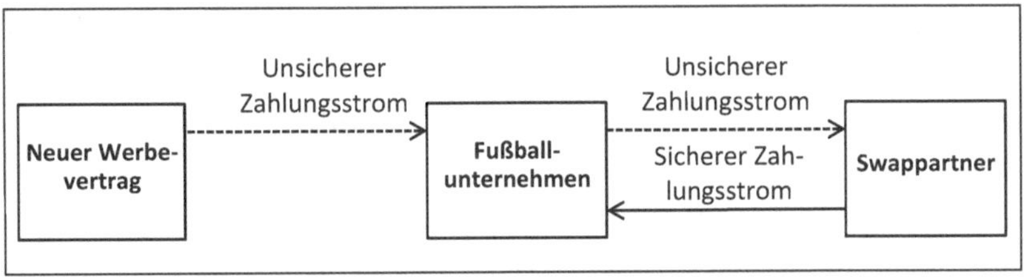

Abbildung 19: Swapvereinbarung bei einem neuen Werbevertrag

Der unsichere, zukünftige aus dem neuen Werbevertrag vereinbarte Zahlungsstrom wird an den Swappartner weitergereicht. Der Swappartner zahlt wiederum einen sicheren Zahlungsstrom an das Fußballunternehmen, dessen Höhe sich dabei beispielsweise an den bisherigen Einnahmen aus dem Werbevertrag orientiert.

Alternativ ist ebenso möglich, nicht nur einen einzelnen Werbevertrag abzusichern, sondern die gesamten Einnahmen aus allen Werbeverträgen. Dafür kommen prinzipiell alle drei vorgestellten derivativen Instrumente in Frage – sowohl für eine Laufzeit von einer Saison als auch für eine Laufzeit über mehrere Jahre. Läuft das Derivat nur über einen Zeitraum von maximal einer Saison, wird das Augenmerk weg von der Absicherung eines neuen Werbevertrags hin zum vom sportlichen Erfolg der Werbeeinnahmen abhängigen Teil gelenkt. Bei einer längeren Laufzeit stehen wiederum Aspekte im Zuge einer Verlängerung von Werbeverträgen im Mittelpunkt, wobei natürlich auch bei einer längeren Laufzeit die vom sportlichen Erfolg abhängigen Werbeeinnahmen durch ein Derivat zu hedgen sind.

5.2.5 Transfer

Allgemein sind Transfererlöse zu erzielen, wenn der abzugebende Spieler noch einen gültigen Vertrag besitzt und aus diesem durch das aufnehmende Fußballunternehmen herausgekauft werden muss. Die Transfererlöse gelten dabei als Ausgleichszahlungen für entgangene zukünftige Rückflüsse aus dem Engagement eines Spielers.[551] Diese müssen dabei mindestens

[551] Vgl. Schellhaaß, 1984, S.219.

den erwarteten Barwertverlust des abgebenden Fußballunternehmens kompensieren.[552] Andernfalls ist – im Normalfall – kein ökonomisch sinnvoll handelndes Fußballunternehmen bereit, einen Spieler vor Ablauf seines Vertrages gegen eine unnötig niedrige Kompensationszahlung an einen Konkurrenten abzugeben. Dabei determiniert sich der Marktwert und somit der zu kompensierende Barwert eines Spielers neben seinem sportlichen Erfolg auch anhand seiner Position, seines Alters sowie seiner Attraktivität für verschiedene Stakeholder des Unternehmens.[553]

Die Erlöse aus Transferaktivitäten sind sicherlich die am schwierigsten zu prognostizierenden Einnahmen. In der langfristigen Betrachtung ist zu erkennen, dass die Transferaktivitäten der Fußballunternehmen dann besonders hoch sind, wenn andere Ertragsquellen ebenfalls zulegen. So erreichten die Transfereinnahmen in der 1. Fußball-Bundesliga im Laufe der Spielzeit 2008/09 analog zu den Werbeeinnahmen, den Spielerlösen und den Erlösen aus Medienrechten mit Einnahmen von 140 Millionen Euro ebenfalls einen Rekordwert.[554] Von diesem Anstieg profitieren jedoch in erster Linie die Spitzenclubs. Während diese in der Spielzeit 2008/09 durchschnittlich 18 Millionen Euro erlösten, erzielten die Vereine des Mittelfelds lediglich 4,1 Millionen Euro und die Clubs des unteren Tabellendrittels gerade einmal vergleichsweise bescheidene 1,3 Millionen Euro.[555]

Zu Absicherungszwecken sind Transfererlöse nur unzureichend geeignet. Dies ist durch ein einfaches Beispiel zu begründen. Ein Fußballunternehmen, das sich durch ein derivatives Instrument die Höhe seiner Transfereinnahmen sichern möchte, könnte nach Abschluss eines Derivats geneigt sein, keine leistungsstarken Spieler zu verkaufen. Der Verkauf von Spielern – insbesondere von denjenigen, die hohe Transfererlöse erwarten lassen – impliziert normalerweise einen Qualitätsverlust im Kader. Der abgebende Fußballclub muss somit seine sportlichen Ziele reduzieren, was wiederum geringere Einnahmen in anderen Ertragsquellen nach sich zieht. Höhere Transfereinnahmen wirken sich somit tendenziell kontraproduktiv auf den sportlichen Erfolg des Vereins aus, wenn nicht im Gegenzug für qualitativ gleich- oder höherwertigen Ersatz gesorgt wird.

---

[552] Vgl. Haas, 2006, S.32.
[553] Vgl. Bolonty, Primault, 2006, S.137f.
[554] Vgl. DFL, 2010, S.32.
[555] Vgl. DFL, 2010, S.43.

Neuverpflichtungen bergen ex ante jedoch zwei Risiken. Zum einen ist das Fußballunternehmen nur selten in der Lage, die exakten Transferausgaben bei Verpflichtung eines neuen Spielers abzuschätzen. Allein bei festgeschriebenen Ablösesummen ist eine Kalkulation möglich. Zum anderen ist nicht gesichert, dass ein Spieler auch im neuen Verein seine bisher gezeigten Leistungen abruft. So erfüllen nicht alle neu verpflichteten Spieler die in sie gesteckten Erwartungen. Aufgrund dieser Risiken versuchen Fußballunternehmen zu verhindern, dass ihnen ihre Spitzenkräfte den Rücken kehren. Mit einem derivativen Instrument, welches ihnen eine gewisse Höhe an Transfereinnahmen sicherstellt, haben sie keinen Anreiz mehr, Spieler zu verkaufen. Der Partner des Absicherungsgeschäfts würde somit zwangsläufig Verluste erleiden.

Alternativ ist jedoch vorstellbar, das finanzielle Risiko eines einzelnen Transfers abzufedern. So bietet eine Swapvereinbarung einem Fußballunternehmen die Möglichkeit, die aus heutiger Sicht unsicheren Transfereinnahmen eines Spielers zu hedgen. In diesem Fall erhält der Swappartner den zukünftigen unsicheren Zahlungsstrom, während sich das Fußballunternehmen schon heute einen sicheren Zahlungsstrom aus dem Verkauf eines Spielers sichert. Diese Swapvereinbarung findet jedoch nur dann Anwendung, wenn der Spieler vor Ablauf seiner Vertragslaufzeit verkauft wird. Ansonsten ist die Vereinbarung zwischen Verein und Swappartner hinfällig.

Ferner kann das Fußballunternehmen auch Optionsscheine erwerben, deren Basiswert die Transfereinnahmen eines Spielers sind. Die Höhe des Basispreises richtet sich dabei beispielsweise an der bei Verpflichtung des Spielers gezahlten Ablösesumme. Wird der Spieler später zu einer unterhalb der gezahlten Ablöse liegenden Summe abgegeben, gleichen Optionsscheine diesen Wertverlust aus. Übertrifft die tatsächlich realisierte Ablösesumme den ursprünglich vereinbarten Betrag, so erzielt das Fußballunternehmen die gesamten Erlöse abzüglich der gezahlten Risikoprämie. Jedoch besitzt im Sinne des Risikonehmers das Optionsgeschäft nur Gültigkeit, wenn das Underlying der Option – in diesem Fall der Spieler – vor Ablauf seines Vertrages verkauft wird. Ansonsten bestünde für den Verein keinerlei Anreiz, den Spieler zu verkaufen, da er durch das Optionsgeschäft in jedem Fall die ursprünglich gezahlte Ablösesumme erhält. Ein Leistungsträger würde somit entweder gar nicht verkauft oder nur bei einer Ablösesumme, die oberhalb des im Optionsgeschäft vereinbarten Basispreis liegt.

Jedoch findet der Sicherungsmechanismus von derivativen Instrumenten durch festgeschriebene Ablösesummen bereits in der Praxis Anwendung. So vereinbart eine Vielzahl von Fußballunternehmen mittlerweile eine feste Ablösesumme zu der ein Spieler das Unternehmen wieder verlassen kann. Diese hat für den Fußballclub den Vorteil, dass er bei Verkauf des Spielers einen sicheren Zahlungsstrom generiert. Allerdings sind nicht alle Spieler für solch eine Vertragsklausel bereit. In diesem Fall finden wiederum Derivate ihre Berechtigung, da diese alternativ zur festgeschriebenen Ablösesumme im Zuge der Risikoüberwälzung einzusetzen sind. Ferner bieten insbesondere Optionen gegenüber einer festen Ablöse den Vorteil, dass sie zwar Kursverluste, sprich Wertverluste des Spielers gemessen an seiner Ablösesumme, ausgleichen, jedoch auch Kursgewinne – nach Abzug der gezahlten Optionsprämie – über den vereinbarten Basispreis ermöglichen.

Durch den Einsatz von derivativen Instrumenten gelingt das Ziel, die Einnahmen vom sportlichen Erfolg des Fußballunternehmens loszulösen. In diesem Fall ist es allerdings weniger der sportliche Werdegang des Clubs als vielmehr die sportliche Leistungsfähigkeit eines einzelnen Spielers von Relevanz. So hat diese einen entscheidenden Einfluss auf die Nachfrage anderer Fußballunternehmen nach diesem und somit auf die Höhe der zu erzielenden Erlöse.

Aufgrund der tendenziell kontraproduktiven Beziehung zwischen Transfereinnahmen und sportlichem Erfolg bedürfen derivative Instrumente in dieser Einnahmequelle einer speziellen Ausgestaltung. Im Gegensatz zu den bisher vorgestellten Einnahmequellen, bei denen die Vereinbarungen in jedem Fall einzuhalten sind, sollte bei den Transfererlösen die Möglichkeit einer Ausstiegsklausel für den Risikonehmer erwogen werden. Ansonsten hat der Fußballclub keinen Grund einen seiner Leistungsträger abzugeben.

5.2.6 Merchandising

Einnahmen aus Merchandising werden gewöhnlich aus dem Verkauf von Fanartikeln sowie durch Vergabe des Vereinslogos gegen eine Lizenzgebühr generiert.[556] Die Produktpalette der angebotenen Fanartikel reicht dabei von Sport- und Freizeitkleidung, Accessoires, Lebensmitteln bis hin zu Aktionsartikeln wie Mobiltelefone oder Kreditkarten des Fußballunternehmens.[557] Nicht unüblich ist die Vergabe der Herstellung und des Vertriebs

[556] Vgl. Empacher, 2000, S.59; Karlowitsch, 2005, S.129.
[557] Vgl. Mauer, Schmalhofer, 2001, S.30.

dieser Artikel im Rahmen von Lizenzverträgen an spezialisierte Unternehmen.[558] Neben der Funktion der Merchandising-Artikel Einnahmen zu generieren, ist auch ihre Aufgabe, die Stakeholder – insbesondere die Anhänger – des Fußballunternehmens stärker zu binden und das Image des Clubs in die Öffentlichkeit zu transportieren.[559] Durch verschiedene Artikel können Fans ihre emotionale Verbundenheit durch öffentliche Demonstration – beispielsweise durch das Tragen eines Fanschals auch außerhalb des Stadions im Alltag – besser zum Ausdruck bringen.[560]

Der Anteil der Merchandising-Erlöse ist mit unter 5 Prozent an den Gesamteinnahmen von untergeordneter Bedeutung. Jedoch sind diese seit Jahren recht konstant und stellen somit einen relativ prognostizierbaren Einnahmestrom dar.[561] Erreicht werden diese konstante Einzahlungen vornehmlich durch wechselnde Trikotkollektionen und innovativen Produktideen, wobei der Absatz von Trikots das finanziell bedeutendste Geschäft darstellt.[562] Aufgrund des wechselnden Angebots ist der treue Anhänger „gezwungen", sich immer wieder neu mit aktuellen Utensilien seiner Lieblingsmannschaft einzudecken.

Interessanterweise ist bei fast keiner anderen Einnahmequelle die Differenz zwischen den Bundesligisten so groß wie im Merchandising. So erzielten die Clubs des letzten Tabellendrittels in der Spielzeit 2008/09 gerade einmal 44 Prozent der durchschnittlichen Merchandising-Einnahmen aller Bundesligisten, während die sechs sportlich erfolgreichsten Vereine 200 Prozent des Durchschnittswerts erreichten.[563] Dieses Ergebnis spiegelt auch eine Umfrage unter den Verantwortlichen in den Fußballunternehmen wider, die den sportlichen Erfolg eines Fußballclubs als den entscheidenden Einflussfaktor für das Geschäft mit Fanartikel bezeichnen.[564]

Generell setzen Fußballunternehmen mit einer bundesweiten Anhängerschaft wie Borussia Dortmund deutlich mehr Fanartikel ab als einen regional verankerten Verein wie Arminia Bielefeld, die ihre Anhängerschaft in erster Linie aus dem Umland rekrutiert. So stammen 71 Prozent der an Borussia Dortmund interessierten Fans nicht aus Nordrhein-Westfalen, sondern

[558] So vertreiben beispielsweise Fußballunternehmen nicht in Eigenregie Kreditkarten. Stattdessen findet der Verkauf durch Kreditinstitut statt.
[559] Vgl. Cachay, Wagner, Riedl, Thiel, 2009, S.272; Rohlmann, 2002, S.381; Tribou, Augé, 2003, S.209f.; Zeltinger, Haas, 2002, S.460.
[560] Vgl. Karmasin, 1998, S.481ff.; Rohlmann, 2002, S.375.
[561] Vgl. DFL, 2007, S.194; DFL. 2009, S.144; DFL, 2010, S.32.
[562] Vgl. Empacher, 2000, S.62; Rohlmann, 2004, S.9.
[563] Vgl. DFL, 2010, S.43.
[564] Vgl. Kern et al., 2002, S.428f.

aus dem übrigen Bundesgebiet.[565] Nicht unerwähnt soll in diesem Zusammenhang die Tatsache bleiben, dass mit dem FC Bayern München, mit Borussia Dortmund sowie dem FC Schalke 04 nur drei Bundesligisten einen nennenswerten überregionalen Fanartikelabsatz realisieren.[566]

Prinzipiell sind die Erlöse aus dem Merchandising mit allen drei vorgestellten Derivaten zu hedgen. Jedoch stellt sich die Frage nach der Zweckmäßigkeit einer Absicherung dieser. So ist zum einen das Volumen dieser Einnahmequelle im Vergleich zu den bisher vorgestellten gering. Dies stellt zwar prinzipiell kein Problem dar, jedoch ist von den Verantwortlichen zu eruieren, ob eine Absicherung in anderen Einnahmekategorien nicht sinnvoller ist – insbesondere vor dem Hintergrund, dass eine Absicherung mittels Optionen nicht kostenlos ist. Ferner korrelieren Einnahmen im Merchandising zwar vielerorts mit dem sportlichen Erfolg des Fußballunternehmens – was für eine Einführung von Derivaten spräche – jedoch nicht ausschließlich. So bemisst sich die Höhe der Nachfrage auch nach der Größe der Anhängerschaft sowie der individuellen Nachfrage der Anhänger nach Merchandising-Produkten der einzelnen Fußballunternehmen.[567] So wird – nach heutigen Schätzungen – auch zukünftig der FC Bayern München bei weitem mehr Merchandising-Erlöse erzielen als andere Bundesligisten, selbst wenn diese sportlich erfolgreicher als der FC Bayern München sein sollten. Entscheidender ist vielmehr der mittel- bis langfristige Aufbau einer großen und treuen Anhängerschaft. Diese hat dann nicht nur positive Auswirkungen auf die Merchandising-Erlöse, sondern auch auf andere Einnahmequellen – beispielsweise auf die Spieleinnahmen durch erhöhte Nachfrage an Eintrittskarten dieser vergrößerten und treuen Anhängerschaft. Somit sind in der Folge die Einnahmen ein Stück weit unabhängiger vom sportlichen Werdegang zu gestalten.

5.2.7 Sonstige Einnahmen

Unter Sonstigen Einnahmen fallen alle Erträge, die keiner der fünf vorherigen Einnahmekategorien zuzuordnen sind. Neben den klassischen Beiträgen der Vereinsmitglieder spielen insbesondere sogenannte Einmaleffekte, wie beispielsweise Einnahmen aus Emission von Aktien, Anleihen oder Genussscheinen, in dieser Kategorie eine tragende Rolle. So platzierte der 1. FC Köln vor der Saison 2004/05 Genussscheine bei institutionellen Großinvestoren mit einem Platzierungsvolumen von 5 Millionen Euro.[568] Darüber hinaus

[565] Vgl. Röttgermann, 2007, S.22f.
[566] Vgl. Korthals, 2005, S.115; Schmeh, 2005, S.149.
[567] Vgl. Korthals, 2005, S.113f.; Wadsack, 2006, S.53.
[568] Vgl. WGZ-Bank, KPMG, 2004, S.118.

emittierten verschiedene Bundesligisten wie Alemannia Aachen sowie Hertha BSC Berlin eine Anleihe. Zuletzt platzierte der 1. FC Nürnberg eine Anleihe zum Nennwert von 6 Millionen Euro zur Finanzierung seiner Infrastruktur – Bau eines Multifunktionsgebäudes einschließlich Nachwuchsleistungszentrum – am Kapitalmarkt.[569] Auf der Eigenkapitalseite sind der Börsengang von Borussia Dortmund sowie die strategische Partnerschaft zwischen der adidas AG und der FC Bayern München AG zu nennen.[570] Die Einnahmen aus den genannten Einmaleffekten werden zumeist für Investition in die Infrastruktur verwendet. So investierte Arminia Bielefeld den überwiegenden Teil der aus der Anleihe akquirierten Einnahmen in den Neubau einer Tribüne sowie in den Ausbau ihres Trainingsgeländes.[571] Daneben treten Einmaleffekte in Form sogenannter Signing Fees auf. Diese kommen zumeist bei Abschluss langfristiger Vermarktungsverträge zustande und sind als Bonuszahlungen für die Unterzeichnung der Verträge zu verstehen.[572] Eine weitere Einnahmequelle sind Erlöse aus der Vermietung des Stadions. Allerdings muss, damit das Fußballunternehmen von den zusätzlichen Einnahmen profitiert, das Stadion in seinem Besitz sein.

Ihren vorläufigen Höhepunkt erreichten die Sonstigen Einnahmen in der Saison 2004/05. In dieser Spielzeit erlösten die Bundesligisten durchschnittlich über 15 Millionen Euro.[573] Ursache dafür waren jedoch in erster Linie die erwähnten Einmaleffekte.

Aufgrund des großen Einflusses der Einmaleffekte in dieser Einnahmekategorie eignen sich die derivativen Instrumente in dieser Einnahmequelle nicht. Einzig denkbare Alternative ist die Absicherung einzelner Einmaleffekte wie die Emission einer Anleihe durch ein Derivat. Da jedoch diese Einmaleffekte – wie der Name impliziert – nur einmal bzw. äußerst selten vorkommen, werden diese im weiteren Verlauf der vorliegenden Arbeit vernachlässigt. Darüber hinaus korreliert die Höhe der Sonstigen Einnahmen nicht zwangsläufig mit dem sportlichen Werdegang, wie die Emission – gerade von sportlichen nur mittelmäßig erfolgreichen Fußballunternehmen – von Unternehmensanleihen beweist. Darüber hinaus eigenen sich aufgrund der heterogenen Struktur der Sonstigen Einnahmen diese nur unzureichend für Absicherungsstrategien mittels Derivate und finden somit bei der weiteren Analyse keine Berücksichtigung.

---

[569] Vgl. 1. FC Nürnberg, 2009, S.1 und S.25.
[570] Die adidas AG zahlte für eine 10-prozentige Beteiligung an der FC Bayern München AG einen Betrag von 75 Millionen Euro, den das Fußballunternehmen größtenteils für die Finanzierung seines neuen Stadions verwendete.
[571] Vgl. Arminia Bielefeld, 2006, S.10.
[572] Vgl. DFL, 2006, S.41.
[573] Vgl. DFL, 2007, S.194.

5.2.8 Fazit

Die Ausführungen sowie nachfolgende Tabelle verdeutlichen, dass derivative Instrumente in den drei volumensmäßig wichtigsten Einnahmequellen der Fußballunternehmen zur Risikoüberwälzung anzuwenden sind.

Tabelle 10: Übersicht Derivate Einnahmequellen

Einnahmequelle	derivatives Instrument		
	Forwards & Futures	Swaps	Optionen
Spiel	möglich	möglich	möglich
Medienrechte	möglich	möglich	möglich
Werbung	möglich	möglich	möglich
Transfer	eingeschränkt möglich	eingeschränkt möglich	eingeschränkt möglich
Merchandising	eingeschränkt möglich	eingeschränkt möglich	eingeschränkt möglich
Sonstige Einnahmen	nicht möglich	nicht möglich	nicht möglich

Dies ist vor allem dadurch zu begründen, dass der Basiswert des Derivats exakt zu definieren ist. Bei den Spieleinnahmen sind diese Erlöse aus dem Verkauf von Eintrittskarten, bei den Medienerlösen Einnahmen aus der medialen Vermarktung und bei den Werbeeinnahmen Erlöse aus den Werbeverträgen. Merchandising-Einnahmen sind prinzipiell ebenfalls durch derivative Instrumente zu hedgen. Jedoch wurde demonstriert, dass diese weniger vom sportlichen Erfolg als andere Einnahmequellen, bei denen eine Verteilung nach rein sportlichen Kriterien stattfindet, abhängen. Eingedenk der Tatsache, dass ein Teil der derivativen Instrumente nicht kostenlos ist, ist ein Einsatz dieser aufgrund der zumeist geringen Bedeutung der Merchandising-Einnahmen individuell vom Fußballunternehmen zu überprüfen. Empfehlenswert ist daher die Fokussierung auf die volumenmäßig relevanten Einnahmekategorien.

Eine Besonderheit für den Einsatz von Derivaten offenbarte sich bei Transfereinnahmen. Dabei wurde die Empfehlung ausgegeben, dass ein Derivat nur dann Gültigkeit besitzen sollte, wenn ein Verkauf des Spielers vor Ende seiner Vertragslaufzeit stattfindet. Hierbei ist bei Abschluss des Derivats aus Sicht des Kontraktpartners ratsam, eine Klausel in die Vereinbarung aufzunehmen. Diese beinhaltet die Absprache, dass diese im Fall eines Nicht-Transfers Nichtigkeit besitzt und das Derivat somit wertlos verfällt. Ansonsten hat das Fußballunternehmen keinerlei Anreiz, tragende Stützen seiner Mannschaft zu verkaufen.

Abschließend zeigte sich bei den Sonstigen Einnahmen, dass diese aus zweierlei Gründen ebenfalls ungeeignet sind für eine Absicherung mittels derivativen Instrumenten, so dass diese keine Anwendung in dieser Einnahmequelle finden – höchstens im Zuge einer Absicherung einer vom Fußballunternehmen emittierten Anleihe.

5.3 Aufwendungen der Fußball-Bundesligisten

5.3.1 Übersicht

Die Gesamtaufwendungen der Bundesligisten sind in der Spielzeit 2007/08 erstmals über die Marke von 1,5 Milliarden Euro gestiegen und erhöhten sich in der darauf folgenden Saison auf knapp 1,7 Milliarden Euro.[574] Sie wiesen damit ein Wachstum von 10 Prozent auf und stiegen somit stärker als die Erlöse mit einer Wachstumsrate von 9,5 Prozent an.

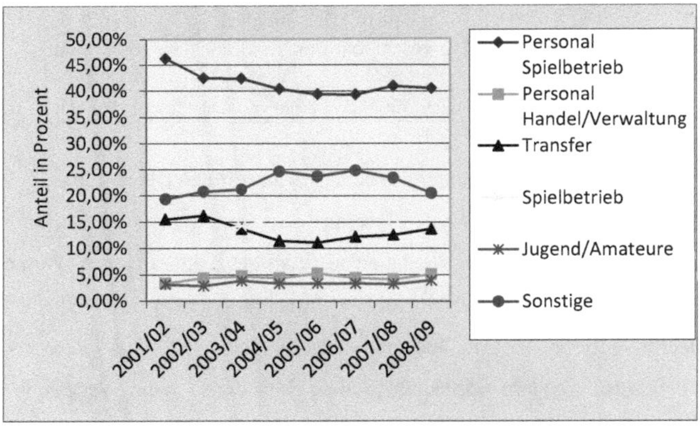

Abbildung 20: Anteil Aufwendungen[575]

Die Abbildung illustriert die überragende Bedeutung der Personalaufwendungen Spielbetrieb. Ihr Anteil ist mit Abstand der größte aller Aufwandsposten der Bundesligisten. Nachdem diese in den letzten Jahren auf unter 40 Prozent gesenkt werden konnten, stiegen sie in der Spielzeit 2007/08 erstmals wieder über die 40 Prozent-Marke und konsolidierten in der Saison 2008/09 auf diesem Niveau. Im Vergleich zu den anderen Spitzenligen Europas ist dieser Wert jedoch vergleichsweise niedrig. So übersteigt der Anteil der Gehaltskosten in anderen

[574] Vgl. DFL, 2010, S.33.

[575] Eigene Darstellung auf Basis der von der DFL ermittelten Aufwendungen der Bundesligisten; vgl. hierzu DFL, 2005, S.21; DFL, 2006, S.97; DFL, 2007, S.180; DFL, 2008, S.169; DFL, 2009, S.145; DFL, 2010, S.33.

europäischen Ligen zumeist die 60 Prozent-Marke.[576] Neben Gehaltskosten für das spielende Personal stellen Sonstigen Aufwendungen den zweiten großen Posten der Bundesligisten dar. Ebenfalls nicht bedeutungslos sind Aufwendungen im Spielbetrieb sowie Transferaufwendungen. Eine untergeordnete Rolle haben Ausgaben im Jugend- und Amateurbereich sowie für das Personal in der Verwaltung der Bundesligisten inne.

Angesichts des hohen Anteils an den Gesamtaufwendungen wird die Aufwandskategorie Personal Spielbetrieb im Mittelpunkt der weiteren Betrachtung stehen. Aufgrund des oftmals fixen Charakters der Aufwendungen in den übrigen Aufwandskategorien sind diese für Maßnahmen der Risikoüberwälzung mittels derivativen Instrumenten weniger geeignet. Dennoch werden Wege aufgezeigt, wie Voraussetzungen zur Anwendung von Derivaten zu schaffen sind.

5.3.2 Personal Spielbetrieb

Wie einleitend bereits verdeutlicht, ist die Aufwandskategorie Personal Spielbetrieb diejenige mit dem größten Anteil an den Gesamtaufwendungen der Bundesligisten. Die Aufwendungen erhöhen sich seit Jahren kontinuierlich und erreichten in der Spielzeit 2008/09 ihren bisherigen Spitzenwert. So überwies im Schnitt jeder Bundesligist knapp 40 Millionen Euro an sein spielendes Personal.[577] Allerdings existieren bezüglich der gezahlten Gehälter große Unterschiede zwischen den Clubs. So zahlen jährlich die sechs tabellenmäßig besten Bundesligisten durchschnittlich fast 58 Millionen Euro, die Fußballclubs des Mittelfelds 37 Millionen Euro und die unteren sechs Vereine gerade einmal gut 18 Millionen Euro.[578]

Prinzipiell bestehen die Gehaltszahlungen an das spielende Personal aus zwei Komponenten. Neben einem Grundgehalt, einer fixen vom sportlichen Erfolg unabhängigen Komponente, erhalten die Spieler eine leistungsbezogene Zahlung. Der Einsatz variabler Zahlungen gilt als Anreiz, um Spieler dauerhaft zu motivieren, ihre bestmögliche Leistung zu erbringen.[579] Typische Bestandteile der variablen Vergütung sind insbesondere Einsatzprämien sowie Punktprämien. Während Einsatzprämien ausschließlich an die Aufstellung eines Spielers gekoppelt sind, werden Punktprämien in Abhängigkeit der sportlichen Resultate ausgeschüttet.[580] Diese leistungsabhängigen Komponenten gewinnen im Zuge eines verbesserten Risikomanagements der Fußballunternehmen seit Jahren an Bedeutung. Die

[576] Vgl. Besson, 2008, S.15; Jürgens, 2009, S.20.
[577] Vgl. DFL, 2010, S.33.
[578] Vgl. DFL, 2010, S.43.
[579] Vgl. Schewe et al., 2002, S.115.
[580] Vgl. Schewe et al., 2002, S.120ff.

wenigsten Fußballclubs sind mittlerweile dazu bereit, ihrem spielenden Personal hohe und fixe Bezüge zu offerieren und somit allein das gesamte finanzielle Risiko zu tragen. So stellt die fixe Belastung der Spielergehälter für viele Fußballunternehmen ein wirtschaftliches Risiko dar.[581] Aus diesem Grund werden – analog zur Entwicklung in der Normalwirtschaft – die Arbeitsverträge zunehmend leistungsbezogener abgeschlossen – bei geringerem Grundgehalt und höherer Leistungsprämien.[582] Jedoch ist im Zuge eines effizienten Risikomanagements zu konstatieren, dass die aktuelle Situation nicht als optimal zu bezeichnen ist. So ist der überwiegende Teil der Gehaltszahlungen an die Spieler von fixer Natur. Variable Bestandteile finden dagegen nur eingeschränkt Anwendung.[583] Dabei zeigt eine Untersuchung von Késenne (2007) auf, dass ein Fußballunternehmen mit einem wettbewerbsfähigen Prämiensystem – geringes Grundgehalt bei hohen leistungsbezogenen Prämien – sowohl seine Einnahmen als auch die Wahrscheinlichkeit zu gewinnen erhöhen kann.[584] Allgemein wird in der Fußball-Bundesliga von einem Verhältnis zwischen fixen und maximalen Zahlungen von maximal 50 zu 50 Prozent ausgegangen.[585] Jedoch dürfte dies aus Sicht der Vereine den aktuell positivsten Fall darstellen. So liegt zurzeit das Verhältnis bei Eintracht Frankfurt bei 70:30, sprich 70 Prozent des Gehalts sind von fixer Natur, lediglich 30 Prozent sind variabel.[586] Aus Erwägungen des Risikomanagements ist eine komplett leistungsbezogene, sprich vom sportlichen Erfolg abhängige Bezahlung wünschenswert. Werden Spieler nicht eingesetzt, erzielen sie keine Tore und gewinnen sie nicht ihre Spiele, so werden die Gehaltszahlungen eingestellt. Allerdings ist diese Sichtweise weder realistisch noch sinnvoll. So wird in der sportökonomischen Literatur ein Anteil von 1/3 an fixer Vergütung sowie 2/3 an variabler Vergütung als optimal angesehen.[587] Wird die heutige Situation mit der optimalen verglichen, so würde dies jedoch bereits einen gewaltigen Fortschritt im Sinne des Risikomanagements darstellen.

Eine Analyse der durchschnittlich gezahlten Gehälter zeigt, welche Einsparungen die Bundesligisten durch Reduzierung der Grundgehälter realisierten, falls sich der sportliche Erfolg nicht wie erhofft einstellt. Wird von einer Kadergröße von 26,5 Spielern ausgegangen,

[581] Vgl. Schmidt, 2004, S.244.
[582] Vgl. WGZ-Bank, KPMG, 2004, S.79.
[583] Vgl. Egner, Wildner, 2001, S.140.
[584] Vgl. Késenne, 2007, S.147f.
[585] Vgl. Schewe et al., 2002, S.120.
[586] Vgl. Hedtück, 2009, S.10.
[587] Vgl. Schewe et al., 2002. S.120.

verdienten die Spieler im Schnitt 1,53 Millionen Euro in der Spielzeit 2008/09.[588] Wird der aktuell realistische Fall von 70:30 betrachtet, erhalten einzelne Lizenzspieler ein Grundgehalt von 1,07 Millionen Euro. Wird von einer Situation ausgegangen, in der sich der fixe und variable Anteil gleichen, so zahlen die Bundesligisten ein Fixgehalt in Höhe von 0,765 Millionen Euro. Im genannten optimalen Fall beträgt das Fixum lediglich 0,459 Millionen Euro. Unter Berücksichtigung des gesamten Kaders kumulieren sich im ersten Fall die vom Bundesligisten zu zahlenden Fixgehälter auf 28,36 Millionen Euro, im zweiten Beispiel auf 20,27 Millionen Euro und im dritten auf 12,16 Millionen Euro. Bei Vergleich dieser Beträge stellt aus Sicht des Risikomanagements die dritte Situation im Vergleich zu den vorherigen, aktuell vorherrschenden eine deutliche Verbesserung dar. Durch Reduzierung sind die Personalaufwendungen Spielbetrieb wesentlich abhängiger vom sportlichen Erfolg als bisher. Im Zuge des Forschungsziels der vorliegenden Arbeit wäre dies eine deutliche Verbesserung zur gegenwärtigen Situation, da durch variabler gestaltete Gehaltszahlungen ein größerer Teil der vom sportlichen Erfolg abhängigen finanziellen Risiken auf Spieler zu überwälzen sind.

Jedoch ist zweifelhaft, ob sich Spieler freiwillig ihr Grundgehalt reduzieren lassen. Ein Lizenzspieler, der bisher ein relativ hohes Grundgehalt bezogen hat, wird in naher Zukunft mit großer Sicherheit keinen Vertrag unterschreiben, der ihm ein deutlich niedrigeres Grundgehalt zusichert. Dies widerspricht schon allein den Grundsätzen eines ökonomisch rational handelnden Menschen. Einzige Möglichkeit wäre, die variablen Bestandteile so zu erhöhen, dass der Spieler im Optimalfall – bei sportlichem Erfolg der Fußballunternehmen – höhere Einnahmen als beim bisherigen Vertrag erzielt.

Ein zweites grundsätzliches Problem besteht in der verpflichtenden Beteiligung aller Fußballunternehmen im Zuge einer effizienten Neuregelung der Spielergehälter. Jedoch ist in der fortwährend aufkommenden Diskussion über die Einführung eines europaweiten Salary Cap zu erkennen, dass Fußballunternehmen nur schwerlich unter einen Hut zu bringen sind. Zum einen ist die Solidarität zwischen den Clubs nicht sonderlich ausgeprägt, zum anderen sind die Kulturunterschiede zu groß. Während in Deutschland neben dem sportlichen Erfolg auch das wirtschaftlich solide Handeln sowie weitgehende Unabhängigkeit von Investoren im Vordergrund steht, ist dieses in anderen Ligen nicht im vergleichbaren Maße ausgeprägt.[589] So

[588] Eine eigene frühere Analyse für die Spielzeiten 2003/04 bis 2005/06 ergab, dass die Bundesligisten durchschnittlich genau 26,5 Spieler beschäftigen.

[589] Trotz Beteiligungen der adidas AG sowie der audi AG an der FC Bayern München AG ist die Bewahrung der Unabhängigkeit für deren Finanzvorstand von größerer Bedeutung als der Gewinn der Champions League.

weisen insbesondere Fußballunternehmen aus Spanien und Italien zumeist hohe Betriebsverluste aus und sind somit teilweise hoch verschuldet.[590] Zu begründen ist dies damit, dass im Gegensatz zur Fußball-Bundesliga in anderen Ligen oftmals nur ein abgeschwächtes, sprich weniger strenges Lizenzierungsverfahren implementiert ist.[591] Somit haben die Fußballunternehmen kaum Anreize, keine neuen Kredite aufzunehmen bzw. den bisherigen Schuldenberg abzutragen. Im Zuge eines einheitlichen Lizenzierungsverfahrens der UEFA für die Europapokal-Wettbewerbe ist der europäische Fußballverband jedoch bestrebt, diesen Trend umzukehren.

Eine Veränderung in der Struktur der Spielergehälter ist erst bei Einführung einheitlicher Regeln bzw. eines einheitlichen Lizenzierungsverfahren mit strikteren Richtlinien realistisch umzusetzen. Solange dies nicht der Fall ist, haben reformwillige Fußballunternehmen Schwierigkeiten bei der Umsetzung von Strukturveränderungen der Spielgehälter.

Der Einsatz derivativer Instrumente ist nur eingeschränkt möglich, da diese prinzipiell nur in der Lage sind, Kursschwankungen des Basiswerts auszugleichen. Übertragen auf die Personalaufwendungen Spielbetrieb ist somit allein der variable Anteil und nicht das Grundgehalt der Spieler zu hedgen. Somit hat das Fußballunternehmen einzig Aussicht, Vorsorge gegen zusätzliche Aufwendungen bei über dem geplanten Maß hinausgehenden sportlichen Erfolg zu treffen. Für Fußballunternehmen, die vom eigenen sportlichen Erfolg überrascht werden und nicht mit diesen zusätzlichen Aufwendungen kalkuliert haben, ist der Einsatz von Derivaten sinnvoll. Ein Club besitzt somit die Möglichkeit – ähnlich wie bei den bereits vorgestellten Versicherungspolicen gegen sportlichen Erfolg – sich vor zu hohen Prämienzahlungen zu schützen. Jedoch ist im Zuge einer soliden Finanzplanung auch der bestmögliche Fall bereits zu kalkulieren. Dabei sind im Zuge einer „sauberen" Finanzplanung die erfolgsabhängigen Aufwendungen für das spielende Personal bereits durch die durch den sportlichen Erfolg zusätzlich generierten Einnahmen zu decken.

Durch Einsatz derivativer Instrumenten sind die einzelnen Aufwandskategorien nicht abhängiger vom sportlichen Erfolg zu gestalten. So entwickeln sich durch den effektiven Einsatz von Derivaten die Aufwendungen komplett unabhängig vom sportlichen Werdegang, da mit Hilfe der Derivate stets ein bestimmtes Niveau fixiert wird.

---

[590] Vgl. Deloitte, 2006b, S.13; Jürgens, 2009, S.20.

[591] Vgl. hierzu die Ausführungen in Abschnitt 3.3.5.3 zum deutschen und europäischen Lizenzierungsverfahren.

Allerdings ist auf Umwegen das Risiko der Fußballunternehmen mit Hilfe von derivativen Instrumenten zu reduzieren. Diesbezüglich wurde eingangs dargestellt, dass das Grundgehalt zu verringern ist, wenn im Gegenzug die erfolgsabhängigen Zahlungen die bisherigen fixen Zahlungen übersteigen. Folglich besitzt der Spieler nun die Gelegenheit, im Erfolgsfall höhere Einnahmen als im vorherigen Vertrag zu generieren. Der Vertrag ist so zu konzipieren, dass dieser für den Spieler insgesamt attraktiver erscheint. Spieler, die sich ihrer sportlichen Leistungsfähigkeit bewußt sind, schließen einen solchen Vertrag höchstwahrscheinlich ab. Spieler hingegen, die nicht von ihrer Leistungsstärke überzeugt sind, werden allerdings weiterhin zur für sie sicheren Vertragsvariante greifen. Jedoch ist im zweiten Fall vom Fußballunternehmen zu diskutieren, ob diese Art von Spieler den Verein zukünftig weiterbringen wird. Nimmt der Spieler den neuen Vertrag an, so sinkt der Anteil des Festgehalts, während die variablen Zahlungen ansteigen. In diesem Fall ist ein größerer Anteil der Gehaltszahlungen unter Zuhilfenahme von Derivaten zu hedgen, was in der Folge zur Reduzierung des finanziellen Risikos führt.

Jedoch wird ein möglicher Kontraktpartner nur dann mit einem Fußballunternehmen einen Kontrakt abschließen, wenn der Verein einen Teil der variablen Einnahmen selbst trägt. Im gegenteiligen Fall bestünde keinerlei Anreiz für den Kontraktpartner einen Kontrakt abzuschließen, da dieser selbst im sportlich schlechtesten Fall Verluste einfahren würde. So erleidet der Kontraktpartner allein aufgrund der vom sportlichen Erfolg unabhängig gezahlten Einsatzprämie Verluste durch den Abschluss eines derivativen Instruments.

Zu begegnen ist diesem Problem durch Festlegung von Zahlungsgrenzen bei Vertragsabschluss. Bei Einsatzprämien tritt der Hedge-Partner erst ab einer gewissen Anzahl an Einsätzen ein und im Zuge der Punktprämien erst ab einer bestimmten Anzahl von Punkten. Der Basispreis ist beispielsweise auf Basis der in der vorherigen Spielzeit erreichten Einsatzzeiten des einzelnen Spielers oder der erreichten Punkte des Vereins aus der Vorsaison zu vereinbaren.

Entscheidender Unterschied zwischen dem Einsatz von Derivaten bei Einnahmen und Aufwendungen ist, dass die Aufwendungen im klassischen Sinne nicht zu hedgen sind. Bei den Einnahmen gleichen Gewinne im Derivat mögliche Mindereinnahmen im Basiswert aus. Das heißt, dass Derivat gewinnt bei fallenden Kursen des Underlying an Wert. Die Aufwendungen für die Spielergehälter sind ihrerseits bei sportlichem Erfolg am höchsten. Um diese zusätzlichen Aufwendungen tragen zu können, muss das Fußballunternehmen ein Derivat besitzen, welches im sportlichen Erfolg wertvoller ist als bei sportlichem Misserfolg. Somit gleichen sich die Pay-Off-Strukturen von Aufwendungen und Derivaten. Im Sinne eines effektiven Risikomanagements und eines effizienten Einsatzes von Derivaten müssen sich diese analog zu den Aufwendungen entwickeln. Erhöhen sich die Aufwendungen, so gewinnt gleichsam das entsprechende Derivat an Wert.

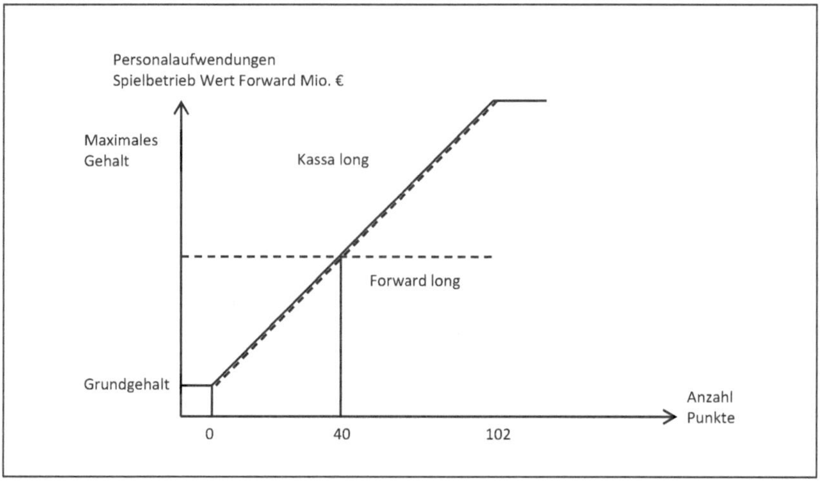

Abbildung 21: Forward Long bei Personalaufwendungen Spielbetrieb

Die Abbildung anhand eines Forwards in der Long-Position verdeutlicht dieses Zusammenwirken zwischen Aufwendungen und Derivat. Für jeden gewonnenen Punkt werden die zu zahlenden Aufwendungen durch gleichzeitige Zugewinne im Forward egalisiert. Der Forward steigt also mit steigender Punktzahl im Wert. Zahlt ein Fußballunternehmen pro Punkt eine Prämie in Höhe von 1.000 Euro, so erhöht sich der Wert des Forwards ebenfalls um den vereinbarten Betrag. Ein möglicher Kontraktpartner wird jedoch erst ab einer bestimmten Anzahl von Punkten den Forward abschließen. Ein Blick in die Historie der 1. Fußball-Bundesliga zeigt, dass selbst die erfolglosesten Mannschaften im Laufe einer Saison stets mehr als null Punkte erreichten, so dass der Kontraktpartner bei einem vereinbarten Basispreis von null Punkten mit hoher Wahrscheinlichkeit Verluste zu realisieren hat. Denkbar ist daher die Festlegung des Basispreises anhand einer bestimmten

Punktzahl. Bei Abstiegskandidaten könnte diese Marke beispielsweise 40 Punkte betragen.[592] Alternativ ist eine Orientierung an den in den letzten Spielzeiten durchschnittlich erzielten Punkten vorstellbar.

Neben Abschluss eines Forwards ist alternativ auch eine Swapvereinbarung abzuschließen. Mittels Swap fixiert das Fußballunternehmen ein bestimmtes Gehaltsniveau. Der unsichere Auszahlungsstrom der Gehaltskosten wird durch die Vereinbarung auf den Swappartner übertragen. Jedoch wird durch den Swap nur die Höhe der Gehaltszahlungen begrenzt. Eine größere Abhängigkeit der Gehaltskosten ist, gerade bei sportlichem Misserfolg, somit nicht zu erreichen.

Optionen können ebenfalls Verwendung finden, allerdings wiederum nur um ein bestimmtes Gehaltsniveau abzusichern. Es ist nicht möglich, die Personalaufwendungen mit Hilfe von Derivaten an den sportlichen Erfolg zu koppeln.

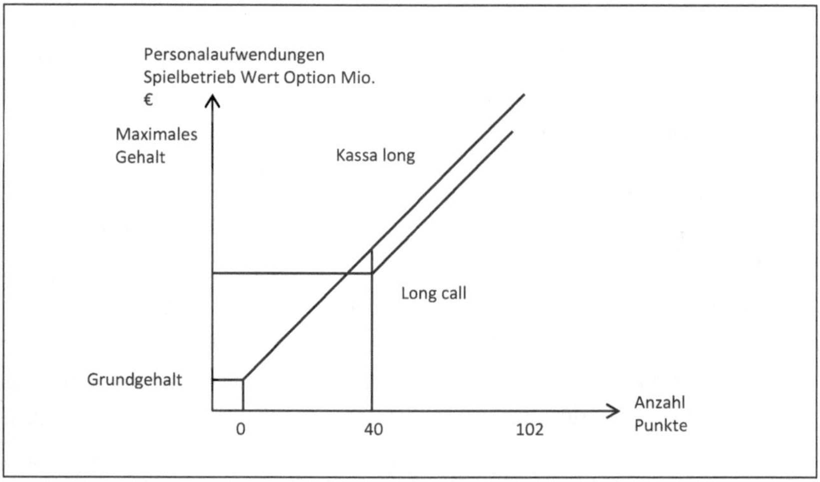

Abbildung 22: Long Call bei Personalaufwendungen Spielbetrieb

Obige Abbildung veranschaulicht den Einsatz eines Long Calls bei Personalaufwendungen Spielbetrieb. In diesem Fall versichert sich das Fußballunternehmen gegen zusätzliche

[592] Abstiegskandidaten der 1. Fußball-Bundesliga setzen sich im Normalfall 40 Punkte zum Ziel, da mit dieser Anzahl erreichter Punkte der Klassenerhalt als so gut wie sicher gilt.

Zahlungen für Punktprämien ab 40 erreichten Punkten. Durch die gleichförmige Entwicklung der beiden Zahlungsströme, gleicht der Call die zusätzlichen Aufwendungen abzüglich der zu zahlenden Optionsprämie aus. Somit trägt der Fußballclub ab einer erreichten Anzahl von 40 Punkten lediglich die bis dahin angefallenen Gehaltskosten zuzüglich der anfangs gezahlten Optionsprämie.

Mit allen drei derivativen Instrumenten spart das Fußballunternehmen insbesondere bei einer unerwartet hohen Anzahl an erreichten Punkten hohe Sonderprämien ein. Somit erzielt das Unternehmen einen doppelten Finanzierungseffekt. Auf der Einnahmeseite erreicht es durch den sportlichen Erfolg höhere Einnahmen. Auf der Ausgabenseite sind die zusätzlichen Aufwendungen durch das jeweilige Derivate auf die Höhe des vereinbarten Basispreises begrenzt.

Zusammenfassend ist festzuhalten, dass mit Hilfe von Derivaten die Personalaufwendungen Spielbetrieb nicht unabhängiger vom sportlichen Erfolg zu gestalten sind. So dienen Derivate allein dazu, ein bestimmtes Niveau zu fixieren.[593] Geeignet sind diese jedoch, um das Fußballunternehmen gegen überraschend hohe Aufwendungen in Folge eines unerwartet positiven sportlichen Abschneidens zu versichern, und stellen somit eine Alternative zu den bereits vorgestellten Versicherungen dar.

5.3.3 Spielbetrieb

Die Aufwendungen Spielbetrieb umfassen grundsätzlich alle Aufwendungen, die zur Unterhaltung von Sportstätten sowie zur Durchführung von Heimspielen eines Fußballunternehmens notwendig sind. Größter Posten innerhalb dieser Aufwandskategorie ist die Stadionmiete, sofern das Fußballunternehmen nicht Eigentümer des Stadions ist. Die Miete wird vom Fußballunternehmen an den Eigentümer des Stadions gezahlt.[594] Sie besteht zumeist aus einem Fixum sowie einer variablen Komponente, die sich in den meisten Fällen anhand der Zuschauerzahl bemisst. Ferner fallen Betriebskosten sowie Organisations-, Durchführung- und Verwaltungskosten an.[595] Ist eine Modernisierung oder ein Neubau des Stadions erforderlich, so werden diese Investitionen ebenfalls dem Spielbetrieb zugerechnet, falls diese nicht von öffentlicher Hand finanziert sind.[596] Obgleich sich einige Stadien im

[593] Dennoch folgt im siebten Kapitel anhand der Aufwendungen Personal Spielbetrieb eine Überprüfung dieser Aussagen anhand dreier Fußballunternehmen.

[594] In Deutschland gehören Sportstätten wie Stadien, die nicht im Besitz der Fußballunternehmen sind, zumeist der Stadt, den Kommunen, dem jeweiligen Bundesland oder dem Staat.

[595] Vgl. Klimmer, 2003, S.22; Korthals, 2005, S.15.

[596] Vgl. Korthals, 2005, S.15.

Besitz der Fußballunternehmen befinden, sind in Deutschland die Kommunen die Hauptträger und durch Verwendung von Steuermitteln Financiers der Sportstätten.[597]

Analog zu den Personalaufwendungen Spielbetrieb zeigt sich bei der Aufwandskategorie Spielbetrieb, dass Derivate nicht geeignet sind, diese Aufwendungen abhängiger vom sportlichen Werdegang des Fußballunternehmens zu gestalten. Stattdessen dienen sie ausschließlich zur Fixierung einer bestimmten Höhe an Aufwendungen. Da jedoch der größte Teil der Aufwendungen im Spielbetrieb von fixer Natur ist, ist ein Einsatz von Derivaten nicht empfehlenswert.

5.3.4 Transfer

Grundsätzlich fallen unter die Transferaufwendungen alle Kosten, die im Rahmen einer Spielerverpflichtung zu begleichen sind. In erster Linie sind dies die Ablösesummen, die bei einer Verpflichtung eines Spielers aus einem laufenden Vertrag heraus zu zahlen sind. Spieler deren Verträge auslaufen, können seit dem Bosman-Urteil Mitte der neunziger Jahre nach Beendigung des Vertragsverhältnisses ablösefrei den Fußballclub wechseln.[598, 599] Stattdessen etablierten sich in den letzten Jahren so genannte „Handgelder" für vertrags- und somit ablösefreie Spieler, die das aufnehmende Fußballunternehmen als Prämie für den Wechsel entrichtet.[600, 601]

Aus theoretischer Sichtweise wird ein Fußballunternehmen einen Spieler nur dann verpflichten, wenn der Barwert der prognostizierten zukünftigen Rückflüsse mindestens den Barwert der vom aufnehmenden Fußballunternehmen zu zahlenden Transferentschädigung samt Gehalt und etwaig anfallenden Handgeldern egalisiert.[602] Andernfalls nimmt ein rein nach ökonomischen Prinzipien handelndes Fußballunternehmen von solch einem Transfer Abstand.[603]

---

[597] Vgl. Breuer, Hovemann, 2006, S.31; Breuer, Schlesinger, 2009, S.192.

[598] Vor dem sogenannten Bosman-Urteil mussten auch für Spieler, deren Verträge ausliefen, Ablösesummen gezahlt werden, wobei diese als „Förderungs- oder Ausbildungsentschädigung" bezeichnet wurden. Deren Höhe wurde frei zwischen den beteiligten Fußballclubs vereinbart. Einigten sich die Vereine nicht, so erfolgte die Festsetzung der Ablösesumme national durch ein unabhängiges Schiedsgericht des DFB und international im Fall eines grenzüberschreitenden Wechsels durch eine Kommission von UEFA und FIFA.

[599] Für eine detaillierte Betrachtung der damaligen Rechtslage sowie den ökonomischen Implikationen des Bosman-Urteils vgl. Busche, 2004, S.89ff.; Karlowitsch, 2005, S.87ff.

[600] Vgl. Klimmer, 2003, S.22.

[601] So erhielt der ehemalige deutsche Nationalspieler Sebastian Deisler für seinen Wechsel von Hertha BSC Berlin zum FC Bayern München ein Handgeld in Höhe von damals 20 Millionen Deutschen Mark.

[602] Vgl. Haas, 2006, S.33.

[603] Allerdings zeigen einzelne Fußballunternehmen wie Real Madrid, dass die Verpflichtung bestimmter Spieler nicht ausschließlich nach ökonomischen Regeln vollzogen wird. So lassen sich die Transferaktivitäten von Real Madrid zwischen den Jahren 2000 bis 2003 mit den Zukäufen der Spieler Luis Figo, Zinédine Zidane, Ronaldo

Ein genauer Blick auf die Struktur der Ablösesummen und den Handgeldern zeigt die größtenteils fixe Natur dieser. So einigen sich die Fußballunternehmen vornehmlich auf eine feste Ablösesumme. Allerdings akzeptieren – auch im Zuge eines verbesserten Risikomanagements – immer mehr Fußballunternehmen, auch eine variable Zahlungskomponente zuzulassen und zu vereinbaren. Diese bemisst sich dabei oftmals am individuellen sportlichen Werdegang des verpflichteten Spielers bei seinem neuen Arbeitgeber oder am sportlichen Erfolg des aufnehmenden Fußballunternehmens in der kommenden Spielzeit.

Neben Ausgestaltung der Ablösemodalitäten kann ein Fußballunternehmen im Zuge eines effizienten Risikomanagements die Höhe der jährlichen Gesamtaufwendungen bei seinen Transferaktivitäten in Abhängigkeit vom sportlichen Erfolg gestalten. Auf Basis des sportlichen Abschneidens der abgelaufenen Spielzeit sind die maximalen Transferausgaben, sprich die maximalen Investitionen in den Kader, zu bestimmen. Ein Blick auf die Transferaufwendungen der Bundesligisten demonstriert, dass sich diese in der Regel mit steigendem Erfolg erhöhen. So tätigen die Spitzenclubs der 1. Fußball-Bundesliga weitaus höhere Investitionen in ihren Spielerkader als die Clubs des Mittelfelds und des unteren Tabellendrittels.[604] Dabei ist in keiner anderen Aufwandskategorie der Unterschied zwischen den Spitzenclubs und den restlichen Clubs der Liga so groß wie bei den Transferaufwendungen.[605] Somit orientieren sich die Transferaufwendungen durchaus am sportlichen Werdegang des jeweiligen Fußballunternehmens. Allerdings sind die Clubs nicht davor gefeit, dass sich die getätigten Investitionen sowohl sportlich als auch wirtschaftlich als gewinnbringend erweisen. Im Gegensatz zu Unternehmen der Normalwirtschaft, die bei der Analyse der Vorteilhaftigkeit einzelner Investitionsobjekte verschiedenen Investitionsrechnungen wie der Kapitalwertmethode zumindest ein Stück weit vertrauen können, sind diese auf den einzelnen Spieler aufgrund der bereits erwähnten sportspezifischen Charakteristika problematischer anzuwenden.[606] Im Zuge der Risikovorsorge hat in den vergangenen Jahren eine Vielzahl von Bundesligisten den Vorsatz gefasst, keine Investitionen

---

und David Beckham sowie die Rekordverpflichtung von Cristiano Ronaldo vor der Saison 2009/2010 für eine Ablösesumme von annähernd 100 Millionen Euro nicht allein mit rein ökonomischen Grundsätzen erklären.

[604] Vgl. DFL, 2009, S.155; DFL, 2010, S.43.

[605] So wendeten laut DFL in der Spielzeit 2008/09 die sechs sportlich erfolgreichsten Fußballunternehmen durchschnittlich 24,8 Millionen Euro auf, während die Mittelfeldvereine 12,5 Millionen Euro und die Clubs des letzten Tabellendrittels gerade einmal 4,5 Millionen Euro in die Verstärkung ihrer Lizenzspielermannschaft investierten.

[606] Für einen genauen Überblick über die verschiedenen statischen und dynamischen Investitionsrechnungen vgl. Copeland et al., 2008, S.60ff.; Zantow, 2007, S.406ff.

in den Kader zu tätigen, die nicht durch laufende Einnahmen oder Gewinnrücklagen gedeckt sind.[607]

Aufgrund der bisher erfolgreich angewandten Mechanismen erscheint ein Einsatz von derivativen Instrumenten in dieser Aufwandskategorie nicht notwendig. Außerdem dürfte sich das Vorhaben, die Höhe der Transferaufwendungen mittels derivativer Instrumente abzusichern und vom sportlichen Werdegang zu entkoppeln, als kaum durchführbar erweisen. So schließt im Zuge der Prinzipal-Agent-Theorie mit hoher Wahrscheinlichkeit kein Kontraktpartner freiwillig einen Kontrakt ab, der das Fußballunternehmen veranlassen könnte, auf Kosten des Risikonehmers seine Transferaufwendungen unverhältnismäßig in die Höhe zu treiben.[608] Durch Abschluss eines Kontraktes ist das Fußballunternehmen jedoch in der Lage, diese Strategie umzusetzen, da es sich mit Hilfe des Derivats ein bestimmtes Niveau an Aufwendungen sichert. Alle über das abgesicherte Niveau hinausgehenden zusätzlichen Aufwendungen hat somit ausschließlich der Kontraktpartner zu tragen. Die Wahrscheinlichkeit, dass ein Fußballunternehmen, welches im Besitz eines solchen Derivats ist, seine Transferaufwendungen unter dem vereinbarten Basispreis belässt, ist allein aufgrund der wirtschaftlichen Abhängigkeit vom sportlichen Erfolg und dem daraus resultierenden Rattenrennes als gering zu erachten. Somit hat der Kontraktpartner bereits ex ante keinerlei Aussicht auf Gewinne. Ein Derivat auf Basis der Transferausgaben böte dadurch einzig und allein dem Fußballunternehmen Vorteile.

5.3.5 Jugend/Amateure/Leistungszentren

Im Gegensatz zu Unternehmen der Normalwirtschaft, die nicht in die Grundausbildung ihrer zukünftigen Mitarbeiter investieren müssen, da diese Leistungen vom Staat durch Bereitstellung von Kindergärten, Schulen sowie Universitäten getragen werden, kommen im Sport der Verein oder der Sportler selbst für die Ausbildungskosten auf.[609]

Im Fußball werden die Aufwendungen im Jugend- und Amateurbereich für die Inbetriebnahme sowie die Unterhaltung von Leistungszentren für die Ausbildung von

[607] Insbesondere Fußballunternehmen, die in den vergangenen Jahren kurz vor der Insolvenz standen, verfolgen trotz aller Rufe ihrer Stakeholder nach Investitionen in den Kader diese Strategie. So wird ein wirtschaftlich solide geführtes Fußballunternehmen als werthaltiger erachtet, als ein paar gewonnene Tabellenplätze, die durch Aufnahme von Krediten realisiert werden sollen.

[608] Grundsätzlich untersucht die Prinzipal-Agent-Theorie Wirtschaftsbeziehungen, in denen ein Geschäftspartner Informationsvorsprünge gegenüber dem anderen aufweist. Diese Informationsasymmetrien bewirken Ineffizienzen bei der Vertragsbildung oder Vertragsdurchführung und führen unter Umständen zu einem Marktversagen. Durch eine geeignete Vertragsgestaltung sind diese jedoch zumindest partiell zu überwinden.

[609] Vgl. Haas, 2006, S.32; Schellhaaß, 1984, S.218f.

Nachwuchsspielern verwendet. Typische Kosten in der Ausbildung von Nachwuchsspielern sind dabei Gehälter für Trainer sowie das Stellen adäquater Sportstätten.[610]

Das Ziel der Nachwuchsarbeit besteht darin, das Humankapital, sprich die Spielstärke der talentierten Nachwuchsspieler, zu steigern, um diese mittelfristig an den Profikader heranzuführen und im Optimalfall regelmäßig einzusetzen. Darüber hinaus verpflichtet die DFL im Rahmen des Lizenzierungsverfahrens die Fußballunternehmen dazu, ein Leistungszentrum zu errichten und zu betreiben. So erhält ein Bundesligist nach Paragraph 3 der Lizenzierungsordnung nur dann eine Lizenz, wenn er ein Leistungszentrum nach den Anforderungen und Richtlinien der DFL unterhält.[611] Die Unterhaltung eines solchen Leistungszentrums ist somit für die Bundesligisten Pflicht und Voraussetzung für die Fortsetzung ihrer Geschäftstätigkeit. Die Aufwendungen hierfür sind dabei komplett autark vom sportlichen Erfolg des jeweiligen Clubs. Eine Umstrukturierung der Kosten hin zu vom sportlichen Erfolg abhängigen Aufwendungen ist so gut wie unmöglich. Der Bundesligist hat einzig einen Einfluss auf die Ausgaben durch Festlegung der Anzahl der zu trainierenden Nachwuchsspieler. Diese ist mittelfristig durch Aufnahme von talentierten Spielern zu reduzieren oder zu erhöhen. Jedoch hat das Fußballunternehmen bei der Planung der Aufwendungen abzuwägen, ob eine durch Reduzierung der Jugendmannschaften hervorgerufene Kostenersparnis langfristig sinnvoll und erfolgsversprechend ist. Schließlich akquirieren und sichern sich gerade sportlich weniger erfolgreiche sowie finanzschwächere Sportclubs, die vergleichsweise wenig Mittel für die Zahlung hoher Ablösesummen zur Verfügung haben, ihre Zukunft durch Entwicklung eigener Talente. Bei vielen Vereinen ist diese Maßnahme nicht nur notwendige Voraussetzung zur Fortführung ihrer Tätigkeit sondern zugleich auch Unternehmensziel und -philosophie.[612]

Talentförderung wartet dabei mit zwei finanziellen Vorteilen für Fußballunternehmen auf. Zum einen ist ein talentierter und gut ausgebildeter Spieler in der ersten Mannschaft einzusetzen, wodurch das Fußballunternehmen nicht gezwungen ist, ablösepflichtige Spieler anderer Fußballclubs zu verpflichten. Zum anderen besitzt es die Möglichkeit, von anderen Vereinen besonders nachgefragte Spieler gegen Zahlung einer hohen Ablösesumme ziehen zu

---

[610] Vgl. Büch, Schellhaaß, 1984, S.225.
[611] Vgl. DFL, 2007a, S.5f.
[612] Als seit Jahren vorbildlich in der Ausbildung von Nachwuchsspielern ist der SC Freiburg zu nennen, der die Entwicklung talentierter Spieler in den Vordergrund seiner Arbeit stellt. Mit dieser Philosophie ist der SC Freiburg – trotz begrenzter finanzieller Ressourcen – seit Jahren ein fester Bestandteil im Profifußball. Darüber hinaus reiften beim SC Freiburg Talente, die es später sogar den Sprung in die Nationalmannschaft ihres jeweiligen Heimatlands geschafft haben.

lassen. Diese Einnahmen können dann beispielsweise wieder in die Nachwuchsförderung investiert werden, wodurch sich das Fußballunternehmen langfristig seine wirtschaftliche Existenz sichert.

Die Aufwendungen für die Unterhaltung der Leistungszentren entwickelten sich in den vergangenen Jahren recht konstant. So wendeten die Bundesligisten in der Spielzeit 2008/09 durchschnittlich 3,06 Millionen Euro auf. Die sechs Spitzenclubs tätigten dabei deutlich höhere Investitionen in ihr Leistungszentrum als die übrigen Bundesligisten.[613] Zu begründen ist dieser Unterschied trotz der genannten positiven Effekte der Nachwuchsarbeit dadurch, dass sich vornehmlich eher Spitzenclubs eine umfangreiche und somit kostenintensive Nachwuchsförderung als ein jährlich um das sportliche und wirtschaftliche Überleben in der ersten Liga kämpfendes Fußballunternehmen leisten können.

Ein Einsatz von Derivaten ist aus verschiedenen Gründen nicht sinnvoll. So wurde aufgezeigt, dass die Bundesligisten zur Führung eines Leistungszentrums verpflichtet sind. Somit sind die Aufwendungen keinesfalls auf null zu reduzieren. Ferner sind die Aufwendungen in dieser Aufwandskategorie relativ unabhängig vom sportlichen Erfolg. Die Höhe der Aufwendungen orientiert sich in vielen Fällen vielmehr an der Grundsatzentscheidung, inwieweit das jeweilige Fußballunternehmen gewillt ist, in die Nachwuchsarbeit zu investieren. Ferner spielen die Aufwendungen für den Nachwuchs mit einem Anteil von gerade einmal 3,27 Prozent an den Gesamtaufwendungen eine untergeordnete Rolle, sodass etwaige Kosten für Derivate eingespart werden sollten.[614]

5.3.6 Personal Handel/Verwaltung

In die Aufwandskategorie Personal Handel/Verwaltung fallen grundsätzlich alle Aufwendungen, die das Fußballunternehmen an seine Mitarbeiter außerhalb des sportlichen Bereichs entrichtet. Im Gegensatz zum spielenden Personal sind die Gehälter der Mitarbeiter in der Verwaltung von fixer Natur. Allein höher positionierte Mitarbeiter können eine Bonusleistung erhalten, die jedoch nicht zwangsläufig vom sportlichen Erfolg des Fußballunternehmens abhängig ist.[615] Im Gegensatz zu früheren Jahren, in denen Ehrenamtliche oder ehemalige Spieler die Clubs führten, setzen im Zuge der Professionalisierung im Sport die Sportunternehmen zunehmend auf qualifiziertes Personal

[613] Vgl. DFL, 2010, S.43.
[614] Vgl. DFL, 2010, S.33.
[615] So kann der Leiter des Merchandisings einen Bonus erhalten, wenn es ihm gelingt, die Umsätze in diesem Bereich nachhaltig zu erhöhen.

aus der Normalwirtschaft.[616] Obgleich die sportliche Leitung in den meisten Fußballunternehmen weiterhin durch ehemalige Spieler besetzt wird, werden die sonstigen Positionen im Unternehmen an Personen aus der Normalwirtschaft vergeben.[617]

Analog zu den Aufwendungen der Nachwuchsförderung haben Personalaufwendungen Handel/Verwaltung mit einem Anteil von 5,2 Prozent an den Gesamtaufwendungen ein geringes Gewicht inne.[618] Im Durchschnitt wendeten die Bundesligisten in der Spielzeit 2008/09 4,84 Millionen Euro für ihre Mitarbeiter auf.[619] Interessanterweise geht die Spanne zwischen den Spitzenclubs und den restlichen Bundesligisten in keiner anderen Aufwandskategorie – abgesehen von den Transferaufwendungen – so weit auseinander wie in dieser. Hierfür ausschließlich den sportlichen Erfolg zur Verantwortung zu ziehen, wäre jedoch zu kurz gedacht. Von Relevanz sind bei der Mitarbeiterzahl neben sportlichem Erfolg auch Kriterien wie Größe des Stadions oder die Anhängerzahl des Fußballunternehmens. So richtet sich insbesondere die Mitarbeiterzahl in den Bereichen Zuschauerservice, Merchandising sowie Ticketing an die Nachfrage der Konsumenten. Diese steigt mit zunehmender Fanbasis und größerem Stadion.[620] Ein weiterer Grund für höhere Personalaufwendungen bei den Spitzenclubs dürfte außerdem der Tatsache geschuldet sein, dass diese aufgrund ihrer finanziellen Möglichkeiten qualifizierteres Personal als andere Bundesligisten beschäftigen können.[621]

Aufgrund des geringen Anteils der Personalaufwendungen Handel/Verwaltung sowie der relativen Unabhängigkeit der Personalaufwendungen vom sportlichen Erfolg ist ein Abschluss von Derivaten nicht empfehlenswert. Plant ein Fußballunternehmen seine Mitarbeiteranzahl und -struktur dennoch abhängiger von der aktuellen Nachfrage zu gestalten, bietet sich

---

[616] Vgl. DFL, 2007a, S.180; Horch, Niessen, Schütte, 1999, S.111; Nichelmann, 1999, S. 288.

[617] In der vierköpfigen Geschäftsführung des SV Werder Bremen sitzt mit Klaus Allofs als Geschäftsführer für den Profifußball nur ein ehemaliger Bundesligaprofi. Die drei übrigen Mitglieder der Geschäftsführung stießen aus der Normalwirtschaft zum SV Werder Bremen. Dieser Trend setzt sich auch in den unteren Hierarchieebenen der Bundesligisten fort.

[618] Vgl. DFL, 2010, S.33.

[619] Vgl. DFL, 2010, S.43.

[620] So erreichen Fußballunternehmen wie Borussia Dortmund, die über das größte Stadion der Fußball-Bundesliga sowie einer der größten Anhängerschaft der Republik verfügen, weitaus mehr Anfragen als andere Fußballclubs mit einem kleineren Stadion und einer geringeren Fanbasis, trotz vielleicht größerem sportlichen Erfolg.

[621] Jedenfalls zeigen Erfahrungen aus der Normalwirtschaft, dass führende Unternehmen höhere Gehälter an ihre Spitzenkräfte zu zahlen bereit sind und können als kleinere Unternehmen. Darüber hinaus wird von Unternehmen – insbesondere im Zuge der in der Finanzkrise besonders kritisierten Bonuszahlungen - immer wieder die Bedeutung hoher bzw. „marktgerechter“ Gehälter für den zukünftigen Erfolg des Unternehmen hervorgehoben, da die qualifiziertesten Arbeitnehmer in erster Linie durch attraktive Gehaltszahlungen zu binden seien.

grundsätzlich die Möglichkeit an, den Anteil von Aushilfs- oder Teilzeitkräften zu erhöhen und somit weniger Vollzeitangestellte zu beschäftigen. Eine Untersuchung der Mitarbeiterstruktur im deutschen Lizenzfußball für die Saison 2007/08 zeigt die Anwendung dieser Vorgehensweise. So nahmen die Bundesligisten in der besagten Spielzeit deutlich mehr Teilzeitkräfte unter Vertrag als noch in der Vorsaison. Ferner blieben die beiden übrigen Gruppen – Festangestellte und Aushilfskräfte – jedoch vergleichsweise konstant.[622] Allerdings hat die Gruppe der Aushilfskräfte mit einem Anteil von über 50 Prozent den höchsten aller drei Beschäftigungsgruppen inne.[623] Durch Abschließen von Teilzeit- und Aushilfsverträgen sind die Fußballunternehmen somit in der Lage, flexibel auf Nachfrageschwankungen zu reagieren. Im Sinne der Risikosteuerung stellt dieses daher ein effektives Instrument dar.

5.3.6 Sonstige Aufwendungen

Sonstigen Aufwendungen subsummieren klassischerweise Ausgaben wie Reisekosten, Spesen, Steuern oder verschiedene Versicherungszahlungen.[624] Neben diesen traditionellen Aufwendungen etablierten sich in den letzten Jahren insbesondere Zahlungsverpflichtungen aus Rückzahlung von Anleihen, die zur Finanzierung von Infrastrukturprojekten von den Fußballunternehmen emittierten wurden. Während Reisekosten und Spesen unmittelbar mit dem sportlichen Erfolg des Fußballclubs zusammenhängen, fallen die Zahlungsverpflichtungen für Versicherungen oder Rückzahlungsforderungen aus Anleihen unabhängig vom sportlichen Werdegang an.[625] Eine Ausnahme bilden hierbei Genussscheine – wie sie der 1. FC Köln an institutionelle Investoren verkauft hat – oder Floater deren variable Zinszahlungen an den sportlichen Erfolg zu koppeln sind.[626]

Mit einem Anteil von ca. 20 Prozent an den Gesamtaufwendungen stellen die Sonstigen Aufwendungen den zweitgrößten Aufwandsposten dar.[627] Die durchschnittlichen Aufwendungen betrugen dabei in der Spielzeit 2008/09 annähernd 20 Millionen Euro, wobei die Sonstigen Aufwendungen bei den Spitzenclubs wiederum deutlich höher als bei den übrigen Bundesligisten ausfielen.[628]

---

[622] Vgl. DFL, 2009, S.52f.
[623] Vgl. DFL, 2010, S.16.
[624] Vgl. WGZ-Bank, Deloitte & Touche, 2001, S.81.
[625] Mit sportlichem Erfolg steigt die Anzahl der Spiele durch Teilnahme an zusätzlichen nationalen oder internationalen Pokalspielen an, wodurch höhere Reisekosten und Spesen entstehen.
[626] So kann der variable Zinssatz pro verbesserten Tabellenplatz um beispielsweise 0,1 Prozent ansteigen.
[627] Vgl. DFL, 2010, S.33.
[628] Vgl. DFL, 2010, S.43.

Trotz des nicht unbedeutenden Anteils der Sonstigen Aufwendungen eignen sich derivative Instrumente grundsätzlich nicht. Einzig vorstellbar ist die Absicherung von Rückzahlungsverpflichtungen einer emittierten Anleihe. So ist es in der Normalwirtschaft nicht unüblich, dass Emittenten von Unternehmensanleihen mit einem variablen Zinssatz gleichzeitig einen Swap abschließen.[629] Übertragen auf die Fußballunternehmen sind diese variablen Zinsverpflichtungen ebenfalls durch eine Swapvereinbarung zu hedgen. Alternativ, wie bei den Genussscheinen aufgezeigt, kann sich der variable Zins an der sportlichen Entwicklung des Fußballunternehmens orientieren.

5.3.6 Fazit

Der Einsatz von derivativen Instrumenten bei den Aufwendungen ist insgesamt als problematisch zu bezeichnen. Im Gegensatz zu den Einnahmen, bei denen eine offene bzw. zukünftige Kassaposition durch ein Derivat zu hedgen ist, ist dies bei den Aufwendungen nicht bedenkenlos möglich. Während die Einnahmen unabhängiger vom sportlichen Erfolg gestaltet werden sollen, ist bei den Aufwendungen das Gegenteil das Ziel. Durch Derivate ist jedoch nur eine Fixierung möglich. Aufwendungen sind somit durch Derivate nicht unabhängiger vom sportlichen Erfolg zu gestalten.

Jedoch sind zusätzliche finanzielle Belastungen bei unerwartetem Erfolg durch den Einsatz von Derivaten zu reduzieren – insbesondere die Personalaufwendungen für das spielende Personal. In den übrigen Aufwandskategorien ist aufgrund der Prinzipal-Agent-Theorie und des damit einhergehenden Moral Hazard Problems oder des fixen Charakters der Aufwendungen ein Einsatz von Derivaten nicht ohne weitere Vorbedingungen durchführbar.

5.4 Preisbildung und Bewertung der Fußball-Derivate

5.4.1 Überblick

Bevor die Effizienz der soeben entwickelten Derivate zu evaluieren ist, sind zuvor diese noch zu bewerten. Anhand der Bewertung derivativer Instrumente sind im weiteren Verlauf die für die Absicherungsstrategie etwaig notwendigen Aufwendungen zu kalkulieren. Die im dritten Kapitel dargestellten Preisbildungs- und Bewertungsverfahren herkömmlicher Derivate auf Aktien, Aktienindizes oder Rohstoffe werden dabei im Folgenden auf die spezifischen Gegebenheiten der Fußball-Derivate übertragen. Zuerst werden die derivativen Instrumente auf der Einnahmeseite behandelt. Hierbei finden diejenigen Einnahmequellen Berücksichtigung, bei denen der Einsatz von Derivaten als lohnenswert eingeschätzt wurde.

[629] Vgl. hierzu die in Abschnitt 4.4.3 getätigten Ausführungen.

Somit finden Merchandisingerlöse, Transfererlöse sowie die Sonstigen Einnahmen, bei denen die Anwendung derivativer Instrumente nicht uneingeschränkt als sinnvoll beurteilt wurde, keine weitere Beachtung. Anschließend werden Derivate für die Personalaufwendungen Spiel bewertet. Die weiteren Aufwandskategorien werden aufgrund der im vorherigen Abschnitt aufgezeigten Problematik nicht weiter berücksichtigt.

5.4.2 Spiel

In der Einnahmequelle Spiel sind grundsätzlich alle drei vorgestellten derivativen Instrumente zum Zweck der Absicherung geeignet. Analog zum vorherigen Kapitel werden zuerst Forwards bzw. Futures analysiert, bevor anschließend Swaps sowie Optionen Berücksichtigung finden.

Im dritten Kapitel wurde die Gleichung zur Bestimmung des aktuellen Forwardpreises auf einen einkommensfreien Basiswert mit dem Kurs K_t folgendermaßen aufgestellt:

$$F_t = K_t \, e^{rT}$$

T bezeichnet hierbei die Zeit bis zur Fälligkeit des Kontrakts, r den risikolosen Zinssatz und F_t den aktuellen Preis des Forwards.

Übertragen auf die Spieleinnahmen ist der einkommensfreie Basiswert der Zuschauerschnitt bzw. die daraus resultierenden Einnahmen aus dem Verkauf von Eintrittskarten. Dessen Kurs K_t orientiert sich an der Höhe des Zuschauerschnitts bzw. der Zuschauereinnahmen. Der risikolose Zinssatz ermittelt sich in der Praxis beispielsweise anhand von Tagesgeld- oder Festgeldzinsen. Die Laufzeit des Kontrakts richtet sich idealerweise an die (restliche) Laufzeit der Saison. So endet die Laufzeit eines saisonalen oder wettbewerbsabhängigen Forwards nach Beendigung aller Pflichtspiele, die dem vereinbarten Basiswert zuzurechnen sind.[630]

Der Wert eines Forwardkontrakts V ist durch die folgende Gleichung zu bestimmen, wobei der Wert des Kontraktes zum Zeitpunkt des Abschlusses stets null und somit für das Fußballunternehmen kostenlos ist. Während der Laufzeit des Kontrakts kann der Wert sowohl positiv als auch negativ sein.

---

[630] Berücksichtigt der Basiswert des Forwards alle Heimspiele in der 1. Fußball-Bundesliga, endet dieser nach Beendigung dieser Spiele. Weitere Spiele wie nationale oder internationale Pokalspiele finden in diesem Forward dann keine Beachtung.

$V = (F_t - K_T)\, e^{-rT}$

Mit der im vierten Kapitel eingeführten Notation sei F_t der aktuelle Forwardpreis. Das Lieferdatum sei in T Jahren und r ist der risikolose Zinssatz für T Jahre. Die Variable V bezeichnet den Wert des Forwardkontrakts, K_T den vereinbarten Lieferpreis des Kontrakts. Der vereinbarte Lieferpreis sind in diesem Fall die Spielerlöse.

Swaps sind mit zweierlei Verfahren zu bewerten. Das erste Verfahren sieht Swaps als Differenz zweier Anleihe an, das zweite als Portfolio von Forward Rate Agreements. In der Folge konzentrieren sich die Untersuchungen aufgrund der unkomplizierteren Handhabung auf die Bewertung über Anleihen.

Wird ein Zinsswap über Anleihen bewertet, so bezeichnet V_{swap} den Wert des Swaps, B_{fl} den Wert der variabel verzinslichen Anleihe und B_{fix} den Wert der festverzinslichen Anleihe, wodurch sich folgende Gleichung ergibt:

$V_{swap} = B_{fix} - B_{fl}$

Hierbei ist der Inhaber des Swaps in der Long-Position in einer festverzinslichen Anleihe und in der Short-Position einer variabel verzinslichen Anleihe. In diesem Falle steigt der Wert des Swaps für den Inhaber, wenn der variable Zinssatz fällt.

Ist hingegen der Inhaber in der variabel verzinslichen Anleihe in der Long-Position, ändert sich die Gleichung folgendermaßen:

$V_{swap} = B_{fl} - B_{fix}$

Übertragen auf den vorgestellten Swap für die Einnahmen im Spiel sind die unsicheren Zuschauereinnahmen auf Basis eines herkömmlichen Zinsswaps als eine variable verzinsliche Anleihe zu interpretieren. Die festverzinsliche Anleihe wird als die bisher sicher generierten Zuschauereinnahmen angesehen, die beispielsweise durch Verkauf von Dauerkarten oder im Vorverkauf abgesetzte Tageskarten realisiert wurden.

Hat das Fußballunternehmen die Long-Position in der festverzinslichen Anleihe inne, steigt der Swap, wenn die variablen Zuschauereinnahmen unter die durch den Swap vereinbarten und fixierten Erlöse sinken, im Wert. Im umgekehrten Fall – die variablen Zuschauereinnahmen übertreffen den fix vereinbarten Zahlungsstrom – verliert dieser an Wert. Der aktuelle Wert des Swaps berechnet sich somit stets aus der Differenz beider Anleihen.

Zur Kalkulation des aktuellen Werts eines Swaps sind zuerst die Werte der zugrunde liegenden Anleihen zu ermitteln. Der Wert einer festverzinslichen Anleihe bemisst sich dabei allgemein durch den Barwert aller zukünftigen Zahlungen, die dem Halter der Anleihe zufließen. Das sind im Falle der Spieleinnahmen die bereits abgesetzten Karten bzw. die im Swap vereinbarten Zahlungen. Neben den bereits realisierten Einnahmen sind auch die in der Vorsaison insgesamt abgesetzten Eintrittskarten bzw. die aus ihnen realisierten Erlöse zur Kalkulation des Basispreises heranzuziehen. Diese Vorgehensweise wird aus Gründen der Übersichtlichkeit im nächsten Kapitel im Zuge der Effizienzanalyse Anwendung finden.

Die Bewertung der variabel verzinslichen Anleihe gestaltet sich komplexer. Allgemein wurde gezeigt, dass der heutige Wert einer solchen Anleihe durch folgende Gleichung zu ermitteln ist:

$$B_{fl} = (L + k^{*})\, e^{-r^{*}t^{*}}$$

Dabei ist L der fiktive Nominalbetrag der Anleihe, während k^{*} die variable Zahlung angibt. Im Zuge der Spieleinnahmen stellen die variablen Zahlungen die unsicheren Zuschauereinnahmen dar. Der fiktive Nominalbetrag kann als die aus dem Dauerkartenverkauf bzw. Vorverkauf abgesetzten Eintrittskarten (Erlöse) interpretiert werden. Die Laufzeit t^{*} bezeichnet die Laufzeit des Swaps – in diesem Fall idealerweise bis zum Ende der Saison. Komplexer gestaltet sich die Schätzung des variablen Zinssatzes r^{*}. Bei herkömmlichen Zinsswaps ist der variable Zinssatz beispielsweise die LIBOR. Ein solcher Zinssatz entfällt bei den Spieleinnahmen, da deren Höhe nicht von einem am Kapitalmarkt herrschenden Zinssatz oder Zinsniveau abhängig ist. Stattdessen ist ein alternatives Maß zur Bestimmung des variablen Zinses herzuleiten. Den variablen Zinssatz aus der durchschnittlichen Wachstumsrate der Spieleinnahmen abzuleiten, stellt hierbei eine denkbare Möglichkeit dar. Hierfür ist die jährliche durchschnittliche Wachstumsrate der

Zuschauereinnahmen heranzuziehen. Die Wachstumsrate verkörpert – ähnlich wie Zinszahlungen – eine jährliche Zunahme des Vermögens um den jeweiligen Prozentsatz. Bei Zinszahlungen steigt das Vermögen in Höhe des gewährten Zinssatzes, bei der Wachstumsrate erhöht es sich um die Wachstumsrate.

Der Wert einer Kaufoption (C_T) bzw. einer Verkaufsoption (P_T) am Laufzeitende aus Sicht des Käufers wurde in Abschnitt 4.5.3 durch folgende Gleichungen ermittelt:

$C_T = \max (S_T - K; 0)$

$P_T = \max (K - S_T; 0)$

Der vereinbarte Basiswert ist K und der Kurs des Basiswerts am Laufzeitende (T) ist S_T, so dass der Wert der Option am Laufzeitende der Differenz beider Variablen entspricht. Aufgrund des eingeräumten Rechts, die Option ausschließlich zum Vorteil des Inhabers auszuüben, nimmt diese jedoch mindestens den Wert null an. Im Falle der Spieleinnahmen sind die im Voraus vereinbarten Zuschauereinnahmen der Basispreis K, während die am Saisonende tatsächlich realisierten Spieleinnahmen als S_T zu definieren sind.

Bezüglich des Optionspreismodells eignet sich insbesondere das Cox-Ross-Rubinstein-Modell – als diskretes Modell zur Bewertung von Aktienoptionen – zur Bewertung von Optionen auf den Basiswert Spieleinnahmen. Es wurde bereits illustriert, dass sich Aktienkurse im Cox-Ross-Rubinstein-Modell mit endlich vielen Möglichkeiten um einen bestimmten Prozentsatz mit einer bestimmten Wahrscheinlichkeit in jedem Zeitschritt ändern.[631] Durch die endliche Zahl von zu absolvierenden Saisonspielen eines Fußballunternehmens verändern sich die Zuschauerzahlen ebenfalls in endlich vielen Zeitstufen, so dass grundsätzlich das Cox-Ross-Rubinstein-Modell auf die Spieleinnahmen der Fußballunternehmen zu übertragen ist.

Wird das Cox-Ross-Rubinstein-Modell auf eine Option mit dem Basiswert Spieleinnahmen angewandt, ist der Zuschauerschnitt ausgehend vom aktuellen Zuschauerschnitt S_0 am Ende einer Periode entweder um $u \cdot S_0$ gestiegen oder um $d \cdot S_0$ gefallen. Der Zuschauerschnitt bzw. die durchschnittlichen Zuschauereinnahmen steigen mit der Wahrscheinlichkeit q und fallen mit der Gegenwahrscheinlichkeit $(1 - q)$. Zur Ermittlung der Wahrscheinlichkeit ist eine

[631] Vgl. Hull, 2006, S.300; Pfeifer, 2006, S.323.

Berücksichtigung historischer Zuschauerzahlen der einzelnen Fußballunternehmen ratsam. Hierbei ist zu analysieren, wie häufig die Zuschauerzahlen von Spieltag zu Spieltag gestiegen, gefallen oder unter Umständen konstant geblieben sind. Ist beispielsweise bei 10 aufeinander folgenden Spieltagen der Zuschauerschnitt sechs Mal angestiegen und vier Mal gefallen, beträgt die Wahrscheinlichkeit q genau 60 Prozent und die Gegenwahrscheinlichkeit deren 40 Prozent. Alternativ sind u und d auch aus der Volatilität des Zuschaueraufkommens bzw. der daraus resultierenden Einnahmeströme abzuleiten und somit an diese anzupassen.[632]

Neben dem Cox-Ross-Rubinstein-Modell ist der Wert einer Option auch durch das Black-Scholes-Modell zu kalkulieren. Auf die Spieleinnahmen übertragen ist S_0 wiederum der aktuelle Zuschauerschnitt bzw. die daraus resultierenden durchschnittlichen Zuschauereinnahmen. K bezeichnet den Basispreis, sprich der im Voraus vereinbarte Zuschauerschnitt, T die Restlaufzeit der Option auf die Spieleinnahmen und die Volatilität gibt an, in welchem Ausmaß sich der Zuschauerschnitt von Spieltag zu Spieltag verändert. Die historische Volatilität ist hierbei auf zwei Arten zu ermitteln. Entweder werden die Zuschauerzahlen eines jeden Heimspiels über mehrere Spielzeiten hinweg zur Kalkulation der Volatilität herangezogen oder die daraus resultierenden Zuschauereinnahmen. Sind nur die Einnahmen pro Spielzeit bekannt, ist auch aus den jährlichen Werten die historische Volatilität zu berechnen.

5.4.3 Medienrechte

Die Medienrechte sind prinzipiell ebenfalls durch alle drei derivativen Instrumente zu hedgen. Die Bewertung bzw. Preisbildung der einzelnen Derivate ist grundsätzlich gleich den Verfahren, die im vorherigen Abschnitt bereits im Zuge der Spieleinnahmen dargestellt wurden. Hauptsächlicher Unterschied zwischen den Derivaten ist der verwendete Basiswert.

Die Einnahmen aus Medienrechten sind das Underlying eines Forwards. Der Kurs K_t ist dabei die aktuelle Höhe der Medieneinnahmen, so dass der aktuelle Preis des Forwards auf die Medieneinnahmen analog zu den der Spieleinnahmen zu ermitteln ist. Als Laufzeit des Forwards bietet sich wiederum die Dauer einer Spielzeit an. Zur Bestimmung des Werts des Forwards V ist die bereits bekannte Gleichung zu verwenden, wobei in diesem Fall K_T die vereinbarte Höhe der Medienerlöse darstellt.

[632] Wie die Parameter u und d an die Volatilität anzupassen sind, vgl. Hull, 2006, S.312ff.

Die Bewertung einer Swapvereinbarung auf der Grundlage von Medieneinnahmen findet ebenfalls durch die Verwendung zweier Anleihen – einer variablen sowie einer festverzinslichen – statt. Die festverzinsliche Anleihe steht dabei für den vereinbarten Zahlungsstrom, während die variable Anleihe auf den unsicheren Medienerlöse basiert.

Bei Optionen stellt der vereinbarte Basiswert K die Medienerlöse und S_T die am Saisonende tatsächlich realisierten Einnahmen aus Medienrechten dar. Die Option läuft idealerweise bis zum jeweiligen Saisonende.

Im Cox-Ross-Rubinstein-Modell wird als Ausgangspunkt stets der aktuelle Kurs des Basiswerts verlangt. Bei Medienerlösen bemisst sich der aktuelle Kurs anhand der aktuellen Position des Bundesligisten im Ranking der TV-Tabelle. Da neben der aktuellen Saison noch die drei vorherigen Spielzeiten Berücksichtigung finden, ist ein bloßer Blick auf die aktuelle Tabellensituation in der 1. Fußball-Bundesliga nicht ausreichend. Sie ist aufgrund der hohen Gewichtung der aktuellen Saison, falls die genaue Position im TV-Ranking nicht zu berechnen und somit nicht verfügbar ist, jedoch als grober Richtwert zu verwenden. Die Wahrscheinlichkeit steigender oder fallender Kurse des Basiswerts ist auf Basis historischer Positionsveränderungen des Fußballunternehmens in den vergangenen Spielzeiten zu ermitteln.[633] Diese Veränderungen sind sowohl auf Basis der Positionsveränderungen zwischen den Spielzeiten als auch auf Basis der Positionsveränderungen zwischen Spieltagen innerhalb einer Spielzeit zu kalkulieren. Die Berücksichtigung aller Spieltage einer Saison hat den Vorteil, dass die Wahrscheinlichkeit einer Positionsveränderung wesentlich werthaltiger und somit aussagekräftiger zu bestimmen ist. Werden demgegenüber nur Positionsveränderungen zwischen verschiedenen Spielzeiten einbezogen, so wird berücksichtigt, dass sich das sportliche Potenzial von Fußballunternehmen im Laufe der Jahre erheblich verändern kann.

Im Black-Scholes-Modell sind die Medienerlöse ebenfalls als Basiswert zu verwenden. Die zur Berechnung des Wertes der Option notwendige Volatilität ist aus der Positionsveränderung des Bundesligisten im TV-Ranking zu ermittelt. Hierbei ist die Höhe der Positionsänderung bei der Berechnung der Volatilität von Bedeutung. Je stärker dabei die positiven bzw. negativen Positionsveränderungen sind, desto größer ist die Volatilität. Intuitiv ist somit die Volatilität eines Fußballunternehmens, welches stets die drei vorderen Tabellenplätze anvisiert

[633] Alternativ dazu sind auch die tatsächlich realisierten Erlöse zur Bestimmung der Wahrscheinlichkeiten heranzuziehen.

und erreicht, geringer als bei einem sportlich unbeständigen Fußballclub, der starken sportlichen Schwankungen ausgesetzt ist. Neben der Veränderung der Position ist wiederum denkbar, die Volatilität auf Basis der tatsächlich realisierten Einnahmen pro Spielzeit zu berechnen.

5.4.4 Werbung

Derivate Instrumente auf Werbeeinnahmen haben stets diese zum Basiswert. Grundsätzlich sind auch bei dieser Erlösquelle alle drei Instrumente zu Absicherungszwecken geeignet. Einschränkend wurde jedoch bereits analysiert, dass ein Großteil der Werbeeinnahmen klassischerweise von fixer Natur ist. Ferner leitet sich die Höhe der Einnahmen nicht nur vom sportlichen Abschneiden des Fußballunternehmens ab, sondern auch von der Attraktivität des Clubs für Sponsoren. Für Absicherungsstrategien im Bereich der Werbeeinnahmen sind daher insbesondere Maßnahmen zum Schutz der bisherigen Einnahmen bei auslaufenden Werbeverträgen von Relevanz. Als besonders zweckmäßig für solche Fälle wurden Swapvereinbarungen genannt.

Im Zuge der Swapvereinbarung sind die bisher erreichten Einnahmen aus einem Werbevertrag als festverzinsliche Anleihe zu interpretieren. Die unsicheren Einnahmen aus dem neuen Vertrag sind durch eine Anleihe mit variablem Zinssatz abzubilden. Idealerweise besitzen Swapvereinbarungen im Bereich der Werbeeinnahmen eine Laufzeit, die über die laufende Saison hinaus über mehrere Spielzeiten läuft.

Ist das Ziel des Fußballunternehmens auch unterjährig die Werbeeinnahmen abzusichern, liegt der Fokus auf den vom sportlichen Erfolg abhängigen Teil der Werbeeinnahmen. Als Basiswert dienen in allen drei derivativen Instrumenten wiederum die Werbeeinnahmen. Die benötigte Wahrscheinlichkeit im Cox-Ross-Rubinstein-Modell sowie die Volatilität im Black-Scholes-Modell ist wiederum entweder aus der Positionsveränderung des Fußballunternehmens in der Tabelle oder alternativ aus den in der Vergangenheit realisierten Einnahmen zu berechnen.

Schlussendlich ist natürlich ebenso möglich, die gesamten Werbeeinnahmen zu hedgen. Die zu hedgenden Höhe der Werbeerlöse bemisst sich dabei auf die in der Vorsaison realisierten Einnahmen. Hierfür eignen sich grundsätzliche alle drei Derivate.

5.4.5 Aufwendungen Personal Spielbetrieb

Der Basiswert der Derivate für die Gehaltsaufwendungen für das spielende Personal sind stets die Aufwendungen Personal Spielbetrieb. So orientiert sich der Kurs K_t eines Forwards an der Höhe der gezahlten Gehaltszahlungen. Wird die Höhe der Gesamtaufwendungen im Spielbetrieb durch einen Forward abgesichert, so ist die Laufzeit des Kontrakts idealerweise auf das Saisonende begrenzt. Alternativ bestünde jedoch die Möglichkeit, einen Kontrakt an die individuellen Gehaltsaufwendungen eines Spielers abzuschließen. In diesem Falle ist auch die Möglichkeit gegeben, die Laufzeit des Kontrakts an die Laufzeit des Vertrages des jeweiligen Spielers zu koppeln.

Der Wert eines Forwardkontrakts V wird dabei wiederum durch folgende Gleichung samt bekannter Notation bestimmt, wobei der vereinbarte Lieferpreis in diesem Fall die Aufwendungen Personal Spielbetrieb sind.

$$V = (F_t - K_T)\, e^{-rT}$$

Wird eine Swapvereinbarung abgeschlossen, findet eine Evaluierung dieser wiederum über Anleihen statt. Entscheidend ist hierbei, dass Fußballunternehmen im Gegensatz zu den Einnahmen nun die Long Position einer Anleihe mit flexiblen Zahlungsstrom B_{fl} einnehmen. Der Wert des Swap steigt somit für das Unternehmen mit erhöhten Zahlungen des Basiswerts, in diesem Falle der an das spielende Personal zu zahlenden Gehälter, um die erhöhten Gehaltsaufwendungen durch den Swap zu egalisieren.

$$V_{swap} = B_{fl} - B_{fix}$$

Werden Optionen gekauft, ist aufgrund der Pay-Off-Struktur ein Long Call zu erwerben, um die zusätzlichen variablen Aufwendungen durch Gewinne in der Option zu kompensieren.

Der aus dem Optionsgeschäft am Laufzeitende resultierende Erlös ermittelt sich anhand der folgenden Gleichung, wobei C_T den Wert der Call-Option am Laufzeitende, S_T die Höhe der tatsächlich angefallenen Aufwendungen und K das vereinbarten Niveau des Basiswerts bezeichnet.[634]

[634] Vom Erlös bzw. Wert der Option ist die anfangs gezahlte Prämie zu subtrahieren.

$C_T = \max(S_T - K; 0)$

Soll der Wert der Option nicht erst am Laufzeitende sondern schon während der Laufzeit ermittelt werden, so ist dieser wiederum entweder durch das Cox-Ross-Rubinstein-Modell oder alternativ durch das Black-Scholes-Modell zu berechnen.

Wird das Cox-Ross-Rubinstein-Modell angewandt, sind die gezahlten variablen Gehaltsaufwendungen ausgehend vom aktuellen Niveau S_0 am Ende einer Periode entweder um $u \cdot S_0$ gestiegen oder um $d \cdot S_0$ gefallen. Die Aufwendungen steigen dabei mit der Wahrscheinlichkeit q und fallen mit der Gegenwahrscheinlichkeit $(1 - q)$. Zur Ermittlung der Wahrscheinlichkeit ist eine Berücksichtigung historischer Erfolge der einzelnen Fußballunternehmen oder des jeweiligen Spielers ratsam. Finden historische Ergebnisse eines Fußballunternehmens Berücksichtigung, ist zu analysieren, wie häufig dieses durchschnittlich pro Saison punktet oder nicht punktet. Punktet der Fußballclub beispielsweise bei 24 von 34 Saisonspielen, beträgt die Wahrscheinlichkeit q 70,60 Prozent und die Gegenwahrscheinlichkeit 29,40 Prozent. Darüber hinaus ist die Wahrscheinlichkeit auch durch die individuellen Leistungsdaten der einzelnen Spieler zu berechnen. Dabei wird nicht länger der Erfolg des Fußballclubs berücksichtigt, sondern der individuelle Erfolg des Spielers – ausgedrückt durch seine Einsatzhäufigkeit oder seine Tore. Erzielt ein Spieler im Durchschnitt pro Saison 10 Tore in 34 Ligaspielen, liegt die Wahrscheinlichkeit q ein Tor zu erzielen bei gut 29,40 Prozent. Alternativ lassen sich die Parameter u und d wiederum an die historische Volatilität anpassen, die auf Basis der tatsächlichen Aufwendungen der vergangenen Spielzeiten zu kalkulieren ist.

Neben dem Cox-Ross-Rubinstein-Modell ist der Wert einer Option auch durch das Black-Scholes-Modell zu kalkulieren. Auf die Aufwendungen übertragen, symbolisiert S_0 wiederum die Gehaltsaufwendungen an die Spieler. K bezeichnet den Basispreis und T die Restlaufzeit der Option auf die Aufwendungen Personal Spielbetrieb. Der Volatilität berechnet sich, wie soeben beschrieben, aus den historisch gezahlten Aufwendungen an das spielende Personal.

6 Effizienzanalyse der Derivate in Fußballunternehmen

6.1 Überblick und Methodik

Nachdem im vergangenen Kapitel Möglichkeiten zum Einsatz derivativer Instrumente in Fußballunternehmen samt Vorschlägen zur Bewertung dieser aufgezeigt wurden, werden die theoretischen Überlegungen nun praktisch angewandt, um die Effizienz dieser Instrumente zu evaluieren. In einem ersten Schritt wird dies allgemein für die 1. Fußball-Bundesliga durchgeführt. Hierzu wird ein Modell entwickelt, welches Einnahmen und Aufwendungen pro Tabellenplatz prognostiziert. Diese werden aus den historischen, von den Fußballunternehmen der 1. Fußball-Bundesliga erzielten Einnahmen und entrichteten Aufwendungen abgeleitet. Als Basis dienen dabei Daten der DFL. Anhand verschiedener sportlicher Szenarien, die im weiteren Verlauf noch eingehend vorgestellt werden, wird die Effizienz der Derivate auf Basis des Modells in einer Einperioden-Betrachtung analysiert. Mit dem Ziel, Vorteile und Nachteile der Instrumente nicht nur allgemein durch ein Modell zu überprüfen, wird in einem zweiten Schritt ein vereinsspezifischer Kontext hergestellt. Hierbei wird auf Basis der sportlichen und wirtschaftlichen Performance verschiedener europäischer Fußballunternehmen in den vergangenen Jahren die Effizienz der Instrumente in einer Mehrperioden-Betrachtung evaluiert. Hierbei ist insbesondere von Interesse, wie sich Derivate bei Einsatz über mehrere Spielzeiten auf die Einnahme- bzw. Aufwandssituation der Fußballunternehmen auswirken. Die zur Untersuchung benötigten Daten werden aus veröffentlichten Geschäftsberichten sowie aus Studien gewonnen. Im Fokus der Untersuchung werden dabei zuerst drei Fußballunternehmen stehen, die in Deutschland (Borussia Dortmund), Italien (Juventus Turin) sowie England (Tottenham Hotspurs) beheimatet sind. Diese Fußballunternehmen wurden ausgewählt, da bei diesen die vorhandene Datenbasis am umfangreichsten ist. Neben der sehr guten Datenbasis dürften insbesondere die Fußballunternehmen aus Dortmund sowie Turin im Zuge der Evaluierung der Derivate interessant sein, da diese in den letzten Jahren starken sportlichen und wirtschaftlichen Schwankungen unterworfen waren. Verglichen werden neben der Entwicklung der Einnahmen bzw. Aufwendungen Personal Spielbetrieb auch die Volatilität mit und ohne derivative Instrumente, wodurch eine Aussage über die Effizienz der Derivate aus Perspektive des Risikomanagements zu treffen ist. Neben den drei im Fokus der Untersuchung stehenden Fußballunternehmen werden anschließend weitere europäische Fußballunternehmen in die Analyse einbezogen, um ein noch detaillierteres Urteil über die einzelnen Derivate fällen zu können. Hierbei findet aufgrund der Verfügbarkeit der Daten und aus Gründen der

Vergleichbarkeit ausschließlich eine Untersuchung der drei umsatzstärksten Einnahmequellen aller Fußballunternehmen statt. Als Kriterium zur Evaluierung wird wiederum die Entwicklung der Einnahmen sowie der Volatilität mit und ohne Derivat Verwendung finden.

Daran anschließend werden die aus der empirischen Untersuchung gewonnen Erkenntnisse genutzt, um Derivate mit den bereits angewandten und vorgestellten Maßnahmen der Risikosteuerung von Sportclubs zu vergleichen. Bevor aus den Erkenntnissen ein Fazit zu ziehen ist sowie Handlungsempfehlungen abzuleiten sind, wird zuvor kurz auf zwei mögliche Herausforderungen bei der Umsetzbarkeit dieser Instrumente in der sportökonomischen Praxis eingegangen. Ferner wird in diesem Kapitel für drei zentrale Einflussfaktoren bei der Bestimmung von Optionspreisen – insbesondere am Beispiel von Borussia Dortmund – eine Sensitivitätsanalyse durchgeführt, um zu demonstrieren, wie sich die Optionspreise bei Veränderung einer Variablen verändern.

6.2 Entwicklung und Anwendung des Modells „1. Fußball-Bundesliga“

6.2.1 Zur Herleitung und Bestimmung der Modellparameter

Das allgemeine Modell „1. Fußball-Bundesliga“ fußt in erster Linie auf den von der DFL aus den Jahresabschlüssen der deutschen Lizenznehmer ermittelten Daten zu den Einnahmen und Aufwendungen der Bundesligisten seit der Saison 2003/04. Hierbei veröffentlicht die DFL in ihrem jährlich erscheinenden Bericht zur wirtschaftlichen Situation im deutschen Profifußball die Einnahmen und Aufwendungen in Abhängigkeit des Tabellenplatzes. Hierzu wird die Tabelle in drei Cluster unterteilt – Platz 1-6, Platz 7-12 und Platz 13-18 – und jeweils ein Mittelwert bestimmt. Für die Analyse der derivativen Instrumente ist die Einteilung in Clustern ein erster guter Schritt, um die finanziellen Auswirkungen in Abhängigkeit vom sportlichen Erfolg zu evaluieren. Allerdings ist diese Einteilung in nur drei Gruppen im Sinne einer aussagekräftigen Evaluierung der Derivate zu grob. Stattdessen ist von Nöten, dass die finanziellen Auswirkungen pro Tabellenplatz quantifiziert werden. Um dieses Ziel zu erreichen, werden diese auf Basis der von der DFL veröffentlichten Einnahmen und Aufwendungen pro Cluster berechnet. Dabei wird der Mittelwert der Einnahmen bzw. Aufwendungen pro Cluster einem Tabellenplatz zugeordnet. So erzielt im ersten Drittel der Tabellendritte die durchschnittlichen Einnahmen bzw. hat die durchschnittlichen Aufwendungen zu tragen. Analog dazu wird der jeweilige Mittelwert im zweiten Drittel dem Tabellenneunten und im letzten Drittel dem Fünfzehnten der Tabelle zugeordnet. Anschließend werden anhand nachfolgender Formeln aus der Differenz der jeweiligen

Einnahme- bzw. Aufwandsunterschiede zwischen den festgelegten Tabellenplätzen die durchschnittlichen finanziellen Auswirkungen pro Tabellenplatz ermittelt.[635]

$$\text{Auswirkungen pro Tabellenplatz}_{1/2} = \frac{\text{Mittelwert 1.TD - Mittelwert 2.TD}}{\text{Tabellenplatz 2.TD - Tabellenplatz 1.TD}}$$

$$\text{Auswirkungen pro Tabellenplatz}_{2/3} = \frac{\text{Mittelwert 2.TD - Mittelwert 3.TD}}{\text{Tabellenplatz 3.TD - Tabellenplatz 2.TD}}$$

Neben Berechnung dieser Werte besteht ebenfalls die Möglichkeit, ein Wert aus der Differenz zwischen dem dritten und fünfzehnten Platz zu berechnen. Allerdings treten hierbei zwei Probleme auf. So würde nach dieser Berechnung in verschiedenen Einnahmequellen das Schlusslicht der Tabelle teilweise negative Einnahmen (Verluste) erzielt. Begründen lässt sich dieses Ergebnis dadurch, dass die finanziellen Unterschiede zwischen den Bundesligisten der oberen Tabellenhälfte größer sind als zwischen denjenigen der unteren Tabellenhälfte. Daher wird im Folgenden jeweils mit einem Wert für die oberen neun sowie für die unteren neun in der Tabelle platzierte Fußballunternehmen verwendet. Hierbei wird in die Analyse stets der ermittelte Durchschnittswert der vergangenen sechs Spielzeiten (Saison 2003/04 bis einschließlich Saison 2008/09) berücksichtigt. Darüber hinaus werden ebenfalls – aus Gründen der Aktualität sowie der Vergleichbarkeit zu den vorher bestimmten Durchschnittswerten – die berechneten Werte für die Saison 2008/09 Berücksichtigung finden. Nachfolgende Tabelle fasst die finanziellen Auswirkungen, die aus einer Tabellenplatzveränderung resultieren, für die Einnahmequellen Spiel, Werbung, Transfer sowie Merchandising zusammen.[636] Darüber hinaus finden die Medienerlöse aus der in Abschnitt 5.2.3 dargestellten Verteilung dieser im Modell Berücksichtigung.[637] Weitere Einnahmen aus Medienerlösen wie nationale und internationale Pokalwettbewerbe sind im Modell aus Gründen der Einfachheit nicht berücksichtigt.[638] Darüber hinaus werden die Sonstigen Erlöse nicht im Modell beachtet, da diese zu vereinsspezifisch sind.[639]

---

[635] Hierbei steht 1.TD für das erste Tabellendrittel, 2.TD für das zweite Tabellendrittel und 3.TD für das dritte Tabellendrittel.

[636] Die ausführlichen Berechnungen der Modellparameter sind in Anhang 3 einzusehen.

[637] Vgl. hierzu Tabelle 8 zur Verteilung der Medienerlöse.

[638] Eine Berücksichtigung findet später allerdings bei den Fallbeispielen der Fußballunternehmen statt, die bei diesen in den Medienerlösen berücksichtigt sind.

[639] Vgl. hierzu die Ausführung zu den Sonstigen Einnahmen in Abschnitt 5.2.7.

Tabelle 11: Modellparameter Einnahmen

Einnahmequelle	Durchschnitt 03/04 bis 08/09		Saison 2008/09	
	Platz 1 - 9	Platz 10 - 18	Platz 1 – 9	Platz 10 - 18
Spiel	1,814 Mio. €	0,681 Mio. €	2,249 Mio. €	1,054 Mio. €
Werbung	2,726 Mio. €	0,995 Mio. €	3,246 Mio. €	2,671 Mio. €
Transfer	0,691 Mio. €	0,485 Mio. €	2,318 Mio. €	0,477 Mio. €
Merchandising	0,862 Mio. €	0,059 Mio. €	0,925 Mio. €	0,083 Mio. €

Die Differenzen zwischen den Tabellenplätzen der Plätze 1 bis 9 – sprich bei allen Einnahmequellen sowohl über den gesamten Betrachtungszeitraum als auch in der Saison 2008/09 – ist stets größer als zwischen den Plätzen 10 bis 18. Somit ist aus finanzieller Sicht eine Tabellenplatzverschiebung insbesondere in den oberen Regionen der Tabelle von Bedeutung. Allerdings ist eingedenk der zumeist geringen Gesamteinnahmen der Fußballunternehmen in den unteren Gefilden der Tabelle auch dieser Effekt – trotz der geringeren absoluten Werte – nicht zu unterschätzen.[640]

Tabelle 12: Werbeerlöse pro Tabellenplatz

Tabellenplatz	Langfristiger Durchschnitt (in Mio. €)	Saison 2008/09 (in Mio. €)
Platz 1	39,991	51,968
Platz 2	37,266	48,723
Platz 3	34,540	45,477
Platz 4	31,814	42,232
Platz 5	29,088	38,986
Platz 6	26,363	35,741
Platz 7	23,637	32,495
Platz 8	20,911	29,250
Platz 9	18,185	26,004
Platz 10	17,190	23,334
Platz 11	16,195	20,663
Platz 12	15,200	17,993
Platz 13	14,205	15,322
Platz 14	13,209	12,652
Platz 15	12,214	9,981
Platz 16	11,219	7,311
Platz 17	10,224	4,640
Platz 18	9,229	1,970

[640] Verwiesen sei hierbei nochmals auf die in Abschnitt 5.2.3 aufgestellten Berechnungen bezüglich des Umsatzwachstums bei einer Tabellenplatzverbesserung von Arminia Bielefeld und dem FC Bayern München.

So zeigt obige Tabelle beispielhaft anhand der Werbeerlöse, mit welchen Einnahmen Fußballunternehmen der 1. Fußball-Bundesliga durchschnittlich pro Tabellenplatz kalkulieren können.[641] Aus den einzelnen Einnahmequellen sind in einem zweiten Schritt auch die Gesamteinnahmen in Abhängigkeit des Tabellenplatzes zu berechnen. Hierzu werden die jeweiligen Erlöse pro Einnahmequelle und Tabellenplatz aufsummiert. Das Ergebnis dieser Berechnungen ist der folgenden Darstellung zu entnehmen.

Tabelle 13: Gesamterlöse pro Tabellenplatz

Tabellenplatz	Langfristiger Durchschnitt (in Mio. €)	Saison 2008/09 (in Mio. €)
Platz 1	110,906	143,910
Platz 2	104,154	134,515
Platz 3	97,402	125,118
Platz 4	90,650	115,722
Platz 5	83,897	106,325
Platz 6	77,146	96,930
Platz 7	70,393	87,531
Platz 8	63,641	78,136
Platz 9	56,847	68,697
Platz 10	53,926	63,713
Platz 11	51,005	58,727
Platz 12	48,043	53,703
Platz 13	45,080	48,675
Platz 14	42,075	43,608
Platz 15	39,073	38,541
Platz 16	36,069	33,474
Platz 17	33,149	28,488
Platz 18	30,227	23,505

In der langfristigen Betrachtung erhöhen sich in der oberen Tabellenhälfte die Gesamterlöse pro Tabellenplatzverbesserung um 6,753 Millionen Euro. Zwischen dem neunten und dem achtzehnten Tabellenplatz hat eine Tabellenplatzverbesserung eine Erhöhung der Einnahmen von 2,922 Millionen Euro zur Folge. Die Auswirkungen einer Tabellenplatzveränderung sind in der kurzfristigen Perspektive noch größer. So beträgt die Differenz pro Tabellenplatz zwischen dem ersten und dem neunten Platz genau 9,395 Millionen Euro und in der unteren Tabellenhälfte 4,983 Millionen Euro.

[641] Die restlichen Einnahmen pro Tabellenplatz sind analog zu den Berechnungen der Modellparameter in Anhang 3 einzusehen.

Bei den Aufwendungen finden alle Aufwandskategorien bis auf die Sonstigen Aufwendungen, die analog zu den Sonstigen Einnahmen nicht in das Modell einfließen, Berücksichtigung. Die folgende Tabelle fasst die Modellparameter für die Aufwendungen zusammen.[642]

Tabelle 14: Modellparameter Aufwendungen

Aufwandskategorien	Durchschnitt 03/04 bis 08/09		Saison 2008/09	
	Platz 1 – 9	Platz 10 – 18	Platz 1 – 9	Platz 10 - 18
Personal Spielbetrieb	4,025 Mio. €	1,516 Mio. €	3,485 Mio. €	3,138 Mio. €
Personal Handel/Verwaltung	0,623 Mio. €	0,143 Mio. €	0,619 Mio. €	0,363 Mio. €
Spielbetrieb	1,034 Mio. €	0,861 Mio. €	0,137 Mio. €	2,141 Mio. €
Transfer	1,452 Mio. €	0,706 Mio. €	2,052 Mio. €	1,325 Mio. €
Jugend/Amateure/Leistungszentren	0,210 Mio. €	0,056 Mio. €	0,349 Mio. €	0,069 Mio. €

Während die Werte für die oberen Tabellenplätze in der langfristigen Betrachtung stets größer als die der unteren Tabellenplätze sind, ist dieser Trend in der kurzfristigen, einjährigen Betrachtung nicht bei allen Aufwandskategorien zu beobachten. So ist die Differenz zwischen den Tabellenplätzen bei den Aufwendungen Spielbetrieb in der oberen Tabellenregion kleiner als bei den unteren neun Tabellenplätzen.

Tabelle 15: Aufwendungen Personal Spielbetrieb pro Tabellenplatz

Tabellenplatz	Langfristiger Durchschnitt (in Mio. €)	Saison 2008/09 (in Mio. €)
Platz 1	39,991	51,968
Platz 2	37,266	48,723
Platz 3	34,540	45,477
Platz 4	31,814	42,232
Platz 5	29,088	38,986
Platz 6	26,363	35,741
Platz 7	23,637	32,495
Platz 8	20,911	29,250
Platz 9	18,185	26,004
Platz 10	17,190	23,334
Platz 11	16,195	20,663
Platz 12	15,200	17,993
Platz 13	14,205	15,322
Platz 14	13,209	12,652
Platz 15	12,214	9,981
Platz 16	11,219	7,311
Platz 17	10,224	4,640
Platz 18	9,229	1,970

[642] Die ausführlichen Berechnungen sind in Anhang 4 einzusehen.

Auf Basis der bestimmten Modellparameter sind nun die Aufwendungen in den einzelnen Aufwandskategorien pro Tabellenplatz zu berechnen. Tabelle 15 zeigt die von dem Modell prognostizierten Aufwendungen pro Tabellenplatz für die volumenmäßig bedeutendste Aufwandskategorie – den Aufwendungen für das spielende Personal – aus kurz- sowie langfristiger Sicht.[643]

Erwartungsgemäß erhöhen sich mit steigendem sportlichem Erfolg auch die Aufwendungen für das spielende Personal. Die Differenz der Aufwendungen zwischen den sportlich besten und schlechtesten Fußballunternehmen ist im langfristigen Durchschnitt bedeutend geringer als in der kurzfristigen Betrachtung. Auch über alle Aufwandskategorien spiegelt dieser Trend wider, wie nachfolgende Tabelle demonstriert.

Tabelle 16: Gesamtaufwendungen pro Tabellenplatz

Tabellenplatz	langfristiger Durchschnitt (in Mio. €)	Saison 2008/09 (in Mio. €)
Platz 1	109,350	128,065
Platz 2	102,005	121,424
Platz 3	94,663	114,782
Platz 4	87,319	108,142
Platz 5	79,975	101,499
Platz 6	72,632	94,860
Platz 7	65,288	88,218
Platz 8	57,946	81,577
Platz 9	50,602	74,935
Platz 10	47,320	67,900
Platz 11	44,038	60,865
Platz 12	40,756	53,832
Platz 13	37,471	46,795
Platz 14	34,190	39,761
Platz 15	30,908	32,725
Platz 16	27,625	25,690
Platz 17	24,344	18,655
Platz 18	21,061	11,621

Dieses Ergebnis unterstützt die Ansicht vieler Manager in Fußballunternehmen, dass die Schere zwischen den besten und schlechtesten Fußballunternehmen immer weiter auseinander geht.

643 Die weiteren Tabellen für die prognostizierten Aufwendungen pro Tabellenplatz für die übrigen Aufwandskategorien sind in Anhang 3 zu finden.

6.2.2 Kritische Würdigung des Modells und seiner Parameter

Auf Basis der verfügbaren Daten ermittelt das Modell die finanziellen Auswirkungen einer Tabellenplatzveränderung auf die Einnahmen sowie die Aufwendungen der Bundesligisten. Dabei fallen die finanziellen Unterschiede zwischen den Tabellenplätzen in der langfristigen geringer als in der kurzfristigen Betrachtung aus. Zu erklären ist dies anhand zweier Einflussfaktoren. Zum einen stellt die 1. Fußball-Bundesliga seit Jahren neue Umsatz- aber auch Aufwands-Rekorde auf.[644] Durch diesen Trend sind insbesondere in der kurzfristigen Betrachtung der Saison 2008/09 die Einnahmen und Aufwendungen gerade bei den Spitzenclubs der 1. Fußball-Bundesliga besonders hoch. Begründen lässt sich dieser Zusammenhang beispielsweise durch die Tatsache, dass in den letzten Jahren die Spanne zwischen den „reichen" und „armen" Fußballunternehmen – sowohl auf nationaler als auch auf internationaler Ebene – größer geworden ist.[645] Somit haben finanzschwächere Fußballunternehmen immer weniger Möglichkeiten, aus eigener Kraft dauerhaft in die oberen Gefilde der Tabelle einzudringen. Ein weiterer Grund für die geringeren Differenzen in der langfristigen Betrachtung im Vergleich zur kurzfristigen ist der Tatsache geschuldet, dass diese durch Ermittlung eines Mittelwerts – gebildet aus insgesamt sechs Saisons – einzelne Schwankungen in den Einnahmen oder Aufwendungen in den einzelnen Spielzeiten – nach oben oder nach unten – glätten.[646]

Für die Aussagekraft des Modells samt seiner ermittelten Parameter ist von Relevanz, dass dieses die Wirklichkeit widerspiegelt. Hierbei ist die Frage zu beantworten, ob deutsche Fußballunternehmen in der Realität die vom Modell prognostizierten Einnahmen erzielen bzw. die ermittelten Aufwendungen zu tragen haben. Um dies einschätzen zu können, wurden anhand verfügbarer Jahresabschlüsse von Borussia Dortmund, Hertha BSC Berlin sowie Werder Bremen die Einnahmen dieser Bundesligisten in Abhängigkeit des erreichten Tabellenplatzes mit den vom Modell berechneten Einnahmen verglichen.[647] Dabei zeigte sich, dass das Modell teilweise die in der Realität erzielten Einnahmen widerspiegelt. So sind beispielsweise die Spieleinnahmen von Borussia Dortmund in den Spielzeiten 2003/04 bis 2005/06 fast exakt vom Modell prognostiziert. Allerdings liegen die tatsächlich realisierten

[644] Verwiesen sei in diesem Zusammenhang nochmals auf die Ausführungen in Abschnitt 2.1.3 sowie Abschnitt 5.2.1 und Abschnitt 5.3.1.

[645] So spricht der Vorstandsvorsitzende der Eintracht Frankfurt Fußball AG von einer „Zementierung" der Tabelle, wonach er – die eine oder andere Überraschung ausgeschlossen – die Tabelle bereits vor der Saison anhand der Etats prognostizieren könne.

[646] Verwiesen sei in diesen Zusammenhang an die Anhänge 3 und 4. Diese demonstrieren, dass zwischen verschiedenen Spielzeiten in einzelnen Kategorien mitunter starke Ausschläge zu beobachten sind.

[647] Eine Übersicht aller ermittelten Vergleichsdaten bietet Anhang 5.

Spieleinnahmen in den Spielzeiten 2006/07 und 2007/08 – Borussia Dortmund erreichten die Plätze 9 und 13 – deutlich über den vom Modell berechneten Erlösen. Zu begründen ist diese Differenz insbesondere dadurch, dass die Höhe der Einnahmen abgesehen von Medienerlösen auch von Faktoren beeinflusst wird, die nicht unmittelbar mit dem kurz- bzw. mittelfristigen sportlichen Erfolg der Fußballunternehmen zusammenhängen.[648] Dies wird insbesondere durch Gegenüberstellung der Werbeeinnahmen von Werder Bremen mit den beiden anderen Fußballunternehmen deutlich. Obgleich sich Werder Bremen im Betrachtungszeitraum sportlich stets vor Borussia Dortmund und Hertha BSC Berlin positionieren konnte, erzielten sie mit durchschnittlich 12,37 Millionen Euro nur halb so hohe Werbeeinnahmen wie Hertha BSC Berlin (22,10 Millionen Euro) und fast ein Drittel geringer Erlöse als Borussia Dortmund (30,85 Millionen Euro). Trotz der vorhandenen Unterschiede zwischen den vom Modell prognostizierten und den tatsächlichen Einnahmen und Aufwendungen soll dieses zur Evaluierung der derivativen Instrumente Berücksichtigung finden. So wurde die Modellparameter auf Durchschnittswerte aller Bundesligisten der 1. Fußball-Bundesligisten ermittelt, wodurch es – wie es bereits bei der kurz- und mittelfristen Betrachtung der Modellparameter aufgezeigt – automatisch zu einer Glättung der Parameter kommt. Da das Modell das Ziel hat, in einem ersten Schritt allgemein die für Fußballunternehmen entwickelten Derivate in einer saisonalen Betrachtung zu evaluieren, ist ohne Bedenken auf das Modell zurückzugreifen. In einem zweiten Schritt werden Derivate dann explizit auf einzelne nationale sowie internationale Fußballunternehmen angewandt, um neben einer theoretischen und kurzfristigen auch eine praktische und mittel- bzw. langfristige Perspektive zu erhalten. Die aufgezeigten Schwierigkeiten in der Anwendung des anhand allgemeiner Daten ermittelten Modells werden im Anschluss mit der vereinsspezifischen Analyse überwunden.

6.2.3 Vorstellung der Szenarien

Bevor anhand des Modells die Derivate zu evaluieren sind, steht zuvor die Entwicklung verschiedener sportlicher Szenarien im Fokus. Diese Szenarien werden genutzt, um die Vorteilhaftigkeit derivativer Instrumente in verschiedenen sportlichen Situationen zu untersuchen. Grundsätzlich findet hierbei eine Unterscheidung dreier Hauptszenarien statt.

Das erste Szenario stellt das geplante bzw. realistische Ziel eines Fußballunternehmens dar. Kritisch ist anzumerken, dass sich die Fußballunternehmen vor jeder anstehenden Saison

[648] Verwiesen sei hierbei auf die Ausführungen im fünften Kapitel.

tendenziell zu hohe Ziele setzen. Diese sind von einem Teil der Wettbewerber am Ende der Spielzeit in jedem Fall nicht zu erreichen. So wird bei Analyse der sportlichen Ziele der Bundesligisten deutlich, dass vor jeder Saison annähernd acht Mannschaften die Qualifikation zum Europapokal anvisieren. Bei momentan drei Startplätzen in der UEFA Champions League sowie zwei Startplätzen in der UEFA Europaliga verfehlen einige Clubs ihr gestecktes Saisonziel. Ähnlich gestaltet sich die Lage im unteren Bereich der Tabelle. Erfahrungsgemäß setzen sich sechs Mannschaften ausschließlich den Klassenerhalt zum Ziel. Dies sind neben den drei Aufsteigern zumeist Clubs, die in den vergangenen Spielzeiten ebenfalls um das sportliche Überleben in der 1. Fußball-Bundesliga zu kämpfen hatten. Auch hier gilt, dass am Ende der Saison drei Bundesligisten ihr Ziel nicht verwirklichen werden, da drei Fußballunternehmen in jedem Fall den Gang in die 2. Fußball-Bundesliga anzutreten haben. Aus diesem Grund wird nicht vom geplanten sondern vom realistischen Ziel des jeweiligen Fußballunternehmens ausgegangen. Das realistisch zu erreichende Ziel eines Fußballclubs ist dabei auf zwei Wege zu bestimmen. Zum einen sind die Etats der Fußballunternehmen zur Bestimmung des zu erwartenden Ziels heranzuziehen. Verfügt ein Bundesligist beispielsweise über den acht höchsten Etat aller in der 1. Fußball-Bundesliga startenden Mannschaften, ist der achte Tabellenplatz sein realistisches sportliche Ziel. Der zweite Weg den realistischen Tabellenplatz des Fußballunternehmens zu bestimmen, ist anhand historischer Daten. Hierbei besteht die Möglichkeit, den Tabellenplatz anhand des erreichten Platzes in der Vorsaison oder in den vergangenen Jahren zu bestimmen. Wird der Tabellenplatz aus langfristiger Perspektive ermittelt, so empfiehlt sich, einen Zeitraum von maximal drei bis fünf Jahren zu wählen. Eine darüber hinausgehende längerfristige Perspektive ist nicht zu empfehlen, da – wie die Vergangenheit gezeigt hat – einzelne Fußballunternehmen starken sportlichen Schwankungen ausgesetzt waren.[649] Aus diesem Grund ist eine Kalkulation des realistischen Tabellenplatzes auf Basis mehrerer Spielzeiten oder im Extremfall sogar der ewigen Tabelle nicht zielführend. Das zweite Szenario geht von dem Fall aus, dass ein Fußballunternehmen das im ersten Szenario festgelegte Ziel übertrifft. Angewandt auf das Beispiel erreicht der Bundesligist anstatt des achten Tabellenplatzes beispielsweise den fünften Platz. Das dritte Szenario berücksichtigt schließlich den umgekehrten Fall. Hierbei verfehlt der Club den im ersten Szenario fixierten Tabellenplatz und erreicht beispielsweise statt des prognostizierten achten nur den dreizehnten Rang.

[649] So stieg der 1. FC Kaiserslautern in den Spielzeiten 1995/96 und 2005/06 ab, wurde aber zwischendurch (Saison 1997/98) sensationell Meister und konnte sich in den beiden darauffolgenden Spielzeiten noch jeweils für den UEFA-Cup qualifizieren, bevor anschließend der sportliche Misserfolg einsetzte und im zweiten Abstieg in der Saison 2005/06 seinen Höhepunkt fand.

Die Höhe der Abweichungen wird anhand dreier Fußballunternehmen beispielhaft aufgezeigt. Das erste Fußballunternehmen spielt konstant, erreicht sein angestrebtes Saisonziel mit hoher Wahrscheinlichkeit und verfehlt es nur mit einer geringen Abweichung von zwei Tabellenplätzen. Das zweite Fußballunternehmen erreicht zumeist sein Saisonziel, ist aber schon stärkeren sportlichen Schwankungen von vier Tabellenplätzen in positiver und negativer Richtung unterworfen. Das dritte Fußballunternehmen erlangt das realistische Saisonziel fast nie und ist starken sportlichen Schwankungen von bis zu sechs Tabellenplätzen ausgesetzt.

6.2.4 Anwendung des Modells

Im Folgenden werden auf Basis der bisherigen Ausführungen die derivativen Instrumente evaluiert. Hierbei werden die drei vorgestellten Derivate nacheinander analysiert. Diejenigen Einnahmequellen bzw. Aufwandskategorien, bei denen der Einsatz von derivativen Instrumenten als nicht zielführend eingestuft wurde, werden jeweils mit der vom Modell prognostizierten Höhe der Einnahmen bzw. Aufwendungen des jeweils erreichten Tabellenplatzes in die Untersuchung aufgenommen.

6.2.4.1 Forwards und Futures

In diesem Abschnitt werden Forwards und Futures zur Risikosteuerung in Fußballunternehmen analysiert. Hierbei werden sowohl die drei vorgestellten Szenarien als auch die in Abschnitt 6.2.3 vorgestellten fiktiven Fußballunternehmen in die Untersuchung einbezogen. Dabei wird in jedem der drei Szenarien jeweils die Situation mit und ohne Derivat durchgespielt, um anschließend die Vorteilhaftigkeit dieser in verschiedenen sportlichen Situationen beurteilen zu können. In Abschnitt 5.2.8 wurde resümierend festgehalten, dass ein Einsatz von Forwards und Futures insbesondere in den Einnahmequellen Spiel, Medienrechte sowie Werbung zweckmäßig erscheint. Im Folgenden werden aus Gründen der Vereinfachung sowie der Übersichtlichkeit die gesamten Spieleinnahmen gehedgt. Eine Unterscheidung zwischen Dauerkarten und Tageskarten findet somit nicht statt. Die Sonstigen Einnahmen werden aufgrund ihrer vielschichtigen Struktur nicht gehedgt. Bei den beiden übrigen Einnahmequellen – Transfer und Merchandising – kam es aufgrund von Nebenbedingungen bezüglich der Einsetzbarkeit dieser in Fußballunternehmen zu einer indifferenten Einschätzung, so dass beide nicht gehedgt werden. Auf der Aufwandsseite werden Forwards und Futures bei den Aufwendungen Personal Spiel zur Risikosteuerung eingesetzt. Das zu fixierende Niveau liegt auf Höhe der Aufwendungen der Vorsaison bzw. des als realistisch eingestuften Saisonziels.

Allgemein wird in der folgenden Untersuchung davon ausgegangen, dass Fußballunternehmen bereits im Vorfeld einer Saison – vor den ersten Einnahmen und Aufwendungen – Forwards mit einem Kontraktpartner abschließen. Wie in Abschnitt 4.3.3 dargestellt, beträgt der Wert und somit der Preis des Forwards zum Zeitpunkt des Abschlusses stets null. Somit hat der Fußballclub keine Kosten für den Abschluss des Forwards zu tragen. Zu einer differenten Situation käme es, wenn statt Forwards Futures vom Fußballunternehmen eingesetzt werden würden. Diese sind dann nicht länger mit einem Kontraktpartner individuell auf die Bedürfnisse des entsprechenden Fußballunternehmens zu vereinbaren. Stattdessen müssten diese über eine Börse käuflich erworben werden. Allerdings zeigten sich bei Einsatz von Futures die in Abschnitt 4.3.4 dargestellten Probleme bezüglich der Hedge Ratio oder der Risikodauer, so dass in der Folge ausschließlich auf Forwards zurückgegriffen wird. Vor dem Hintergrund der aktuellen Situation der Nicht-Existenz derartiger Produkte und der daraus resultierenden Angebotslücke dieser, ist diese Annahme zu rechtfertigen. Am Laufzeitende findet schließlich die Abrechnung der zuvor abgeschlossenen Kontrakte anhand der Differenzbeträge statt. Folgende Tabelle veranschaulicht anhand der Medienrechte die resultierenden Zahlungsströme aus einer Forwardvereinbarung (Forward short) mittels des ersten Fußballunternehmens, welches im ersten Szenario den achten Tabellenplatz anstrebt – und somit der Basispreis auf 19,282 Millionen Euro fixiert wird –, im zweiten Szenario den sechsten und im dritten Szenario den zehnten Platz erreicht.

Tabelle 17: Zahlungsströme mit Forward-Hedge Medienrechte

Medienrechte	Szenario 1	Szenario 2	Szenario 3
Aufwendungen Hedge in t in Mio. Euro	0,000	0,000	0,000
Einnahmen in T in Mio. Euro	19,282	20,600	17,881
Wert Forward in T in Mio. Euro	0,000	-1,318	1,401
Gesamteinnahmen in Mio. Euro	19,282	19,282	19,282

Zum Zeitpunkt des Abschlusses (t) hat das Fußballunternehmen keine Aufwendungen zu tragen, da sich in diesem Lieferpreis und Forwardpreis gleichen und somit der Wert des Forwards null beträgt. Zum Laufzeitende des Kontraktes (T) hat das Fußballunternehmen in Abhängigkeit des erreichten sportlichen Erfolgs drei unterschiedliche Einzahlungsströme generiert. In Abhängigkeit des erreichten Tabellenplatzes und somit der Einnahmen berechnet sich der Wert des Forwards am Laufzeitende aus der Differenz des vereinbarten Lieferpreises und den tatsächlich realisierten Einnahmen. Im ersten Szenario ist der Wert, wie obige Tabelle veranschaulicht, des Forwards null, im zweiten Szenario ist er negativ und im dritten Szenario positiv, so dass nach Verrechnung der verschiedenen Zahlungsströme die Einnahmen aus den Medienrechten in allen drei Szenarien konstant und somit die Einnahmen unabhängig vom sportlichen Erfolg zu erzielen sind, wodurch diese für das Fußballunternehmen im Voraus – beispielsweise vor Saisonbeginn – planbar werden.

Diese Beispielsrechnung ist ebenso auf die Aufwendungen für das spielende Personal zu übertragen, wobei anstatt der Short-Position die Long-Position in einem Forward eingenommen wird.

Tabelle 18: Zahlungsströme mit Forward-Hedge bei Aufwendungen Personal Spielbetrieb

Personal Spielbetrieb	Szenario 1	Szenario 2	Szenario 3
Aufwendungen Hedge in t in Mio. Euro	0,000	0,000	0,000
Aufwendungen in T in Mio. Euro	29,873	37,923	24,332
Wert Forward in T in Mio. Euro	0,000	8,050	-5,541
Gesamtaufwendungen in Mio. Euro	29,873	29,873	29,873

Tabelle 18 demonstriert, dass zum Laufzeitende der Forward long bei steigenden Aufwendungen an Wert gewinnt und somit das Fußballunternehmen zusätzliche Aufwendungen – bedingt durch ein überraschend gutes Abschneiden in der 1. Fußball-Bundesliga – durch gleichzeitige Gewinne im Forward egalisiert. Somit hat es allein die im Voraus fixierten Gehaltszahlungen zu leisten. Im umgekehrten Fall gleichen jedoch Verluste im Derivat die aus dem sportlichen Misserfolg resultierenden geringeren Aufwendungen aus, so dass ebenfalls wieder knapp 30 Millionen Euro an Aufwendungen in dieser Aufwandskategorie zu tragen sind.

In der folgenden Tabelle sind die Einnahmen, die Aufwendungen sowie sich daraus resultierende Betriebsergebnisse in den drei verschiedenen Szenarien mit und ohne Derivat für das erste Fußballunternehmen dargestellt. Entscheidend ist in diesem Zusammenhang darauf hinzuweisen, dass die Einnahmen stets in voller Höhe auf die Tabellenplatzveränderung reagieren – sowohl in positiver als auch negativer Richtung. Im Gegensatz dazu erhöhen sich die Aufwendungen im zweiten Szenario um den prognostizierten Betrag, während sie im dritten Szenario auf dem Niveau des ersten Szenarios verharren. Zu begründen ist dies durch die bereits geschilderte fixe Struktur der Aufwendungen, die bei sportlichem Misserfolg nicht ohne weiteres kurzfristig zu senken ist.

Ein Anstieg der Aufwendungen bei Erfolg ist jedoch zu rechtfertigen, da beispielsweise mehr Mitarbeiter durch den einsetzenden sportlichen Erfolg und der daraus zu erwartenden höheren Nachfrage der Stakeholder nach verschiedenen Dienstleistungen und Produkte zu beschäftigen sind.

Tabelle 19: Finanzielle Auswirkungen mit und ohne Forward bei Fußballunternehmen 1

	in Mio. €	Szenario 1		Szenario 2		Szenario 3	
Fußballunternehmen 1 (realistisches Saisonziel Platz 8, Abweichung positiv Platz 6; Abweichung negativ Platz 10)	**Einnahmequelle**	**mit**	**ohne**	**mit**	**ohne**	**mit**	**ohne**
	Spiel	15,767	15,767	15,767	19,396	15,767	13,271
	Medienrechte	19,282	19,282	19,282	20,600	19,282	17,881
	Werbung	20,991	20,991	20,991	26,363	20,991	17,190
	Transfer	5,021	5,021	6,403	6,403	3,845	3,845
	Merchandising	2,660	2,660	4,384	4,384	1,739	1,739
	Gesamteinnahmen	63,721	63,721	66,827	77,146	61,624	53,926
	Aufwandskategorien						
	Personal Spielbetrieb	29,873	29,873	29,873	37,923	29,873	24,332
	Spielbetrieb	12,765	12,765	14,832	14,832	12,765	12,765
	Transfer	9,622	9,622	12,526	12,526	9,622	9,622
	Jugend/Amateure/LZ	2,445	2,445	2,864	2,864	2,445	2,445
	Personal Handel/Verw.	3,241	3,241	4,487	4,487	3,241	3,241
	Aufwendungen Derivat	0,000	0,000	0,000	0,000	0,000	0,000
	Gesamtaufwendungen	57,946	57,946	64,582	72,632	57,946	52,405
	Betriebsergebnis	5,775	5,775	2,245	4,514	3,678	1,521

Im ersten Szenario erzielt das Fußballunternehmen unabhängig vom Einsatz eines Forwards stets gleich hohe Einnahmen, Aufwendungen sowie Betriebsergebnis. Interessanter gestaltet sich hingegen die Situation in den beiden übrigen Szenarien. Im Fall einer über das realistische Saisonziel hinausgehenden Tabellenplatzierung am Saisonende generiert das Fußballunternehmen ohne Forwards höhere Einnahmen als mit. Hingegen steigen aufgrund des abgesicherten Gehaltsniveaus des spielenden Personals die Gesamtaufwendungen deutlich geringer mit Forwards als ohne diese. Das Betriebsergebnis fällt bei Absicherung geringer aus als ohne. Im dritten Szenario werden die eigentlich realisierten Mindereinnahmen durch das derivative Instrument abgeschwächt. Zwar verringern sich die Gesamteinnahmen aufgrund der Tatsache, dass nicht alle Einnahmen durch einen Forward abgesichert wurden, gegenüber den aus dem realistischen Saisonziel prognostizierten Erlösen, allerdings fällt dieser Rückschlag geringer aus als ohne Forwards. Demgegenüber sinken die Gesamtaufwendungen durch das anhand der Forwards fixierte Gehaltsniveau nicht in dem Umfang wie ohne Derivat. Trotzdem generiert das Fußballunternehmen in beiden Situationen noch ein positives Betriebsergebnis.

Analog zum ersten Fußballunternehmen ist diese Vorgehensweise auch für das zweite und dritte Fußballunternehmen durchzuführen. Nachfolgende Tabelle listet kurz die zentralen Ergebnisse dieser Berechnungen auf.[650]

Tabelle 20: Ergebnisse aller Fußballunternehmen mit und ohne Forwards[651]

	in Mio. €	Szenario 1 mit	Szenario 1 ohne	Szenario 2 mit	Szenario 2 ohne	Szenario 3 mit	Szenario 3 ohne
Fußball-unternehmen 1 (S1=8; S2=6; S3=10)	Gesamteinnahmen	63,721	63,721	66,827	77,146	61,624	53,926
	Gesamtaufwendungen	57,946	57,946	64,582	72,632	57,946	52,405
	Betriebsergebnis	5,775	5,775	2,245	4,514	3,678	1,521
Fußball-unternehmen 2 (S1=8; S2=4; S3=12)	Gesamteinnahmen	63,721	63,721	69,933	90,650	60,536	48,043
	Gesamtaufwendungen	57,946	57,946	71,219	87,344	57,946	49,374
	Betriebsergebnis	5,775	5,775	-1,286	3,306	2,590	-1,331
Fußball-unternehmen 3 (S1=8; S2=2; S3=14)	Gesamteinnahmen	63,721	63,721	67,866	104,154	59,447	42,075
	Gesamtaufwendungen	57,946	57,946	77,855	102,031	57,946	46,343
	Betriebsergebnis	5,775	5,775	-9,989	2,123	1,501	-4,268

Ein Blick auf die Gesamteinnahmen in den verschiedenen Szenarien demonstriert, dass diese unter Zuhilfenahme von Forwards weitaus weniger auf den sportlichen Erfolg des jeweiligen Fußballunternehmens reagieren als ohne diese. Dies ist ein erstes Indiz für die Vorteilhaftigkeit des Einsatzes von Forwards. Differenzierter gestaltet sich das Bild bei den Aufwendungen. Diese stabilisieren sich und sind weniger den sportlichen Schwankungen unterworfen. Für die Forschungsfrage der vorliegenden Arbeit, die Aufwendungen abhängiger vom sportlichen Werdegang zu gestalten, stellt dies jedoch ein unbefriedigendes Ergebnis dar. Allerdings wurde bereits verdeutlicht, dass Derivate allein zu Absicherungszwecken geeignet sind und somit nicht imstande sind, variablere Zahlungsströme zu erzeugen. Höchstens zusätzliche Aufwendungen, die beispielsweise aufgrund der Übererfüllung des sportlichen Ziels zu leisten sind, sind aufzufangen und auf das ursprünglich geplante Niveau zu fixieren. Bei Übertreffen des anvisierten Tabellenplatzes ist ein Einsatz von Vorteil, im Fall einer

[650] Die ausführlichen Berechnungen der finanziellen Auswirkungen pro Einnahmequelle und Aufwandskategorie für Fußballunternehmen 2 und 3 sind in Anhang 6 dargestellt.

[651] S1 bezeichnet das Szenario 1 mit dem erzielten Tabellenplatz (bei allen Fußballunternehmen ist dies der achte Platz), S2 steht für das Szenario 2 und S3 für das Szenario 3.

Zielverfehlung gereichen Derivate mit dem Basiswert Aufwendungen Personal Spielbetrieb zum Nachteil für das Fußballunternehmen – unabhängig von der Höhe der positiven oder negativen Zielabweichung. Insgeamt ist zu konstatieren, dass die Betriebsergebnisse der fiktiven Fußballunternehmen bei Übertreffen des Saisonziels – Szenario 2 – schlechter ausfallen bei Einsatz von Derivaten als ohne diese. Im Szenario 3 – Verfehlen des anvisierten Tabellenplatzes – sind die Betriebsergebnisse der Clubs mit Forwards höher als ohne diese.

6.2.4.2 Swaps

Auf der Einnahmeseite werden Swaps zu Absicherungszwecken in den Einnahmequellen Spiel, Medienrechte, Werbung sowie Merchandising Berücksichtigung finden. Auf der Aufwandsseite nur bei den Aufwendungen Personal Spielbetrieb. Die im vorherigen Abschnitt getroffenen Annahmen im Zuge der Forwards werden sowohl bei den Swaps als auch im nächsten Abschnitt bei den Optionen angewandt, um nach Abschluss der Analyse die derivativen Instrumente untereinander vergleichen zu können.

Tabelle 21: Finanzielle Auswirkungen mit und ohne Swaps auf Fußballunternehmen 1

	in Mio. €	Szenario 1		Szenario 2		Szenario 3	
Fußballunternehmen 1 (realistisches Saisonziel Platz 8, Abweichung positiv Platz 6; Abweichung negativ Platz 10)	**Einnahmequelle**	**mit**	**ohne**	**mit**	**ohne**	**mit**	**ohne**
	Spiel	15,767	15,767	15,767	19,396	15,767	13,271
	Medienrechte	19,282	19,282	19,282	20,600	19,282	17,881
	Werbung	20,991	20,991	20,991	26,363	20,991	17,190
	Transfer	5,021	5,021	6,403	6,403	3,845	3,845
	Merchandising	2,660	2,660	2,660	4,384	2,660	1,739
	Gesamteinnahmen	63,721	63,721	65,103	77,146	62,545	53,926
	Aufwandskategorien						
	Personal Spielbetrieb	29,873	29,873	29,873	37,923	29,873	24,332
	Spielbetrieb	12,765	12,765	14,832	14,832	12,765	12,765
	Transfer	9,622	9,622	12,526	12,526	7,464	7,464
	Jugend/Amateure/LZ	2,445	2,445	2,864	2,864	2,445	2,445
	Personal Handel/Verw.	3,241	3,241	4,487	4,487	3,241	3,241
	Aufwendungen Derivat	0,000	0,000	0,000	0,000	0,000	0,000
	Gesamtaufwendungen	57,946	57,946	64,582	72,632	55,788	50,247
	Betriebsergebnis	5,775	5,775	0,521	4,514	6,757	3,679

Analog zu den Forwards fallen bei Swapvereinbarungen am Anfang der Laufzeit keine Kosten an. Somit hat das Fußballunternehmen vor Saisonbeginn keine Zahlungen an den Swappartner zu leisten. Erst am Ende der Laufzeit wird die Differenz beglichen. Tabelle 21 veranschaulicht die finanziellen Auswirkungen des ersten Fußballunternehmens in den verschiedenen Szenarien mit und ohne Swaps.

Die Ergebnisse gleichen im Einperioden-Fall denen der Forwards, wobei sich die Gesamteinnahmen in einem noch engeren Rahmen als bei den Forwards bewegen. Dies ist jedoch der Tatsache geschuldet, dass nun auch die Einnahmen im Merchandising abgesichert sind. Die Gesamtaufwendungen bleiben hingegen gleich, da weiterhin nur die Aufwendungen Personal Spielbetrieb gehedgt werden. Unterschiede sind aufgrund des zusätzlichen Hedge im Merchandising bei den Betriebsergebnissen festzustellen. Übertrifft das Fußballunternehmen bei gleichzeitiger Absicherung seiner Einnahmen sein gestecktes Saisonziel, so resultiert daraus das niedrigste Betriebsergebnis aller betrachteten Konstellationen. Hingegen wirkt sich sportlicher Misserfolg bei gleichzeitigem Hedge positiv auf das Betriebsergebnis aus. Ähnlich – wenn auch deutlich gravierender – ist dieser Trend auch beim zweiten und dritten Fußballunternehmen zu erkennen, wie folgende Zusammenfassung der zentralen Ergebnisse aufzeigt.[652]

Tabelle 22: Ergebnisse aller Fußballunternehmen mit und ohne Swaps

		Szenario 1		Szenario 2		Szenario 3	
	in Mio. €	mit	ohne	mit	ohne	mit	ohne
Fußball-unternehmen 1 (S1=8; S2=6; S3=10)	Gesamteinnahmen	63,721	63,721	65,103	77,146	62,545	53,926
	Gesamtaufwendungen	57,946	57,946	64,582	72,632	55,788	50,247
	Betriebsergebnis	5,775	5,775	0,521	4,514	6,757	3,679
Fußball-unternehmen 2 (S1=8; S2=4; S3=12)	Gesamteinnahmen	63,721	63,721	66,485	90,650	61,575	48,043
	Gesamtaufwendungen	57,946	57,946	71,219	87,344	54,376	45,804
	Betriebsergebnis	5,775	5,775	-4,734	3,306	7,199	2,239
Fußball-unternehmen 3 (S1=8; S2=2; S3=14)	Gesamteinnahmen	63,721	63,721	67,866	104,154	60,604	42,075
	Gesamtaufwendungen	57,946	57,946	77,855	102,031	52,963	41,360
	Betriebsergebnis	5,775	5,775	-9,989	2,123	7,641	0,715

Bei Fußballunternehmen 2 und 3 führt eine Übererfüllung des ursprünglich anvisierten Tabellenplatzes bei gleichzeitigem Einsatz von Swapvereinbarungen zu einem negativen Betriebsergebnis, da auf der einen Seite die Einnahmen kaum auf den sportlichen Erfolg reagieren, die Aufwendungen in den von Swaps nicht abgesicherten Kategorien gleichzeitig ansteigen. Paradoxerweise ist das Betriebsergebnis im dritten Szenario bei Einsatz von Swaps

[652] Die ausführlichen Berechnungen der finanziellen Auswirkungen pro Einnahmequelle und Aufwandskategorie für Fußballunternehmen 2 und 3 sind in Anhang 7 dargestellt.

in allen Konstellationen das höchste, wodurch sportlicher Niedergang zumindest kurzfristig – sprich in der Einperioden-Betrachtung – durch das höchste Betriebsergebnis belohnt wird. Aus diesem Grund liegt die Vermutung nahe, dass Fußballunternehmen nach Kontraktabschluss auf Basis dieser Ergebnisse versucht sein könnten, vorsätzlich ihr realistisches Saisonziel zu verfehlen. Obgleich diese Interpretation in der saisonalen Betrachtung zutrifft, stellt sich die Frage, wie sich Misserfolg mittel- bis langfristig auf das Fußballunternehmen – auch in finanzieller Hinsicht – auswirkt. Zum einen wird ein erfolgloser Fußballclub mittel- bis langfristig den Zuspruch seiner Stakeholder verlieren, zum anderen orientiert sich typischerweise das Absicherungsniveau (der Basispreis) am aktuellen Kurs des Vermögensgegenstandes – in diesem Fall den eigentlich erwirtschafteten Einnahmen ohne Einsatz von Swaps –, so dass ein absichtlich schlechtes Abschneiden in der mittel- bis langfristigen Perspektive negative Folgen nach sich ziehen wird.[653] Genauen Aufschluss darüber wird noch die langfristige Betrachtung anhand verschiedener Fußballunternehmen liefern.

6.2.4.3 Optionen

Analog zu den beiden bisher untersuchten derivativen Instrumenten kommen nun Optionen zum Einsatz. Hierbei werden die drei umsatzstärksten Einnahmequellen sowie die volumenmäßig bedeutendste Aufwandkategorie gehedgt. Im Gegensatz zu den Forwards und den Swaps hat das Fußballunternehmen bei Vereinbarung bzw. bei Kauf einer Option eine Zahlung an den Kontraktpartner zu entrichten. Die Höhe dieser Prämie wird anhand des Modells von Black-Scholes ermittelt. Bevor der Preis der Optionen zu berechnen ist, sind in einem ersten Schritt die Laufzeit, der risikolose Zins sowie die Volatilität des Basiswerts der Option zu bestimmen. Die Laufzeit der Vereinbarung orientiert sich hierbei idealerweise an die Dauer der Saison. Im Folgenden wird daher stets davon ausgegangen, dass eine Saison jeweils von Anfang August bis Ende Mai läuft. Dies entspricht zehn Monaten. Der risikolose Zinssatz liegt auf dem aktuellen Zinsniveau für zwölfmonatiges Festgeld und beträgt 1,50 Prozent. Die Bestimmung der Volatilität ist am umfangreichsten. Hierzu wird für alle drei Fußballunternehmen ein fiktiver Verlauf der sportlichen Performance über die letzten zehn Spielzeiten angenommen. Dabei spielt Fußballunternehmen 1 am konstantesten, während das dritte Fußballunternehmen mit den größten sportlichen Schwankungen zu kämpfen hat. Anhand der sich aus dem sportlichen Abschneiden ergebenen Einnahmen bzw.

[653] Sollte das Fußballunternehmen eine längere Laufzeit der Swapvereinbarung abgeschlossen haben, was insbesondere bei den Werbeeinnahmen als empfehlenswert erachtet wurde, verschieben sich die negativen Folgen zeitlich nach hinten.

Aufwendungen werden die Volatilitäten dieser kalkuliert. Folgende Graphik fasst die ermittelten logarithmierten Volatilitäten zusammen.[654]

Tabelle 23: Volatilitäten Fußballunternehmen

	Spiel	Medienrechte	Werbung	Personal Spielbetrieb
Fußballunternehmen 1	15,26%	5,34%	17,11%	17,67%
Fußballunternehmen 2	23,65%	10,84%	26,71%	27,94%
Fußballunternehmen 3	29,18%	15,51%	33,03%	34,83%

Aus den verschiedenen Angaben sind nun die Optionspreise zu bestimmen. Dabei ist der Basispreis gleich dem aktuellen Preis des Underlying – sprich die Einnahmen bzw. Aufwendungen, die das Fußballunternehmen in der vorherigen Saison erzielt hat. Aus Gründen der Vergleichbarkeit wird davon ausgegangen, dass alle drei Fußballunternehmen die vorherige Saison auf dem achten Tabellenplatz abgeschlossen haben. Die folgende Tabelle veranschaulicht beispielhaft die entscheidenden Parameter zur Evaluierung des Optionspreises zu Beginn der Laufzeit für das erste Fußballunternehmen bei den Spieleinnahmen.

Tabelle 24: Optionspreis Spiel bei Fußballunternehmen 1

Inputs		Outputs PUT	
Preis des Underlying	15.767.000,00 €	-d1	-0,158717462
Basispreis	15.767.000,00 €	-d2	-0,019413358
Risikoloser Zins	1,50%	N(d1)	0,43694574
Laufzeit der Option	0,833333333	N(d2)	0,492255677
Volatilität	15,26%	Putpreis	776.369,70 €

Auf Basis der angenommenen bzw. berechneten Daten muss das erste Fußballunternehmen im Zuge einer Absicherung seiner Spieleinnahmen mittels Putoption bei Abschluss dieser einen Betrag von 0,776 Millionen Euro aufbringen. Dies entspricht genau 4,92 Prozent des durch die Putoption abgesicherten Betrags – ein auf den ersten Blick nicht unbedeutender Anteil. Eingedenk des bisher von den Fußballunternehmen der 1. Fußball-Bundesliga gewährten Dauerkartenrabatts von annähernd 23 Prozent stellt dieser Betrag jedoch eine deutliche Verbesserung gegenüber der aktuellen Situation dar. Analog zu dem in Tabelle 24 kalkulierten

[654] Anhang 8 bieten einen genauen Überblick über die angenommene sportliche Entwicklung der Fußballunternehmen sowie die ausführliche Berechnung der einzelnen Volatilitäten.

Optionspreis für einen Put mit dem Underlying Spieleinnahmen, sind die übrigen Optionspreise aller drei Fußballunternehmen für die zu hedgenden Einnahmequellen und Aufwendungen zu berechnen. Die Ergebnisse sind der folgenden Übersicht zu entnehmen.[655]

Tabelle 25: Übersicht Optionspreise aller Fußballunternehmen

	Spiel	Medienrechte	Werbung	Personal Spiel
Fußballunternehmen 1	776.369,70 €	265.759,12 €	1.168.800,20 €	2.098.244,71 €
Fußballunternehmen 2	1.252.018,09 €	643.254,64 €	1.890.218,68 €	3.200.468,40 €
Fußballunternehmen 3	1.564.878,22 €	966.784,99 €	2.363.600,23 €	3.937.078,05 €

Fußballunternehmen 1 hat über alle zu hedgenden Underlyings die geringsten und das dritte Fußballunternehmen die höchsten Kosten zu tragen. Zu erklären ist dies durch die höhere Volatilität der Einnahmen bzw. Aufwendungen des dritten Clubs gegenüber den beiden anderen. In Anschnitt 4.5.3 wurde bereits darauf hingewiesen, dass die Volatilität einen entscheidenden Einfluss auf den Preis einer Option ausübt. Sowohl bei Call- als auch bei Putoptionen führt steigende Volatilität stets zu höheren Optionspreisen, wie die Ergebnisse aus Tabelle 25 eindrucksvoll beweisen. Die Volatilität hat somit einen zentralen Einfluss auf die Kosten, die Fußballunternehmen bei Durchführung einer Absicherungsstrategie mittels Optionen zu tragen haben.[656]

Die folgende Tabelle veranschaulicht anhand der Medienrechte die resultierenden Zahlungsströme des ersten Fußballunternehmens bei Einsatz von Optionen (Putoption) in den drei Szenarien.

Tabelle 26: Zahlungsströme mit Option bei Medienrechten

Medienrechte	Szenario 1	Szenario 2	Szenario 3
Aufwendungen Hedge in t in Mio. Euro	0,266	0,266	0,266
Einnahmen in T in Mio. Euro	19,282	20,600	17,881
Wert Option in T in Mio. Euro	0,000	-1,318	1,401
Gesamteinnahmen in Mio. Euro	19,016	20,334	19,016

In allen drei Szenarien fallen vor Saisonbeginn (in t) die für Fußballunternehmen 1 ermittelten Aufwendungen für den Kauf der Option an. Am Ende der Laufzeit (in T) ist vom Fußballunternehmen zu entscheiden, ob es von seinem Recht, die Option zu ziehen, Gebrauch

655 Die ausführlichen Berechnungen sind im neunten Anhang einzusehen.
656 Vgl. hierzu die noch folgenden Ausführungen in Kapitel 6.5.

macht. Im ersten Szenario ist die Option genau null Euro wert, da sich vereinbarter Basispreis und tatsächlich realisierte Einnahmen egalisieren. Im zweiten Fall sind die tatsächlich erzielten Medienerlöse in T höher als der vereinbarte Basispreis. Somit bewirkt aus Sicht des Käufers der Option – in diesem Fall das Fußballunternehmen – diese bei Ausübung einen negativen Zahlungsstrom. Durch das eingeräumte Wahlrecht der Ausübung bei Optionen hat das Fußballunternehmen im Gegensatz zu den bisher vorgestellten Derivaten die Möglichkeit, die Option nicht auszuüben, wodurch es von der Einnahmesteigerung durch das Erreichen eines höheren Tabellenplatzes im vollen Umfang profitiert. Es hat lediglich die bei Abschluss der Option zu entrichtenden Prämie zu tragen und von den tatsächlich erreichten Einnahmen zu subtrahieren. Im dritten Szenario sind die am Ende der Spielzeit erzielten Einnahmen niedriger als der vereinbarte Basispreis der Option, so dass aus Sicht des Fußballclubs die Option um die Differenz aus vereinbartem Basispreis und tatsächlich generierten Einnahmen an Wert gewonnen hat. Das Fußballunternehmen übt daher die Option aus, so dass die aus der Option resultierenden Einnahmen die Verluste im Underlying abzüglich der Optionsprämie ausgleichen.

Tabelle 27: Finanzielle Auswirkungen mit und ohne Optionen auf Fußballunternehmen 1

	in Mio. €	Szenario 1		Szenario 2		Szenario 3	
Fußballunternehmen 1 (realistisches Saisonziel Platz 8, Abweichung positiv Platz 6; Abweichung negativ Platz 10)	**Einnahmequelle**	**mit**	**ohne**	**mit**	**ohne**	**mit**	**ohne**
	Spiel	15,767	15,767	19,396	19,396	15,767	13,271
	Medienrechte	19,282	19,282	20,600	20,600	19,282	17,881
	Werbung	20,991	20,991	26,363	26,363	20,991	17,190
	Transfer	5,021	5,021	6,403	6,403	3,845	3,845
	Merchandising	2,660	2,660	4,384	4,384	1,798	1,798
	Gesamteinnahmen	63,721	63,721	77,146	77,146	61,683	53,985
	Aufwandskategorien						
	Personal Spielbetrieb	29,873	29,873	29,873	37,923	24,332	24,332
	Spielbetrieb	12,765	12,765	14,832	14,832	12,765	12,765
	Transfer	9,622	9,622	12,526	12,526	9,622	9,622
	Jugend/Amateure/LZ	2,445	2,445	2,864	2,864	2,445	2,445
	Personal Handel/Verw.	3,241	3,241	4,487	4,487	3,241	3,241
	Aufwendungen Derivat	4,309	0,000	4,309	0,000	4,309	0,000
	Gesamtaufwendungen	62,255	57,946	68,891	72,632	56,714	52,405
	Betriebsergebnis	1,466	5,775	8,255	4,514	4,969	1,580

Schützt sich das Fußballunternehmen 1 mittels Optionen gegen drohende Einnahmeschwankungen im Bereich Spiel, Medienrechte und Werbung sowie zusätzlichen nicht kalkulierten Aufwendungen für Erfolgsprämien, so zeichnet sich das in Tabelle 27 dargestellte Bild ab. Erreicht das Fußballunternehmen sein gestecktes Saisonziel, so erzielt es aufgrund der Aufwendungen für die Optionen ein Betriebsergebnis unterhalb des ursprünglich realisierten. Bei Übererfüllung des Saisonziels erreicht das Unternehmen mit Optionen ein Betriebsergebnis, welches höher ist als jenes ohne. Dieses resultiert in erster Linie aus den Einsparungen, welches das Fußballunternehmen durch Kompensation der Call-Optionsscheine bei den Aufwendungen Personal Spielbetrieb erlangt. Diese Kostenersparnis ist hierbei deutlich höher als die vor der Saison geleisteten Aufwendungen für alle vom Fußballunternehmen erworbenen Optionen. Im dritten Szenario gleichen Optionen die durch den sportlichen Mindererfolg entstandenen Einnahmeverluste aus. Bei den Aufwendungen Personal Spielbetrieb wird der Call nicht ausgeübt, da er dem Fußballunternehmen zusätzliche Aufwendungen bei Ausübung generieren würde. Stattdessen zahlt es die Aufwendungen Personal Spielbetrieb sowie die anfangs für die Call-Option gezahlte Risikoprämie. Das vom Fußballunternehmen erzielte Betriebsergebnis ist trotz der Optionskosten deutlich höher als das Betriebsergebnis ohne Optionen. Dies begründet sich vor allem dadurch, dass auf der Erlösseite die Optionen ausgeübt werden und sich auf der anderen Seite die Aufwendungen Personal Spiel reduzieren, da hier die Option verfällt.

Werden neben den ersten auch die beiden übrigen Fußballunternehmen in die Analyse einbezogen, so zeichnet sich ein ähnliches Ergebnis ab, wie folgende Tabelle darstellt.[657]

Tabelle 28: Ergebnisse aller Fußballunternehmen mit und ohne Optionen

		Szenario 1		Szenario 2		Szenario 3	
	in Mio. €	mit	ohne	mit	ohne	mit	ohne
Fußball-unternehmen 1 (S1=8; S2=6; S3=10)	Gesamteinnahmen	63,721	63,721	77,146	77,146	61,683	53,985
	Gesamtaufwendungen	62,255	57,946	68,891	72,632	56,714	52,405
	Betriebsergebnis	1,466	5,775	8,255	4,514	4,969	1,580
Fußball-unternehmen 2 (S1=8; S2=4; S3=12)	Gesamteinnahmen	63,721	63,721	90,650	90,650	60,536	48,043
	Gesamtaufwendungen	64,932	57,946	78,205	87,344	56,360	49,374
	Betriebsergebnis	-1,211	5,775	12,445	3,306	4,176	-1,331
Fußball-unternehmen 3 (S1=8; S2=2; S3=14)	Gesamteinnahmen	63,721	63,721	104,154	104,154	59,447	42,075
	Gesamtaufwendungen	66,778	57,946	86,687	102,031	55,175	46,343
	Betriebsergebnis	-3,057	5,775	17,467	2,123	4,272	-4,268

[657] Die ausführlichen Berechnungen der finanziellen Auswirkungen pro Einnahmequelle und Aufwandskategorie für Fußballunternehmen 2 und 3 sind im zehnten Anhang dargestellt.

Das von Fußballunternehmen 1 bekannte Resultat manifestiert sich beim zweiten und dritten Unternehmen – allerdings bei höheren Schwankungen. So liefert das erste Szenario bei Einsatz von Optionen gemessen am Betriebsergebnis verglichen mit den beiden übrigen Szenarien das schlechteste Ergebnis. Dieser Effekt vergrößert sich, je volatiler der sportliche Erfolg und somit die Einnahmen des jeweiligen Fußballunternehmens sind. Dieser Effekt ist in erster Linie auf die steigenden Optionspreise zurückzuführen. Im zweiten Szenario erhöhen sich insgesamt trotz ansteigender Aufwendungen für Optionen die Betriebsergebnisse. Die Unternehmen lassen ihr Optionsrecht verfallen und profitieren somit in voller Höhe von den zusätzlichen Einnahmen. Im dritten Szenario ist das Betriebsergebnis bei Einsatz von Optionen recht konstant. Die eigentlich durch den sportlichen Misserfolg bedingten Mindereinnahmen werden durch die Option egalisiert. Hingegen wird bei den Aufwendungen Personal Spielbetrieb die Option nicht gezogen, so dass das jeweilige Fußballunternehmen ausschließlich die für den erreichten Tabellenplatz zu zahlenden Aufwendungen zu tragen hat. Interessanterweise ist das Betriebsergebnis sowohl im zweiten Szenario als auch im dritten Szenario höher als jenes bei Erreichen des anvisierten Tabellenplatzes. Somit ist – jedenfalls aus kurzfristiger Sicht – einem durch Optionen agierendes Fußballunternehmen zu empfehlen, in jedem Fall das angestrebte Saisonziel zu verfehlen; wobei Übererfüllung des sportlichen Ziels sowohl in der kurz- als auch in der langfristigen Betrachtung als lohnenswerter zu bezeichnen ist als die (absichtliche) Untererfüllung des Saisonziels. Spätestens in der darauffolgenden Spielzeit wird das Fußballunternehmen die negativen Folgen zu spüren bekommen, da nun die tatsächlich, ohne Einbeziehung der Optionen erzielten Einnahmen als Bewertungsmaßstab bei Einsatz neuer Derivate dienen.

6.2.5 Zwischenfazit

In der kurzfristigen saisonalen Perspektive führten die eingesetzten Derivate mitunter zu unterschiedlichen Ergebnissen. Während Forwards sowie Swaps hinsichtlich ihrer Wirkungsweise in der Einperioden-Betrachtung als gleich zu bezeichnen sind, unterscheidet sich das Auszahlungsprofil der Optionen und somit schlussendlich die von den einzelnen Fußballunternehmen generierten Betriebsergebnisse deutlich von den beiden vorherigen derivativen Instrumenten. Welches Instrument hierbei als das vorteilhafteste einzustufen ist, ist aus kurzfristiger Sicht nicht eindeutig zu klären. Forwards sowie Swaps spielen im ersten und dritten Szenario ihre Stärken aus. Hierbei erreichen alle drei Fußballunternehmen in den genannten Szenarien ein positives Betriebsergebnis. Im zweiten Szenario führen diese allerdings durchgehend zu einem negativen Ergebnis. Optionen sind hingegen im zweiten und darüber hinaus im dritten Szenario vorteilhaft, da sie jeweils ein positives Betriebsergebnis nach sich ziehen. Im ersten Szenario sind sie allerdings als die schlechtesten aller untersuchen derivativen Instrumenten zu bezeichnen. Um einen genaueren Eindruck von Derivaten zu erhalten – gerade in der langfristigen Betrachtung –, werden diese im Folgenden bei real existierenden Fußballunternehmen angewandt.

6.3 Einsatz der Derivate in europäischen Fußballunternehmen

6.3.1 Überblick und Methodik

Wie bereits geschildert, werden nun Derivate bei real existierenden Fußballunternehmen aus dem europäischen Fußball angewandt. Als Quelle für die in der Vergangenheit von den Fußballunternehmen realisierten Einnahmen und Aufwendungen dienen zum einen die jeweiligen Geschäftsberichte der Fußballunternehmen sowie Daten aus verschiedenen Studien, wobei hierbei insbesondere die Studie „Football Money League" der Jahre 2005 bis 2010 von Deloitte zu nennen ist.

Zwecks Vergleichbarkeit werden bei allen Fußballunternehmen nur die drei volumenmäßig bedeutendsten Einnahmequellen – Spiel, Medien sowie Werbung – und nach Möglichkeit die Aufwendungen Personal Spielbetrieb durch derivative Instrumente gehedgt. Forwards sowie Optionen weisen hierbei stets eine Laufzeit von einer Spielzeit auf und ihr Basispreis passt sich dem in der Vorsaison erzielten Einnahmeniveau der einzelnen Einnahmequellen an. Swaps weisen hingegen eine zweijährige sowie eine dreijährige Laufzeit auf.[658]

Verglichen wird sowohl die Volatilität als auch die Entwicklung der jeweiligen Einnahmen mit und ohne Einsatz derivativer Instrumente. Vor dem Hintergrund der Maxime der Portfolio-Theorie, dass sinkende Volatilität mit geringeren erwarteten Rendite einhergeht und umgekehrt, ist ex ante zu erwarten, dass die Einnahmen der Fußballunternehmen bei Einsatz von Derivaten bei gleichzeitiger Reduktion der Volatilität zurückgehen. Bei den Aufwendungen sollte im Optimalfall eine erhöhte Volatilität erreicht werden. Diese Erwartung wurde bereits im Zuge der Möglichkeit, die Aufwendungen Personal Spielbetrieb abhängiger vom sportlichen Erfolg zu gestalten, dargestellt.

---

[658] Eine einjährige Laufzeit ist aufgrund der gleichen Wirkungsweise zu den Forwards und Futures nicht empfehlenswert. Eine über die drei Jahre hinauslaufende Laufzeit ist hingegen aufgrund des mitunter rasanten Umsatzwachstums der Fußballunternehmen ebenfalls nicht uneingeschränkt sinnvoll, so dass in der vorliegenden Arbeit Swaps über diese beiden Laufzeiten vereinbart werden.

In der nachfolgenden Untersuchung werden zuerst die Fußballunternehmen Borussia Dortmund, Juventus Turin sowie der englische Traditionsverein Tottenham Hotspurs eingehend betrachtet. Anschließend werden weitere europäischen Fußballunternehmen in die Analyse einbezogen, um ein noch differenziertes Bild zu erhalten und darauf aufbauend werthaltige Aussagen zu treffen.

6.3.2 Borussia Dortmund

6.3.2.1 Überblick

Borussia Dortmund im Jahr 2001 erstes und bisher einziges deutsches Fußballunternehmen, welches den Gang an die Börse wagte, hat in den letzten zehn Spielzeiten sowohl aus sportlicher als auch aus wirtschaftlicher Sicht wechselvolle Jahre erlebt. Nachdem Dortmund in der Spielzeit 2001/02 die deutsche Meisterschaft erreichte, folgte in der Saison 2007/08 fast der Abstieg aus der 1. Fußball-Bundesliga. Die restlichen Spielzeiten waren zumeist geprägt von Plätzen im oberen Mittelfeld, die allerdings keine Qualifikation zu Europapokalspielen nach sich zogen.[659] Die sportliche Berg- und Talfahrt schlug sich auch auf die wirtschaftliche Situation durch. So schlidderte – wie bereits in der Einleitung der vorliegenden Arbeit aufgezeigt – Borussia Dortmund durch die verpasste Qualifikation zur UEFA Champions League in der Saison 2003/04 in ernsthafte, das Fußballunternehmen bedrohende, wirtschaftliche Schwierigkeiten, von denen sie sich in den Folgejahren zwar erholen konnte, allerdings nur – wie nachfolgende Tabelle verdeutlicht – mit gemäßigtem Tempo.

Tabelle 29: Einnahmen und Aufwendungen Borussia Dortmund[660]

Saison (in Mio. €)	Spiel	Medienrechte	Werbung	Sonstige	Gesamt-einnahmen	Personal Spielbetrieb	Sonstige	Gesamt-aufwendungen
1999/00	17,959	35,021	26,673	12,991	92,644	47,497	26,102	73,599
2000/01	14,972	19,339	16,259	34,275	84,845	52,957	44,447	97,404
2001/02	19,620	45,976	30,782	16,601	112,979	66,864	43,597	110,461
2002/03	17,898	49,919	44,260	17,036	129,113	67,921	52,547	120,468
2003/04	20,300	19,333	25,682	32,753	98,068	55,962	76,233	132,195
2004/05	17,505	14,884	26,416	16,470	75,275	46,651	85,682	132,333
2005/06	17,190	14,843	27,417	29,605	89,055	39,768	46,326	86,094
2006/07	18,262	21,250	30,549	27,054	97,115	36,981	36,639	73,620
2007/08	22,591	26,024	33,894	25,050	107,559	45,355	45,306	90,661
2008/09	22,176	22,428	39,205	30,921	114,730	50,013	46,410	96,423

[659] Vgl. Borussia Dortmund, 2010, www.bvb.de.
[660] Sämtliche Daten stammen aus den von der Borussia Dortmund GmbH & Co. KGaA veröffentlichten Geschäftsberichten der Jahre 2001 bis 2009.

Aufgrund dieser Entwicklung stellt der Club ein ideales Einsatzgebiet für derivative Instrumente dar. Im Folgenden wird die Spielzeit 1999/00 als Ausgangspunkt für die Analyse Verwendung finden. Derivate selbst werden erstmals zur Saison 2000/01 angewandt und auf Basis der Daten aus der vorhergehenden Spielzeit kalkuliert. Es werden jeweils die Einnahmen mit und ohne Einsatz des jeweiligen Derivats gegenübergestellt, um sie anschließend analysieren zu können.

6.3.2.2 Forwards & Futures

Schließt Borussia Dortmund in allen der drei hauptsächlichen Einnahmequellen vor jeder Spielzeit eine Forwardvereinbarung ab, so ergibt sich das folgende Bild.

Tabelle 30: Einnahmen mit und ohne Forwards Borussia Dortmund

FORWARD (in Mio. €)	**Spiel**		**Medienrechte**		**Werbung**		**Gesamteinnahmen**	
	mit	**ohne**	**mit**	**ohne**	**mit**	**ohne**	**mit**	**ohne**
2000/01	17,959	14,972	35,021	19,339	26,673	16,259	79,653	50,570
2001/02	14,972	19,620	19,339	45,976	16,259	30,782	50,570	96,378
2002/03	19,620	17,898	45,976	49,919	30,782	44,260	96,378	112,077
2003/04	17,898	20,300	49,919	19,333	44,260	25,682	112,077	65,315
2004/05	20,300	17,505	19,333	14,884	25,682	26,416	65,315	58,805
2005/06	17,505	17,190	14,884	14,843	26,416	27,417	58,805	59,450
2006/07	17,190	18,262	14,843	21,250	27,417	30,549	59,450	70,061
2007/08	18,262	22,591	21,250	26,024	30,549	33,894	70,061	82,509
2008/09	22,591	22,176	26,024	22,428	33,894	39,205	82,509	83,809
SUMME	**166,297**	**170,514**	**246,589**	**233,996**	**261,932**	**274,464**	**674,818**	**678,974**

Tabelle 30 zeigt, dass sowohl bei den Spieleinnahmen als auch bei den Werbeeinnahmen Borussia Dortmund in Summe geringere Erlöse bei Abschluss von Forwards erzielt als ohne diese. Einzig die addierten Medienerlöse sind höher. Insgesamt fallen die Gesamteinnahmen – gebildet aus der Summe der drei berücksichtigten Erlösquellen – bei Borussia Dortmund bei Einsatz von Forwards um gut 4 Millionen Euro niedriger als ohne diese aus.

Tabelle 31: Aufwendungen Personal Spielbetrieb mit und ohne Forwards bei Borussia Dortmund

FORWARD (in Mio. €)	Personal Spiel	
	mit	ohne
2000/01	47,497	52,957
2001/02	52,957	66,864
2002/03	66,864	67,921
2003/04	67,921	55,962
2004/05	55,962	46,651
2005/06	46,651	39,768
2006/07	39,768	36,981
2007/08	36,981	45,355
2008/09	45,355	50,013
SUMME	**459,956**	**462,472**

Auf der Aufwandsseite sind die Aufwendungen für das Personal Spielbetrieb ebenfalls gesunken, wie Tabelle 31 demonstriert.

Resümierend ist festzustellen, dass das Betriebsergebnis – hier ermittelt allein aus der Differenz der gehedgten Einnahmen und Aufwendungen – annähernd konstant geblieben ist. Mindereinnahmen bei Einsatz von Forwards werden durch geringere Aufwendungen für das spielende Personal nahezu egalisiert. Ferner ist allgemein zu erkennen, dass Forwards in der langfristigen saisonübergreifenden Betrachtung die Einnahmen bzw. die Aufwendungen nur um eine Zeitperiode nach hinten verschieben, da als Basis für den Abschluss einer neuen Vereinbarung vor Saisonbeginn stets das in der Vorsaison tatsächlich erzielte Einnahme- bzw. Aufwandsniveau dient. Von einer Abkopplung der Einnahmen vom sportlichen Erfolg sowie einer Risikoreduktion kann daher auf den ersten Blick – zumindest in der mittel- bis langfristigen Betrachtung – nicht gesprochen werden.

6.3.2.3 Swaps 2J

Im Folgenden werden die finanziellen Auswirkungen auf Einnahmen sowie auf Aufwendungen Personal Spielbetrieb bei Abschluss zweijähriger Swaps dargestellt, bevor im daran anschließenden Abschnitt die Ergebnisse der Swaps mit dreijähriger Laufzeit analysiert werden. Bei zweijährigen Swapvereinbarungen entwickelt sich die Einnahmesituation von Borussia Dortmund folgendermaßen.

Tabelle 32: Einnahmen mit und ohne zweijähriger Swaps Borussia Dortmund

Swap 2J (in Mio. €)	Spiel		Medienrechte		Werbung		Gesamteinnahmen	
	mit	ohne	mit	ohne	mit	ohne	mit	ohne
2000/01	17,959	14,972	35,021	19,339	26,673	16,259	79,653	50,570
2001/02	17,959	19,620	35,012	45,976	26,673	30,782	79,644	96,378
2002/03	19,620	17,898	45,976	49,919	30,782	44,260	96,378	112,077
2003/04	19,620	20,300	45,976	19,333	30,782	25,682	96,378	65,315
2004/05	20,300	17,505	19,333	14,884	25,682	26,416	65,315	58,805
2005/06	20,300	17,190	19,333	14,843	25,682	27,417	65,315	59,450
2006/07	17,190	18,262	14,843	21,250	27,417	30,549	59,450	70,061
2007/08	17,190	22,591	14,843	26,024	27,417	33,894	59,450	82,509
2008/09	22,591	22,176	26,024	22,428	33,894	39,205	82,509	83,809
SUMME	**172,729**	**170,514**	**256,361**	**233,996**	**255,002**	**274,464**	**684,092**	**678,974**

Während sich die Spieleinnahmen kaum verändern, sind große Unterschiede in den Medienerlösen sowie in den Werbeeinnahmen zu konstatieren. In Summe steigen die Gesamterlöse – wiederum berechnet aus der Summe aller drei betrachteten Einnahmequellen – bei zweijährigen Swaps um gut 5 Millionen Euro im Vergleich zur Situation ohne Swaps. Ein auf den ersten Blick besseres Ergebnis als bei den zuvor analysierten Forwards bei denen sich die Gesamteinnahmen leicht reduzierten. Jedoch legen gleichzeitig die Aufwendungen für das spielende Personal zu, wie folgende Tabelle aufzeigt.

Tabelle 33: Aufwendungen Personal Spielbetrieb mit und ohne zweijähriger Swaps Borussia Dortmund

Swap 2J (in Mio. €)	Personal Spielbetrieb	
	mit	ohne
2000/01	47,497	52,957
2001/02	47,497	66,864
2002/03	66,864	67,921
2003/04	66,864	55,962
2004/05	55,962	46,651
2005/06	55,962	39,768
2006/07	39,768	36,981
2007/08	39,786	45,355
2008/09	45,355	50,013
SUMME	**465,555**	**462,472**

Reduzierten sich diese bei den Forwards noch, so steigen sie nun durch die zweijährigen Swaps. In Summe erhöht sich das Betriebsergebnis jedoch um 2 Millionen Euro bei Einsatz zweijähriger Swaps und ist damit höher als zuvor bei den Forwards.

6.3.2.4 Swaps 3J

Im Folgenden werden die Ergebnisse von Swaps mit einer dreijährigen Laufzeit anhand nachfolgender Tabelle präsentiert.

Tabelle 34: Einnahmen mit und ohne dreijähriger Swaps Borussia Dortmund

Swap 3J (in Mio. €)	Spiel		Medienrechte		Werbung		Gesamteinnahmen	
	mit	ohne	mit	ohne	mit	ohne	mit	ohne
2000/01	17,959	14,972	35,021	19,339	26,673	16,259	79,653	50,570
2001/02	17,959	19,620	35,012	45,976	26,673	30,782	79,644	96,378
2002/03	17,959	17,898	35,012	49,919	26,673	44,260	79,644	112,077
2003/04	17,898	20,300	49,919	19,333	44,260	25,682	112,077	65,315
2004/05	17,898	17,505	49,919	14,884	44,260	26,416	112,077	58,805
2005/06	17,898	17,190	49,919	14,843	44,260	27,417	112,077	59,450
2006/07	17,190	18,262	14,843	21,250	27,417	30,549	59,450	70,061
2007/08	17,190	22,591	14,843	26,024	27,417	33,894	59,450	82,509
2008/09	17,190	22,176	14,843	22,428	27,417	39,205	59,450	83,809
SUMME	**159,141**	**170,514**	**299,331**	**233,996**	**295,050**	**274,464**	**753,522**	**678,974**

Während sich die Spieleinnahmen mit dreijährigen Swaps deutlich schlechter entwickeln als ohne, legen die Erlöse aus Medienrechten sowie der Werbung so stark zu, dass in Summe die Gesamteinnahmen um gut 75 Millionen Euro zulegen und ihren bisher höchsten Stand erreichen. Hingegen legen die Aufwendungen Personal Spielbetrieb ebenfalls zu.

Tabelle 35: Aufwendungen Personal Spielbetrieb mit und ohne dreijähriger Swaps Borussia Dortmund

Swap 3J (in Mio. €)	Personal Spielbetrieb	
	mit	ohne
2000/01	47,497	52,957
2001/02	47,497	66,864
2002/03	47,497	67,921
2003/04	67,921	55,962
2004/05	67,921	46,651
2005/06	67,921	39,768
2006/07	39,768	36,981
2007/08	39,768	45,355
2008/09	39,768	50,013
SUMME	**465,558**	**462,472**

Allerdings zeigt Tabelle 35, dass diese Zunahme vergleichbar mit der bei den zweijährigen Swaps ist. Somit erzielt Borussia Dortmund bei dreijährigen Swapvereinbarungen das bisher höchste Betriebsergebnis. Im vorliegenden Fall steigt dieses in Summe um fast 71,5 Millionen Euro an.

6.3.2.5 Optionen

Abschließend werden die Auswirkungen bei Einsatz von Optionen verdeutlicht. Anfallende Kosten für den Kauf der Option sind den Einnahmen und den Aufwendungen bereits zugerechnet. Zur Berechnung des Optionspreises wird anhand der historischen Einnahmen und Aufwendungen von Borussia Dortmund für jede Einnahmequelle sowie für die Aufwendungen Personal Spielbetreib jeweils eine individuelle historische Volatilität berechnet. Die Volatilität der Spieleinnahmen beträgt im Fall von Borussia Dortmund 15,62 Prozent, bei den Medienrechten 52,87 Prozent, bei den Werbeeinnahmen 37,05 Prozent und bei den Aufwendungen Personal Spielbetrieb 16,17 Prozent. Die Optionen laufen jeweils von Anfang August bis Ende Mai – sprich genau für die Dauer einer Saison. Die Optionspreise werden mittels Black-Scholes-Modell berechnet.[661] Für die Einnahmequellen wird jeweils ein Long Put und für die Aufwendungen Personal Spielbetrieb ein Long Call gekauft. Anhand der Spieleinnahmen ist in der folgenden Tabelle der Prozess der Ausübung eines Long Puts illustriert.[662]

Tabelle 36: Ausübungsprozess von Long Puts bei Spieleinnahmen von Borussia Dortmund

Saison	Basispreis in Mio. €	Kosten Option in t in Mio. €	tatsächlicher Erlös in T in Mio. €	Wert Option in T in Mio. €	Option ausüben	Einnahmen abzgl. Kosten in Mio. €
2000/01	17,959	0,855	14,972	2,987	ja	17,104
2001/02	14,972	0,712	19,620	-4,648	nein	18,908
2002/03	19,620	0,934	17,898	1,722	ja	18,686
2003/04	17,898	0,852	20,300	-2,402	nein	19,448
2004/05	20,300	0,966	17,505	2,795	ja	19,334
2005/06	17,505	0,833	17,190	0,315	ja	16,672
2006/07	17,190	0,818	18,262	-1,072	nein	17,444
2007/08	18,262	0,869	22,591	-4,329	nein	21,722
2008/09	22,591	1,075	22,176	0,415	ja	21,516
					Summe	**170,834**

Zuerst ist der Basispreis festzulegen, der sich stets auf den in der Vorperiode tatsächlich erzielten Erlös beläuft. Anhand des vereinbarten Basispreises sind im zweiten Schritt die Kosten der Option zu berechnen. Anschließend muss der Wert der Option aus Sicht des Fußballunternehmens am Laufzeitende (in T) festgestellt werden. Hierzu sind die tatsächlich

[661] Eine Kalkulation der Optionspreise anhand des Binomialmodells fand ebenfalls statt. Allerdings waren die preislichen Unterschiede gering, so dass im Folgenden nur auf das Black-Scholes-Modell zurückgegriffen wird. Anhang 11 verdeutlicht die unterschiedlichen Optionspreise von Borussia Dortmund im Binomialmodell und im Black-Scholes-Modell über alle Einnahmequellen sowie den Aufwendungen Personal Spielbetrieb.

[662] Die Kalkulationen für Medienrechte und Sponsoring sind im Anhang 12 aufgeführt.

erzielten Erlöse von dem am Laufzeitbeginn der Option festgelegten Basispreis zu subtrahieren. Im vierten Schritt ist vom Fußballunternehmen zu entscheiden, ob dieses die jeweilige Option zieht. Die Option wird ausgeübt, wenn sie einen Wert größer null aufweist. Andernfalls wird vom Optionsrecht nicht Gebrauch gemacht und die Option verfällt wertlos. Zuletzt sind die Erlöse der jeweiligen Saison abzüglich der zu Beginn der Laufzeit anfallenden Kosten zu berechnen. Wird die Option ausgeübt, sind den tatsächlich erzielten Erlösen noch die Einnahmen aus der Option hinzu zu addieren. Im gegenteiligen Fall sind die tatsächlichen Einnahmen nur um die Kosten der Option zu reduzieren, nicht aber um die (theoretischen) Verluste aus dem Optionsgeschäft. Für einen Long Call gleicht sich der Ausübungsprozess, wobei hierbei im Zuge der Ermittlung des Optionswerts am Laufzeitende der vereinbarte Basispreis von den tatsächlich anfallenden Aufwendungen in T zu subtrahieren ist. Folgende Tabelle veranschaulicht den Ausübungsprozess für einen Long Call bei den Aufwendungen Personal Spielbetrieb von Borussia Dortmund.

Tabelle 37: Ausübungsprozess von Long Calls bei Aufwendungen Personal Spielbetrieb von Borussia Dortmund

Saison	Basispreis in Mio. €	Kosten Option in t in Mio. €	tatsächliche Aufwendungen in T in Mio. €	Wert Option in T in Mio. €	Option ausüben	Aufwendungen incl. Kosten in Mio. €
2000/01	47,497	2,981	52,957	5,460	ja	50,478
2001/02	52,957	3,323	66,864	13,907	ja	56,280
2002/03	66,864	4,196	67,921	1,057	ja	71,060
2003/04	67,921	4,263	55,962	-11,959	nein	60,225
2004/05	55,962	3,512	46,651	-9,311	nein	50,163
2005/06	46,651	2,928	39,768	-6,883	nein	42,696
2006/07	39,768	2,497	36,981	-2,787	nein	39,478
2007/08	36,981	2,320	45,355	8,374	ja	39,301
2008/09	45,355	2,846	50,013	4,658	ja	48,201
					Summe	**407,404**

Die Aufwendungen werden kalkuliert, indem zu den tatsächlich entstanden Aufwendungen für Personal Spielbetrieb am Ende der Laufzeit die Kosten der Option addiert werden. Bei Ausübung der Option sind von diesem Betrag die Erlöse aus dem Optionsgeschäft zu subtrahieren, so dass sich die zu leistenden Aufwendungen um diesen Betrag reduzieren.

In der folgenden Tabelle sind für alle drei gehedgten Einnahmequellen sowie auf Basis dieser die kalkulierten Gesamteinnahmen zusammengefasst.

Tabelle 38: Einnahmen mit und ohne Optionen bei Borussia Dortmund

Optionen (in Mio. €)	Spiel		Medienrechte		Werbung		Gesamteinnahmen	
	mit	ohne	mit	ohne	mit	ohne	mit	ohne
2000/01	17,104	14,972	28,955	19,339	23,459	16,259	69,518	50,570
2001/02	18,908	19,620	42,626	45,976	28,823	30,782	90,357	96,378
2002/03	18,686	17,898	41,956	49,919	40,551	44,260	101,193	112,077
2003/04	19,448	20,300	41,273	19,333	38,927	25,682	99,648	65,315
2004/05	19,334	17,505	15,984	14,884	23,321	26,416	58,639	58,805
2005/06	16,672	17,190	12,306	14,843	24,234	27,417	53,212	59,450
2006/07	17,444	18,262	18,679	21,250	27,245	30,549	63,368	70,061
2007/08	21,722	22,591	22,343	26,024	30,213	33,894	74,278	82,509
2008/09	21,516	22,176	21,517	22,428	35,121	39,205	78,154	83,809
SUMME	**170,834**	**170,514**	**245,639**	**233,996**	**271,894**	**274,464**	**688,367**	**678,974**

Die Gesamteinnahmen sind durch Einsatz von Optionen um über 10 Millionen Euro im Betrachtungszeitraum angestiegen, wobei dieser Anstieg größtenteils von den Medienrechten getragen wird. Während die Spieleinnahmen einen leichten Anstieg verzeichnen, sind in der Werbung Mindereinnahmen von gut 2,5 Millionen Euro zu konstatieren. Die Aufwendungen Personal Spielbetrieb sinken durch Optionen, wie nachfolgende Tabelle veranschaulicht.

Tabelle 39: Aufwendungen Personal Spielbetrieb mit und ohne Optionen Borussia Dortmund

Optionen (in Mio. €)	Personal Spielbetrieb	
	mit	ohne
2000/01	50,478	52,957
2001/02	56,280	66,864
2002/03	71,060	67,921
2003/04	60,225	55,962
2004/05	50,163	46,651
2005/06	42,696	39,768
2006/07	39,478	36,981
2007/08	39,301	45,355
2008/09	48,201	50,013
SUMME	**407,404**	**462,472**

Im Vergleich zu den bisherigen Derivaten ist diese Reduzierung mit Abstand die größte, so dass sich das Betriebsergebnis mit Hilfe von Optionen im Fall von Borussia Dortmund um annähernd 64,5 Millionen Euro verbessert und somit an das Ergebnis dreijähriger Swaps heranreicht.

6.3.2.6 Vergleich der Volatilität

Um ein besseres Verständnis über die Vorteilhaftigkeit der einzelnen derivativen Instrumente zu erhalten, sind in folgender Tabelle die Volatilitäten mit und ohne Derivate zusammengefasst.[663]

Tabelle 40: Übersicht Volatilität Borussia Dortmund

Übersicht Volatilität	Spiel	Medienrechte	Werbung	Personal Spielbetrieb
ohne Derivat	13,68%	48,91%	31,32%	16,08%
Forwards	15,62%	52,87%	37,05%	16,17%
Swaps 2J	11,44%	38,71%	10,92%	18,78%
Swaps 3J	1,32%	43,37%	24,64%	22,65%
Optionen	9,84%	40,54%	23,75%	15,83%

Tabelle 40 zeigt, dass in den Spieleinnahmen die Volatilität insbesondere durch dreijährige Swaps aber auch durch Optionen deutlich zu vermindern ist. Einzig Forwards erhöhen die Volatilität und somit die Unsicherheit bzw. Unkalkulierbarkeit zukünftiger Erlöse. Dieser Trend setzt sich auch bei Medienerlösen sowie Erlösen aus der Werbung fort. Hingegen ist bei Borussia Dortmund mit den drei übrigen derivativen Instrumenten – beide Swaps sowie Optionen – in beiden Einnahmequellen die Volatilität zu senken. Differenzierter gestaltet sich die Situation bei den Aufwendungen Personal Spielbetrieb. Hierbei ist im Sinne des Forschungsziels – Aufwendungen abhängiger vom sportlichen Erfolg zu gestalten – eine ansteigende Volatilität wünschenswert. Dieses Ziel ist sowohl mittels Forwards als auch durch beide Swaps zu erreichen, nicht jedoch anhand von Optionen.

6.3.3 Juventus Turin

6.3.3.1 Überblick

Juventus Turin ist mit 27 nationalen Meistertiteln bis zum heutigen Zeitpunkt das erfolgreichste italienische Fußballunternehmen. Im Jahre 2001 ging *La Vecchia Signora* – die alte Dame – als drittes italienisches Fußballunternehmen an die Börse.[664] Überschattet wurden die letzten Jahre insbesondere durch den sogenannten „Manipulationsskandal", der in der Spielzeit 2005/06 öffentlich wurde. Infolgedessen wurde Juventus zwei Meisterschaften aberkannt sowie ein Zwangsabstieg in die zweite Liga verhängt.

[663] Die ausführliche Berechnung der einzelnen Volatilitäten ist in Anhang 13 einzusehen.
[664] Zuvor wagten sich bereits die beiden römischen Vereine AS und Lazio an die Börse.

Tabelle 41: Einnahmen und Aufwendungen Juventus Turin[665]

Saison (in Mio. €)	Spiel	Medienrechte	Werbung	Sonstige	Gesamt-einnahmen	Personal Spielbetrieb	Sonstige	Gesamt- auf-wendungen
2000/01	12,800	96,200	45,800	16,300	171,100	100,500	46,000	146,500
2001/02	14,633	104,023	45,443	11,204	175,303	136,691	51,461	188,152
2002/03	22,589	122,413	54,612	15,820	215,434	131,693	67,434	199,127
2003/04	17,612	110,146	53,766	26,627	208,151	117,084	54,014	171,098
2004/05	22,759	124,395	57,541	24,645	229,340	127,157	56,438	183,595
2005/06	16,595	127,213	55,266	51,944	251,018	132,418	71,864	204,282
2006/07	7,744	92,996	34,498	51,447	186,685	95,018	52,379	147,397
2007/08	13,980	124,249	41,173	24,330	203,732	112,739	61,744	174,483
2008/09	18,439	150,351	46,133	25,511	240,434	129,286	64,893	194,179

Zwar gelang der sofortige Wiederaufstieg, dennoch hat Juventus Turin bis heute weder sportlich noch wirtschaftlich an die alte Erfolge vollends anknüpfen können. So demonstriert obige Tabelle, dass die Gesamteinnahmen erst wieder in der Spielzeit 2008/09 in etwa an das Niveau der Saison 2005/06 heranreichen. Aufgrund des Zwangsabstiegs ist ein Einsatz der derivativen Instrumente bei Juventus von besonderem Interesse. Insbesondere Swaps stehen hierbei im Fokus der Betrachtung, da sie über mehrere Jahre laufen und somit im Gegensatz zu Forwards und Optionen nicht jährlich an die Gegebenheiten – sprich den in der Vorsaison erzielten Einnahmen – anzupassen sind. Als Maßstab des ersten Basispreis gilt die Spielzeit 2000/01. Die Betrachtung läuft somit über acht Spielzeiten – Saison 2001/02 bis 2008/09 – und liefert somit einen ausreichend langen Zeitraum zur Evaluierung der Derivate.

7.3.3.2 Forwards und Futures

Bei Einsatz von Forwards und Futures ergibt sich für Juventus das folgende Bild, wobei wiederum alle drei Einnahmequellen durch diese abgesichert sind.

[665] Sämtliche Daten sind aus den Geschäftsberichten der Juventus Football Club S.p.A. der Jahre 2001 bis 2009 entnommen.

Tabelle 42: Einnahmen mit und ohne Forwards bei Juventus

FORWARD (in Mio. €)	Spiel		Medienrechte		Werbung		Gesamteinnahmen	
	mit	ohne	mit	ohne	mit	ohne	mit	ohne
2001/02	12,800	14,633	96,200	104,023	45,800	45,443	154,800	164,099
2002/03	14,633	22,589	104,023	122,413	45,443	54,612	164,099	199,614
2003/04	22,589	17,612	122,413	110,146	54,612	53,766	199,614	181,524
2004/05	17,612	22,759	110,146	124,395	53,766	57,541	181,524	204,695
2005/06	22,759	16,595	124,395	127,213	57,541	55,266	204,695	199,074
2006/07	16,595	7,744	127,213	92,996	55,266	34,498	199,074	135,238
2007/08	7,744	13,980	92,996	124,249	34,498	41,173	135,238	179,402
2008/09	13,980	18,439	124,249	150,351	41,173	46,133	179,402	214,923
SUMME	**128,712**	**134,351**	**901,635**	**955,786**	**388,099**	**388,432**	**1418,446**	**1478,569**

Wie schon bei Borussia Dortmund verschieben sich die Einnahmen bei kontinuierlichem Abschluss von Forwards nur um eine Periode nach hinten. So kann Juventus für die Zweitligasaison zwar über Einnahmen auf Erstliga-Niveau zurückgreifen, doch eine Saison später erzielt Juventus deutlich geringere Einnahmen als dies nach dem Aufstieg eigentlich möglich gewesen wäre. Darüber hinaus wirkt sich für den Betrachtungszeitraum der Umstand negativ aus, dass die Rekorderlöse in den Medienrechten in der Saison 2008/09 durch Forwards (noch) nicht kompensiert sind, wodurch in Summe Juventus um gut 60 Millionen Euro geringere Einnahmen zu verzeichnen hat. Auf der anderen Seite reduzieren sich jedoch die Aufwendungen Personal Spielbetrieb um annähernd 29 Millionen.[666] Dennoch ist ein um 31 Millionen Euro niedrigeres Betriebsergebnis, welches wiederum aus den abgesicherten Einnahmen und Aufwendungen kalkuliert worden ist, zu konstatieren.

7.3.3.3 Swaps 2J

Werden statt Forwards Swaps mit einer zweijährigen Laufzeit vereinbart, so ergibt sich die in Tabelle 43 dargestellte Einnahmesituation. Während bei Spieleinnahmen sowie Erlösen aus der Werbung kaum Veränderungen festzustellen sind, ist der Unterschied bei Medienrechten eklatant. Bei zweijährigen Swaps mindern sich diese um annähernd 84 Millionen Euro. Dies ist vor allem darauf zurückzuführen, dass die letzte Swapvereinbarung auf Basis der Einnahmen der Spielzeit, in der Juventus in der zweiten Liga zu spielen hatte, abgeschlossen wurde. Dieser negative Effekt ist auch in den beiden übrigen Einnahmequellen zu beobachten, wobei hier die Auswirkungen im Vergleich zu denen bei den Medienrechten als weniger gravierend einzustufen sind.

[666] Vgl. hierzu die im Anhang 14 aufgeführten Berechnungen der Aufwendungen Personal Spielbetrieb für sämtliche derivativen Instrumente bei Juventus.

Tabelle 43: Einnahmen mit und ohne Swaps 2J bei Juventus

Swap 2J (in Mio. €)	Spiel		Medienrechte		Werbung		Gesamteinnahmen	
	mit	ohne	mit	ohne	mit	ohne	mit	ohne
2001/02	12,800	14,633	96,200	104,023	45,800	45,443	154,800	164,099
2002/03	12,800	22,589	96,200	122,413	45,800	54,612	154,800	199,614
2003/04	22,589	17,612	122,413	110,146	54,612	53,766	199,614	181,524
2004/05	22,589	22,759	122,413	124,395	54,612	57,541	199,614	204,695
2005/06	22,759	16,595	124,395	127,213	57,541	55,266	204,695	199,074
2006/07	22,759	7,744	124,395	92,996	57,541	34,498	204,695	135,238
2007/08	7,744	13,980	92,996	124,249	34,498	41,173	135,238	179,402
2008/09	7,744	18,439	92,966	150,351	34,498	46,133	135,208	214,923
SUMME	**131,784**	**134,351**	**871,978**	**955,786**	**384,902**	**388,432**	**1388,664**	**1478,569**

Bei den Aufwendungen für das spielende Personal ist zu konstatieren, dass sich diese aufgrund des in diesem Fall günstigen Timing – der letzte Swap wurde auch hier auf Basis der Aufwendungen in der zweiten Liga abgeschlossen – in Summe um über 73 Millionen Euro dezimieren.[667]

6.3.3.4 Swaps 3J

Ein ähnliches Ergebnis, wenn auch noch gravierender als bei zweijährigen Swaps, ergibt sich bei Swaps mit einer dreijährigen Laufzeit, wie folgende Tabelle demonstriert.

Tabelle 44: Einnahmen mit und ohne Swaps 3J bei Juventus

Swap 3J (in Mio. €)	Spiel		Medienrechte		Werbung		Gesamteinnahmen	
	mit	ohne	mit	ohne	mit	ohne	mit	ohne
2001/02	12,800	14,633	96,200	104,023	45,800	45,443	154,800	164,099
2002/03	12,800	22,589	96,200	122,413	45,800	54,612	154,800	199,614
2003/04	12,800	17,612	96,200	110,146	45,800	53,766	154,800	181,524
2004/05	17,612	22,759	110,146	124,395	53,766	57,541	181,524	204,695
2005/06	17,612	16,595	110,146	127,213	53,766	55,266	181,524	199,074
2006/07	17,612	7,744	110,146	92,996	53,766	34,498	181,524	135,238
2007/08	7,744	13,980	92,996	124,249	34,498	41,173	135,238	179,402
2008/09	7,744	18,439	92,996	150,351	34,498	46,133	135,238	214,923
SUMME	**106,724**	**134,351**	**805,030**	**955,786**	**367,694**	**388,432**	**1279,448**	**1478,569**

Analog zu den zweijährigen Swaps werden im Betrachtungszeitraum die letzten Swapvereinbarungen – sowohl auf der Einnahme- als auch auf der Aufwandsseite – auf Basis der Spielzeit 2006/07 abgeschlossen. Auch bei den beiden anderen Zeitpunkten des Abschlusses zu Beginn des Betrachtungszeitraum sowie in der Saison 2004/05 ist der Zeitpunkt verglichen mit den tatsächlichen Einnahmen nicht als optimal zu bezeichnen.

[667] Vgl. hierzu Anhang 14.

Insgesamt werden die Gesamteinnahmen um fast 200 Millionen Euro geschmälert. Jedoch fallen auf der Aufwandsseite wiederum die Aufwendungen für das spielende Personal von 982 Millionen Euro auf nur noch 842,8 Millionen Euro.[668] Dennoch bleibt in Summe ein um fast 60 Millionen dezimiertes Betriebsergebnis als Resultat bestehen.

6.3.3.5 Optionen

Abschließend sei noch ein Blick auf die Ergebnisse bei Verwendung von Optionen geworfen. Bei Kalkulation der Optionspreise wurde wiederum eine Laufzeit von Anfang August bis Ende Mai bei einem risikolosen Zinssatz von 1,50 Prozent angenommen. Bei Berechnung der Volatilität wurden die Einnahmen bzw. die Aufwendungen der Zweitligasaison nicht berücksichtigt. Da dieser Abstieg nicht aus sportlichen sondern rechtlichen Gründen erfolgte – Juventus gewann eigentlich die nationale Meisterschaft –, ist diese Vorgehensweise zu rechtfertigten. Eine Berücksichtigung hätte zu deutlich höheren Volatilitäten und somit zu höheren Optionspreisen geführt, wodurch das Bild verfälscht worden wäre.[669] Nachfolgende Tabelle zeigt die Ergebnisse für Juventus bei Einsatz von Optionen auf.[670]

Tabelle 45: Einnahmen mit und ohne Optionen bei Juventus

Optionen (in Mio. €)	Spiel		Medienrechte		Werbung		Gesamteinnahmen	
	mit	ohne	mit	ohne	mit	ohne	mit	ohne
2001/02	13,450	14,633	101,165	104,023	43,729	45,443	158,344	164,099
2002/03	21,236	22,589	119,323	122,413	52,558	54,612	193,117	199,614
2003/04	20,501	17,612	118,777	110,146	52,143	53,766	191,421	181,524
2004/05	21,131	22,759	121,123	124,395	55,110	57,541	197,364	204,695
2005/06	20,655	16,595	123,518	127,213	54,939	55,266	199,112	199,074
2006/07	15,061	7,744	123,434	92,996	52,767	34,498	191,262	135,238
2007/08	13,264	13,980	121,487	124,249	39,613	41,173	174,364	179,402
2008/09	17,147	18,439	146,660	150,351	44,271	46,133	208,078	214,923
SUMME	**142,445**	**134,351**	**975,487**	**955,786**	**395,130**	**388,432**	**1513,062**	**1478,569**

Im Gegensatz zu den bisherigen Derivaten sind die Erlöse bei allen drei Einnahmequellen höher als ohne Derivat. Somit erzielt Juventus mit Optionen zum ersten Mal höhere Erlöse als ohne ein Derivat. Hierbei kommt Juventus das Wahlrecht zu Gute, welches sich insbesondere in der Saison 2007/08 positiv auf die Einnahmesituation auswirkt. Musste sich Juventus bei den zuvor vorgestellten Derivaten noch mit den aus der Zweitligasaison erzielten Erlöse zufrieden geben, wird nun die Option nicht ausgeübt, so dass die tatsächlich erzielten

[668] Vgl. hierzu wiederum Anhang 14.
[669] Vgl. hierzu die Berechnungen der Optionspreise anhand des Black-Scholes-Modells mit der Volatilität inklusive und exklusive der Serie B Saison von Juventus in Anhang 15.
[670] Der detaillierte Ausübungsprozess der Optionen ist in Anhang 16 aufgeführt.

Einnahmen abzüglich der zuvor bezahlten Optionsprämie voll zu vereinnahmen sind. Ferner profitieren die Aufwendungen Personal Spielbetrieb von dem durch die Option eingeräumtem Wahlrecht, so dass diese ebenfalls zu reduzieren sind.[671] Diese beiden positiven Effekte wirken sich auch auf das Betriebsergebnis positiv aus, welches im Fall von Juventus erstmals mit einem Derivat höher ausfällt als ohne.

6.3.3.6 Vergleich der Volatilität

Nachdem die finanziellen Auswirkungen derivativer Instrumente im Zuge des Risikomanagements bei Juventus auf den letzten Seiten dargestellt worden ist, veranschaulicht folgende Tabelle die Volatilitäten von Juventus vor und nach Einsatz von Derivaten für den Betrachtungszeitraum.[672]

Tabelle 46: Übersicht Volatilität Juventus Turin

Übersicht Volatilität	Spiel	Medienrechte	Werbung	Personal Spielbetrieb
ohne Derivat	44,96%	18,97%	20,93%	16,10%
Forwards	44,12%	18,20%	20,43%	19,12%
Swaps 2J	45,49%	14,28%	20,14%	15,06%
Swaps 3J	32,53%	8,18%	17,37%	9,75%
Optionen	23,44%	7,93%	13,79%	16,66%

Die Ergebnisse spiegeln den bereits bei Borussia Dortmund festgestellten Trend wider. Mit Hilfe von Optionen ist das Risiko über alle Einnahmequellen deutlich zu reduzieren. Für die Spielleinahmen sowie die Medienrechte führen auch dreijährige Swaps zu einer signifikanten Verbesserung. Forwards sowie zweijährige Swaps mindern hingegen die Volatilität nur geringfügig, wobei zweijährige Swaps bei den Spieleinnahmen sogar eine leicht steigende Volatilität nach sich ziehen. Bei den Aufwendungen Personal Spielbetrieb ist höchstens bei Forwards eine Verbesserung im Vergleich zur realen Situation zu verzeichnen, da hier die Aufwendungen minimal stärker schwanken. Allerdings ist nicht außer Acht zu lassen, dass Forwards die Aufwendungen nur um eine Periode nach hinten verschieben. Die Erhöhung der Volatilität ist aus diesem Grund ausschließlich darauf zurückzuführen.

---

[671] Vergleich der Aufwendungen mit und ohne Option vgl. Anhang 14 sowie Anhang 16 für den Ausübungsprozess.

[672] Die ausführlichen Berechnungen der einzelnen Volatilitäten sind dem Anhang 17 zu entnehmen.

6.3.4 Tottenham Hotspurs

6.3.4.1 Überblick

Tottenham Hotspurs ging 1983 als erstes europäisches Fußballunternehmen an die Börse, um sich dort frisches Kapital zu besorgen. Um die Einnahmen unabhängiger vom sportlichen Erfolg zu gestalten, versuchte sich – wie bereits in Abschnitt 3.3.4 geschildert – Tottenham an der Diversifikationsstrategie, die aufgrund zahlreicher Fehlinvestitionen beinahe das Ende für das Fußballunternehmen bedeutet hätte. Nach Jahren der wirtschaftlichen Konsolidierung in den neunziger Jahren fanden die Hotspurs in den letzten Jahren sowohl wirtschaftlich als auch sportlich den Anschluss an die Spitzenclubs der Premier League. Folgende Tabelle veranschaulicht die Entwicklung der Einnahmen sowie der Aufwendungen Personal Spielbetrieb zwischen den Spielzeiten 1999/00 und 2008/09.

Tabelle 47: Übersicht Einnahmen und Aufwendungen Personal Spiel bei Tottenham Hotspurs[673]

Saison (in Mio. €)	Spiel	Medienrechte	Werbung	Sonstige	Gesamteinnahmen	Personal Spielbetrieb
1999/00	22,078	13,026	6,513	6,357	47,974	26,174
2000/01	21,479	14,765	5,631	6,521	48,396	25,077
2001/02	27,676	22,594	6,763	8,000	65,033	36,576
2002/03	25,520	24,796	6,895	9,295	66,506	38,024
2003/04	19,753	23,891	14,459	8,221	66,324	34,556
2004/05	21,086	25,488	14,249	9,727	70,550	33,142
2005/06	17,547	28,687	15,730	12,177	74,141	40,656
2006/07	30,839	33,734	25,427	13,091	103,091	43,804
2007/08	28,615	40,329	27,778	18,056	114,778	52,921
2008/09	27,857	44,811	27,363	12,981	113,012	60,468

Es ist ersichtlich, dass es den Hotspurs gelang, ihre Gesamteinnahmen über alle Jahre hinweg kontinuierlich zu steigern. Einzig in der Saison 2008/09 minderten sich die Erlöse um gut 1,7 Millionen Euro. Obgleich die Gesamteinnahmen stets zulegten, schwanken die Erlöse in den einzelnen Einnahmequellen mitunter deutlich, wie ein Blick auf die Spieleinnahmen sowie die Medienrechte zeigt. Einzig die Werbeeinnahmen erhöhten sich mit Ausnahmen der Spielzeit 2008/09 beständig. Analog zu den Einnahmen stiegen auch die Aufwendungen Personal Spielbetrieb stetig an und erreichten in der letzten Saison des Betrachtungszeitraums ihren vorläufigen Höchststand.

[673] Sämtliche Daten stammen aus den von Tottenham Hotspurs plc veröffentlichten Geschäftsberichten der Jahre 2000 bis 2009.

6.3.4.2 Forwards und Futures

Tabelle 48 bildet in Summe einen Umsatzrückgang durch den Einsatz von Forwards bei den Hotspurs ab. Die Mindereinnahmen sind insbesondere in den Medienrechten sowie in der Werbung erheblich. Bei den Spieleinnahmen halten sich diese vergleichsweise zwar noch in Grenzen, dennoch sind auch diese nicht unbedeutend. Somit ist zur Kenntnis zu nehmen, dass auf der Einnahmeseite Forwards zu beträchtlichen Mindereinnahmen führen. Auf der Aufwandsseite vermindern sie jedoch die Aufwendungen für das spielende Personal; ein Phänomen, welches bereits bei den zuvor vorgestellten Fußballunternehmen zu beobachten gewesen ist.[674]

Tabelle 48: Einnahmen mit und ohne Forwards Tottenham Hotspurs

FORWARD	Spiel		Medienrechte		Werbung		Gesamteinnahmen	
(in Mio. €)	mit	ohne	mit	ohne	mit	ohne	mit	ohne
2000/01	22,078	21,479	13,026	14,765	6,513	5,631	41,617	41,875
2001/02	21,479	27,676	14,765	22,594	5,631	6,763	41,875	57,033
2002/03	27,676	25,520	22,594	24,796	6,763	6,895	57,033	57,211
2003/04	25,520	19,753	24,796	23,891	6,895	14,459	57,211	58,103
2004/05	19,753	21,086	23,891	25,488	14,459	14,249	58,103	60,823
2005/06	21,086	17,547	25,488	28,687	14,249	15,730	60,823	61,964
2006/07	17,547	30,839	28,687	33,734	15,730	25,427	61,964	90,000
2007/08	30,839	28,615	33,734	40,329	25,427	27,778	90,000	96,722
2008/09	28,615	27,857	40,329	44,811	27,778	27,363	96,722	100,031
SUMME	**214,593**	**220,372**	**227,310**	**259,095**	**123,445**	**144,295**	**565,348**	**623,762**

6.3.4.3 Swaps 2J

Swaps mit einer zweijährigen Laufzeit führen ebenso wie die Forwards zu sichtbaren Mindereinnahmen. Die Ergebnisse aus der Tabelle 49 zeigen in allen Einnahmequellen einen Rückgang der Erlöse bei Einsatz zweijähriger Swaps im Vergleich zu den tatsächlich von den Hotspurs realisierten Einnahmen. In Summe verbuchen sie im Betrachtungszeitraum um gut 90 Millionen Euro geringere Einnahmen.

---

674 Vgl. hierzu die im Anhang 18 aufgeführten Berechnungen der Aufwendungen Personal Spiel für sämtliche derivativen Instrumente bei Tottenham Hotspurs.

Tabelle 49: Einnahmen mit und ohne Swaps 2J bei Tottenham Hotspurs

Swap 2J (in Mio. €)	Spiel		Medienrechte		Werbung		Gesamteinnahmen	
	mit	ohne	mit	ohne	mit	ohne	mit	ohne
2000/01	22,078	21,479	13,026	14,765	6,513	5,631	41,617	41,875
2001/02	22,078	27,676	13,026	22,594	6,513	6,763	41,617	57,033
2002/03	27,676	25,520	22,594	24,796	6,763	6,895	57,033	57,211
2003/04	27,676	19,753	22,594	23,891	6,763	14,459	57,033	58,103
2004/05	19,753	21,086	23,891	25,488	14,459	14,249	58,103	60,823
2005/06	19,753	17,547	23,891	28,687	14,459	15,730	58,103	61,964
2006/07	17,547	30,839	28,687	33,734	15,730	25,427	61,964	90,000
2007/08	17,547	28,615	28,687	40,329	15,730	27,778	61,964	96,722
2008/09	28,615	27,857	40,329	44,811	27,778	27,363	96,722	100,031
SUMME	**202,723**	**220,372**	**216,725**	**259,095**	**114,708**	**144,295**	**534,156**	**623,762**

Auf der Aufwandsseite dezimieren sich allerdings auch die Aufwendungen für das spielende Personal.[675]

6.3.4.4 Swaps 3J

Der bereits bei den vorherigen Derivaten identifizierte Trend sinkender Einnahmen bei Verwendung derivativer Instrumente bestätigt sich auch bei den dreijährigen Swapvereinbarungen und findet bei diesen sowohl auf der Einnahme- als auch auf der Aufwandsseite einen negativen bzw. positiven Höhepunkt. Bei Abschluss dreijähriger Swaps generieren die Hotspurs in Summe gerade einmal 482 Millionen Euro.[676] Im Gegenzug haben sie allerdings auch nur gut 314 Millionen Euro zu tragen.[677]

6.3.4.5 Optionen

Auf Basis der Volatilität der einzelnen Einnahmequellen sowie der Aufwendungen Personal Spielbetrieb sind zu Anfang wiederum die Optionspreise auf Basis des Black-Scholes-Modells zu bestimmen.[678] Im Verhältnis zu den anderen Derivaten mindern Optionen die Gesamterlöse von Tottenham am geringsten. Zwar sind in allen drei Einnahmequellen Mindereinnahmen zu registrieren, jedoch dezimieren sich die Gesamteinnahmen in diesem Fall gerade einmal um annähernd 29 Millionen Euro.[679] In Anbetracht der bisherigen Resultate anderer Derivate stellt dies ein vergleichsweise positives Ergebnis dar. Allerdings

[675] Vgl. hierzu Anhang 18.
[676] Die ausführlichen Berechnungen sind in Anhang 19 einzusehen.
[677] Vgl. Anhang 18.
[678] Vgl. hierzu Anhang 20.
[679] Vgl. Anhang 21.

reduzieren sich im Gegenzug die Aufwendungen nicht in dem Maße wie dies bei den übrigen Derivaten zu beobachten ist.[680]

6.3.4.6 Vergleich der Volatilität

In den vorherigen Abschnitten zeigte sich, dass bei allen derivativen Instrumenten die Einnahmen der Tottenham Hotspurs sinken. Im Folgenden werden die Volatilitäten miteinander verglichen, um zu erkennen, ob sich die Reduzierung der Einnahmen zumindest positiv auf deren jeweilige Volatilität ausgewirkt hat. Folgende Übersicht fasst hierzu die einzelnen Volatilitäten zusammen.[681]

Tabelle 50: Übersicht Volatilität Tottenham Hotspurs

Übersicht Volatilität	Spiel	Medienrechte	Sponsoring	Personal Spielbetrieb
ohne Derivat	24,76%	12,74%	25,46%	14,09%
Forwards	24,76%	12,42%	27,13%	14,91%
Swaps 2J	22,63%	19,24%	28,42%	13,66%
Swaps 3J	13,91%	21,15%	27,07%	12,23%
Optionen	18,48%	12,83%	28,16%	14,18%

Einzig bei den Spieleinnahmen senken derivative Instrumente die Volatilität bzw. halten diese zumindest konstant. Bei den Medienrechten und insbesondere bei der Werbung erhöhen alle Derivate sogar noch die Volatilität. Selbst Optionen, die bei den beiden bisher behandelten Fußballunternehmen stets die Volatilität haben senken können, liefern bei den Hotspurs insgesamt nur ein unbefriedigendes Ergebnis. Allein die Volatilität der Spieleinnahmen ist mit ihnen zu vermindern. Auch auf der Aufwandsseite ist das Ergebnis als enttäuschend einzustufen. Allen Derivate gelingt es nicht, die Volatilität der Aufwendungen Personal Spielbetrieb zu erhöhen. Ähnliche Resultate konnten schon bei Borussia Dortmund sowie Juventus Turin festgestellt werden.

6.3.5 Zwischenfazit

Die Ergebnisse der drei Fußballunternehmen mit und ohne Einsatz derivativer Instrumente führen teils zu ähnlichen, teils aber auch zu unterschiedlichen Resultaten. Insbesondere bei den Einnahmequellen ist noch kein eindeutiger Trend zu registrieren.

---

[680] Vgl. Anhang 18.

[681] Auf die ausführlichen Berechnungen sei auf Anhang 22 verwiesen.

Forwards ziehen bei allen Einnahmequellen über alle drei Fußballunternehmen sinkende Gesamteinnahmen nach sich. Jedoch ist hierbei die bereits erwähnte Tatsache zu berücksichtigten, dass bei einem rollierenden Einsatz der Forwards die Einnahmen stets um eine Periode – in diesem Fall um eine Spielzeit – nach hinten verschoben werden. Die Höhe der Mindereinnahmen hängt somit eklatant vom Betrachtungszeitraum und insbesondere vom ersten Zeitpunkt des Einsatzes von Forwards ab. Gerade bei Fußballunternehmen, die ein konstantes Wachstum ihrer Erlöse verzeichnen – in diesem Fall Tottenham Hotspurs –, folgen aus der zeitlichen Verschiebung der Zahlungsströme fast automatisch Mindereinnahmen. Aussagekräftiger als die ausschließliche Betrachtung absoluter Zahlen bezüglich der Höhe der Gesamteinnahmen ist die Veränderung der Volatilität. Es wurde bereits dargestellt, dass aus höherem Risiko (Volatilität) höhere erwartete Renditen (Einnahmen) resultieren sollten. Dieser Logik folgend müssten die Mindereinnahmen, die durch Forwards hervorgerufen werden, durch eine niedrigere Volatilität kompensiert werden. Ein Blick auf die Volatilitäten zeigt jedoch, dass diese anhand von Forwards nur in den seltensten Fällen zu reduzieren ist. Eingedenk des Zahlungsaufschub der tatsächlich erzielten Erlöse um eine Saison ein nicht wirklich überraschendes Resultat.

Bei zweijährigen sowie dreijährigen Swapvereinbarungen zeigt sich dagegen ein differenziertes Bild. Während Borussia Dortmund von ihnen profitiert, haben die Tottenham Hotspurs sowie Juventus Turin signifikante Mindereinnahmen zu verkraften. Diese fallen im Vergleich zu den Forwards höher aus. Ein Blick auf die Volatilität demonstriert ebenfalls unterschiedliche Resultate. Während bei Borussia Dortmund die Volatilität durch beide Swaps trotz steigender Erlöse abnimmt, steigt diese bei Tottenham an. Bei Juventus Turin ist kein eindeutiger Trend zu verzeichnen.

Optionen führen auf der Einnahmeseite der Fußballunternehmen aus Dortmund und Turin zu steigenden Gesamteinnahmen, während sie für jenes aus Tottenham leichte Mindereinnahmen zu Folge haben. Dafür nahm die Volatilität der Fußballunternehmen zum Teil deutlich ab. Anzumerken ist hierbei eine besonders starke Reduktion der Volatilität bei Fußballunternehmen, die gleichzeitig von höheren Einnahmen aus dem Optionsgeschäft profitieren.

Resümierend ist für die Einnahmequellen ein sehr differenziertes Bild festzustellen, so dass eine abschließende Aussage über die Effizienz der derivativen Instrumente als Ganzes aber auch im Speziellen zum jetzigen Zeitpunkt nicht abschließend zu beantworten ist. Aus diesem Grund werden im nachfolgenden Abschnitt weitere Fußballunternehmen aus dem In- und Ausland in die Analyse aufgenommen, um so aussagekräftigere Ergebnisse zu erhalten.

Ein Blick auf die Aufwandsseite zeigt sinkende Aufwendungen für das spielende Personal bei Tottenham sowie Juventus und steigende bei Borussia Dortmund bei Abschluss von Forwards. Die Volatilität, die sich auf der Aufwandsseite im Sinne der Forschungsfrage erhöhen soll, steigt bei allen drei Fußballunternehmen geringfügig. Aufgrund der Verschiebung der Aufwendungen um eine Periode bei dauerhaftem Abschluss derivativer Instrumente, ist das Resultat auch hier nicht eindeutig zu evaluieren. Angesichts einer kaum erhöhten Volatilität und den bereits bei den Einnahmen beobachteten Entwicklungen dieser, ist daraus zu schließen, dass Forwards nicht geeignet sind, Aufwendungen an den sportlichen Erfolg zu koppeln.
Beide Swapvereinbarungen reduzieren bei allen Fußballunternehmen die Aufwendungen für das spielende Personal deutlich. Bei der Volatilität zeigt sich jedoch ein differenziertes Resultat. Zum einen steigt diese an – wie bei Borussia Dortmund –, zum anderen sinkt sie, wie das Beispiel Tottenham belegt. Insgesamt erscheinen auch Swaps kein ideales Instrument im Risikomanagement von Fußballunternehmen im Zuge der Kopplung ihrer Aufwendungen an den sportlichen Erfolg, auch wenn sich die Aufwendungen deutlich reduzieren. Jedoch ist die Frage zu stellen, ob ein möglicher Swappartner überhaupt dazu bereit ist, eine langjährige Swapvereinbarung abzuschließen. Schließlich könnte in der Folge das Fußballunternehmen angehalten sein, höhere Prämien an seine Spieler zu zahlen. Daher sind aus Sicht des Swappartners bei Swapvereinbarungen zwingend die genaue Höhe der Prämienzahlungen zu definieren und anschließend vertraglich zu regeln.

Der Einsatz von Optionen liefert schließlich insgesamt auch nur ein mäßiges Ergebnis. Zwar profitieren Turin sowie Tottenham von sinkenden Aufwendungen, allerdings ist die Volatilität im Durchschnitt durch Optionen nicht zu steigern.

Resümierend ist daher festzuhalten, dass Derivate zwar zukünftig zu tragende Aufwendungen durch vorher vereinbarte Basispreise fixieren können, was im Sinne eines effizienten Risikomanagements der Fußballunternehmen von Vorteil ist. Durch Fixierung haben diese nämlich schon vor Saisonbeginn Planungssicherheit in ihrer bedeutendsten Aufwandsposition. Allerdings ist hierbei zu berücksichtigen, dass auch im sportlichen Misserfolg bei Abschluss von Forward- und Swapvereinbarungen die vereinbarten Aufwendungen zu zahlen sind – zwar dann nicht an die Spieler, jedoch an den Swappartner. Einzig Optionen mindern die Aufwendungen bei sportlichem Misserfolg. Fußballunternehmen sollten daher, falls sie daran gedenken, ihre Aufwendungen durch ein Derivat kalkulierbarer zu gestalten, auf eine Option zurückgreifen. Aufgrund der Struktur der Derivate gelingt es ihnen hingegen nicht, anfallende Aufwendungen an den sportlichen Werdegang des jeweiligen Fußballunternehmens zu koppeln. Wie bereits vorherige Ausführungen – insbesondere an Abschnitt 5.3.2 sei hierbei verwiesen – schildern, eignen sich Derivate im Risikomanagement ausschließlich zur Fixierung eines bestimmten Niveaus. Etwaige Zahlungsströme variabler zu gestalten, ist mit ihnen nicht zu realisieren. Somit bestätigen sich die theoretischen Ausführungen auch in der empirischen Untersuchung. Aus diesem Grund werden in der nachfolgenden Analyse keine Derivate mehr für die Aufwendungen Personal Spielbetrieb abgeschlossen, so dass sie auf der Aufwandsseite nicht weiter Berücksichtigung finden.

6.4 Analyse derivativer Instrumente bei weiteren Fußballunternehmen

6.4.1 Überblick und Methodik

Wie im letzten Abschnitt angekündigt, findet in diesem Teil – auch im Sinne der Vergleichbarkeit und Übersichtlichkeit – ausschließlich eine Anwendung derivativer Instrumente bei den volumenmäßig drei bedeutendsten Einnahmequellen ausgewählter europäischer Fußballunternehmen statt. Ziel ist, die bereits in Abschnitt 6.2 sowie 6.3 gewonnenen Erkenntnisse weiter zu vertiefen, um anschließend werthaltige sowie aussagekräftige Resultate zur abschließenden Evaluierung derivativer Instrumente zu erhalten. Dabei werden Forwards sowie Optionen wiederum jeweils für die Laufzeit einer Saison – Anfang August bis Ende Mai – auf Basis der in der Vorsaison erzielten Erlöse des jeweiligen Underlying abgeschlossen. Hinsichtlich der Bewertung von Optionen wird von einem risikolosen Zinssatz, der auf Basis des aktuell herrschenden Zinsniveaus für Festgeld festgelegt ist, in Höhe von 1,50 Prozent ausgegangen.[682] Neben Forwards und Optionen werden ebenfalls Swapvereinbarungen analysiert, wobei diese wiederum mit einer Laufzeit von zwei sowie drei Jahren ausgestattet sind. Forwards sowie beide Swaps werden analog zu der bisherigen Vorgehensweise auf Basis der in der Vorsaison erzielten Erträge abgeschlossen, so dass keine Kosten bei Abschluss dieser vom Fußballunternehmen zu tragen sind. Neben den drei bisher untersuchten Fußballunternehmen aus Dortmund, Turin sowie Tottenham finden nun insgesamt vierzehn weitere Unternehmen aus den fünf wichtigsten nationalen

[682] Die Berechnung von Optionspreisen mit alternativen Zinssätzen und die daraus resultierenden Veränderungen werden am Beispiel von Borussia Dortmund anhand einer Sensivitätsanalyse in Abschnitt 6.5.2 dargestellt.

Ligen Europas Berücksichtigung. Die Auswahl dieser erfolgte in erster Linie auf Basis der frei zugänglichen und somit öffentlichen Daten. Aufgrund der Verfügbarkeit dieser fließen aus dem europäischen Ausland insbesondere die jeweiligen Spitzenclubs in die Untersuchung ein, während aus der 1. Fußball-Bundesliga auch Fußballunternehmen zu analysieren sind, die nicht zu den Spitzenclubs Deutschlands zu zählen sind.[683] Im Zuge einer aussagekräftigen Evaluierung sollte die Analyse zumindest auf Daten von fünf aufeinanderfolgenden Spielzeiten beruhen, so dass dieser Prämisse folgend, weitere potenzielle Fußballunternehmen aus der 1. Fußball-Bundesliga wie beispielsweise die TSG 1899 Hoffenheim nicht Berücksichtigung finden konnte. Nach diesen Kriterien konnten aus der 1.Fußball-Bundesliga neben Borussia Dortmund auch Hertha BSC Berlin, Hannover 96, FC Schalke 04 sowie Werder Bremen in das Untersuchungsset aufgenommen werden, wodurch der deutsche Fußball zusammen mit der englischen Premier League die meisten Fußballunternehmen in der Analyse stellt. Aus der Premier League werden neben Tottenham die vier umsatzstärksten Fußballunternehmen – Manchester United, Chelsea London, Arsenal London sowie FC Liverpool – in das Untersuchungsset integriert. Aus der italienischen Serie A werden die AS Roma sowie die beiden Mailänder Clubs AC und Inter neben Juventus Turin berücksichtigt. Aus Spanien sind schließlich die beiden Rivalen Real Madrid und FC Barcelona sowie aus der französischen Ligue 1 Olympique Lyonnais vertreten.

Analog zu der bisherigen Vorgehensweise werden zuerst die Derivate nacheinander an ausgewählten Einnahmequellen der verschiedenen Fußballunternehmen angewandt. Hierbei werden zum einen die finanziellen Auswirkungen und zum anderen die Auswirkungen auf die Volatilität der einzelnen derivativen Instrumente dargestellt und analysiert. Im zweiten Schritt ist der Fokus direkt auf die einzelnen Einnahmequellen gerichtet, wodurch für jede Einnahmequelle sowie anschließend für die Gesamteinnahmen sowohl aus finanzieller als auch aus risikominimierender Sicht das optimale derivative Instrument auszuwählen ist. Von Bedeutung wird hierbei sein, dass optimale Derivat vor dem Gesichtspunkt eines Chancen-Risiko-Verhältnisses zu identifizieren. Zum Abschluss wird jeweils ein Zwischenfazit gezogen, das in die kritische Würdigung aller gewonnen Erkenntnisse einfließt.

---

[683] Die Daten wurden hierbei zum einen aus den Geschäftsberichten der Fußballunternehmen (Werder Bremen, Hertha BSC Berlin, Hannover 96 sowie Olympique Lyonnais) und zum anderen aus verschiedenen Studien (übrige Fußballunternehmen) gewonnen, wobei hierbei die Studien von Deloitte aus den Jahren 2005 bis 2010 die Basis bilden. Die Einnahmeentwicklung dieser Fußballunternehmen im jeweiligen Betrachtungszeitraum ist in Anhang 23 aufgeführt.

6.4.2 Ergebnisse europäischer Fußballunternehmen pro Derivat

6.4.2.1 Forwards und Futures

Wie zuvor im Modell 1. Fußball-Bundesliga sowie anschließend bei den drei explizit untersuchten Fußballunternehmen werden Forwards auch in diesem Abschnitt zuerst behandelt. Verglichen und einander gegenübergestellt wird wiederum die Einnahmeentwicklung mit und ohne Forwards. Die folgende Tabelle fasst die zentralen Ergebnisse dieser Analyse zusammen.[684]

Tabelle 51: Einnahmen mit und ohne Forwards bei europäischen Fußballunternehmen

Fußballunternehmen (in Mio. €)	Spiel		Medienrechte		Werbung		Gesamteinnahmen	
	mit	ohne	mit	ohne	mit	ohne	mit	ohne
Borussia Dortmund	166,297	170,514	246,589	233,996	261,932	274,464	674,818	678,974
Hertha BSC Berlin	38,478	40,687	68,112	75,611	89,677	88,417	196,267	204,715
FC Schalke 04	140,300	141,200	161,500	179,400	272,500	286,800	574,300	607,400
SV Werder Bremen	56,168	60,906	122,275	133,283	33,416	39,991	211,859	234,180
Hannover 96	35,943	39,843	62,726	70,904	37,290	45,688	135,959	156,435
Juventus Turin	128,712	134,351	901,635	955,786	388,099	388,432	1418,446	1478,569
AS Roma	120,500	115,100	413,400	449,800	166,700	173,300	700,600	738,200
Inter Mailand	152,400	151,300	571,300	585,000	194,500	211,900	918,200	948,200
AC Mailand	152,100	157,600	702,800	667,400	276,800	280,900	1131,700	1105,900
Manchester United	563,700	599,000	439,100	461,700	385,200	395,300	1388,000	1456,000
FC Liverpool	242,700	252,200	372,000	409,000	291,800	322,300	906,500	983,500
FC Chelsea London	452,800	459,300	429,600	437,300	328,300	339,400	1210,700	1236,000
Tottenham Hotspurs	214,593	220,372	227,310	259,095	123,445	144,295	565,348	623,762
Arsenal London	424,300	490,800	396,200	394,900	245,100	269,300	1065,600	1155,000
Real Madrid	384,100	423,500	535,700	608,400	600,900	654,200	1520,700	1686,100
FC Barcelona	380,600	418,300	462,100	554,400	392,400	459,100	1235,100	1431,800
Olympique Lyonnais	82,000	86,741	262,500	284,490	67,900	73,663	412,400	444,894
Summe	3735,691	3961,714	6374,847	6760,465	4155,959	4447,450	14266,497	15169,629
Abweichung	-5,71%		-5,70%		-6,55%		-5,95%	

Es ist zu erkennen, dass durch Abschluss von Forwards die Einnahmen der Fußballunternehmen bis auf wenige Ausnahmen sinken. Einzig der AC Mailand erzielt dank Forwards – resultierend durch eine signifikante Verbesserung seiner Umsätze bei den Medienrechten – höhere Gesamterlöse. Bei den übrigen Fußballunternehmen führen Forwards nur in den seltensten Fällen zu einer Verbesserung der Einnahmesituation. In Summe reduzieren sich die Gesamteinnahmen um fast 6 Prozent. Der Logik aus der Portfoliotheorie folgend, müsste erwartungsgemäß die Volatilität ebenfalls absinken. Nachfolgende Tabelle liefert die Resultate.

[684] Eine detaillierte Übersicht der Umsatzentwicklung sowie die Entwicklung der Volatilität mit und ohne Forwards ist in Anhang 24 für jedes Fußballunternehmen einzusehen.

Tabelle 52: Vergleich Volatilität mit und ohne Forwards bei europäischen Fußballunternehmen

Fußballunternehmen	Spiel		Medienrechte		Werbung		Gesamteinnahmen	
	mit	ohne	mit	ohne	mit	ohne	mit	ohne
Borussia Dortmund	15,62%	13,68%	52,87%	48,91%	37,05%	31,32%	35,38%	30,89%
Hertha BSC Berlin	16,98%	16,14%	15,55%	17,83%	3,96%	2,48%	6,16%	8,95%
FC Schalke 04	17,06%	14,10%	39,39%	52,72%	10,75%	6,74%	13,48%	18,89%
SV Werder Bremen	1,89%	14,85%	21,59%	23,33%	9,24%	5,15%	14,28%	17,93%
Hannover 96	21,09%	2,91%	15,92%	19,52%	13,94%	9,66%	11,44%	7,49%
Juventus Turin	44,12%	44,96%	18,20%	18,97%	20,43%	20,93%	20,43%	21,19%
AS Roma	17,26%	16,44%	18,44%	18,32%	24,89%	22,40%	9,90%	14,94%
Inter Mailand	14,31%	8,55%	14,52%	14,73%	16,07%	22,31%	10,59%	11,73%
AC Mailand	19,50%	15,91%	12,47%	14,27%	17,57%	17,56%	5,28%	3,84%
Manchester United	13,40%	13,76%	24,26%	16,54%	8,23%	8,13%	12,18%	11,15%
FC Liverpool	14,89%	12,05%	16,70%	12,14%	6,49%	8,29%	10,60%	5,48%
FC Chelsea London	15,97%	16,70%	9,36%	9,63%	14,00%	19,90%	11,46%	13,46%
Tottenham Hotspurs	24,76%	24,76%	12,42%	12,47%	27,13%	25,46%	13,86%	13,65%
Arsenal London	32,29%	33,56%	21,61%	17,58%	16,75%	13,91%	13,16%	12,98%
Real Madrid	6,91%	7,73%	15,22%	13,88%	16,09%	5,60%	6,09%	5,49%
FC Barcelona	4,80%	5,46%	3,83%	8,46%	13,37%	11,48%	6,54%	5,92%
Olympique Lyonnais	7,19%	0,63%	19,93%	6,84%	15,36%	9,22%	11,69%	4,78%
Durchschnitt	19,201%	17,478%	22,152%	21,743%	18,088%	16,036%	14,168%	13,916%
Abweichung	9,85%		1,88%		12,80%		1,81%	

Neben Juventus Turin trifft dies auf den FC Chelsea zu. In Summe ist allerdings zu konstatieren, dass die Volatilität in allen drei Einnahmequellen sowie bei den Gesamteinnahmen zugenommen hat – besonders stark bei den Spieleinnahmen sowie im Sponsoring. Bei Vergleich der Veränderung der Einnahmen liefern die Forwards insgesamt ein unbefriedigendes Ergebnis. So reduzieren sie auf der einen Seite die Einnahmen der Fußballunternehmen um durchschnittlich 6 Prozent und erhöhen auf der anderen Seite die Volatilität dieser. Somit sind mit Forwards die vom sportlichen Erfolg abhängigen Einnahmen nicht unabhängiger zu gestalten – jedenfalls nicht, solange diese jährlich abgeschlossen werden. Diesbezüglich wurde bereits darauf hingewiesen, dass Forwards die tatsächlich erzielten Einnahmen gerade einmal um eine Periode nach hinten verschieben. Dadurch sind Fußballunternehmen zwar in der Lage vor einer Saison einen Großteil ihrer bisher unsicheren zukünftigen Einnahmen zu fixieren, jedoch ist in der mittel- bis langfristigen Perspektive das Risiko sowie die Korrelation zwischen den Einnahmen und dem sportlichen Erfolg nicht zu senken oder im Optimalfall zu eliminieren. Einziger Vorteil der Forwards stellt somit die Planungssicherheit zu Saisonbeginn bezüglich der saisonalen Einnahmen dar.

6.4.2.2 Swaps 2J

Im Folgenden werden die Swapvereinbarungen mit einer zweijährigen Laufzeit betrachtet. Bei den bisher untersuchten Fußballunternehmen aus Dortmund, Turin sowie Tottenham führten diese zu sinkenden Einnahmen. Folgende Tabelle manifestiert die aus den drei Fußballunternehmen gewonnenen Resultate auch bei den übrigen Fußballunternehmen.[685]

Tabelle 53: Einnahmen mit und ohne Swap 2J bei europäischen Fußballunternehmen

Fußballunternehmen (in Mio. €)	Spiel		Medienrechte		Werbung		Gesamteinnahmen	
	mit	ohne	mit	ohne	mit	ohne	mit	ohne
Borussia Dortmund	172,729	170,514	256,361	233,996	255,002	274,464	684,092	678,974
Hertha BSC Berlin	33,518	40,687	61,434	75,611	92,018	88,417	186,970	204,715
FC Schalke 04	147,200	141,200	166,200	179,400	263,500	286,800	576,900	607,400
SV Werder Bremen	53,426	60,906	123,842	133,283	32,558	39,991	209,826	234,180
Hannover 96	32,686	39,843	53,500	70,904	33,136	45,688	119,322	156,435
Juventus Turin	131,784	134,351	871,978	955,786	384,902	388,432	1388,664	1478,569
AS Roma	113,800	115,100	359,100	449,800	174,100	173,300	647,000	738,200
Inter Mailand	145,400	151,300	572,500	585,000	201,200	211,900	919,100	948,200
AC Mailand	144,100	157,600	699,900	667,400	287,500	280,900	1131,500	1105,900
Manchester United	519,200	599,000	436,500	461,700	372,300	395,300	1328,000	1456,000
FC Liverpool	223,700	252,200	341,600	409,000	276,600	322,300	841,900	983,500
FC Chelsea London	422,700	459,300	420,400	437,300	301,800	339,400	1144,900	1236,000
Tottenham Hotspurs	202,723	220,372	216,725	259,095	114,708	144,295	534,156	623,762
Arsenal London	349,100	490,800	428,200	394,900	219,100	269,300	996,400	1155,000
Real Madrid	375,400	423,500	494,800	608,400	552,000	654,200	1422,200	1686,100
FC Barcelona	360,300	418,300	436,600	554,400	368,500	459,100	1165,400	1431,800
Olympique Lyonnais	78,400	86,741	232,000	284,490	67,200	73,663	377,600	444,894
Summe	3506,166	3961,714	6171,640	6760,465	3996,124	4447,450	13673,930	15169,629
Abweichung	-11,50%		-8,71%		-10,15%		-9,86%	

So führen im Durchschnitt zweijährige Swaps zu sinkenden Einnahmen. Einzig die bereits untersuchte Dortmunder Borussia sowie der AC Mailand verbessern durch zweijährige Swaps ihre Einnahmesituation. Im Gesamten verzeichnen die Spieleinnahmen mit 11,50 Prozent den größten Rückgang. Die Medienerlöse sinken hingegen am geringsten. Über alle Einnahmequellen hinweg fallen die Mindereinnahmen im Vergleich zu den vorher analysierten Forwards höher aus. Daher sind sie bei alleiniger Fokussierung ihres Einflusses auf die Einnahmen den Forwards unterlegen. Im zweiten Schritt ist jedoch auch noch die Volatilität zu berücksichtigen. In den Spiel- sowie in den Medieneinnahmen ist insgesamt eine reduzierte Volatilität zu beobachten, während sie in der Werbung leicht zunimmt. Somit senken zweijährige Swaps zumindest in zwei Einnahmequellen im Durchschnitt das Risiko. Indes ist nicht außer Acht zu lassen, dass vereinzelt die Volatilität deutlich zunimmt. So erhöht sich diese bei den Spieleinahmen von Hannover 96 von vormals knapp 3 Prozent auf über 23 Prozent – gleichbedeutend einer Steigerungsrate von nicht weniger als annähernd 800 Prozent. Ferner ist bei Olympique Lyonnais die Steigerungsrate mit einer Erhöhung der Volatilität um das 14,5-fache des ursprünglichen Wertes sogar noch gewaltiger.

[685] Eine detaillierte Übersicht der Umsatzentwicklung sowie die Entwicklung der Volatilität mit und ohne zweijähriger Swaps ist in Anhang 25 für jedes Fußballunternehmen einzusehen.

Tabelle 54: Vergleich Volatilität mit und ohne Swaps 2J bei europäischen Fußballunternehmen

Fußballunternehmen	Spiel		Medienrechte		Werbung		Gesamteinnahmen	
	mit	ohne	mit	ohne	mit	ohne	mit	ohne
Borussia Dortmund	11,44%	13,68%	38,71%	48,91%	10,92%	31,32%	19,49%	30,89%
Hertha BSC Berlin	16,03%	16,14%	6,96%	17,83%	3,96%	2,48%	3,19%	8,95%
FC Schalke 04	3,99%	14,10%	35,57%	52,72%	6,71%	6,74%	12,69%	18,89%
SV Werder Bremen	18,14%	14,85%	17,18%	23,33%	17,90%	5,15%	17,54%	17,93%
Hannover 96	23,22%	2,91%	8,20%	19,52%	20,44%	9,66%	15,63%	7,49%
Juventus Turin	45,49%	44,96%	14,28%	18,97%	20,14%	20,93%	18,30%	21,19%
AS Roma	8,88%	16,44%	18,70%	18,32%	21,73%	22,40%	13,34%	14,94%
Inter Mailand	1,16%	8,55%	15,51%	14,73%	18,90%	22,31%	13,96%	11,73%
AC Mailand	8,62%	15,91%	13,25%	14,27%	8,15%	17,56%	7,28%	3,84%
Manchester United	9,04%	13,76%	33,03%	16,54%	3,89%	8,13%	13,84%	11,15%
FC Liverpool	6,87%	12,05%	16,26%	12,14%	7,08%	8,29%	10,49%	5,48%
FC Chelsea London	4,95%	16,70%	13,32%	9,63%	10,42%	19,90%	8,26%	13,46%
Tottenham Hotspurs	22,63%	24,76%	19,24%	12,47%	28,42%	25,46%	16,32%	13,65%
Arsenal London	25,63%	33,56%	8,51%	17,58%	17,18%	13,91%	12,98%	12,98%
Real Madrid	12,72%	7,73%	16,68%	13,88%	16,10%	5,60%	10,96%	5,49%
FC Barcelona	12,06%	5,46%	14,97%	8,46%	27,56%	11,48%	17,46%	5,92%
Olympique Lyonnais	9,17%	0,63%	19,62%	6,84%	7,31%	9,22%	15,21%	4,78%
Summe	16,002%	17,478%	20,667%	21,743%	16,455%	16,036%	15,130%	13,916%
Abweichung	-8,45%		-4,95%		2,62%		8,72%	

Doch trotz dieser negativen Ausreißer scheinen auf Basis obiger Resultate zweijährige Swapvereinbarungen besser im Risikomanagement geeignet zu sein als die zuvor untersuchten Forwards.

6.4.2.3 Swaps 3J

Nachdem im vorherigen Abschnitt zweijährige Swaps in zwei Einnahmequellen das Risiko minderten und dadurch die Einnahmen ein Stück weit vom sportlichen Erfolg entkoppeln, ist nun von Interesse, ob sich diese positiven Resultate auch bei dreijährige Swapvereinbarungen wiederholen. Tabelle 55 zeigt die Resultate.[686] Allgemein haben dreijährige Swapvereinbarungen in allen drei Einnahmequellen sinkende Erlöse zur Folge – ein Ergebnis, welches bereits bei Forwards sowie den zweijährigen Swaps zu beobachten war. Ein Blick auf die Gesamteinnahmen veranschaulicht, dass analog zum Resultat der zweijährigen Swaps wiederum nur Borussia Dortmund sowie der AC Mailand ihre Erlöse steigern. Ferner ist die negative Abweichung der Erlöse noch größer als bei zweijährigen Swaps. Einzig die Spieleinnahmen verminderten sich bei zweijährigen Swapvereinbarungen stärker.

[686] Eine detaillierte Übersicht der Umsatzentwicklung sowie die Entwicklung der Volatilität mit und ohne dreijähriger Swaps ist in Anhang 26 für jedes Fußballunternehmen einzusehen.

Tabelle 55: Einnahmen mit und ohne Swaps 3J bei europäischen Fußballunternehmen

Fußballunternehmen (Einnahmen in Mio. €)	Spiel		Medienrechte		Werbung		Gesamteinnahmen	
	mit	ohne	mit	ohne	mit	ohne	mit	ohne
Borussia Dortmund	159,141	170,514	299,331	233,996	295,050	274,464	753,522	678,974
Hertha BSC Berlin	32,454	40,687	66,206	75,611	93,623	88,417	192,283	204,715
FC Schalke 04	139,500	141,200	116,700	179,400	246,600	286,800	502,800	607,400
Hannover 96	28,469	39,843	58,042	70,904	30,778	45,688	117,289	156,435
Juventus Turin	106,724	134,351	805,030	955,786	367,694	388,432	1279,448	1478,569
AS Roma	120,600	115,100	360,500	449,800	160,500	173,300	641,600	738,200
Inter Mailand	147,500	151,300	562,000	585,000	180,000	211,900	889,500	948,200
AC Mailand	140,900	157,600	710,400	667,400	270,000	280,900	1121,300	1105,900
Manchester United	552,200	599,000	466,100	461,700	389,100	395,300	1407,400	1456,000
FC Liverpool	233,900	252,200	306,800	409,000	275,600	322,300	816,300	983,500
FC Chelsea London	464,100	459,300	432,600	437,300	320,300	339,400	1217,000	1236,000
Tottenham Hotspurs	195,435	220,372	199,527	259,095	87,414	144,295	482,376	623,762
Arsenal London	422,200	490,800	402,500	394,900	223,900	269,300	1048,600	1155,000
Real Madrid	350,400	423,500	529,100	608,400	530,500	654,200	1410,000	1686,100
FC Barcelona	350,600	418,300	411,700	554,400	325,500	459,100	1087,800	1431,800
Olympique Lyonnais	74,900	86,741	213,300	284,490	66,900	73,663	355,100	444,894
Summe	3519,023	3900,808	5939,836	6627,182	3863,459	4407,459	13322,318	14935,449
Abweichung	-9,79%		-10,37%		-12,34%		-10,80%	

Diesem Trend folgend ist zu erwarten, dass zumindest die Volatilität weiter sinkt. Doch – Tabelle 56 demonstriert es – tritt das Gegenteil ein.

Tabelle 56: Vergleich Volatilität mit und ohne Swaps 3J bei europäischen Fußballunternehmen

Fußballunternehmen	Spiel		Medienrechte		Werbung		Gesamteinnahmen	
	mit	ohne	mit	ohne	mit	ohne	mit	ohne
Borussia Dortmund	1,32%	13,68%	43,37%	48,91%	24,64%	31,32%	25,20%	30,89%
Hertha BSC Berlin	23,82%	16,14%	23,71%	17,83%	4,65%	2,48%	10,80%	8,95%
FC Schalke 04	1,56%	14,10%	31,71%	52,72%	5,47%	6,74%	9,68%	18,89%
Hannover 96	21,94%	2,91%	26,44%	19,52%	25,66%	9,66%	25,15%	7,49%
Juventus Turin	32,53%	44,96%	8,18%	18,97%	17,37%	20,93%	12,50%	21,19%
AS Roma	0,36%	16,44%	31,49%	18,32%	6,87%	22,40%	16,05%	14,94%
Inter Mailand	0,73%	8,55%	9,83%	14,73%	2,39%	22,31%	6,84%	11,73%
AC Mailand	1,07%	15,91%	5,78%	14,27%	12,46%	17,56%	0,94%	3,84%
Manchester United	17,21%	13,76%	1,49%	16,54%	7,83%	8,13%	8,50%	11,15%
FC Liverpool	15,52%	12,05%	18,46%	12,14%	11,77%	8,29%	15,36%	5,48%
FC Chelsea London	13,58%	16,70%	1,65%	9,63%	21,59%	19,90%	11,50%	13,46%
Tottenham Hotspurs	13,91%	24,76%	21,15%	12,47%	27,07%	25,46%	10,48%	13,65%
Arsenal London	42,02%	33,56%	13,71%	17,58%	29,27%	13,91%	18,14%	12,98%
Real Madrid	12,21%	7,73%	17,64%	13,88%	20,02%	5,60%	17,19%	5,49%
FC Barcelona	18,50%	5,46%	20,73%	8,46%	31,98%	11,48%	23,35%	5,92%
Olympique Lyonnais	9,82%	0,63%	22,94%	6,84%	12,95%	9,22%	18,42%	4,78%
Durchschnitt	15,074%	16,489%	19,885%	20,188%	17,466%	15,693%	15,339%	12,721%
Abweichung	-8,58%		-1,50%		11,30%		20,58%	

So nimmt die Volatilität im Vergleich zu den zweijährigen Swaps bei den Medienrechten sowie in der Werbung zu. Einzig die Volatilität der Spieleinnahmen sinkt minimal gegenüber dem Ergebnis der zweijährigen Swapvereinbarungen. Zumindest bei den Spiel- und

Medieneinnahmen sind dreijährige Swaps den Forwards überlegen. Gleichwohl ist auf Basis dieser Resultate zu raten, statt dreijährige nur zweijährige Vereinbarungen abzuschließen. Abschließend sei nun noch ein Blick auf die Optionen gerichtet, die sich bei Analyse des Modells „1. Fußball-Bundesliga" sowie bei den drei Fußballunternehmen aus Dortmund, Turin sowie Tottenham als das beste Instrument herauskristallisierten.

6.4.2.4 Optionen

Die zentrale Stärke von Optionen, auch von steigenden Erlösen durch Nicht-Ausübung dieser zu profitieren, bestätigte sich bereits bei den bisherigen Analysen. Interessant wird daher sein, inwieweit sich dieses Resultat auch bei den übrigen analysierten europäischen Fußballunternehmen wiederholt. Ein erster Blick auf nachfolgende Tabelle verdeutlicht bereits, dass sich im Gegensatz zu den bisherigen Ergebnissen bezüglich der Einnahmeentwicklung ein deutlich positiveres Bild abzeichnet.[687]

Tabelle 57: Einnahmen mit und ohne Optionen bei europäischen Fußballunternehmen

Fußballunternehmen (Einnahmen in Mio. €)	**Spiel**		**Medienrechte**		**Werbung**		**Gesamteinnahmen**	
	mit	**ohne**	**mit**	**ohne**	**mit**	**ohne**	**mit**	**ohne**
Borussia Dortmund	170,834	170,514	245,639	233,996	271,894	274,464	688,367	678,974
Hertha BSC Berlin	40,518	40,687	73,935	75,611	89,692	88,417	204,145	204,715
FC Schalke 04	143,758	141,200	179,456	179,400	283,234	286,800	606,448	607,400
SV Werder Bremen	60,615	60,906	130,091	133,283	39,268	39,991	229,974	234,180
Hannover 96	37,843	39,843	68,440	70,904	44,173	45,688	150,456	156,435
Juventus Turin	142,445	134,351	975,487	955,786	395,130	388,432	1513,062	1478,569
AS Roma	120,261	115,100	437,869	449,800	173,014	173,300	731,144	738,200
Inter Mailand	153,243	151,300	556,620	585,000	209,235	211,900	919,098	948,200
AC Mailand	159,021	157,600	692,566	667,400	281,633	280,900	1133,220	1105,900
Manchester United	586,717	599,000	458,414	461,700	392,713	395,300	1437,844	1456,000
FC Liverpool	251,286	252,200	399,142	409,000	315,729	322,300	966,157	983,500
FC Chelsea London	461,077	459,300	439,722	437,300	341,907	339,400	1242,706	1236,000
Tottenham Hotspurs	218,552	220,372	250,761	259,095	134,823	144,295	604,136	623,762
Arsenal London	464,071	490,800	401,592	394,900	264,094	269,300	1129,757	1155,000
Real Madrid	414,889	423,500	585,835	608,400	626,428	654,200	1627,152	1686,100
FC Barcelona	413,281	418,300	544,387	554,400	443,544	459,100	1401,212	1431,800
Olympique Lyonnais	85,285	86,741	268,142	284,490	72,357	73,663	425,784	444,894
Summe	3923,696	3961,714	6708,098	6760,465	4378,868	4447,450	15010,662	15169,629
Abweichung	-0,96%		-0,77%		-1,54%		-1,05%	

Augenscheinlich ist die Bestätigung des ersten Eindrucks. Die Abweichung zwischen den tatsächlichen und den durch das Derivat erzielten Einnahmen ist zwar weiterhin negativ. Indes

[687] Eine detaillierte Übersicht der Kalkulation der Optionspreise samt Ausübungsprozess sowie die Umsatzentwicklung und die Entwicklung der Volatilität mit und ohne Optionen ist in Anhang 27 für jedes Fußballunternehmen einzusehen.

ist diese im Vergleich zu den bisherigen derivativen Instrumenten weitaus geringer. Während sich bei den anderen Derivaten die Einnahmen im Schnitt um ca. 10 Prozent reduzieren, ist bei Optionen eine Minderung der Einnahmen von gut einem Prozent zu konstatieren. Damit bestätigen sich die bei den beiden vorherigen Untersuchungen festgestellten Resultate auf eindrucksvolle Weise. Sowohl in der Einperioden-Betrachtung als auch anschließend bei den ausgewählten Fußballunternehmen lieferten Optionen gerade bei steigenden Einnahmen – im Einperioden-Modell durch Übererzielung des sportlichen Ziels – die aus Sicht des Fußballunternehmens positivsten Ergebnisse.

Auf Basis der soeben dargestellten Resultate ist nun die Entwicklung der Volatilität zu überprüfen. Im Gegensatz zu der allgemeinen Logik, führten bisher sinkende Renditen bzw. in diesem Kontext sinkende Einnahmen nicht automatisch zu einem geringeren Risiko und somit zu einer geringeren Volatilität. Die folgende Tabelle demonstriert jedoch eine Absenkung der Volatilität mittels Optionen.

Tabelle 58: Vergleich Volatilität mit und ohne Optionen bei europäischen Fußballunternehmen

Fußballunternehmen	**Spiel**		**Medienrechte**		**Werbung**		**Gesamteinnahmen**	
	mit	**ohne**	**mit**	**ohne**	**mit**	**ohne**	**mit**	**ohne**
Borussia Dortmund	9,84%	13,68%	40,54%	48,91%	23,75%	31,32%	23,16%	30,89%
Hertha BSC Berlin	7,50%	16,14%	15,59%	17,83%	4,83%	2,48%	7,55%	8,95%
FC Schalke 04	4,77%	14,10%	43,67%	52,72%	5,16%	6,74%	12,62%	18,89%
SV Werder Bremen	10,48%	14,85%	19,60%	23,33%	5,41%	5,15%	14,73%	17,93%
Hannover 96	1,10%	2,91%	19,66%	19,52%	10,26%	9,66%	8,42%	7,49%
Juventus Turin	23,44%	44,96%	7,93%	18,97%	13,79%	20,93%	10,09%	21,19%
AS Roma	5,64%	16,44%	15,02%	18,32%	23,30%	22,40%	8,94%	14,94%
Inter Mailand	7,20%	8,55%	12,38%	14,73%	22,76%	22,31%	5,99%	11,73%
AC Mailand	13,70%	15,91%	12,34%	14,27%	8,04%	17,56%	6,07%	3,84%
Manchester United	14,29%	13,76%	21,66%	16,54%	7,94%	8,13%	12,74%	11,15%
FC Liverpool	10,77%	12,05%	10,02%	12,14%	8,59%	8,29%	4,57%	5,48%
FC Chelsea London	16,47%	16,70%	5,67%	9,63%	15,39%	19,90%	11,33%	13,46%
Tottenham Hotspurs	18,48%	24,76%	12,83%	12,47%	28,16%	25,46%	12,65%	13,65%
Arsenal London	36,04%	33,56%	8,93%	17,58%	14,04%	13,91%	17,82%	12,98%
Real Madrid	8,00%	7,73%	14,63%	13,88%	6,19%	5,60%	5,90%	5,49%
FC Barcelona	5,50%	5,46%	8,66%	8,46%	11,65%	11,48%	6,01%	5,92%
Olympique Lyonnais	0,64%	0,63%	6,61%	6,84%	5,22%	9,22%	4,52%	4,78%
Durchschnitt	12,924%	17,478%	18,382%	21,743%	14,298%	16,036%	11,539%	13,916%
Abweichung	-26,06%		-15,46%		-10,84%		-17,08%	

So vermindern Optionen im Durchschnitt die Volatilität in allen Einnahmequellen der Fußballunternehmen. Insbesondere das Ergebnis der Spieleinnahmen mit einer Reduktion der Volatilität um 26 Prozent sticht hierbei heraus. Doch auch bei den beiden übrigen Einnahmequellen ist mittels Optionen die Volatilität im Durchschnitt signifikant zu reduzieren. Negativ stechen jedoch die beiden spanischen Fußballunternehmen aus Madrid und Barcelona heraus. Bei ihnen steigt die Volatilität in allen drei Einnahmequellen an. Bei der Mehrzahl der Fußballunternehmen sinkt jedoch die Volatilität, so dass Optionen ein vielversprechendes Instrument zu sein scheint.

6.4.2.5 Zwischenfazit

In diesem Abschnitt wurden die derivativen Instrumente nacheinander in den drei umsatzmäßig bedeutendsten Einnahmequellen von insgesamt siebzehn Fußballunternehmen Europas angewandt und analysiert. Die gewonnen Erkenntnisse bestätigen bzw. verstärken den bereits aus vorherigen Analysen aufgezeigten Trend. Resümierend ist daher festzuhalten, dass von den drei vorgestellten Derivaten – wobei Swaps mit zwei verschiedenen Laufzeiten Berücksichtigung fanden – Optionen die interessanteste Alternative im Risikomanagement darstellen. Nur ihnen gelingt es im Durchschnitt, auf der einen Seite das Risiko signifikant in allen drei Einnahmequellen zu senken und auf der anderen Seite die Einnahmen nur geringfügig zu mindern. Allerdings ist diese Minderung auch der vor jeder Spielzeit bei Abschluss des Derivats zu entrichtenden Optionsprämie geschuldet, die in der Untersuchung direkt von den Einnahmen subtrahiert wurden. Durch die spezielle Ausgestaltung der Optionen vereinnahmt das Fußballunternehmen jedoch zusätzlich Einnahmen oberhalb des vereinbarten Basispreis in voller Höhe. Somit halten sich, wie Tabelle 57 demonstrierte, die Einnahmeminderungen mit einem Abschlag zwischen 0,77 und 1,54 Prozent im Rahmen – insbesondere im Vergleich zu den anderen Derivaten. Dank sinkender Volatilitäten werden diese Einnahmeminderungen jedoch durchweg mehr als ausgeglichen. Allein die Volatilität der Spielleinnahmen sinkt um über 25 Prozent. Ferner reduziert sich die Volatilität auch bei den beiden weiteren Einnahmequellen – und zwar stärker als die Reduzierung der Einnahmen.

Tabelle 59: Zusammenfassung der Ergebnisse europäische Fußballunternehmen

		Spiel	Medienrechte	Sponsoring	Gesamteinnahmen
Forwards & Futures	Abweichung Einnahmen	-5,71%	-5,70%	-6,55%	-5,95%
	Abweichung Volatilität	9,85%	1,88%	12,80%	1,81%
Swaps 2J	Abweichung Einnahmen	-11,50%	-8,71%	-10,15%	-9,86%
	Abweichung Volatilität	-8,45%	-4,95%	2,62%	8,72%
Swaps 3J	Abweichung Einnahmen	-9,79%	-10,37%	-12,34%	-10,80%
	Abweichung Volatilität	-8,58%	-1,50%	11,30%	20,58%
Optionen	Abweichung Einnahmen	-0,96%	-0,77%	-1,54%	-1,05%
	Abweichung Volatilität	-26,06%	-15,46%	-10,84%	-17,08%

Bei den übrigen Derivaten sieht das Bild jedoch deutlich negativer aus, wie obige Tabelle anhand einer Zusammenfassung der zentralen Ergebnisse anschaulich zeigt. Insbesondere Forwards liefern in der langfristigen Betrachtung bei kontinuierlichem Einsatz dieser ein enttäuschendes Ergebnis. Neben sinkenden Einnahmen, die im Gegensatz zu Optionen nicht auf zu entrichtende Prämien zurückzuführen sind, ist die Volatilität nicht zu senken. Stattdessen zieht sie sogar bei allen Einnahmequellen an. Zweijährige und dreijährige Swaps führen zu gemischten Resultaten. Diese mindern zwar stets die Einnahmen, jedoch nicht automatisch die Volatilität. Während sich diese bei den Spieleinnahmen sowie bei den Erlösen aus Medienrechten reduzieren, erhöht sie sich bei den Werbeeinnahmen. Auch die Volatilität der Gesamteinnahmen nimmt bei beiden Derivaten zu, wobei insbesondere der Anstieg der Volatilität bei dreijährigen Swaps von über 20 Prozent einen negativen Höhepunkt in der Untersuchung markiert.

6.4.3 Ergebnisse europäischer Fußballunternehmen pro Einnahmequelle

6.4.3.1 Spiel

Allgemein wurde zwar soeben festgestellt, dass Optionen im Durchschnitt das interessanteste aller behandelten Instrumente darstellen. Trotzdem zeigte sich in einzelnen Einnahmequellen, dass partiell auch anderen Derivate Vorteile haben. Daher ist nun zu analysieren, welches derivative Instrument pro Einnahmequelle als beste Lösung zu identifizieren ist. Den Anfang der Untersuchung bestreiten die Spieleinnahmen. Zuerst ist hierbei wiederum die optimale Lösung aus Sicht der Einnahmeentwicklung sowie anschließend unter der Berücksichtigung der Volatilität zu bestimmen. Die Ergebnisse sind in der folgenden Tabelle zusammengefasst. Wenig überraschend stellen Optionen für die Spieleinnahmen das beste Instrument dar. Ist das Fußballunternehmen nicht bereit eine Optionsprämie bei Abschluss der Vereinbarung zu entrichten, böten sich alternativ Forwards an. Bei diesen ist die Reduktion der Einnahmen geringer als bei beiden Swaps.

Tabelle 60: Spieleinnahmen mit und ohne Derivat bei europäischen Fußballunternehmen

Fußballunternehmen (Einnahmen in Mio. €)	**Forwards**		**Swaps 2J**		**Swaps 3J**		**Optionen**	
	mit	**ohne**	**mit**	**ohne**	**mit**	**ohne**	**mit**	**ohne**
Borussia Dortmund	166,297	170,514	172,729	170,514	159,141	170,514	170,834	170,514
Hertha BSC Berlin	38,478	40,687	33,518	40,687	32,454	40,687	40,518	40,687
FC Schalke 04	140,300	141,200	147,200	141,200	139,500	141,200	143,758	141,200
SV Werder Bremen	56,168	60,906	53,426	60,906			60,615	60,906
Hannover 96	35,943	39,843	32,686	39,843	28,469	39,843	37,843	39,843
Juventus Turin	128,712	134,351	131,784	134,351	106,724	134,351	142,445	134,351
AS Roma	120,500	115,100	113,800	115,100	120,600	115,100	120,261	115,100
Inter Mailand	152,400	151,300	145,400	151,300	147,500	151,300	153,243	151,300
AC Mailand	152,100	157,600	144,100	157,600	140,900	157,600	159,021	157,600
Manchester United	563,700	599,000	519,200	599,000	552,200	599,000	586,717	599,000
FC Liverpool	242,700	252,200	223,700	252,200	233,900	252,200	251,286	252,200
FC Chelsea London	452,800	459,300	422,700	459,300	464,100	459,300	461,077	459,300
Tottenham Hotspurs	214,593	220,372	202,723	220,372	195,435	220,372	218,552	220,372
Arsenal London	424,300	490,800	349,100	490,800	422,200	490,800	464,071	490,800
Real Madrid	384,100	423,500	375,400	423,500	350,400	423,500	414,889	423,500
FC Barcelona	380,600	418,300	360,300	418,300	350,600	418,300	413,281	418,300
Olympique Lyonnais	82,000	86,741	78,400	86,741	74,900	86,741	85,285	86,741
Summe	3735,691	3961,714	3506,166	3961,714	3519,023	3900,808	3923,696	3961,714
Abweichung	-5,71%		-11,50%		-9,79%		-0,96%	

Wird neben der Entwicklung der Einnahmen auch die Veränderung der Volatilität in die Analyse mit einbezogen, so ändert sich die Wahl fast vollständig.

Tabelle 61: Volatilität mit und ohne Derivat bei Spieleinnahmen der europäischen Fußballunternehmen

Fußballunternehmen	**Forwards**		**Swaps 2J**		**Swaps 3J**		**Optionen**	
	mit	**ohne**	**mit**	**ohne**	**mit**	**ohne**	**mit**	**ohne**
Borussia Dortmund	15,62%	13,68%	11,44%	13,68%	1,32%	13,68%	9,84%	13,68%
Hertha BSC Berlin	16,98%	16,14%	16,03%	16,14%	23,82%	16,14%	7,50%	16,14%
FC Schalke 04	17,06%	14,10%	3,99%	14,10%	1,56%	14,10%	4,77%	14,10%
SV Werder Bremen	1,89%	14,85%	17,18%	14,85%			10,48%	14,85%
Hannover 96	21,09%	2,91%	23,22%	2,91%	21,94%	2,91%	1,10%	2,91%
Juventus Turin	44,12%	44,96%	45,49%	44,96%	32,53%	44,96%	23,44%	44,96%
AS Roma	17,26%	16,44%	8,88%	16,44%	0,36%	16,44%	5,64%	16,44%
Inter Mailand	14,31%	8,55%	1,16%	8,55%	0,73%	8,55%	7,20%	8,55%
AC Mailand	19,50%	15,91%	8,62%	15,91%	1,07%	15,91%	13,70%	15,91%
Manchester United	13,40%	13,76%	9,04%	13,76%	17,21%	13,76%	14,29%	13,76%
FC Liverpool	14,89%	12,05%	6,87%	12,05%	15,52%	12,05%	10,77%	12,05%
FC Chelsea London	15,97%	16,70%	4,95%	16,70%	13,58%	16,70%	16,47%	16,70%
Tottenham Hotspurs	24,76%	24,76%	22,63%	24,76%	13,91%	24,76%	18,48%	24,76%
Arsenal London	32,29%	33,56%	25,63%	33,56%	42,02%	33,56%	36,04%	33,56%
Real Madrid	6,91%	7,73%	12,72%	7,73%	12,21%	7,73%	8,00%	7,73%
FC Barcelona	4,80%	5,46%	12,06%	5,46%	18,50%	5,46%	5,50%	5,46%
Olympique Lyonnais	7,19%	0,63%	9,17%	0,63%	9,82%	0,63%	0,64%	0,63%
Durchschnitt	16,942%	15,422%	14,063%	15,442%	14,132%	15,458%	11,403%	15,422%
Abweichung	9,85%		-11,67%		-8,58%		-26,06%	

So demonstriert obige Tabelle eindrucksvoll, dass die Volatilität bei Forwards um beinahe 10 Prozent zunimmt. Dagegen ist diese durch beide Swapvereinbarungen zu senken, wobei zweijährige Swaps den dreijährigen überlegen sind.

Somit ist festzuhalten, dass bei Berücksichtigung der Einnahmeentwicklung sowie der Volatilität die Swaps hinter den deutlich dominierenden Optionen die zweitbeste Lösung darstellen und unbedingt – sofern das Fußballunternehmen nicht bereit ist, eine Prämienzahlung zu Saisonbeginn zu entrichten – den Forwards vorzuziehen sind.

6.4.3.2 Medienrechte

Nachdem das optimale derivative Instrument für die Spieleinnahmen identifiziert ist, soll nun das Äquivalent für die Medienrechte gefunden werden. Wiederum wird zuerst die Entwicklung der Einnahmen betrachtet, die der nachfolgenden Tabelle zu entnehmen ist.

Tabelle 62: Medienrechte mit und ohne Derivat europäischer Fußballunternehmen

Fußballunternehmen	Forwards		Swaps 2J		Swaps 3J		Optionen	
(Einnahmen in Mio. €)	mit	ohne	mit	ohne	mit	ohne	mit	ohne
Borussia Dortmund	246,589	233,996	256,361	233,996	299,331	233,996	245,639	233,996
Hertha BSC Berlin	68,112	75,611	61,434	75,611	66,206	75,611	73,935	75,611
FC Schalke 04	161,500	179,400	166,200	179,400	116,700	179,400	179,456	179,400
SV Werder Bremen	122,275	133,283	123,842	133,283			130,091	133,283
Hannover 96	62,726	70,904	53,500	70,904	58,042	70,904	68,440	70,904
Juventus Turin	901,635	955,786	871,978	955,786	805,030	955,786	975,487	955,786
AS Roma	413,400	449,800	359,100	449,800	360,500	449,800	437,869	449,800
Inter Mailand	571,300	585,000	572,500	585,000	562,000	585,000	556,620	585,000
AC Mailand	702,800	667,400	699,900	667,400	710,400	667,400	692,566	667,400
Manchester United	439,100	461,700	436,500	461,700	466,100	461,700	458,414	461,700
FC Liverpool	372,000	409,000	341,600	409,000	306,800	409,000	399,142	409,000
FC Chelsea London	429,600	437,300	420,400	437,300	432,600	437,300	439,722	437,300
Tottenham Hotspurs	227,310	259,095	216,725	259,095	199,527	259,095	250,761	259,095
Arsenal London	396,200	394,900	428,200	394,900	402,500	394,900	401,592	394,900
Real Madrid	535,700	608,400	494,800	608,400	529,100	608,400	585,835	608,400
FC Barcelona	462,100	554,400	436,600	554,400	411,700	554,400	544,387	554,400
Olympique Lyonnais	262,500	284,490	232,000	284,490	213,300	284,490	268,142	284,490
Summe	6374,847	6760,465	6171,640	6760,465	5939,836	6627,182	6708,098	6760,465
Abweichung	-5,70%		-8,71%		-10,37%		-0,77%	

Hierbei ist zu konstatieren, dass ähnlich zu der eben vorgefundenen Situation Optionen den Forwards und diese wiederum den Swapvereinbarungen vorzuziehen sind. Doch die Ergebnisse bei den Spielleinnahmen haben eindrucksvoll aufgezeigt, dass eine alleinige Fokussierung auf die Einnahmeentwicklung zu kurz greift. Daher sind die in der folgenden Tabelle aufgeführten Volatilitäten ebenso einzubeziehen.

Tabelle 63: Vergleich Volatilität mit und ohne Derivat bei Medienrechten europäischer Fußballunternehmen

Fußballunternehmen	Forwards		Swaps 2J		Swaps 3J		Optionen	
	mit	ohne	mit	ohne	mit	ohne	mit	ohne
Borussia Dortmund	52,87%	48,91%	38,71%	48,91%	43,37%	48,91%	40,54%	48,91%
Hertha BSC Berlin	15,55%	17,83%	6,96%	17,83%	23,71%	17,83%	15,59%	17,83%
FC Schalke 04	39,39%	52,72%	35,57%	52,72%	31,71%	52,72%	43,67%	52,72%
SV Werder Bremen	21,59%	23,33%	17,18%	23,33%			19,60%	23,33%
Hannover 96	15,92%	19,52%	8,20%	19,52%	26,44%	19,52%	19,66%	19,52%
Juventus Turin	18,20%	18,97%	14,28%	18,97%	8,18%	18,97%	7,93%	18,97%
AS Roma	18,44%	18,32%	18,70%	18,32%	31,49%	18,32%	15,02%	18,32%
Inter Mailand	14,52%	14,73%	15,51%	14,73%	9,83%	14,73%	12,38%	14,73%
AC Mailand	12,47%	14,27%	13,25%	14,27%	5,78%	14,27%	12,34%	14,27%
Manchester United	24,26%	16,54%	33,03%	16,54%	1,49%	16,54%	21,66%	16,54%
FC Liverpool	16,70%	12,14%	16,26%	12,14%	18,46%	12,14%	10,02%	12,14%
FC Chelsea London	9,36%	9,63%	13,32%	9,63%	1,65%	9,63%	5,67%	9,63%
Tottenham Hotspurs	12,42%	12,47%	19,24%	12,47%	21,15%	12,47%	12,83%	12,47%
Arsenal London	21,61%	17,58%	8,51%	17,58%	13,71%	17,58%	8,93%	17,58%
Real Madrid	15,22%	13,88%	16,68%	13,88%	17,64%	13,88%	14,63%	13,88%
FC Barcelona	3,83%	8,46%	14,97%	8,46%	20,73%	8,46%	8,66%	8,46%
Olympique Lyonnais	19,93%	6,84%	19,62%	6,84%	22,94%	6,84%	6,61%	6,84%
Durchschnitt	19,546%	19,185%	18,235%	19,185%	18,642%	18,926%	16,220%	19,185%
Abweichung	1,88%		-4,95%		-1,50%		-15,46%	

Optionen sind auch bei Berücksichtigung der Volatilität den anderen Derivaten bei den Einnahmen aus Medienrechten vorzuziehen. Eine weitere Auswahl des nachfolgenden Derivats als kostengünstige Alternative zu Optionen ist allerdings nur schwerlich zu treffen. Beide Swapvereinbarungen reduzieren zwar im Gegensatz zu Forwards die Volatilität, allerdings sind bei Berücksichtigung der Einnahmeveränderung wiederum Forwards den Swaps vorzuziehen. Somit egalisieren sich aufgrund der gegenläufigen Effekte beide Instrumente, so dass keine abschließende und somit werthaltige Empfehlung bezüglich einer kostengünstigen Alternative abzugeben ist.

6.4.3.3 Werbung

Abschließend ist das optimale derivative Instrument für die Werbeeinnahmen zu evaluieren. Nachfolgende Tabelle verdeutlicht, dass bei den Einnahmen wiederum Optionen zu präferieren sind, da sie mit Abstand die geringsten Mindereinnahmen nach sich ziehen. Auf den Plätzen folgen Forwards vor Swaps, wodurch sich das aus den bisherigen Einnahmequellen festgestellte Ranking auch hier bestätigt.

Tabelle 64: Vergleich mit und ohne Derivate Einnahmen Sponsoring europäischer Fußballunternehmen

Fußballunternehmen (Einnahmen in Mio. €)	Forwards		Swaps 2J		Swaps 3J		Optionen	
	mit	ohne	mit	ohne	mit	ohne	mit	ohne
Borussia Dortmund	261,932	274,464	255,002	274,464	295,050	274,464	271,894	274,464
Hertha BSC Berlin	89,677	88,417	92,018	88,417	93,623	88,417	89,692	88,417
FC Schalke 04	272,500	286,800	263,500	286,800	246,600	286,800	283,234	286,800
SV Werder Bremen	33,416	39,991	32,558	39,991			39,268	39,991
Hannover 96	37,290	45,688	33,136	45,688	30,778	45,688	44,173	45,688
Juventus Turin	388,099	388,432	384,902	388,432	367,694	388,432	395,130	388,432
AS Roma	166,700	173,300	174,100	173,300	160,500	173,300	173,014	173,300
Inter Mailand	194,500	211,900	201,200	211,900	180,000	211,900	209,235	211,900
AC Mailand	276,800	280,900	287,500	280,900	270,000	280,900	281,633	280,900
Manchester United	385,200	395,300	372,300	395,300	389,100	395,300	392,713	395,300
FC Liverpool	291,800	322,300	276,600	322,300	275,600	322,300	315,729	322,300
FC Chelsea London	328,300	339,400	301,800	339,400	320,300	339,400	341,907	339,400
Tottenham Hotspurs	123,445	144,295	114,708	144,295	87,414	144,295	134,823	144,295
Arsenal London	245,100	269,300	219,100	269,300	223,900	269,300	264,094	269,300
Real Madrid	600,900	654,200	552,000	654,200	530,500	654,200	626,428	654,200
FC Barcelona	392,400	459,100	368,500	459,100	325,500	459,100	443,544	459,100
Olympique Lyonnais	67,900	73,663	67,200	73,663	66,900	73,663	72,357	73,663
Summe	4155,959	4447,450	3996,124	4447,450	3863,459	4407,459	4378,868	4447,450
Abweichung	-6,55%		-10,15%		-12,34%		-1,54%	

Der Logik folgend ist nun zu erwarten, dass das Ranking auch bei der Volatilität bestehen bleibt.

Tabelle 65: Vergleich Volatilität mit und ohne Derivat Einnahmen Sponsoring europäischer Fußballunternehmen

Fußballunternehmen	Forwards		Swaps 2J		Swaps 3J		Optionen	
	mit	ohne	mit	ohne	mit	ohne	mit	ohne
Borussia Dortmund	37,05%	31,32%	10,92%	31,32%	24,64%	31,32%	23,75%	31,32%
Hertha BSC Berlin	3,96%	2,48%	3,96%	2,48%	4,65%	2,48%	4,83%	2,48%
FC Schalke 04	10,75%	6,74%	6,71%	6,74%	5,47%	6,74%	5,16%	6,74%
SV Werder Bremen	9,24%	5,15%	17,90%	5,15%			5,41%	5,15%
Hannover 96	13,94%	9,66%	20,44%	9,66%	25,66%	9,66%	10,26%	9,66%
Juventus Turin	20,43%	20,93%	20,14%	20,93%	17,37%	20,93%	13,79%	20,93%
AS Roma	24,89%	22,40%	21,73%	22,40%	6,87%	22,40%	23,30%	22,40%
Inter Mailand	16,07%	22,31%	18,90%	22,31%	2,39%	22,31%	22,76%	22,31%
AC Mailand	17,57%	17,56%	8,15%	17,56%	12,46%	17,56%	8,04%	17,56%
Manchester United	8,23%	8,13%	3,89%	8,13%	7,83%	8,13%	7,94%	8,13%
FC Liverpool	6,49%	8,29%	7,08%	8,29%	11,77%	8,29%	8,59%	8,29%
FC Chelsea London	14,00%	19,90%	10,42%	19,90%	21,59%	19,90%	15,39%	19,90%
Tottenham Hotspurs	27,13%	25,46%	28,42%	25,46%	27,07%	25,46%	28,16%	25,46%
Arsenal London	16,75%	13,91%	17,18%	13,91%	29,27%	13,91%	14,04%	13,91%
Real Madrid	16,09%	5,60%	16,10%	5,60%	20,02%	5,60%	6,19%	5,60%
FC Barcelona	13,37%	11,48%	27,56%	11,48%	31,98%	11,48%	11,65%	11,48%
Olympique Lyonnais	15,36%	9,22%	7,31%	9,22%	12,95%	9,22%	5,22%	9,22%
Durchschnitt	15,960%	14,149%	14,519%	14,149%	16,374%	14,712%	12,616%	14,149%
Abweichung	12,80%		2,62%		11,30%		-10,84%	

Jedoch zeigt Tabelle 65, dass diese mit Ausnahme der Optionen nicht bestätigt wird. So kristallisieren sich zweijährige Swaps als die beste kostenlose Alternative zu Optionen heraus. Allerdings ist zu konstatieren, dass sich auch bei zweijährigen Swaps die Volatilität bei gleichzeitiger Abnahme der Erlöse erhöht. Somit stellen einzig Optionen in der Werbung eine wirklich attraktive Lösung dar, mit denen das Risiko und somit die Abhängigkeit dieser Einnahmequelle vom sportlichen Erfolg zu reduzieren ist.

6.4.3.4 Zwischenfazit

Der Vergleich der derivativen Instrumente pro Einnahmequelle zeigt, dass Optionen allen anderen Alternativen trotz der zu zahlenden Risikoprämie mitunter deutlich überlegen und somit eindeutig als beste Alternative einzustufen sind. Entscheidet sich ein Fußballunternehmen für eine Alternative, die im Gegensatz zu Optionen keine Kosten bei Abschluss verursacht, so ist kein Derivat eindeutig als die beste kostengünstige Lösung zu klassifizieren. Während bei den Spieleinahmen insgesamt Forwards den Swaps vorzuziehen sind, ist bei den Medienrechten keines der kostengünstigen Derivate den anderen überlegen. Die Auswahl für eines der beiden Instrumente – Forwards oder Swapvereinbarung – sollte das jeweilige Fußballunternehmen daher in Abhängigkeit seines individuellen Planungshorizonts treffen. Bei den Werbeeinnahmen stellen weder Forwards noch Swaps eine überzeugende Alternative zu den Optionen dar, da beide trotz sinkender Einnahmen eine höhere Volatilität erzeugen und somit im Sinne der Forschungsfrage klar abzulehnen sind.

6.5 Sensitivitätsanalyse der Einflussfaktoren von Optionen

6.5.1 Überblick

In den vorangegangen Untersuchungen wurde von verschiedenen Annahmen bei der Bestimmung der Optionspreise ausgegangen. So wurde durchgehend mit einem risikolosen Zinssatz in Höhe von 1,50 Prozent gerechnet. In der nachfolgenden Untersuchung soll anhand einer Sensivitätsanalyse am Beispiel von Borussia Dortmund dargestellt werden, wie die Optionspreise, die Höhe der Einnahmen bzw. der Aufwendungen beim Personal Spiel sowie die Volatilität auf eine Änderung des risikolosen Zinssatzes reagieren. Ferner sollen anschließend auch zwei weitere Einflussfaktoren – Volatilität sowie Höhe des Basispreises – diskutiert werden. Außen vor bleibt die Laufzeit der Option, die im Normalfall ebenfalls einen Einfluss auf Optionspreise ausübt. Da sich jedoch aus praktischen Gründen die Laufzeit der Optionen stets auf die Dauer einer Spielzeit belaufen soll, fließt diese weiterhin als Konstante in die Bestimmung der Optionspreise ein. Ziel dieser Sensitivitätsanalysen ist, eine noch detaillierte Analyse der bereits durchgeführten Analyse zu erhalten, um darauf aufbauend noch zielgerichtetere Aussagen über die Zweckmäßigkeit von Optionen als Risikomanagementinstrument zu treffen.

6.5.2 Variation des risikolosen Zinssatzes

Wie dargestellt, wurden die bisherigen Optionspreise stets auf Basis eines risikolosen Zinssatzes in Höhe von 1,50 Prozent berechnet. In der nachfolgenden Analyse werden als Vergleich außerdem die Optionspreise für risikolose Zinssätze in Höhe von 3,00 und 5,00 Prozent berechnet. Die nachfolgende Tabelle fasst die zentralen Ergebnisse für alle drei Einnahmenquellen sowie die Aufwendungen Personal Spielbetrieb am Beispiel von Borussia Dortmund zusammen.

Tabelle 66: Sensitivitätsanalyse bei Variation des risikolosen Zinssatzes[688]

Einnahme-quelle	Höhe risikoloser Zinssatz	Gesamtkosten Puts in Mio. €	Höhe Gesamteinnahmen in Mio. €	Volatilität
Spiel	1,5 Prozent	7,914	170,834	9,83%
	3,0 Prozent	6,970	171,778	9,79%
	5,0 Prozent	5,860	172,888	9,73%
Medienrechte	1,5 Prozent	42,771	245,639	40,54%
	3,0 Prozent	41,009	247,341	40,44%
	5,0 Prozent	38,860	249,490	40,33%
Sponsoring	1,5 Prozent	31,562	271,894	23,75%
	3,0 Prozent	29,863	273,593	23,73%
	5,0 Prozent	27,737	275,719	23,71%
Aufwendungen	**Höhe risikoloser Zinssatz**	**Gesamtkosten Calls in Mio. €**	**Höhe Gesamtaufwendungen in Mio. €**	**Volatilität**
Personal Spiel-betrieb	1,5 Prozent	28,866	407,404	15,83%
	3,0 Prozent	31,755	409,995	15,82%
	5,0 Prozent	35,770	413,595	15,81%

Es ist ersichtlich, dass bei steigendem risikolosem Zinssatz die Puts unabhängig vom Basispreis – in diesem Fall für die Einnahmen Spiel, Medienrechte sowie Sponsoring – für die Fußballunternehmen billiger werden. Dies hat in der Folge einen direkten positiven Einfluss auf die Höhe der Gesamteinnahmen, die mit steigendem risikolosem Zinssatz durch die günstigeren Puts ansteigen. Die Volatilität entwickelt sich aus Sicht der Fußballunternehmen bei steigenden Zinssätzen ebenfalls positiv, obgleich dieser Effekt

[688] Die ausführlichen Berechnungen sind dem Anhang 28 zu entnehmen.

mitunter nur marginal ist. Im Gegensatz zu den Puts erhöhen sich die Kosten bei steigenden Zinssätzen für die Calls, so dass dadurch auch die Gesamtaufwendungen für das spielende Personal ansteigen. Die Volatilität reduziert sich dabei kaum.

Aus diesen Ergebnissen ist festzuhalten, dass Fußballunternehmen – hier demonstriert am Beispiel von Borussia Dortmund – beim Kauf von Puts von hohen risikolosen Zinssätzen profitieren. Beim Erwerb von Calls ist jedoch ein niedriger risikoloser Zinssatz aus Sicht der Unternehmen wünschenswert. Damit bestätigt dieses Ergebnis den bereits in Abschnitt 4.5.3 dargestellten Einfluss des risikolosen Zinssatzes auf die Preise von Optionen.

6.5.3 Variation des Basispreises

Die Höhe des Basispreises ist der zweite Einflussfaktor der bei Fußballunternehmen eine Rolle zur Bestimmung von Optionspreisen spielt. Wie in Abschnitt 4.5.3 beschrieben, steigen Optionspreise – sowohl bei Puts als auch bei Calls – mit steigendem Basispreis an. Ein Blick auf die bereits in Abschnitt 6.3.2.5 kalkulierten Optionspreise von Borussia Dortmund verdeutlicht diesen Zusammenhang.

Tabelle 67: Sensitivitätsanalyse Variation Höhe Basispreise

Saison	Einnahmen Spiel in Mio. €	Kosten Put in Mio. €	Einnahmen Medienrechte in Mio. €	Kosten Put in Mio. €	Einnahmen Sponsoring in Mio. €	Kosten Put in Mio. €	Aufwendungen Personal Spielbetrieb in Mio. €	Kosten Call in Mio. €
1999/00	17,959	0,855	35,021	6,066	26,673	3,214	47,497	2,981
2000/01	14,972	0,712	19,339	3,350	16,259	1,959	52,957	3,323
2001/02	19,620	0,934	45,976	7,963	30,782	3,709	66,864	4,196
2002/03	17,898	0,852	49,919	8,646	44,260	5,333	67,921	4,263
2003/04	20,300	0,966	19,333	3,349	25,682	3,095	55,962	3,512
2004/05	17,505	0,833	14,884	2,578	26,416	3,183	46,651	2,928
2005/06	17,190	0,818	14,843	2,571	27,417	3,304	39,768	2,497
2006/07	18,262	0,869	21,250	3,681	30,549	3,681	36,981	2,320
2007/08	22,591	1,075	26,024	4,507	33,894	4,084	45,355	2,846
2008/09	22,176	1,055	22,428	3,885	39,205	4,724	50,013	3,138

So demonstriert obige Tabelle, dass sich beispielsweise bei den Spieleinnahmen die Optionspreise bei gleichzeitigem Anstieg der jeweiligen Einnahmen – diese galten als Basispreis zur Berechnung der Optionspreise – erhöhen. Auch bei den Calls ist dieser

Zusammenhang zu erkennen. Steigen die Aufwendungen und somit der zugrundeliegende Basispreis, dann zieht das höhere Kosten im Call nach sich.

6.5.4 Variation der Volatilität

Abschließend sei noch ein Blick auf die Volatilität geworfen. Wie bereits in Abschnitt 4.5.3 dargestellt und bei den zuvor getätigten Berechnungen gesehen, übt die Volatilität einen signifikanten Einfluss auf die Optionspreise aus. In Abschnitt 6.2.4.3 wurden für drei beispielhafte Fußballunternehmen unterschiedlich hohe Volatilitäten angenommen. Hierbei zeigte sich, dass bei sonst gleichen Einflussfaktoren – konstanter Basisispreis, konstante Laufzeit und konstanter risikoloser Zinssatz – Optionspreise sowohl für Puts als auch für Calls bei steigender Volatilität zunehmen. Nachfolgende Tabelle verdeutlicht noch einmal diesen Zusammenhang anhand eines numerischen Beispiels.[689]

Tabelle 68: Sensitivitätsanalyse Variation Volatilität

	Spiel		Medienrechte		Werbung		Personal Spielbetrieb	
	Volatilität	Kosten Put in Mio. €	Volatilität	Kosten Put in Mio. €	Volatilität	Kosten Put in Mio. €	Volatilität	Kosten Call in Mio. €
Fußball- unternehmen 1	15,26%	0,776	5,34%	0,266	17,11%	1,169	17,67%	2,098
Fußball-unternehmen 2	23,65%	1,252	10,84%	0,643	26,71%	1,890	27,94%	3,200
Fußball-unternehmen 3	29,18%	1,565	15,51%	0,967	33,03%	2,364	34,83%	3,937

So erhöhen sich die Kosten für Puts und für Calls für die Fußballunternehmen bei steigender Volatilität. Fußballunternehmen 1 mit den niedrigsten Volatilitäten aller drei Fußballunternehmen über die drei verschiedenen Einnahmequellen hat bei sonst gleichen Einflussfaktoren die geringsten Kosten bei Erwerb einer Option zu tragen. Ebenso steigen die Kosten für den Abschluss von Calls bei steigender Volatilität an. Gleichgerichtete Entwicklungen konnten auch bei den real existierenden Fußballunternehmen in den vergangenen Abschnitten beobachtet werden, so dass ingesamt festzuhalten ist, die Volatilität einen entscheidenden Einfluss auf Optionspreise ausübt.

6.5.5 Zwischenfazit

Resümierend ist aus den zuvor getätigten Ausführungen festzuhalten, dass erwartungsgemäß alle drei untersuchten Einflussfaktoren – Höhe des risikolosen Zinssatzes, Höhe des

[689] Die Berechnungen dieser Werte wurden bereits in Abschnitt 6.2.4.3 dargestellt, so dass an dieser Stelle an diesen Abschnitt verwiesen sei.

Basispreises und Höhe der Volatilität – bei der Kalkulation der Optionspreise eine zentrale Rollen innehaben. Dabei sinkt der Preis eines Puts bei steigenden risikolosen Zinssätzen, während er sich bei höheren vereinbarten Basispreisen sowie ansteigender Volatilität verteuert. Calls ziehen stets steigende Preise nach sich, wenn sich einer der drei untersuchten Einflussfaktoren erhöht.

6.6 Zusammenfassung und kritische Würdigung der empirischen Befunde

Die vorangegangen Untersuchungen evaluierten derivative Instrumente anhand einer Einperioden- sowie Mehrperioden-Betrachtung. Hierbei wurden die unterschiedlichen Stärken und Schwächen der zuvor auf die Spezifika von Fußballunternehmen entwickelten Derivate, die sie aufgrund ihrer individuellen Funktionsweise besitzen, anhand verschiedener Fußballunternehmen identifiziert.

Die Einperioden-Betrachtung zeigte die gleichen Charakteristika auf, die Derivate auch bei Einsatz in der Normalwirtschaft aufweisen. So fixieren sowohl Forwards als auch Swaps auf der einen Seite die Einnahmen, was im Zuge einer verlässlichen Planung von Vorteil ist. Allerdings konnten im Gegensatz zu den in der Folge untersuchten Optionen etwaige zusätzliche über dem vereinbarten Basispreis erzielte Einnahmen nicht realisiert werden und mussten an den Kontraktpartner abgetreten werden. Jedoch besitzen beide Instrumente den zentralen Vorteil, dass sie bei Abschluss und nach Einigung eines für beide Seiten akzeptablen Basispreises kostenlos sind. Demgegenüber ist bei Optionen stets eine Optionsprämie zu entrichten, die in jedem Fall die dann tatsächlich realisierten Einnahmen um den gezahlten Betrag mindern. Insgesamt zeigte sich in der Einperioden-Betrachtung anhand des Modells „1. Fußball-Bundesliga“, dass Forwards und Swaps aufgrund der nicht anfallenden Prämie im ersten Szenario – Erreichen des Saisonziels – sowie im zweiten Szenario – Verfehlen des Saisonziels – Vorteile gegenüber Optionen besitzen. Übertrifft ein Fußballunternehmen hingegen das ursprünglich ausgegebene Saisonziel, so sind Optionen zu präferieren, da bei ihnen die daraus resultierenden zusätzlichen Einnahmen abzüglich der gezahlten Optionsprämie voll zu vereinnahmen sind.

Anschließend wurden Derivate anhand real existierender Fußballunternehmen in einer Mehrperioden-Betrachtung angewandt. Die bereits im Einperioden-Fall gewonnen Erkenntnisse bestätigten sich auch in der Mehrperioden-Betrachtung. Die Untersuchung anhand der Fußballunternehmen aus Dortmund, Turin sowie Tottenham demonstrierte, dass

Forwards zukünftige Zahlungsströme eine Zeitperiode nach hinten verschieben. Zwar ist hierdurch eine gewisse Planungssicherheit für die anstehende Saison gewährleistet, jedoch ist die prinzipielle Unsicherheit zukünftiger, über die Saison hinausgehenden Einnahmen und Aufwendungen nicht zu reduzieren. Ferner sind weder die Einnahmen unabhängiger noch die Aufwendungen Personal Spielbetrieb abhängiger vom sportlichen Erfolg zu gestalten. Dieses Ergebnis wurde im weiteren Verlauf unter Berücksichtigung weiterer Fußballunternehmen anhand der Volatilität bestätigt. Diese konnte durch Forwards nicht bzw. höchstens in Einzelfällen vermindert werden. Dies ist aber auf die um eine Periode nach hinten verschobenen Zahlungsströme und der damit einhergehenden Änderung der Daten zur Ermittlung der Volatilität zurückzuführen. Aus diesem Grund ist die Aussagekraft der Volatilität bei Forwards als gering einzustufen bzw. zumindest kritisch zu hinterfragen.

Bei zwei- bzw. dreijährigen Swapvereinbarungen kann das Fußballunternehmen mit konstanten Einnahmen über die Jahre ihrer Laufzeit kalkulieren. Nach Auslauf der jeweiligen Swapvereinbarung musste auf Basis der in der Vorsaison tatsächlich erzielten Einnahmen und geleisteten Aufwendungen eine neue Swapvereinbarung abgeschlossen werden. Aufgrund längerer Laufzeit von Swaps gegenüber den beiden anderen Derivate, erhöhen diese prinzipiell die mittelfristige Planungssicherheit. Allerdings demonstrierte die Berechnung der Volatilitäten, dass wiederum weder die Einnahmen unabhängiger noch die Aufwendungen für das spielende Personal abhängiger vom sportlichen Werdegang zu generieren sind. Zwar sank diese im Gegensatz zu den Forwards in einzelnen Einnahmequellen, jedoch zeigte ein Blick auf die im Untersuchungsset befindlichen Fußballunternehmen, dass dies nicht für alle gleichermaßen gilt.

Abschließend stellte sich in der weiteren Untersuchung heraus, dass Optionen trotz der anfänglich zu zahlenden Prämie das Beste aller untersuchten derivativer Instrumente darstellen. So garantieren sie auf der einen Seite Einnahmen in Höhe des vereinbarten Basispreises, auf der anderen Seite ermöglichen diese, zusätzliche über dem vereinbarten Niveau erzielte Einnahmen zu realisieren. Dass für dieses Recht anfangs eine Prämie zu entrichten ist, fällt dabei kaum ins Gewicht. Im Durchschnitt – über alle Einnahmequellen gerechnet – verringern sich die Einnahmen durch Optionen um gerade einmal 1 Prozent. Im Vergleich zu den Resultaten der anderen Derivate im Untersuchungsset ist dies ein sehr gutes Ergebnis. Bei Berücksichtigung der Veränderung der Volatilität ist dieses Ergebnis sogar als hervorragend einzustufen. So reduziert sich die Volatilität der Gesamteinnahmen um durchschnittlich 17 Prozent. Vor dem Hintergrund des Forschungsziels ein Erfolg, da es den Optionen gelingt, die Einnahmen ein Stück weit vom sportlichen Erfolg zu entkoppeln. Die Aufwendungen Personal Spielbetrieb entwickeln sich jedoch auch mit Optionen nicht abhängiger von der sportlichen Entwicklung, wie die Beispiele Borussia Dortmund, Juventus Turin sowie Tottenham Hotspurs demonstrieren.

Resümierend ist somit festzustellen, dass einzig Optionen ein zufriedenstellendes Ergebnis im Sinne der Forschungsfrage liefern. Forwards und Swaps können zwar in einzelnen Situationen – insbesondere bei Nicht-Erreichen des Saisonziels – ihre Stärken ausspielen, dennoch können sie mittel- bis langfristig nicht das Risiko senken.

6.7 Derivate im Vergleich zu den bisherigen Risikosteuerungsstrategien

6.7.1 Überblick

Im dritten Kapitel wurden die bisherigen Strategien der Risikosteuerung von Fußballunternehmen vor dem Hintergrund der Korrelation zwischen sportlichem und wirtschaftlichem Erfolg begutachtet. Hierbei wurde ebenfalls die Effizienz der Strategien in Hinblick auf ihre Eignung, die Einnahmen unabhängiger sowie die Aufwendungen abhängiger vom sportlichen Werdegang zu gestalten, diskutiert. Dabei wurden die bisherigen Strategien aus verschiedensten Gründen als nicht optimal zur Steuerung der angesprochenen Risiken klassifiziert. Im Folgenden sollen noch einmal einzelne Maßnahmen der Risikosteuerung aufgenommen und mit den Erkenntnissen der derivativen Instrumente verglichen werden, um diese anschließend besser beurteilen und darauf aufbauend abschließende Handlungsempfehlungen ableiten zu können. Im Fokus des Vergleichs stehen hierbei Versicherungen, die vor dem Gesichtspunkt ihrer Wirkungsweise sowie ihres Auszahlungsprofils mit Optionen zu vergleichen sind. Darüber hinaus werden die Diversifikation, der Aufbau einer Marke sowie Maßnahmen aus dem US-Sport den Derivaten gegenübergestellt, da diese ebenfalls direkt oder zumindest indirekt auf die Einnahme- bzw. Aufwandsituation der Fußballunternehmen einen Einfluss ausüben.

6.7.2 Versicherungen vs. Derivate

In Abschnitt 3.4.3 wurden die Versicherungen als Maßnahme der Überwälzung von Risiken bei Fußballunternehmen untersucht. Hierbei wurde deutlich, dass insbesondere durch Erfolgs- bzw. Misserfolgsversicherungen die wirtschaftlichen Auswirkungen bei Verfehlen der gesteckten sportlichen Ziele abzufedern sind. Allerdings ergab sich bei Einbeziehung der in der Praxis gemachten Erfahrungen, dass bei Abschluss einer Versicherungspolice hohe Prämien zu entrichten sind. Im Falle der Abstiegsversicherung, die per se insbesondere für die potenziellen Abstiegskandidaten von Interesse sind, steigen diese drastisch an und erreichen mitunter 50 Prozent der vereinbarten Versicherungssumme. Deutlich günstiger sind stattdessen die vorgestellten Derivate abzuschließen. Bei Forwards und Swaps fallen bei Abschluss keinerlei Kosten an, bei Optionen im Vergleich zu den Versicherungen deutlich geringere. Aufgrund des Auszahlungsprofils sind jedoch nur Optionen und Versicherungen miteinander zu vergleichen, da beide beispielsweise erst im Schadensfall in Anspruch genommen bzw. ausgeübt werden. Tritt der Schadensfall nicht ein, ist lediglich die Prämie zu zahlen. Zusätzliche Einnahmen können jedoch voll vereinnahmt werden. Die Optionsprämien wurden für verschiedene Fußballunternehmen in den vorherigen Abschnitten berechnet. Hierbei stellte sich heraus, dass die ermittelten Prämien deutlich geringer als die bei den Versicherungen veranschlagten Zahlungen ausfallen. So hat Borussia Dortmund für eine die Spieleinnahmen in Höhe von 22,591 Millionen Euro abzudeckende Option genau 1,075 Millionen Euro zu entrichten. Damit beträgt die Prämie genau 4,76 Prozent der Versicherungssumme. Bei den Medienrechten mit 17,32 Prozent und den Werbeeinnahmen in Höhe von 12,05 Prozent ist der Anteil der Prämie an der Versicherungssumme jedoch höher. Im Vergleich zu den anderen in der Untersuchung vorkommenden Fußballunternehmen ist der Anteil der Kosten an der zu hedgenden Position bei Borussia Dortmund mit am höchsten, wie nachfolgende Tabelle aufzeigt.

Tabelle 69: Kostenquote derivativer Instrumente

Fußballunternehmen	Spiel	Medien	Werbung	Personal Spielbetrieb
Borussia Dortmund	4,76%	17,32%	12,05%	6,28%
Hertha BSC Berlin	7,59%	5,62%	1,19%	3,52%
FC Schalke 04	5,23%	16,50%	2,96%	
SV Werder Bremen	4,18%	7,07%	2,16%	
Hannover 96	6,32%	5,60%	4,07%	
Juventus Turin	9,24%	2,97%	6,48%	6,00%
AS Roma	5,76%	7,51%	7,97%	
Inter Mailand	4,04%	4,18%	6,61%	
AC Mailand	6,56%	4,29%	5,15%	
Manchester United	3,92%	7,26%	2,10%	
FC Liverpool	4,29%	5,96%	2,25%	
FC Chelsea London	4,82%	2,70%	5,88%	
Tottenham Hotspurs	7,86%	3,67%	8,89%	5,75%
Arsenal London	10,33%	6,39%	5,14%	
Real Madrid	2,24%	4,21%	4,62%	
FC Barcelona	1,32%	2,17%	3,96%	
Olympique Lyonnais	17,74%	6,84%	4,28%	
Durchschnitt	6,25%	6,49%	5,04%	5,39%

So belaufen sich die Kosten bei Optionen im Durchschnitt auf gut 6 Prozent der abzusichernden Position. Im Untersuchungsset hat bei den Spieleinnahmen mit weitem

Abstand Olympique Lyonnais die höchsten Optionszahlungen zu leisten. Bei den Medieneinnahmen setzen sich hingegen die Erzrivalen aus Schalke und Dortmund, die auch bei den Werbeeinnahmen mit weitem Abstand führend sind, an die Spitze. Bei den Aufwendungen Personal Spielbetrieb beliefen sich die Kosten im Durchschnitt auf 5,40 Prozent. Allerdings ist dieses Ergebnis aufgrund der geringen Stichprobe von gerade einmal vier Fußballunternehmen als zu wenig aussagekräftig zu bewerten und somit höchstens als Tendenz zu interpretieren. Dennoch zeigen alle ermittelten Kostenquoten, dass diese im Durchschnitt geringer sind als bei Versicherungen. Selbst bei Hannover 96, einziges tendenziell im Mittelfeld sowie gegen den Abstieg spielendes Fußballunternehmen im Untersuchungsset, fällt die Kostenquote nicht höher als bei anderen Fußballunternehmen aus. Zentraler Grund hierfür ist, wie auch die in Abschnitt 6.5.4 durchgeführte Sensitivitätsanalyse demonstrierte, die maßgebliche Abhängigkeit der Optionspreise und somit der zu zahlenden Prämien von der ermittelten Volatilität. In der Untersuchung wurde diese auf Basis historischer Daten kalkuliert. Alternativ kann diese bei Berechnung der Optionspreise durch eine vom Optionspartner implizit ermittelte Volatilität im Einzelfall natürlich noch ansteigen – insbesondere für sportlich nicht stabile Fußballunternehmen. Somit steigen in diesem Fall auch die zu zahlenden Aufwendungen bei Abschluss der Optionen für das Fußballunternehmen an.

Neben den zu hohen Prämien wurden als weitere Kritikpunkte eine unzureichende Vertragslaufzeit sowie ein zu geringes Angebot an verschiedenen Versicherungspolicen, wodurch die Preismacht beim Anbieter liegt, festgestellt. Bezüglich des ersten Kritikpunkts zeigt sich bei Derivaten, dass Forwards und Optionen stets nur für eine Spielzeit abzuschließen sind. Im Vergleich zu den Laufzeiten der Versicherungen, die auf ein bis drei Jahren beziffert wurden, stellt dies keine wirklich Besserung der jetzigen Situation dar. Anders gestaltet sich die Lage bei Swaps. Auch wenn diese in der Untersuchung nur über einen Zeitraum von zwei bzw. drei Jahren liefen, sind diese, durch die Möglichkeit zwischenzeitlich Zahlungsströme auszutauschen, auch über einen längeren Zeitraum zu vereinbaren. So sind in der Normalwirtschaft Laufzeiten von acht und mehr Jahren nicht unüblich. Aus diesem Grund ist die Überwindung des bei den Versicherungen identifizierten Defizits der Laufzeit durch Swapvereinbarungen möglich. Allerdings zeichnen sich diese durch ein von Versicherungspolicen differentes Auszahlungsprofil aus, so dass sie nicht zu vergleichen sind.

Das geringe Angebot an Versicherungspolicen für den Erfolgs- sowie Abstiegsfall wurde als weiterer Kritikpunkt bei Versicherungen aufgeführt. Dieses Defizit können aufgrund ihrer Neuartigkeit im Fußball momentan auch die Derivate nicht eliminieren, da ein solches Angebot am Markt aktuell (noch) nicht zu finden ist. Aufgrund der immensen Größe des Finanzsektors dürften jedoch ausreichend viele potenzielle Kontraktpartner angesprochen werden. So beläuft sich laut Deutschen Derivate Verband (2010) allein in Deutschland das aktuelle Markvolumen derivativer Wertpapiere auf annähernd 900 Millionen Euro, wobei in der Kalkulation nicht die Geschäfte abseits der Börsen Berücksichtigung finden.[690] Das weltweite Marktvolumen dürfte ein Vielfaches davon betragen, so dass theoretisch genügend potenzielle Kontraktpartner zu finden sein dürften.

Insgesamt stellen Optionen auf Basis der empirisch ermittelten Ergebnisse insbesondere bei den Kosten, die mit ihnen verbunden sein können, einen entscheidenden Vorteil gegenüber Versicherungen dar. In Puncto Laufzeit sowie Angebotsvielfalt ist nach aktuellem Stand keine grundsätzliche Verbesserung festzustellen. Allein Swaps können, falls dies im Interesse beider Partner ist, längere Laufzeiten aufweisen. Allerdings verdeutlichen verschiedene Untersuchungen, dass allgemein ein Umsatzwachstum im europäischen Fußball zu konstatieren ist, so dass ein Fußballunternehmen deswegen eventuell kein Interesse an deutlich längeren Laufzeiten hat.[691]

6.7.3 Diversifikation vs. Derivate

Die Strategie der Diversifikation und hierbei insbesondere das Engagement von Fußballunternehmen in Geschäftsfelder, die weniger abhängig von den wöchentlichen Resultaten auf dem Fußballplatz sind, wurde als weitere Maßnahme zur Risikosteuerung begutachtet. Die in Abschnitt 3.4.4 identifizierten zentralen Nachteile der Diversifikation sind das hohe Risiko einer Fehlinvestition sowie das in den Fußballunternehmen nicht vorhandene Know-How anderer Branchen.

Der erste Kritikpunkt beinhaltet die großen wirtschaftlichen Risiken bei Engagement und Aufbau eines neuen Geschäftsfeld. Durch die zumeist hohen Anfangsinvestitionen ohne gleichzeitig die genauen zukünftigen Einnahmen in diesen Geschäftsfeldern kalkulieren zu können, birgt diese Strategie ein hohes zusätzliches Risiko. Dagegen sind die mit dem Absicherungsgeschäft anfallenden Aufwendungen bei Derivaten ex ante zu bestimmen und

[690] Vgl. Deutscher Derivate Verband, 2010, S.3.

[691] Verwiesen sei hierbei an die einleitenden Ausführungen der vorliegenden Arbeit sowie die in Abschnitt 5.2 samt seiner Unterpunkte getätigten Darstellungen.

somit genau zu planen. Die Gefahr einer Fehlinvestition – etwa bei Nicht-Ausübung der Option – ist zumindest der Höhe nach auf die entrichtete Optionsprämie begrenzt.

Darüber hinaus ist das vorhandene Know-How der Mitarbeiter in anderen Branchen zumeist begrenzt. Insbesondere bei Einsatz von Beschäftigten auf zentralen Positionen, die beispielsweise aufgrund ihrer vorherigen Karriere auf dem Fußballplatz keine Berufserfahrungen in anderen Unternehmen der Normalwirtschaft vorweisen können, stellt dies eine nicht zu unterschätzende Risikoquelle dar. Die Kernkompetenz der Mitarbeiter und somit des Fußballunternehmens liegt allgemein im Sport und bei Fußballunternehmen im Speziellen im Fußball. Es ist zwar ebenfalls davon auszugehen, dass Wissen auf dem Gebiet der derivativen Instrumente in den meisten Fußballunternehmen ebenfalls nicht ausreichend vorhanden ist – obgleich der VfL Wolfsburg bereits heute Derivate zum Schutz gegen Währungsschwankungen einsetzt.[692] Dennoch haben Derivate als Basiswert zumindest die Einnahmequellen der Fußballunternehmen, so dass diesbezüglich ein Fachwissen zu erwarten ist.

Daneben zeigt sich in der Praxis der Normalwirtschaft und insbesondere im Management von Portfolios, dass Investoren diese bevorzugt selbst zusammenstellen und den Mix nicht den Unternehmen selbst überlassen möchten. Durch den Einsatz der Derivate ist auch dieser Kritikpunkt zu überwinden, da hier keine Investition in neue Geschäftsfelder stattfindet. Stattdessen können sogar, wie im Fall der Optionen gesehen, zukünftige Erträge stabilisiert werden, was im Sinne der Investoren sein dürfte und somit die bei der theoretischen Begründung des Risikomanagement formulierten Defizite – gedacht sei hier nochmal an die Insolvenzgefahr sowie die Investitionspolitik – zu überwinden sind.

Resümierend ist somit festzuhalten, dass Derivate – in erster Linie Optionen – zentrale Risiken der Diversifikation überwinden – insbesondere bei der Reduzierung des Risikos sowie bei der vom sportlichen Erfolg unabhängigeren Gestaltung der Einnahmen.

6.7.4 Marke vs. Derivate

Eine Gegenüberstellung der Umsätze und Marktwerte der europäischen Spitzenclubs offerierte, dass die umsatzstärksten Fußballunternehmen auch jene sind, die die höchsten geschätzten Markenwerte aufweisen und darüber hinaus – wie am Beispiel Real Madrid demonstriert – auch in sportlich weniger erfolgreichen Zeiten ihre Einnahmen zumindest

[692] Vgl. VfL Wolfsburg, 2008, S.7.

konstant halten können. Dadurch gelingt es den Fußballunternehmen, prinzipiell ihre Einnahmen vom sportlichen Werdegang zu entkoppeln, wodurch beispielsweise die von Bessembinder (1991) sowie Smith und Stulz (1985) dargestellte Insolvenzgefahr durch diese Maßnahme zu senken ist.

Allerdings ist mit dem Aufbau einer starken Marke auch eine Reihe von Herausforderungen verbunden. So ist diese Maßnahme mit einem hohen finanziellen, personellen sowie zeitlichen Ressourcenaufwand gepaart, ohne gleichzeitig den Effekt der getroffenen Maßnahmen direkt messen und bewerten zu können. Diese offensichtlichen Nachteile überwinden Derivate zumindest teilweise. So sind für das Finden und den anschließenden Gesprächen für den Abschluss eines derivativen Geschäftes zwar ebenfalls personelle und zeitliche Ressourcen aufzuwenden – im Falle der Optionen auch finanzielle. Allerdings sind diese zum einen grob abzuschätzen und zum anderen erstreckt sich die personelle sowie zeitliche Beanspruchung der Mitarbeiter in erster Linie über den Zeitraum der Vertragsverhandlungen.[693] Ferner ist der Effekt der Derivate auf die spätere Einnahmesituation direkt messbar und somit zu quantifizieren, wodurch diese einen deutlichen Vorteil gegenüber dem Aufbau einer Marke besitzen.

Als weiterer Kritikpunkt – insbesondere bei Fußballunternehmen die Spielzeit für Spielzeit um das sportliche Überleben kämpfen und somit ihr begrenztes Budget komplett für ihren Kader aufbringen müssen – wurde genannt, dass nicht alle Fußballunternehmen aufgrund kurzfristiger sportlicher Abhängigkeit einen effizienten Aufbau einer Marke verfolgen können. Demgegenüber sind derivative Instrumente grundsätzlich in jedem Fußballunternehmen einsetzbar. So zeigt ein Blick in die Normalwirtschaft, dass sowohl große Hedge-Fonds als auch Privatanleger die Möglichkeit besitzen, Derivate zur Absicherung einzelner Vermögenspositionen oder gesamter Portfolios abzuschließen oder zu kaufen.

Zusammenfassend ist somit festzuhalten, dass Derivate einige Nachteile des Markenaufbaus überwinden. Insbesondere der Aspekt, dass prinzipiell alle Fußballunternehmen ein Derivat abschließen können, ist als zentraler Vorteile zu nennen.

[693] Vgl. hierzu auch die in Abschnitt 6.8.3 getätigten Ausführungen.

6.7.5 Strategien aus dem US-Sport vs. Derivate

Salary Caps sowie ein geschlossenes Ligasystem als Strategien aus dem amerikanischen Sport wurden ebenfalls auf ihre Effizienz zur Risikosteuerung hin untersucht. Dabei konnte festgestellt werden, dass ein geschlossenes Ligasystem durch Verhinderung des Worst-Case sportlicher Abstieg insbesondere die Planungssicherheit erhöht und somit das von Froot, Scharfstein und Stein (1993), Lessard (1990) sowie Stulz (1990) formulierte Defizit einer suboptimalen Investitionspolitk aufgrund volatiler Zahlungsströme teilweise zu überwinden ist. So zeigt ein Blick in den US-Sport, dass nordamerikanische Clubs in der Lage sind, auch längerfristige Investitionen wie den Aufbau einer Marke zu tätigen und somit langfristig die Einnahmen durch eine starke Marke vom sportlichen Werdegang loszulösen. Salary Caps verringern einerseits durch die Maßnahme, dass beispielsweise nur ein gewisser Prozentsatz der erzielten Umsatzerlöse in die Gehälter der Spieler investiert werden darf, die Insolvenzgefahr und fördern andererseits die Ausgeglichenheit in der Liga.

Allerdings weisen auch diese beiden Maßnahmen eklatante Nachteile auf, so dass sie schlussendlich – insbesondere für den europäischen Sport – als nicht wirksam eingestuft wurden. So ist ein Salary Cap nur dann durchführbar, wenn alle europäischen Fußballunternehmen daran teilnehmen. Da jedoch die Interessenlage der Fußballunternehmen mitunter zu unterschiedlich ist und es darüber hinaus – wie bereits im US-Sport gesehen – zahlreiche Ausweichmöglichkeiten durch indirekte Zahlungen gibt, ist dieser aktuell nicht durchführbar. Darüber hinaus stehen dem Salary Cap rechtliche Hindernisse wie das Kartellverbot im Weg. Stattdessen besitzen Derivate den Vorteil, dass diese individuell und ohne Erlaubnis der anderen am Markt agierenden Fußballunternehmen abzuschließen sind. Ferner sind keine rechtlichen Bedenken zu erkennen, obgleich in den aktuellen Debatten fieberhaft nach Lösungen gerungen wird, dem Finanzmarkt strengere und härter Regeln aufzuerlegen, die zukünftig durchaus auch den Handel mit Derivaten einschränken können.

Beim geschlossenen Ligasystem eröffnete sich die Problematik, dass im europäischen Sport die Akzeptanz eines geschlossenen Ligasystems fehlt und somit nur äußerst schwer dem europäischen Sportfan zu vermitteln ist.[694] Obgleich das Image der Derivate insbesondere durch die Finanzkrise gelitten hat – noch verstärkt durch die Aussage der Investmentlegende Warren Buffet, der diese einst als „finanzielle Massenvernichtungswaffen" geißelte, obwohl

[694] So zeigen die stetigen und immer wieder aufkommenden Diskussionen im deutschen Eishockey, dass – obgleich die Deutsche Eishockey Liga (DEL) schon seit Jahren offiziell eine geschlossene Liga darstellt – diese bis heute nicht von den Fans akzeptiert worden ist.

er diese bis heute selbst zur Risikosteuerung in seiner eigenen Gesellschaft einsetzt – dürfte ein Einsatz dieser bei weitem weniger Widerstand hervorrufen als Pläne zu einer geschlossenen Liga.[695] So setzt, wie bereits geschildert, der VfL Wolfsburg schon heute Derivate ein, ohne dass die Fanseele zum Kochen gebracht wurde. Stattdessen rief vor einigen Jahren Pläne einer geschlossenen Europaliga, in der die besten Fußballunternehmen Europas spielen sollten, ein gewaltiges Medienecho hervor.

Der Vergleich zwischen den beiden Maßnahmen aus dem US-Sport und den Derivaten zeigt, dass die Hindernisse bezüglich eines Salary Caps sowie eines geschlossenen Ligasystems durch Derivate zu überwinden sind. Daher sind diese den beiden Maßnahmen überlegen und stellen somit durchaus eine Alternative dar.

6.8 Zur Umsetzbarkeit in der Praxis

6.8.1 Überblick

Bis zum jetzigen Zeitpunkt richtete sich der Fokus bedingt durch die Forschungsfrage der Untersuchung ausschließlich auf die Fußballunternehmen. Ziel dieses Abschnitts ist es, nun kurz zwei Herausforderungen, die mit dem Einsatz derivativer Instrumente bei Fußballunternehmen in der Praxis verbunden sind, zu skizzieren. Bisher wurde davon ausgegangen, dass stets ein Kontraktpartner zu finden ist, der anstelle des Fußballunternehmens das Risiko übernimmt. Doch hierbei ist die Frage zu beantworten, ob diese Prämisse der Realität standhält und welche Voraussetzungen gegeben sein müssten, damit von einer solchen Konklusion auszugehen ist? Daran anschließend wird der Punkt der Transaktionskosten sowohl aus Sicht der Fußballunternehmen als auch aus der Perspektive möglicher Kontraktpartner diskutiert.

6.8.2 Kontraktpartner

Wie bereits verdeutlicht, sind bei Abschluss derivativer Instrumente stets zwei Kontraktpartner notwendig. Ein Partner – der Absicherer – möchte das Risiko zukünftiger Einnahmeschwankungen einer Risikoposition auf einen Dritten abwälzen. Der zweite Partner – der Spekulant – nimmt bewusst das Kursrisiko in Kauf. Somit sind beide Seiten aufeinander angewiesen. In den bisherigen Ausführungen wurden bereits Hedge-Fonds sowie allgemeiner Investoren als mögliche Kontraktpartner genannt. Doch über welche Voraussetzungen muss ein potenzieller Kontraktpartner verfügen, um überhaupt in Frage zu kommen? Der wichtigste Aspekt ist die finanzielle Ausstattung des potenziellen Partners, damit dieser etwaige, aus dem

[695] Bezüglich der Aussage von Warren Buffet vgl. Rettberg, 2010, www.handelsblatt.com.

Abschluss des Derivats resultierende Zahlungen am Ende der Laufzeit begleichen kann. Sichert ein Fußballunternehmen der 1. Fußball-Bundesliga beispielsweise seine aus den Bundesligaspielen erzielten Medienerlöse ab, so muss der Kontraktpartner zumindest einen Betrag von 11,948 Millionen Euro – die Differenz zwischen dem besten und dem schlechtesten Fußballunternehmen im Ranking der Medienerlöse – aufbringen.[696] Somit fallen im Normalfall herkömmliche Privatanleger als Kontraktpartner aus. Stattdessen bieten sich klassische Emittenten derivativer Instrumente wie beispielsweise große Finanzinstitute an. Vorteil dieser ist, dass sie über ein hohes Wissen im Umgang mit derivativen Instrumenten besitzen und somit über genügend Erfahrung verfügen. Obgleich die Einnahmequellen sowie die Aufwandspositionen bisher noch nicht von diesen durch ein Derivat abgebildet worden sind, sollte es möglich sein, auch hierfür geeignete Derivate zu entwickeln. So arbeitet aktuell ein US-Finanzhaus an einem sogenannten „Film-Derivat", mit dessen Hilfe sich die Filmbranche und insbesondere die Studios gegen Finanzrisiken von Filmproduktionen absichern können.[697] Neben Finanzinstituten sind auch größere Investmentfonds wie beispielsweise Hedge-Fonds eine Lösung – insbesondere für im OTC-Handel vereinbarte und somit nicht den Umweg einer Zulassung durch eine Behörde bedürfende Derivate. Dritte vorstellbare Gruppe stellen klassischerweise Spekulanten dar, wobei diese zumeist bereits in den genannten Alternativen zu finden und somit dort anzusiedeln sind. Im Sinne der Risikosteuerung der Kontraktpartner ist allgemein zu empfehlen, dass sie auf mittel- bis langfristiger Sicht nicht nur mit einem Fußballunternehmen eine Vereinbarung abschließen, sondern dass sie mit mehreren Clubs Kontrakte vereinbaren. So sind etwaige Verluste aus einem Geschäft durch mögliche Gewinne einer anderen Vereinbarung zu kompensieren.

Ferner ist vom jeweiligen Fußballunternehmen zu evaluieren, ob es neben dem eigentlichen Derivat mit dem Kontraktpartner noch ein Credit Default Swap – mit einem zweiten Kontraktpartner – abschließt, um sich gegen Zahlungsausfälle des Kontraktpartners zu versichern.[698] Vorteilig ist hierbei, dass auch im Insolvenzfall des Kontraktpartners durch das zusätzlich abgeschlossene Derivat die vereinbarten Einnahmen garantiert sind. Nachteilig ist jedoch, dass für den Abschluss des Credit Default Swaps weitere Kosten auf das Unternehmen zukommen.

---

[696] Verwiesen sei in diesem Zusammenhang nochmals auf Tabelle 8. Diese zeigt die Verteilung der Medienerlöse in der 1. Fußball-Bundesliga pro Platz im Ranking auf.
[697] Vgl. Rettberg, 2010, www.handelsblatt.com
[698] Zur Funktionsweise von Credit Default Swaps sei an die Ausführungen in Abschnitt 4.2.1 erinnert.

6.8.3 Transaktionskosten

Transaktionskosten stellen einen weiteren Punkt dar, die im Voraus zu berücksichtigen sind. Ungeachtet der Tatsache, dass insbesondere Forwards sowie Swaps kostenlos sind und die Kosten von Optionen im Voraus zu kalkulieren sind, sind weitere Kosten, die rund um die Vereinbarung entstehen können, nicht außer Acht zu lassen.

Für Unternehmen im Allgemeinen und Fußballunternehmen im Speziellen entstehen Transaktionskosten insbesondere vor Vertragsabschluss. Zu nennen sind hierbei Informationsbeschaffungskosten, Anbahnungskosten sowie Vereinbarungskosten.[699] Im Zuge der Informationsbeschaffungskosten muss das Fußballunternehmen potenzielle Transaktionspartner aufspüren und für eine etwaig zukünftige Vereinbarung relevante Informationen suchen. Von Bedeutung ist hierbei insbesondere die Frage, ob der Kontraktpartner prinzipiell das finanzielle Volumen abdecken kann und ob er im Falle einer Insolvenz Sicherheiten bieten kann, aus denen sich das Unternehmen bei Nicht-Erfüllung des Kontraktes bedienen kann. Diese Kosten dürften tendenziell in der Anfangsphase der Etablierung der derivativen Instrumente am höchsten sein. Später – bei Existenz mehrerer Anbieter und einer gewissen Transparenz dieser sowie des Gesamtmarktes – ist intuitiv zu erwarten, dass diese wieder sinken werden. Wird ein potenzieller Kontraktpartner als interessant klassifiziert, folgt zuerst eine Kontaktaufnahme zu diesem und anschließend detaillierte Vertragsverhandlungen. Ferner entstehen weitere Transaktionskosten am Ende der Laufzeit des Derivats im Hinblick auf seine endgültige Abwicklung inklusive Zahlung der jeweils zur Disposition stehenden Geldbeträge.

Den Kontraktpartnern entstehen andererseits ebenfalls Transaktionskosten. Vor der endgültigen Vereinbarung hat dieser – ähnlich wie Fußballunternehmen – Informationsbeschaffungskosten zu tragen. Hierbei geht es insbesondere um das Aufspüren potenzieller an derivativen Instrumenten interessierte Fußballunternehmen sowie um die anschließende Überprüfung dieser. Der daran anschließende Prozess, bei denen Anbahnungs- sowie Vereinbarungskosten entstehen, gleicht dem für Fußballunternehmen. Nach Abschluss der Vereinbarung entstehen dem Kontraktpartner am Ende der Laufzeit die bereits bei den Fußballunternehmen aufgeführten Abwicklungskosten. Überdies fallen für den Kontraktpartner Kontrollkosten während der gesamten Vertragslaufzeit an, die jedoch durch Ausarbeitung eines „wasserdichten“ Vertragswerks schon zum Zeitpunkt der Verhandlungen

[699] Vgl. Perridon, Steiner, 2007, S.522f.

zu reduzieren sind. So ist bereits bei den Derivaten auf Transfereinnahmen sowie -aufwendungen darauf hingewiesen worden, dass der Kontraktpartner spezielle, für herkömmliche Vereinbarungen ungewöhnliche Ausstiegsklausel formulieren sollte, um nicht ein mögliches „Fehlverhalten" der Fußballunternehmen zu provozieren. Ferner kann ein Fußballunternehmen nach Abschluss eines Forwards auf verschiedene Einnahmequellen absichtlich durch Aufstellung einer sogenannten „B-Mannschaft" bestehend aus Reservespielern schlecht spielen, um auf der Aufwandsseite mögliche Prämienzahlungen einzusparen. Ein so handelndes Fußballunternehmen erwirtschaftet somit – zumindest kurzfristig – einen hohen Überschuss, da die eigentlich aus dem sportlichen Misserfolg resultierenden Mindereinnahmen durch das Derivat egalisiert werden. Allerdings wurde bereits an anderer Stelle aufgezeigt, dass sich dieses Verhalten zwar in der kurzfristigen Perspektive als fördernd für das Betriebsergebnis erweist, in der mittel- bis langfristigen jedoch aufgrund der saisonal neu abzuschließenden Derivate auf Basis der in der vorherigen Spielzeit tatsächlich erzielten Einnahmen negative Effekte nach sich zieht. Außerdem wird ein sich nicht als konform und absichtlich verlierend handelndes Fußballunternehmen aller Voraussicht nach zukünftig keinen weiteren Kontraktpartner finden. Somit ist das Fußballunternehmen allein schon aus Eigeninteresse angehalten, trotz derivativer Vereinbarung das maximale Leistungsvermögen abzurufen. Ein solches Handeln mindert dann wiederum die Kontrollkosten des Kontraktpartners während der Laufzeit des Derivats.

6.9 Fazit und Handlungsempfehlung

In diesem Kapitel wurden die für die spezifischen Anforderungen der Fußballunternehmen entwickelten derivativen Instrumente auf ihre Effizienz hin untersucht; zuerst empirisch anhand eines für Fußballunternehmen der 1. Fußball-Bundesliga entwickelten Modells im Zuge einer Einperioden-Betrachtung sowie anhand verschiedener europäischer Fußballunternehmen anhand einer saisonübergreifenden Betrachtung. Aufbauend auf den empirischen Ergebnissen fand anschließend eine Gegenüberstellung der Derivate mit den bisher in der Praxis angewandten Maßnahmen zur Risikosteuerung der Fußballunternehmen statt. Hierbei wurde beleuchtet, ob Derivate die bei den bisherigen Strategien identifizierten Nachteile eliminieren oder zumindest reduzieren können. Abschließend wurden kurz potenziellen Herausforderungen herausgearbeitet, die auf dem Weg zur Implementierung der derivativen Instrumente in der sportökonomischen Praxis zu überwinden sind. Dabei standen sowohl den Kontraktpartner als auch die Transaktionskosten betreffende Aspekte im Mittelpunkt der Diskussion. Auf Basis dieser Untersuchungen ist nun ein übergreifendes Fazit zu ziehen sowie darauf aufbauend Handlungsempfehlungen für Fußballunternehmen bei Einsatz derivativer Instrumente zu entwickeln.

In der empirischen Untersuchung kristallisierte sich heraus, dass Fußballunternehmen stets eine Grundsatzentscheidung bezüglich etwaig anfallender Kosten zu treffen haben. Hierbei ist zu klären, ob das Management gewillt ist, zu Beginn der Vereinbarung eine Prämie zu entrichten oder ob die Absicherungsstrategie kostenlos zu sein hat. Wird die kostenlose Variante in Form von Forwards oder Swaps gewählt, so sind die Einnahmen auf den gewählten Basispreis in Höhe der bisher tatsächlich erzielten Erlöse fixiert. Etwaige zukünftige Erlöse bei Übererfüllung werden an den Kontraktpartner weitergegeben. Im Gegensatz dazu sind bei der kostenpflichtigen Variante die zusätzlichen Einnahmen bei sportlichem Erfolg durch das eingeräumte Wahlrecht der Ausübung bei Optionen abzüglich der anfangs gezahlten Optionsprämie voll zu vereinnahmen. Einschränkend ist jedoch darauf hinzuweisen, dass diese erst von Vorteil sind, wenn die zusätzlichen Einnahmen die anfangs gezahlte Optionsprämie übertreffen. Ansonsten hat das Fußballunternehmen in Summe niedrigere Einnahmen als der vereinbarte Basispreis zu realisieren. Die Einperioden-Betrachtung verdeutlichte in diesem Zusammenhang, dass Optionen insbesondere bei Übererfüllung der sportlichen Ziele die beste Alternative aller behandelten Derivaten darstellen. Forwards sowie Swaps überzeugen hingegen bei Erreichen bzw. Verpassen des sportlichen Ziels. Auf Basis dieser Resultate sind die Handlungsempfehlungen durch folgendes Gleichungssystem zu beschreiben, wobei S_T den am Saisonende realisierten sportlichen Erfolg, S_P den geplanten sportlichen Erfolg, E_T die am Saisonende realisierten tatsächlichen Einnahmen, E_D das durch das Derivat zu Beginn vereinbarten Einnahmeniveau und OP die dafür gezahlte Optionsprämie bezeichnet:

Falls $S_T > S_P$ = Option
unter der Nebenbedingung, dass
$[E_T - E_D] > OP$

Falls $S_T \leq S_P$ = Forward oder Swap
unter der Nebenbedingung, dass
$E_T \leq E_D$

In der daran anschließenden Mehrperioden-Betrachtung anhand verschiedener Fußballunternehmen aus dem In- und Ausland bildete sich heraus, dass prinzipiell alle Derivate die Planungssicherheit erhöhen, da sie ex ante die Einnahmen fixieren bzw. bei Optionen eine Mindestgröße der zukünftigen Einnahmen garantieren. Jedoch demonstrierte eine nähere Analyse, dass Forwards in der langfristigen Betrachtung die Erlöse nur um eine Periode nach hinten verschieben. Eine Reduktion des Risikos – gemessen an der Veränderung der Volatilität – und somit eine Abkopplung der Einnahmen sowie eine Ankopplung der Aufwendungen an den sportlichen Werdegang des Fußballunternehmens ist durch sie nicht zu bewirken.

Ein ähnliches Bild zeichnete sich bei Swapvereinbarungen ab. Aufgrund längerer Laufzeiten – in der Untersuchung von zwei und drei Jahren – im Vergleich zu den beiden anderen derivativen Instrumenten ist die Planungssicherheit sogar noch zu erhöhen. Dies ist dem Umstand geschuldet, dass Fußballunternehmen durch diese in die Lage versetzt werden, nicht nur für die anstehende sondern auch – je nach vereinbarter Laufzeit – über die nächste Spielzeit hinaus ihre zukünftigen Erlöse exakt zu kalkulieren. Jedoch offerierte ein Blick auf die Veränderung der Volatilität, dass diese durch Swaps bei den untersuchten Fußballunternehmen signifikant nur bei den Spieleinnahmen zu senken ist. Die Volatilität der Medienerlöse sanken zwar ebenso, aber mit gut 4,00 Prozent bei den zweijährigen und 1,50 Prozent bei den dreijährigen Swaps nur geringfügig – bei gleichzeitig deutlich niedrigeren Einnahmen. Bei Werbeeinnahmen führten beide Swaps sogar zu einer höheren Volatilität.

Optionen bieten wie Forwards einen sicheren Planungshorizont von einer Spielzeit. Danach sind diese neu vom Fußballunternehmen abzuschließen. Nach dem Kriterium der mittel- bis langfristigen Planungssicherheit sind diese den länger laufenden Swapvereinbarungen unterlegen. Jedoch spielen Optionen ihre Stärken auf einem anderen Feld aus. So gelingt es nur ihnen, die Volatilität in allen drei Einnahmequellen signifikant zu senken ohne dabei die Einnahmen erheblich in Mitleidenschaft zu ziehen. So reduzierten sich diese bei Optionen durchschnittlich um gut 1 Prozent, während Forwards diese um 6 Prozent und Swaps um 10 Prozent minderten.

Aus diesen Erkenntnissen ist im Zuge eines langfristigen Einsatzes derivativer Instrumente zur Risikosteuerung die Handlungsempfehlung auszusprechen, dass Optionen unter Einbeziehung aller Resultate die interessanteste Alternative für Fußballunternehmen

darstellen und daher zuvorderst im Risikomanagement zum Einsatz kommen sollten. Nur ihnen gelingt es, das Risiko nachhaltig bei gleichzeitig geringem Einnahmerückgang zu senken und ferner die Einnahmen vom sportlichen Werdegang zu entkoppeln. Damit können die zur theoretischen Begründung hervorgebrachten Defizite im Zusammenhang mit dem Shareholder Value Ansatz überwunden werden. So ist die von Bessembinder (1991) sowie Smith und Stulz (1985) propagierte Reduzierung der Insolvenzgefahr durch die zumindest teilweise Auflösung der direkten Abhängigkeit des wirtschaftlichen vom sportlichen Erfolg zu erreichen. Darüber hinaus ist, aufgrund der einerseits nun planbaren Mindesterlöse und andererseits der Möglichkeit bei sportlichem Erfolg über den vereinbarten Basispreis erlösten Mehreinnahmen voll zu vereinnahmen, das von Froot, Scharfstein und Stein (1993), Lessard (1990) sowie Stulz (1990) formulierte Ziel einer optimalen Investitionspolitik, ohne auf langfristige Investitionen aufgrund unwägbarer Einnahmeströme verzichten zu müssen, zu verwirklichen.
Bei den drei näher betrachteten Fußballunternehmen aus Dortmund, Turin und Tottenham wurden überdies die verschiedenen derivativen Instrumente bei den Aufwendungen Personal Spielbetrieb untersucht. Die gewonnenen Resultate belegen die bereits in der Theorie dargestellten Bedenken bei Einsatz von Derivaten. Somit ist festzuhalten, dass Derivate grundsätzlich nicht dazu geeignet sind, Aufwendungen abhängiger vom sportlichen Erfolg zu gestalten. Dies hätte anhand einer ansteigenden Volatilität belegt werden können. Stattdessen ist lediglich – ähnlich wie bei Versicherungen – eine Absicherung gegen zusätzliche Aufwendungen, resultierend aus der Übererzielung des sportlichen Ziels, durchführbar. Infolgedessen ist das Fazit zu ziehen, dass diese ausschließend zur Verhinderung zusätzlicher Aufwendungen von den Fußballunternehmen einzusetzen sind.

Auf Basis der aus der empirischen Untersuchung gewonnenen Erkenntnisse konnte in den beiden daran anschließenden Abschnitten die untersuchten Derivate mit den bisherigen Maßnahmen zur Risikosteuerung verglichen werden. Hierbei konnte demonstriert werden, dass Derivate zentrale Schwächen der bisherigen Instrumente zwar nicht vollständig, jedoch zumindest partiell überwinden. So ist der Kostenanteil der abzusichernden Vermögensposition bei Derivaten – hierbei sei explizit an Optionen erinnert – deutlich geringer als bei den bisher bestehenden Versicherungen. Der Nachteil des zu geringen Angebots von Versicherungspolicen ist zum aktuellen Zeitpunkt jedoch nicht durch Derivate zu überwinden, da diese bekanntlich noch nicht am Markt präsent sind. Darüber hinaus gelingt es den Derivaten zentrale Nachteile der Diversifikation zu überwinden. Als gewichtiges Problem wurden hohe Anfangsinvestitionen in neue Geschäftsfelder bei gleichzeitig höchst unsicheren zukünftigen Erlösen genannt. Im Gegensatz dazu garantieren Derivate die Höhe der Erlöse und sind dabei deutlich kostengünstiger. Die Maßnahme, eine starke Marke aufzubauen, scheitert bei vielen Fußballclubs aufgrund der Tatsache, dass sie nur in der langfristigen Perspektive effektiv von diesen umzusetzen ist. Insbesondere von Fußballunternehmen, die regelmäßig um das sportliche Überleben zu kämpfen haben, ist eine solche Strategie nur schwer zu verfolgen und schließt somit einige Unternehmen davon aus. Derivative Vereinbarungen können unter der zwingenden Voraussetzung, dass ein Kontraktpartner gefunden wird, grundsätzlich von jedem Fußballunternehmen abgeschlossen werden. Außerdem sind die zu erwartenden Auswirkungen der derivativen Maßnahme im Gegensatz zum Markenaufbau ex ante messbar und zu quantifizieren. Strategien aus dem US-Sport scheitern in erster Linie daran, dass sie bisher nicht durchzusetzen waren (Salary Caps) oder vom europäischen Sportkonsumenten nicht akzeptiert werden (geschlossenes Ligasystem). Durch Derivate sind diese Defizite trotz der aktuellen Diskussion bezüglich der Regulierung des Finanzsektors inklusive derivativer Instrumente zu überwinden. Aus dieser Gegenüberstellung ist als Handlungsempfehlung für Fußballunternehmen abzuleiten, dass Derivate – insbesondere Optionen – den anderen Alternativen vorzuziehen sind und daher bevorzugt eingesetzt werden sollten.

Als interessant könnte sich – insbesondere zur Überwindung des von Froot, Scharfstein und Stein (1993), Lessard (1990) sowie Stulz (1990) dargestellten Defizits suboptimaler Investitionsprogramme – in Einzelfällen jedoch eine Kombination aus zwei gleichzeitig durchgeführten Maßnahmen erweisen. Auf Basis einer langjährigen Swapvereinbarung mit konstanten Erträgen, die für die Laufzeit des Swaps unverändert bleiben, ist ein Budget für den Aufbau einer starken Marke bereitzustellen. Mit den Mitteln aus diesem Etat ist in der Folge vom Fußballunternehmen eine vom sportlichen Erfolg unabhängigere Markenstrategie durchzuführen – jedenfalls aus finanzieller Sicht. Der sportliche Erfolg ist natürlich weiterhin der bedeutendste Gradmesser für die Wirkung dieser Strategie. Ein dauerhaft erfolgloses Fußballunternehmen wird erwartungsgemäß auch mit der besten Kampagne schwerlich zusätzliche Stakeholder anlocken.

Nachdem für einzelne Einflussparameter des Optionspreises drei verschiedene Sensititvitätsanalysen durchgeführt worden sind, wurden abschließend noch zwei Herausforderungen bei Implementierung derivativer Instrumente in der Praxis aufgeführt –

Kontraktpartner sowie Transaktionskosten. In beiden Fällen kristallisierte sich heraus, dass es mit hoher Wahrscheinlichkeit in der Einführungsphase derivativer Instrumente gewichtige Herausforderungen zu bewältigen gibt. So ist ein Fußballunternehmen bei der Suche eines potenziellen Kontraktpartners in Abhängigkeit der Suchdauer und Intensität der Überprüfung mit steigenden Transaktionskosten konfrontiert. Aufgrund der Ausführungen ist somit die Handlungsempfehlung auszugeben, dass Fußballunternehmen nach Möglichkeit erst die Etablierung solcher Instrumente, infolgedessen ein genügend attraktives Angebot an optimalen Kontraktpartnern zur Verfügung steht, abwarten sollten.

7 Schlussbetrachtung und Ausblick

In der vorliegenden Arbeit wurde der Frage nachgegangen, wie Fußballunternehmen ihr finanzielles Risiko, welches ihnen aus der Unsicherheit des zukünftigen sportlichen Erfolgs erwächst, durch geeignete Maßnahmen der Risikosteuerung reduzieren und im Optimalfall eliminieren können. Hierbei wurden die bisher von den Fußballunternehmen angewandten Maßnahmen stets dahingehend überprüft, ob diese die Erlöse unabhängiger und die Aufwendungen abhängiger vom sportlichen Werdegang gestalten können. Nachdem anfangs bedeutende Spezifika von Fußballunternehmen im Vergleich zu Unternehmen der Normalwirtschaft herausgearbeitet sowie daran anschließend das Risikomanagement samt seines Prozesses mit dem aus Sicht der Forschungsfrage zentralen Schritt der Risikosteuerung dargestellt worden sind, wurde auf Basis dieser die derzeitig von den Fußballunternehmen praktizierten Maßnahmen anhand des Risikomanagementprozesses dargestellt. Resümierend war zu konstatieren, dass alle bisher getroffenen Maßnahmen aufgrund vielschichtiger Gründe nicht uneingeschränkt von alle Fußballunternehmen durchzuführen sind. Als Antwort auf dieses Ergebnis und als Alternative dazu wurde daraufhin der Einsatz derivativer Instrumente, die seit langem in der Normalwirtschaft auch zu Zwecken der Risikosteuerung von den dort agierenden Unternehmen eingesetzt werden, im Risikomanagement von Fußballunternehmen vorgeschlagen. Diese wurden zuerst allgemein vorgestellt, wobei hierbei Forwards und Futures, Swaps sowie Optionen im Mittelpunkt standen. Darauf aufbauend wurden anschließend diese drei derivativen Instrumente auf ihre Anwendbarkeit hin in Fußballunternehmen entwickelt und überprüft. In dem dann folgenden Kapitel wurden Derivate auf ihre Effizienz hin überprüft und auf Basis der gewonnen Ergebnisse sowie möglicher Herausforderungen Handlungsempfehlungen abgeleitet.

Optionen stellten sich dabei anhand des entwickelten Modells „1. Fußball-Bundesliga“ sowie über alle in die Analyse involvierten Fußballunternehmen als das geeignetste Instrument dar. So gelingt es mit diesen, einerseits ein bestimmtes Einnahmeniveau abzusichern, darüber hinaus erlauben sie jedoch weitere zusätzliche Einnahmen bei Übertreffen des sportlichen Saisonziels bzw. der durch das Derivat abgesicherten Einnahmen oder Aufwendungen. Insbesondere in der saisonalen Planung sind diese trotz der bei Abschluss entstehenden Kosten den beiden anderen untersuchten Alternativen vorzuziehen, da sie, wie die Analyse der Einnahmen verschiedener europäischer Fußballunternehmen demonstrierte, einerseits die Einnahmen nur im geringen Maße reduzierten, auf der anderen Seite jedoch das Risiko –

ausgedrückt in der Kennzahl der Volatilität – deutlich haben senken können. Ist das Fußballunternehmen hingegen darauf bedacht, eine über die anstehende Spielzeit hinausgehende Planungssicherheit – ausgedrückt durch sichere Zahlungsströme in den kommenden Jahren – zu erreichen, sind Swaps die optimale Lösung.[700] Diese sind im Gegensatz zu den beiden übrigen in der Untersuchung angewandten Derivate langfristig, inklusive zwischenzeitlichem Austausch der Zahlungsströme abzuschließen. Abschließend wurde auf zwei mögliche Kritikpunkte zur Anwendbarkeit der Derivate in der sportökonomischen Praxis erörtert. Hierbei wurde darauf hingewiesen, dass insbesondere in der Anfangsphase für beide Kontraktpartner zum einen die Anzahl möglicher Kontraktpartner gering ist und zum anderen aufgrund dieser Tatsache hohe Transaktionskosten anfallen können, die jedoch erwartungsgemäß bei Etablierung und einer entsprechenden Größe des Marktes sinken.

Die Forschungsfrage der vorliegenden Arbeit konnte dahingehend beantwortet werden, dass derivative Instrumente als Alternative zu den bisher von den Fußballunternehmen durchgeführten Maßnahmen einzusetzen sind. Sie erhöhen ex ante die Planungssicherheit durch die vorher vertraglich zugesicherten Einnahmen, die dadurch in der Folge unabhängig vom sportlichen Erfolg zu erzielen sind. Darüber hinaus gelingt es diesen, einige Nachteile der bisherigen Maßnahmen zur Risikosteuerung ohne Hervorrufung neuer Risiken zu überwinden.

Als unvorteilhaft erwies sich hingegen, dass die Auswirkungen der derivativen Instrumente insbesondere auf die zu erwartenden Einnahmen und des zu erwartenden zukünftigen Risikos – der Volatilität – sehr unterschiedlich ausfallen. Dies ist jedoch nicht zwangsläufig als Nachteil zu interpretieren. Vielmehr hat dadurch das Fußballunternehmen die Möglichkeit, ein nach seinen individuellen Bedürfnissen optimal ausgestaltetes Derivat abzuschließen. Von Bedeutung ist hierbei, dass sich das jeweilige Fußballunternehmen samt seiner handelnden Personen den unterschiedlichen Auswirkungen bewusst ist. Einen Anhaltspunkt hierfür liefern die Ergebnisse der vorliegenden Arbeit. Darüber hinaus sind Nachteile der derivativen Instrumente insbesondere bei der aktuellen Nicht-Existenz dieser zu identifizieren, wodurch insbesondere hohe Transaktionskosten im Zuge der Informationsbeschaffung zukünftiger Kontraktpartner zu erwarten sind.

[700] Obgleich sich herausgestellt hat, dass sie die Volatilität nicht entscheidend haben senken können.

Aus den gewonnenen Erkenntnissen ist zu empfehlen, dass sich nachfolgende Untersuchungen mit den beiden hauptsächlichen Herausforderungen derivativer Instrumente in Fußballunternehmen befassen, um vor allem die Entscheider in der sportökonomischen Praxis hierfür weiter zu sensibilisieren. Bei alledem ist zu Überprüfen, ob ein Interesse solcher Instrumente auf beiden Seiten vorhanden ist und wie groß dieses für derartige Instrumente ist. Auf Basis dieser Erkenntnisse ist das zukünftige Marktvolumen abzuschätzen sowie aktuell herrschende Informationsdefizite samt der daraus resultierenden Transaktionskosten zu reduzieren. Eine weitere Reduktion dieser Kosten ist auch in anderen Bereichen der Informationsgewinnung zu erreichen. Als lohnenswert könnte hierbei eine Untersuchung bezüglich einer zu implementierenden neutralen Institution, die sowohl Fußballunternehmen als auch Kontraktpartner laufend kontrolliert, sein. Allerdings ist nicht zu verhehlen, dass diese ebenfalls Kosten verursachen wird, die dann wiederum das gesamte Geschäft behindern können. Darüber hinaus sollten weitere Untersuchungen auch andere, in dieser Arbeit nicht untersuchten derivative Instrumente berücksichtigen. Als Beispiel für weitere Instrumente sind beispielsweise Credit Default Swaps zu nennen. Obgleich diese insbesondere in der aktuellen Finanzkrise als eine der zentralen Auslöser dieser genannt werden, stellen sie bei sachgemäßer Anwendung eine interessante Alternative dar.

Im empirischen Teil dieser Arbeit wurde davon ausgegangen, dass die Derivate immer vor Saisonbeginn auf Basis der tatsächlich realisierten Einnahmen bzw. Aufwendungen der Vorsaison vereinbart werden. Die Frage, wie Derivate auch während der Saison abgeschlossen werden können und wie diese dabei optimalerweise zu bewerten sind, ist ein weiteres interessantes Untersuchungsfeld für zukünftige Studien. Erste Überlegungen wurden in dieser Arbeit im fünften Kapitel dargestellt. Hierbei ist auch insbesondere der Frage nachzugehen, ob beispielsweise bei der Bewertung von „Fußball-Optionen“ das Cox-Ross-Rubinstein- bzw. Black-Scholes-Modell als ausreichend anzusehen ist oder ob diese bei Einsatz in Fußballunternehmen zu überarbeiten sind und auf Spezifika von Fußballunternehmen hin zu ändern sind. Die in Abschnitt 4.7 genannten Untersuchungen in diesem Themenkomplex lassen erahnen, dass auch hier Anpassungen notwendig sind.

Eine weitere Möglichkeit besteht in der Berücksichtigung weiterer Fußballunternehmen oder Clubs aus anderen Sportarten. Aufgrund der Datenverfügbarkeit wurden in der vorliegenden Arbeit fast ausschließlich Fußballunternehmen betrachtet, die zu den Spitzenclubs der jeweiligen Liga zu zählen sind. Weiterführende Untersuchungen sollten auch Clubs einbeziehen, die sich tendenziell im Mittelfeld bzw. in den unteren Regionen der jeweiligen Liga platzieren. Hier könnten gerade bei sportlich volatilen Fußballunternehmen höhere Optionspreise resultieren, die von diesen im Zweifelsfall nicht zu finanzieren sind.[701] Somit könnten die eigentlich sehr gut im Risikomanagement einsetzbaren Optionen für diese Clubs uninteressant werden und somit als Risikomanagementmaßnahme keine Alternative darstellen.

Resümierend ist schlussendlich festzuhalten, dass die vorliegende Arbeit demonstriert, dass Derivate in Fußballunternehmen trotz der erwähnten Schwierigkeiten einzusetzen sind, jedoch gleichzeitig zukünftig weitere Forschungslücken zu schließen sind. Diese Arbeit hatte zum Ziel, Risikosteuerungsmaßnahmen, die die Einnahmen unabhängiger und die Aufwendungen abhängiger zu gestalten auf ihre Effektivität sowie ihre Effizienz hin zu überprüfen und etwaige Alternativen aufzuzeigen. Durch Evaluierung der bestehenden Maßnahmen sowie Aufzeigen und Analyse einer Alternative im Risikomanagement von Fußballunternehmen konnte das Forschungsziel der vorliegenden Arbeit erreicht werden.

[701] In diesem Zusammenhang sei noch einmal daran erinnert – beispielsweise anhand der in Abschnitt 6.5.4 durchgeführten Senitivitätsanalyse anhand der drei fiktiven Fußballunternehmen aus dem Modell „1. Fußball-Bundesliga" –, dass sich bei steigender Volatilität Optionspreise verteuern.

Literaturverzeichnis

1. FC Köln, 2007, Jahresabschluss zum 30. Juni 2007, Köln.

1. FC Nürnberg, 2009, Prospekt einer 6,0 % Anleihe für bis zu EUR 6.000.000 mit Laufzeit vom 1. April 2010 bis 1. April 2016, Nürnberg.

Aaker, David A., 1989, Strategisches Markt-Management, Wiesbaden.

Aaker, David A., 1991, Managing Brand Equity: Capitalizing on the Value of a Brand Name, New York.

Adam, Tim, 2009, Capital expenditures, financial constraints, and the use of options, in: Journal of Financial Economics, Volume 92, S.238-251.

Adam-Müller, Axel F.A. und Panaretou, Argyro, 2009, Risk management with options and futures under liquidity risk, in: The Journal of Futures Markets, Volume 29, No. 4, S.297-318.

Adler, Michael und Detemple, Jerome B., 1988, Hedging with futures and options, in: Studies in Banking and Finance, Volume 5, S.181-197.

Aglietta, Michel, Andreff, Wladimir und Drut, Bastien, 2010, Floating football clubs' shares on the stock market, in Breuer, Christoph und Pawlowski, Tim (Hrsg.), Abstracts for the 2nd European Conference in Sport Economics, Köln, S.76-77.

Akerlof, George A., 1976, The economics of the rat-race and other woeful tales, in: Quarterly Journal of Economics, Volume 90, S.599-617.

Albrecht, Peter und Maurer, Raimond, 2005, Investment- und Risikomanagement, 2.Auflage, Stuttgart.

Allayannis, George und Ofek, Eli, 2001, Exchange rate exposure, hedging, and the use of foreign currency derivatives, in: Journal of International Money and Finance, Volume 20, S.273-296.

Allayannis, George und Weston, James, 2001, The use of foreign currency derivatives and firm market value, in: Review of Financial Studies, Volume 14, S.243-276.

Amin, Kaushik und Jarrow Robert A., 1991, Pricing foreign currency options under stochastic interest rates, in: Journal of International Money and Finance, Volume 10, S.310-329.

Anderson, Ronald W. und Danthine, Jean-Pierre, 1980, Hedging and joint production, in: Journal of Finance, Volume 35, S.487-498.

Anderson, Ronald W. und Danthine, Jean-Pierre, 1981, Cross hedging, in: Journal of Political Economy, Volume 89, S.1182-1196.

Ankirchner, Stefan, Imkeller, Peter und Dos Reis, Goncalo, 2010, Pricing and hedging of derivatives based on nontradable underlyings, in: Mathematical Finance, Volume 20, S.289-312.

Ansoff, H. Igor, 1957, Strategies for diversification, in: Harvard Business Review, Volume 35, S.113-124.

Ansoff, H. Igor, 1965, Corporate Strategy, New York.

Appenzeller, Herb, 2003, Managing Sport and Risk Management Strategies, 2. Auflage, Durham.

Appenzeller, Herb, 2008, Importance of risk management, in: Appenzeller, Herb und Appenzeller, Tom, Successful Sport Management, Durham, S.219-224.

Arlman, Paul, 2006, Derivatives markets and instruments in uncertain times, in: The Euromoney: Derivatives & Risk Management Handbook 2005/06, S.93-96.

Arminia Bielefeld, 2006a, Jahresabschluss zum 31. Dezember 2006, Bielefeld.

Arminia Bielefeld, 2006b, Prospekt für bis zu EUR 3.000.000 Arminia Bielefeld 6,5% Anleihe von 2006/2011, Bielefeld.

Arminia Bielefeld, 2007, Jahresabschluss zum 31. Dezember 2007, Bielefeld.

Baetge, Jörg und Jerschensky, Andreas, 1999, Frühwarnsysteme als Instrumente eines effizienten Risikomanagement und -Controlling, in: Controlling, S.171-183.

Bali, Turan G., Hume, Susam R. und Martell, Terrence F., 2007, A new look at hedging with derivatives: Will firms reduce market risk exposure, in: The Journal of Futures Markets, Volume 27, S.1053-1083.

Banks, Simon, 2002, Going Down – Football in Crisis: How the game went from boom to bust, Edingburgh.

Bauer, Hans H., Sauer, Nicola E. und Schmitt, Philipp, 2004, Die Erfolgsrelevanz der Markenstärke in der 1. Fußballbundesliga, Mannheim.

Bär, Alfred E., 2008, Trikotsponsoring in der Fußball-Bundesliga: Wirtschaftliche Wunderwaffe oder nicht mehr zeitgemäß?, Berlin.

Beccarini, Corrado und Ferrand, Alain, 2006, Factors affecting soccer club season ticket holders' satisfaction: The influence of club image and fans' motives, in: European Sport Management Quarterly, Volume 6, S.1-22.

Becker, Jochen, 1998, Marketing-Konzeption: Grundlagen des strategischen und operativen Marketing-Managements, 6., vollständig überarbeitete und erweiterte Auflage, München.

Benner, Gerd, 1992, Risk Management im professionellen Sport: Auf der Grundlage von Ansätzen einer Sportbetriebslehre, Köln.

Benninga, Simon Z., Eldor, Rafael und Zilcha, Itzhak, 1984, The optimal hedge ratio in unbiased futures markets, in: The Journal of Futures Markets, Volume 4, S.155-159.

Benninga, Simon Z. und Oosterhof, Casper M., 2004, Hedging with forwards and puts in complete and incomplete markets, in: Journal of Banking and Finance, Volume 28, S.1-17.

Benz, Marcel und Gehring, Stefan, 2009, Krisen im Profifußball: Chancen und Herausforderungen für Lizenzgeber und Insolvenzverwalter, Stuttgart.

Berger, Manfred, 1990, Hedging: Effiziente Kursabsicherung festverzinslicher Wertpapiere mit Finanzterminkontrakten, Wiesbaden.

Berri, David. J., Schmidt, Martin B. und Brook, Stacey L., 2004, Stars at the gate: The impact of star power on NBA gate revenues, in: Journal of Sports Economics, Volume 5, S.33-50.

Berri, David. J. und Schmidt, Martin B., 2006, On the road with the National Basketball Association's superstar externality, in: Journal of Sports Economics, Volume 7, S.347-358.

Bessembinder, Hendrick, 1991, Forward contracts and firm value: Incentives and contracting effects, in: Journal of Financial and Quantitative Analysis, Volume 26, S.491-532.

Besson, Éric, 2008, Accroître la compétivité des clubs de football professionnel français, Paris.

Biel, Alexander L., 2001, Grundlagen zum Markenaufbau, in: Esch, Franz-Rudolf (Hrsg.), Moderne Markenführung, Wiesbaden, S.61-90.

Bieta, Volker und Siebe, Wilfried, 2001, Risikomanagement: Time for a (Re)Thinking, in: Das Wirtschaftsstudium, 30. Jg., S.1125-1131.

Black, Fischer und Karasinski, Piotr, 1991, Bond and option pricing when short rates are lognormal, in: Financial Analyst's Journal, Volume 47, S. 52-59.

Blazenko, G., Boyle, P. und Newport K., 1990, Valuation of tandem options, in: Advances in Futures and Options Research, Volume 4, S.39-49.

BMW Group, 2009, Geschäftsbericht 2008, München.

Bodner, George M., Hayt, George S. und Marston, Richard C., 1998, 1998 Survey of financial risk management by US nonfinanciel firms, in: Financial Management, Volume 27, S.70-91.

Bolonty, Frédéric, 2009, Football in France, in: Andreff, Wladimir und Szymanski, Stefan (Hrsg.), Handbook on the Economics of Sport, Cheltenham, S.497-513.

Bolonty, Frédéric, 2007, B...comme Bourse, in: Revue juridique et économique du sport, Volume 87, S.115-122.

Bolonty, Frédéric und Primault, Didier, 2006, Le Point sur l'impact de la Coupe du Monde sur le marché des joueurs, in: Revue juridique et économique du sport, Volume 80, S.133-144.

Borussia Dortmund, 2001, Geschäftsbericht Juli 2000 – Juni 2001, Dortmund.

Borussia Dortmund, 2002, Geschäftsbericht Juli 2001 – Juni 2002, Dortmund.

Borussia Dortmund, 2003, Geschäftsbericht Juli 2002 – Juni 2003, Dortmund.

Borussia Dortmund, 2004, Geschäftsbericht Juli 2003 – Juni 2004, Dortmund.

Borussia Dortmund, 2005, Geschäftsbericht Juli 2004 – Juni 2005, Dortmund.

Borussia Dortmund, 2006, Geschäftsbericht Juli 2005 – Juni 2006, Dortmund.

Borussia Dortmund, 2007, Geschäftsbericht Juli 2006 – Juni 2007, Dortmund.

Borussia Dortmund, 2008, Geschäftsbericht Borussia Dortmund Juli 2008 – Juni 2009, Dortmund.

Bouaziz, Laurent, Briys, Eric, Crouhy, Michael, 1994, The pricing of forward-starting asian options, in: Journal of Banking and Finance, Volume 18, S.823-839.

Brandes, Leif, Franck, Egon und Nüesch, Stephan, 2008, Local heroes and superstars: An emperical analysis of star attraction in german soccer, in: Journal of Sports Economics, Volume 9, S.266-286.

Brandmaier, Sonja und Schimany, Peter, 1998, Die Kommerzialisierung des Sports: Vermarktungsprozesse im Fußball-Profisport, Hamburg.

Branger, Nicole und Schlag, Christian, 2004, Zinsderivate: Modelle und Bewertung, Heidelberg.

Braun, Herbert, 1984, Risikomanagement – eine spezifische Controllingaufgabe, Darmstadt.

Brealey, Richard A. und Myers, Stewart C., 2003, Principles of Corporate Finance, 7.Auflage, New York.

Breeden, Douglas T. und Viswanathan, S., 1998, Why do firms hedge? An asymmetric information model, Working Paper, Duke University.

Breuer, Christoph, 2009, Strategisches Management in Sportorganisationen, in: Breuer, Christoph und Thiel, Ansgar (Hrsg.), Handbuch Sportmanagement, 2., erweiterte Auflage, Schorndorf, S.156-171.

Breuer, Christoph und Hovemann, Gregor, 2006, Finanzierung von Sportstätten: Perspektiven der Sportvereine und Kommunen, in: Horch, Heinz-Dieter (Hrsg.), Edition Sportökonomie/Sportmanagement, Band 5, Köln.

Breuer, Christoph und Schlesinger, Torsten, 2009, Sportstättenmanagement, in: Breuer, Christoph und Thiel, Ansgar (Hrsg.), Handbuch Sportmanagement, 2., erweiterte Auflage, Schorndorf, S.188-202.

Briys, Eric, Crouhy, Michel und Schlesinger, Harris, 1993, Optimal hedging in a futures market with background noise and basis risk, in: European Economic Review, Volume 37, S.949-960.

Brooks, Robert, Corson, Jon und Wales, J. Donald, 1994, The pricing of index options when the underlying assets all follow a lognormal diffusion, in: Advances in Futures and Options Research, Volume 7, S.65-85.

Brown, Gregory W., 2001, Managing foreign exchange risk with derivatives, in: Journal of Financial Economics, Volume 60, S.401-448.

Brown, Gregory W. und Chew, Donald H., 1999, Corporate risk: Strategies and Management, London.

Brown, Gregory W. und Toft, Klaus Bjerre, 2002, How firms should hedge, in: The Review of Financial Studies, Volume 15, S.1283-1324.

Bruhn, Manfred, 2003, Sponsoring: Systematische Planung und integrativer Einsatz, 4. Auflage, Wiesbaden.

Bruns, Christoph und Meyer-Bullerdick, Frieder, 2008, Professionelles Portfoliomanagement; Aufbau, Umsetzung und Erfolgskontrolle strukturierter Anlagestrategien, Stuttgart.

Brühlwiler, Bruno, 1980, Risk Management – eine Aufgabe der Unternehmensführung, Stuttgart.

Busche, Arnd, 2004, Ökonomische Implikationen des Bosman-Urteils, in: Hammann, Peter, Schmidt, Lars, Welling, Michael (Hrsg.), Ökonomie des Fußballs: Grundlegungen aus volks- und betriebswirtschaftlicher Perspektive, Wiesbaden, S.87-104.

Buraimo, Babatunde und Simmons, Rob, 2008, Do sports fans really value uncertainty of outcome? Evidence from the English Premier League, in: International Journal of Sport Finance, Volume 3, S.146-155.

Büch, Martin-Peter und Schellhaaß, Horst-Manfred, 1984, Ökonomische Aspekte der Transferentschädigung im bezahlten Mannschaftssport, in: Heinemann, Klaus (Hrsg.), Texte zur Ökonomie die Sports, Volume 18, S.215-236.

Büdingen, Caroline von und Hamel, Rüdiger, 2006, Risikomanagement bei Sportevents, in: Wadsack, Roland, Krisenmanagement in Sportbetrieben, Frankfurt am Main, S.127-186.

Byers, Steven L., 2010, Using derivatives to manage interest rate risk, in: Kolb, Robert W. und Overdahl, James A. (Hrsg.), Financial Derivatives: Pricing and Risk Management, New Jersey, S.575-589.

Cachay, Klaus, Wagner, Christian, Riedl, Lars und Thiel, Ansgar, 2009, Produkte des Spitzensports, in: Breuer, Christoph und Thiel, Ansgar (Hrsg.), Handbuch Sportmanagement, 2., erweiterte Auflage, Schorndorf, S.266-281.

Câmara, António und Heston, Steven L., 2008, Closed-form option pricing formulas with extreme events, in: The Journal of Futures Markets, Volume 28, S.213-230.

Campenhausen, Claus von, 2006, Risikomanagement: Was der Manager wissen muss, Zürich.

Carter, David, Rogers, Daniel und Simkins, Betty, 2005, Does fuel hedging make economic sense? The case of the U.S. airline industry, in: Financial Management, Volume 35, S.53-86.

Chance, Don M., 2008, Essays in Derivatives: Risk-Transfer Tools and Topics Made Easy, 2. Auflage, New Jersey.

Chance, Don M. und Brooks, Robert, 2010, An Introduction to Derivatives and Risk Management, 8. Auflage, Mason.

Cheyette, Oren, 1990, Pricing options on multiple assets, in: Advances in Futures and Options Research, Volume 4, S.68-91.

Chowdhry, Baghwan, 1995, Corporate hedging of exchange rate risk when foreign currency cash flow is uncertain, in: Management Science, Volume 41, S.1083-1090.

Clarke, Kenneth S., 1998, On issues and strategies, in: Appenzeller, Herb (Hrsg.), Risk Management in Sport: Issues and Strategies, Durham, S.11-22.

Clement, Annie, 1998, Aquatics and the law, in: Appenzeller, Herb (Hrsg.), Risk Management in Sport: Issues and Strategies, Durham, S.375-386.

Copeland, Thomas E., Weston, J. Fred und Shastri, Kuldeep, 2008, Finanzierungstheorie und Unternehmenspolitik: Konzepte der kapitalmarktorientierten Unternehmensfinanzierung, München.

Corbett, Rachel und Findlay, Hilary A., 1998, Your Risk Management Program: A Handbook for Sport Organizations, Ottawa.

Cordero, Ricardo, 1989, Risiko-Management mit Optionen, Bamberg.

Couvelaere, Vincent und Richelieu, André, 2005, Brand Strategy in Professional Sports: The Case of French Soccer Teams, in: European Sport Management Quarterly, Vol. 5, S.23-146.

Cusatis, Patrick und Thomas, Martin, 2005, Hedging Instruments and Risk Management, New York.

Czarnitzki, Dirk und Stadtmann, Georg, 2001, Uncertainty of Outcome versus Reputation: Empirical Evidence for the First German Football Division, Valendar.

Das, Satyajit, 2006, Derivative Products & Pricing, 3.Auflage, Singapore.

Daube, Carl Heinz, 1999, Risikomanagement in Aktienoptionen, in: Eller, Roland (Hrsg.), Handbuch Derivativer Instrumente: Produkte, Strategien, Risikomanagement, 2. Auflage, Stuttgart, S.163-194.

Dazzo, Nicholas, 2006, Energy derivatives – a brief survey, in: Bowen, Emily (Hrsg.), The Euromoney: Derivatives & Risk Management Handbook, Ausgabe 2005/06, S.145-150.

Deloitte, 2005, Football Money League 2005: The climbers and the sliders, Manchester.

Deloitte, 2006, Football Money League 2006: Changing of the guard, Manchester.

Deloitte, 2006b, Annual Review of Football Finance: Europa im Fokus, Deutsche Übersetzung ausgewählter Auszüge, Düsseldorf.

Deloitte, 2007, Football Money League 2007: The reign in Spain, Manchester.

Deloitte, 2008, Football Money League 2008: Gate receipts, Manchester.

Deloitte, 2009, Football Money League 2009: Lost in translation, Manchester.

Deloitte, 2010, Football Money League 2010: Spanish Masters, Manchester.

DeMarco, Peter und Duffie, Darrell, 1995, Corporate incentives for hedging and hedge accounting, in: Review of Financial Studies, Volume 8, S.743-771.

Desbordes, Michel, 2000, Gestion du Sport, Paris.

Deutsche Gesellschaft für Qualität, 2007, Risikomanagement: Risiken beherrschen – Chancen nutzen, Frankfurt am Main.

Deutscher Derivate Verband, 2010, Marktvolumen von derivativen Wertpapieren, Frankfurt am Main.

Deutscher Golf Verband, 2010, Qualitätsmanagement Golf und Natur: mehr Qualität, mehr Spielfreude, mehr Zukunft, Wiesbaden.

DFL Deutsche Fußball Liga, 2005, Die wirtschaftliche Situation im Lizenzfußball 2005, Frankfurt am Main.

DFL Deutsche Fußball Liga, 2006, Bundesliga Report 2006, Frankfurt am Main.

DFL Deutsche Fußball Liga, 2006a, Anhang IX: Richtlinien für die Beurteilung der wirtschaftlichen Leistungsfähigkeit, Frankfurt am Main.

DFL Deutsche Fußball Liga, 2007, Bundesliga Report 2007, Frankfurt am Main.

DFL Deutsche Fußball Liga, 2007a, Lizenzierungsordnung (LO), Frankfurt am Main.

DFL Deutsche Fußball Liga, 2008, Bundesliga Report 2008, Frankfurt am Main.

DFL Deutsche Fußball Liga, 2009, Bundesliga Report 2009, Frankfurt am Main.

DFL Deutsche Fußball Liga, 2010, Bundesliga 2010: Die wirtschaftliche Situation im Lizenzfußball, Frankfurt am Main.

Dietl, Helmut und Franck, Egon, 2008, Pleiten im Geldregen, in: Dietl, Helmut und Franck, Egon, Millisekunden und Milliarden: 30 Analysen zur Ökonomie des Sports, S.13-16.

Dietl, Helmut und Franck, Egon, 2007, Governance failure and financial crisis in german football, in: Journal of Sports Economics, Volume 8, S.662-669.

Dietl, Helmut, Franck, Egon und Nüesch, Stephan, 2006, Are voluntary salary cap agreements self-enforcing?, in: European Sport Management Quarterly, Volume 6, S.23-34.

Drees, Norbert, 1990, Sportsponsoring, Wiesbaden.

Dreesbach, Stefan, 1999, Derivative Aktienindexprodukte im modernen Portfoliomanagement, in: Eller, Roland (Hrsg.), Handbuch Derivativer Instrumente: Produkte, Strategien, Risikomanagement, 2. Auflage, Stuttgart, S.309-346.

Drewes, Michael, 2003, Competition and efficiency in professional sports leagues, in: European Sport Management Quarterly, Volume 3, S.240-252.

Döhmen, Hans Peter, 1991, Anlässe, Ziele und Methodik der Diversifikation: Dargestellt am Beispiel einer Unternehmung der Asphaltindustrie, Bergisch-Gladbach/Köln.

Dörnemann, Jörg, 2002, Controlling im Profi-Sport: Ausgangssituation, Bedarf und konzeptioneller Überblick, in: Galli, Albert et al. (Hrsg.), Sportmanagement: Grundlagen der unternehmerischen Führung im Sport aus Betriebswirtschaftslehre, Steuern und Recht für den Sportmanager, München, S.129-166.

Eberhardt, Stefan, 1998, Wertorientierte Unternehmensführung: Der modifizierte Stakeholder-Value-Ansatz, Wiesbaden.

Egner, Thomas und Wildern, Stephan, 2001, Stock Options – ein geeignetes Instrument zur Entlohnung von Profifußballern? in: Sigloch, Jochen und Klimmer, Christian (Hrsg.), Unternehmen Profifussball: Vom Sportverein zum Kapitalmarktunternehmen, Wiesbaden, S.136-176.

Eintracht Frankfurt, 2007, Jahresabschluss zum 31. Dezember 2006, Frankfurt am Main.

Eintracht Frankfurt, 2009, Jahresabschluss zum Geschäftsjahr vom 01.01.2008 bis zum 31.12.2008, Frankfurt am Main.

Eller, Roland, 1999, Derivate Instrumente – Überblick, Strategien, Tendenzen, in: Eller, Roland (Hrsg.), Handbuch Derivativer Instrumente: Produkte, Strategien, Risikomanagement, 2.Auflage, Stuttgart, S.3-38.

Eller, Roland und Spindler, Christian, 1994, Zins- und Währungsrisiken optimal managen: Analyse, Risiko, Strategie, Wiesbaden.

Elliott, Dominic, 2004, Risk management in sport, in: Beech, John und Chadwick, Simon (Hrsg.), The Business of Sport Management, Harlow, S.414-430.

Elter, Vera-Carina, 2002, Mediale Rechte im Sport, in: Galli, Albert et al. (Hrsg.), Sportmanagement: Grundlagen der unternehmerischen Führung im Sport aus Betriebswirtschaftslehre, Steuern und Recht für den Sportmanager, München, S.253-302.

Enderle, Gregor, 2000, Die Vermarktung von Übertragungsrechten im professionellen Ligasport, Berlin.

Empacher, Sascha, 2000, Die Vermarktung der Fussball-Bundesliga, Pforzheim.

Erning, Johannes, 2000, Professioneller Fußball in Deutschland, Essen.

Ernst & Young, 2004, Bälle, Tore und Finanzen: Wege aus dem finanziellen Abseits, Essen.

Ernst & Young, 2005, Bälle, Tore und Finanzen II, Essen

Ernst & Young, 2006, Bälle, Tore und Finanzen III, Essen.

Ernst & Young, 2009, Bälle, Tore und Finanzen VI, Essen.

Esch, Franz-Rudolf, 2003, Strategien und Technik der Markenführung, München.

Farny, Dieter, 2006, Versicherungsbetriebslehre, 4. Auflage, Karlsruhe.

FC Bayern München, 2008, Jahresabschluss zum Geschäftsjahr vom 1. Juli 2007 bis zum 30. Juni 2008, München.

Feddersen, Arne, Maenning, Wolfgang und Borcherding, Malte, 2006, The novelty effect of new soccer stadia: The case of Germany, in: International Journal of Sport Finance, Volume 1, S.174-188.

Ferrand, Alain, Torrigiani, Luiggino und Camps i Povill, Andreu, 2006, Sport et Sponsoring, Paris.

Fichtner, Katja, 2008, Strategisches Risiko- und Diversifikationsmanagement, Chemnitz.

Fikentscher, Adrian, 2003, Der Salary Cap im Sport, in: Vieweg, Klaus (Hrsg.), Spektrum des Sportrechts, Beiträge zum Sportrecht Band 12, Berlin, S.187-206.

Fischer, Christoph, 2007, Der Fußball fest in ökonomischer Hand: Die Rolle der Sponsoren im professionellen Fußball, in: Mittag, Jürgen und Nieland, Jörg-Uwe (Hrsg.), Das Spiel mit dem Fußball: Interessen, Projektionen und Vereinnahmungen, Essen, S.521-532.

Fontanel, Jacques und Bensahel, Liliane, 2001, Réflexions sur l'économie du sport, Saint-Martin-d'Hères.

Franck, Egon, 1995, Die ökonomischen Institutionen der Teamsportindustrie: Eine Organisationsbetrachtung, Wiesbaden.

Franck, Egon, 2010, „Zombirennen" und „Patenonkel" – Warum deutsche Fußballklubs in der Champions League den Kürzeren ziehen, Working Paper, Universität Zürich.

Frick, Bernd und Prinz, Joachim, 2005, Spielerallokation und Spielerentlohnung im professionellen Team-Sport: Betriebswirtschaftliche Analysen und Empfehlungen für das Vereinsmanagement, Köln.

Fritz, W., Förster, F., Raffée, H. und Silberer, G., 1985, Unternehmensziele in Industrie und Handel, in: Die Betriebswirtschaft, Volume 54, S.375-394.

Froot, Kenneth A., Scharfstein, David S. und Stein, Jeremy C., 1993, Risk management: coordinating corporate investment and financing policies, in: The Journal of Finance, Volume 48, S.1629-1658.

Gabler, 1992, Gabler-Wirtschafts-Lexikon, 13. Auflage, Wiesbaden.

Gaede, Nicolas, Becker, Stefan und Müller, Herbert C., 2003, Vergleich alternativer Ligasysteme – eine ökonomische Analyse, in: Berens, Wolfgang und Schewe, Gerhard (Hrsg.), Profifußball und Ökonomie, Hamburg, S.48-65.

Gaede, Nicolas, Kleist, Sebastian und Schaecke, Mirco, 2002, „Elf Freunde müsst ihr sein?": Die strategische Entscheidung der Teamzusammensetzung, in: Schewe, Gerard und Lüttkemann, Jörn (Hrsg.), Sportmanagement, Schorndorf, S.213-242.

Galli, Albert, 2002, Das Lizenzierungsverfahren der Union des Associations Européenes de Football (UEFA): Anforderungen an die Rechnungslegung und Prüfung, in: Galli, Albert et al. (Hrsg.), Sportmanagement: Grundlagen der unternehmerischen Führung im Sport aus Betriebswirtschaftslehre, Steuern und Recht für den Sportmanager, München, S.97-128.

Galli, Albert, Wagner, Marc und Beiersdorfer, Dietmar, 2002, Strategische Vereinsführung und Balanced Scorecard, in: Galli, Albert et al. (Hrsg.), Sportmanagement: Grundlagen der unternehmerischen Führung im Sport aus Betriebswirtschaftslehre, Steuern und Recht für den Sportmanager, München, S.209-228.

Gärtner, Manfred und Pommerehne, Werner, 1978, Der Fußballzuschauer – ein homo oeconomicus?, in: Jahrbuch für Sozialwissenschaft, Volume 29, S.88-107.

Gastineau, Gary, 1993, An introduction to special-purpose derivatives: path-dependent options, in: Journal of Derivatives, Volume 1, S.78-86.

Gay, Gerald D, Nam, Jouahn und Turac, Marian, 2003, On the optimal mix of corporate hedging instruments: Linear versus nonlinear derivatives, in: Journal of Futures Markets, Volume 26, S.217-239.

Gebert, Frank, 1983, Diversifikation und Organisation: Die organisatorische Eingliederung von Diversifikation, Frankfurt am Main.

Geczy, Christopher, Minton, Bernadette A. und Schrand, Catherine, 1997, Why firms use currency derivatives, in: The Journal of Finance, Volume 52, S.1323-1354.

Gerrard, Bill und Kringstad, Morten, 2010, Tied Games: An effective regulatory mechanism for improving competitive balance, in Breuer, Christoph und Pawlowski, Tim (Hrsg.), Abstracts for the 2nd European Conference in Sport Economics, Köln, S.20-23.

Gladden, James M. und Milne, George R., 1999, Examining the importance of brand equity in professional sport, in: Sport Marketing Quarterly, Volume 8, S.21-29.

Gleißner, Werner und Meier, Günther, 2000, Risikomanagement als integraler Bestandteil der wertorientierten Unternehmensführung, in: Datenverarbeitung, Steuer, Wirtschaft, Recht, Volume 29, S.6-10.

Gort, Michael, 1962, Diversification and Integration in American Industry, New York.

Götze, Uwe und Mikus, Barbara, 2001, Risikomanagment mit Instrumenten der strategischen Unternehmensführung, in: Götze, Uwe et al. (Hrsg.), Risikomanagement, Heidelberg, S.385-412.

Gouguet, Jean-Jacques, 2009, The demand for sport, in: Andreff, Wladimir und Szymanski, Stefan (Hrsg.), Handbook on the Economics of Sport, Cheltenham, S.71-76.

Gouguet, Jean-Jacques und Primault, Didier, 2006, The french exception, in: Journal of Sports Economics, Volume 7, S.47-59.

Graham, John R. und Smith, Clifford W., 1999, Tax incentives to hedge, Journal of Finance, Volume 54, S.2241-2262.

Gramatke, Wolf Christoph, 2003, Chancen und Risiken des Börsenganges von Fußballunternehmen, in: Berens, Wolfgang und Schewe, Gerhard (Hrsg.), Profifußball und Ökonomie, Hamburg, S.129-142.

Guay, Wayne und S. P. Kothari, 2003, How much do firms hedge with derivatives?, in: Journal of Financial Economics, Volume 80, S.423-461.

Guthardt, Steffen, 2010, Vabanquespiel, in: Sponsors, 2/2010, Hamburg.

Haas, Oliver, 2006, Controlling der Fußballunternehmen: Management und Wortschaft in Sportvereinen, 2. völlig neu bearbeitete und erweiterte Auflage, Berlin.

Haller, Matthias, 1986, Risiko-Management – Eckpunkte eines integrierten Konzepts, in: Jacob, H. (Hrsg.), Risiko-Management, Schriften zur Unternehmensführung, Band 33, Wiesbaden, S.7-43.

Hannamann, Isolde, 2003, Kartellverbot und Abstimmungen auf den Spielermarkt, in: Vieweg, Klaus (Hrsg.), Spektrum des Sportrechts, Beiträge zum Sportrecht Band 12, Berlin, S159-185.

Hannover 96, 2006, Jahresabschluss zum 30. Juni 2006, Hannover.

Hannover 96, 2007, Jahresabschluss zum 30. Juni 2007, Hannover.

Hannover 96, 2008, Jahresabschluss zum 30. Juni 2008, Hannover.

Hänsel, Frank, 2009, Kundenzufriedenheit, in: Breuer, Christoph und Thiel, Ansgar (Hrsg.), Handbuch Sportmanagement, 2., erweiterte Auflage, Schorndorf, S.351-370.

Harris, Richard D. F. und Shen, Jian, 2006, Hedging and Value at Risk, in: The Journal of Futures Markets, Volume 26, S.369-390.

Hasler, Peter-Thilo, 2003, Fußball – Aktionäre in der Abseitsfalle, Hypovereinsbank, München.

Hätty, Holger, 1989, Der Markentransfer, Heidelberg.

Hauschildt, Jürgen, 1977, Entscheidungsziele, Tübingen.

Haushalter, David, 2000, Financing policy, basis risk, and corporate hedging: Evidence from oil and gas producers, in: The Journal of Finance, Volume 55, S.107-152.

Hausman, Jerry A. und Leonard, Gregory K., 1997, Superstars in the National Basketball Association: Economic value and policy, in: Journal of Labor Economics, Volume 15, S.586-624.

Haykov, Joseph, 1993, A better control variate for pricing standard asian options, in: Journal of Financial Engineering, Volume 2, S.207-216.

Hedtstück, Michael, 2009, Weil es die Leute glücklich macht, in: Finance, September 2009, Frankfurt am Main.

Heermann, Peter W., 2004, Salary-Cap – Kartellrechtliche Grenzen, in: Zieschang, Klaus und Klimmer, Christian (Hrsg.), Unternehmensführung im Profifußball: Symbiose von Sport, Wirtschaft und Recht, Berlin, S.123-139.

Heinemann, Klaus, 1995, Einführung in die Ökonomie des Sports: Ein Handbuch, Schorndorf.

Hellenthal, Christian, Zulässigkeit einer supranationalen Fußball-Europaliga nach Bestimmungen des europäischen Wettbewerbsrecht, Frankfurt am Main.

Henselmann, Klaus, 2001, Das KonTraG und seine Anforderungen an das Risikomanagement, in: Götze, Uwe et al. (Hrsg.), Risikomanagement, Heidelberg, S.29-46.

Hermanns, Arnold, 1989, Sponsoring – Zukunftorientiertes Instrument der Marktkommunikation, in: Hermanns, Arnold (Hrsg.), Sport- und Kultursponsoring, München, S.1-14.

Hermanns, Arnold, 2002, Grundlagen des Sportsponsoring, in: Galli, Albert et al. (Hrsg.), Sportmanagement: Grundlagen der unternehmerischen Führung im Sport aus Betriebswirtschaftslehre, Steuern und Recht für den Sportmanager, München, S.333-354.

Hertha BSC Berlin, 2006, Jahresabschluss zum 30. Juni 2005, Berlin.

Hertha BSC Berlin, 2007, Jahresabschluss zum 30. Juni 2006, Berlin.

Hertha BSC Berlin, 2008, Jahresabschluss zum 30. Juni 2007, Berlin.

Hertha BSC Berlin, 2009, Jahresabschluss zum vom 01.07,2007 bis zum 30.06.2008, Berlin.

Heston, Steven, 1993, Invisible parameters in option prices, in: The Journal of Finance, Volume 48, S.933-948.

Hoehn, Thomas und Szymanski, Stefan, 1999, The americanization of european football, in: Economic Policy, Volume 28, S.205-235.

Hoffmeister, Stefan, 2005, Erfolgreiches Sportmerchandising in der Praxis: Die Merchandising-Gesamtkonzeption des FC St. Pauli, in: Schewe, Gerhard und Rohlmann, Peter (Hrsg.), Sportmarketing, Schorndorf, S.135-151.

Holst, Jonny, 1998, Risikomanagement im Lichte des KonTraG, Göttingen.

Holst, Jonny, 2001, Management finanzieller Risiken – Risikomanagement im Finanzbereich, in: Götze, Uwe et al., Risikomanagement, Heidelber, S. 129-158.

Holzhüter, Sebastian, 2007, Salary Cap, Revenue Sharing und Free Agency als Mittel zur Verbesserung der Chancengleichheit im US-Sport und Probleme der Anwendung dieser Mittel im europäischen Fußball, Norderstedt.

Horch, Heinz-Dieter und Breuer, Christoph, 2007, Besonderheiten des Qualitätsmanagement im Sport, in: Horch, Heinz-Dieter et al. (Hrsg.), Qualitätsmanagement im Sport, Köln, S.107-116.

Horch, Heinz-Dieter, Niessen, Christoph und Schütte, Norbert, 1999, Berufsfeldanalyse: Sportmanager in Sportvereinen und -verbänden, in: Horch, Heinz-Dieter et al. (Hrsg.), Professionalisierung im Sportmanagement: Beiträge des 1. Kölner Sportökonomie-Kongresses, Aachen, S.102-113.

Huch, Burkhard und Tecklenburg, Thilo, 2001, Risikomanagement in der Bauwirtschaft, in: Götze, Uwe et al. (Hrsg.), Risikomanagement, Heidelberg, S.299-326.

Hughes, Steven, 2000, Relaxed about relegation, in: Accountancy, August 2000, S.52-54.

Hull, John C., 2006, Optionen, Futures und andere Derivate, München.

Hull, John C., Godleweski, Christophe und Merli, Maxime, 2007, Gestion des risqués et institutions financiers, Paris.

Hull, John C. und White, Alan, 1993, Efficient procedures for valuing european and american path-dependent options, in: Journal of Derivates, Volume 1, S.21-33.

Hunter, Christopher, 2006, Hybrid derivatives – financial engines on the future, in: Bowen, Emily (Hrsg.), The Euromoney: Derivatives & Risk Management Handbook, Ausgabe 2005/06, S.9-22.

Ibers, Tobias und Hey, Andreas, 2005, Risikomanagement, Rinteln.

Imboden, Carlo, 1983, Ein entscheidungsbezogenes Risikohandhabungsverfahren, Bern.

Jeanrenaud, Claude, 2009, Sponsorship, in: Andreff, Wladimir und Szymanski, Stefan (Hrsg.), Handbook on the Economics of Sport, Cheltenham, S.49-58.

Jin, Yanbo und Jorion, Philippe, 2006, Firm value and hedging: Evidence from U.S. oil and gas producers, in: The Journal of Finance, Volume 61, S.893-919.

Jordan, Christoph, 2008, Controlling im Sport, in: Nufer, Gerd und Bühler, André (Hrsg.), Management und Marketing im Sport, Berlin.

Johnson, R. Stafford, 2009, Introduction to Derivatives: Options, Futures, and Swaps, New York.

Johnson, Samuel C. und Jones, Conrad, 1957, How to organize for new products, in: Harvard Bunsiness Review, Volume 3, S.49-62.

Jöhnk, Thorsten, 2001, Zinsrisikomanagement – eine Anwendung des μ-σ-Prinzips, in: Zeitschrift für Planung, Bd. 12, S.365-384.

Juventus Football Club, 2002, 2001-2002 Season, Turin.

Juventus Football Club, 2003, Reports and Financial Statements at 30 June 2003, Turin.

Juventus Football Club, 2004, Reports and Financial Statements at 30 June 2004, Turin.

Juventus Football Club, 2005, Reports and Financial Statements at 30 June 2005, Turin.

Juventus Football Club, 2006, Reports and Financial Statements at 30 June 2006, Turin.

Juventus Football Club, 2007, Reports and Financial Statements at 30 June 2007, Turin.

Juventus Football Club, 2008, Reports and Financial Statements at 30 June 2008, Turin.

Juventus Football Club, 2009, Reports and Financial Statements at 30 June 2009, Turin.

Jürgens, Andreas, 2009, Umsatzrekord für europäischen Fußball, in: Sponsors, 7/2009, Hamburg.

Karlowitsch, Elmar, 2005, Konzeption zur Steuerung der Haupteinnahmequellen von Profi-Sport-Clubs – dargestellt am Beispiel der Fußball-Bundesliga, Münster.

Kauf, Erik, 1982, Guide du Risk Management, Paris.

Keitsch, Detlef, 2000, Risikomanagement, Stuttgart.

Keller, Christian, 2006, Corporate Finance im Profifußball: Erfolgsfaktoren, Strategien und Instrumente für die Finanzierung von Fußballunternehmen, Stuttgart.

Keller, Christian, 2008, Steuerung von Fußballunternehmen: Finanziellen und sportlichen Erfolg langfristig gestalten, Berlin.

Kern, Markus, Haas, Oliver und Dworak, Alexander, 2002, Finanzierungsmöglichkeiten für die Fußball-Bundesliga und andere Sportligen, in: Galli, Albert et al. (Hrsg.), Sportmanagement: Grundlagen der unternehmerischen Führung im Sport aus Betriebswirtschaftslehre, Steuern und Recht für den Sportmanager, München, S.395-448.

Késenne, Stefan, 2007, Does a win bonus help to increase profit or wins in professional team sports, in: International Journal of Sport Finance, Volume 2, S.142-148.

Késenne, Stefan, 2010, The optimal competitive balance in sports league, in Breuer, Christoph und Pawlowski, Tim (Hrsg.), Abstracts for the 2nd European Conference in Sport Economics, Köln, S.27.

Kicker Sportmagazin, 2008, Sonderheft Bundesliga 2008/09, Nürnberg.

Kicker Sportmagazin, 2009, Sonderheft Bundesliga 2009/10, Nürnberg.

Kintzinger, Axel, 2009, Da geht noch was, in: Financial Times Deutschland, 23.September 2009, Hamburg.

Kipker, Ingo O. und Parensen, Andreas, 1999, Strukturierungsprobleme europäischer Fußballwettbewerbe am Beispiel der Champions League und der European Super League, in: Betriebswirtschaftliche Forschung und Praxis, Volume 51, S.136-150.

Klimmer, Iris, Profifußballunternehmen an der Börse: Analyse des Wirkungszusammenhangs zwischen sportlichen und wirtschaftlichen Erfolg im Berufsfußball, Bayreuth.

Kohl, Thorsten, 2001, Ökonomie des Profifußballs, Aachen.

Kolb, Robert W., 2010, Exotic Options, in: Kolb, Robert W. und Overdahl, James A. (Hrsg.), Financial Derivatives: Pricing and Risk Management, New Jersey, S.143-154.

Kolb, Robert W. und Overdahl, James A., 2007, Futures, Options, and Swaps, 5. Auflage, Malden.

Kops, Manfred, 2000, Ist der Markt ein geeignetes Verfahren zur Bestimmung der Einkommen von Fußballspielern?, in: Schellhaaß, Horst-Manfred (Hrsg.), Sportveranstaltungen zwischen Liga- und Medieninteressen, Schorndorf, S.123-135.

Korthals, Jan Peter, 2005, Bewertung von Fußballunternehmen: Eine Untersuchung am Beispiel der deutschen Fußballbundesliga, Wiesbaden.

Kotler, Philip und Bliemel, Friedhelm, 2006, Marketing-Management: Analyse, Planung und Verwirklichung, 10., überarbeitete und aktualisierte Auflage, München.

Kriegbaum, Catharina, 2001, Markencontrolling: Bewertung und Steuerung von Marken als immaterielle Vermögenswerte im Rahmen eines unternehmenswertorientierten Controlling, München.

Kuper, Simon und Szymanski, Stefan, 2010, Soccernomics: Why England loses, why Germany and Brazil win, and why the U.S., Japan, Australia, Turkey – and even Iraq – are destined to become the kings of the world's most popular sport, New York.

Kuß, Stephan, 1998, Eintracht Frankfurt: 100 Jahre Fußball und mehr, Frankfurt am Main.

Kücüker, Celal und Gurel, Sinem Pinar, 2010, Competitive balance in football leagues and an analysis of competitive balance for the Turkish 1. Football leauge, in Breuer, Christoph und Pawlowski, Tim (Hrsg.), Abstracts for the 2nd European Conference in Sport Economics, Köln, S.55.

Kürsten, Wolfgang, 2006, Corporate Hedging, Stakeholderinteresse und Shareholder Value, in: Journal für Betriebswirtschaft, Volume 56, S.3-31.

Lago, Umberto, Simmons, Rob und Szymanski, Stefan, 2006, The financial crisis in european football: An introduction, in: Journal of Sports Economics, Volume 7, S.3-12.

Lavoie, Marc, 2003, Faut-il transposer à l'Europe les instruments de régulation du sport professionnel nord-américain?, in: Revue juridique et économique du sport, Volume 67, S.11-35.

Lawson, Robert A., Sheehan, Kathleen und E. Frank Stephenson, 2008, Vend it like Beckham: David Beckham's effect on MLS ticket sales, in: International Journal of Sport Finance, Volume 3, S.189-195.

Lehmann, Erik und Weigand, Jürgen, 2002, Mitsprache und Kontrolle im professionellen Fußball: Überlegungen zu einer Corporate Governance, in: Albach, Horst und Frick,

Bernd (Hrsg.), Sportökonomie, Zeitschrift für Betriebswirtschaft, Volume 72, Wiesbaden, S.43-62.

Lehmann, Erik und Weigand, Jürgen, 1997, Money makes the ball go round – Fußball als ökonomisches Phänomen, in: ifo Studien – Zeitschrift für empirische Wirtschaftsforschung, Volume 43, S.381-409.

Leippold, Markus und Syz, Jürg, 2007, Trend Derivatives: Pricing, hedging, and application to executive stock options, in: The Journal of Futures Markets, Volume 27, S.151-186.

Lerbinger, Paul, 1988, Zins- und Währungsswaps: Neue Instrumente im Finanzmanagement von Unternehmen und Banken, Wiesbaden.

Lessard, Don, 1990, Global competition and corporate finance in the 1990s, in: Continental Bank Journal of Applied Corporate Finance, Volume 1, S.59-72.

Levy, Haim und Byun, Young Hoon, 1987, An empirical test of the Black-Scholes option pricing model and the implied variance: A confidence interval approach, in: Journal of Accounting, Auditing and Finance, Volume , S.355-369.

Levy, Haim und Levy, Azriel, 1991, Option valuation: An extension of the binomial model, in: Advances in Futures and Options Research, Volume 5, S.49-69.

Lewent, Judy und Kearney, John, 1990, Identifying, measuring, and hedging currency risk at Merck, in: Journal of Applied Corporate Finance, Volume 2, S.19-28.

LFP Ligue de Football Professionnel, 2009, Rapport d'Activité de la Ligue de Football Professionnel Saison 2008/2009, Paris.

Lin, James Wuh, 1994, Interest rate dynamics and the Black-Sholes call option price, in: Advances in Quantitative Analysis of Finance and Accounting, Volume 3 part B.

Lingner, Ulrich, 1991, Optionen: Anlagestrategien für die nationalen und internationalen Options- und Futures-Märkte, Wiesbaden.

Longley, Neil, 2010, An alternative dimension to demand analysis in sport: measuring "systematic" and "unsystematic" revenue volatility amongst English football clubs, in Breuer, Christoph und Pawlowski, Tim (Hrsg.), Abstracts for the 2nd European Conference in Sport Economics, Köln, S.79-81.

Losq, Etienne, 1982, hedging with price and output uncertainty, in: Economic Letters, Volume 10, S.65-70.

Lubatkin Michael und Pitts, Michael, 1983, PIMS: Facts or folklore?, in: Journal of Business Strategy, Volume 3, S.38-43.

Macharzina, Klaus und Wolf, Joachim, 2005, Unternehmensführung, 5. Auflage, Wiesbaden.

Mahul, Olivier, 2002, Optimal hedging in futures and options markets with basis risk, in: The Journal of Futures Markets, Volume 22, S.59-72.

Maloy, Bernhard P. und Higgins, Charles R., 2000, No Excuses Risk Management, Carmel.

Markowitz, Harry M., 1959, Portfolio Selection: Efficient Diversification of Investments, New York.

Märzendorfer, Klaus, 2009, Marketingstrategien von Sportartikelkonzernen im Fußball: Auswirkungen auf den Markenwert, Hamburg.

Matheja, Ulrich, 2004, Schlappekicker und Himmelsstürmer: Die Geschichte von Eintracht Frankfurt, Göttingen.

Matusiewicz, Robert, 2000, Business Management Issues, in: Hamil, Sean et al. (Hrsg.), Football in the digital age: Whose game it is anyway?, Edingburgh, S.160-169.

Mauch, Peter, 2001, Risikomanagement in Banken, in: Götze, Uwe et al. (Hrsg.), Risikomanagement, Heidelberg, S.327-350.

Mauer, Rainer und Schmalhofer, Andreas, 2001, Analyse und Herstellung der Kapitalmarktreife von Profifußball-Vereinen, in: Siegloch, Jochen und Klimmer, Christian (Hrsg.), Unternehmen Profifußball: Vom Sportunternehmen zum Kapitalmarktunternehmen, Wiesbaden.

Mayers, David und Smith, Clifford W., 1982, On the corporate demand for insurance, in: Journal of Business, Volume 55, S.281-296.

Meffert, Heribert, 1979, Der Markenartikel und seine Bedeutung für den Verbraucher: Ergebnisse einer empirischen Untersuchung, Hamburg.

Meffert, Heribert, 1998, Marketing: Grundlagen markenorientierter Unternehmungsführung, Konzepte- Instrumente- Praxisbeispiele, 8., überarbeitete und erweiterte Auflage, Wiesbaden.

Meffert, Heribert, 2000, Marketing: Grundlagen markenorientierter Unternehmungsführung, Konzepte- Instrumente- Praxisbeispiele, 9., überarbeitete und erweiterte Auflage, Wiesbaden.

Meffert, Heribert, Burmann, Christoph und Koers, Martin, 2002, Stellenwert und Gegenstand des Markenmanagements, in: Meffert, Heribert et al. (Hrsg.), Markenmanagement – Grundfragen der identitätsorientierten Markenführung, Wiesbaden, S.3-16.

Mehr, Robert J. und Hedges, Robert A., 1974, Risk Management – concepts and applications, Homewood.

Mensch, Gerhard, 1991, Risiko und Unternehmensführung: Eine systemorientierte Konzeption zum Risikomanagement, Frankfurt am Main.

Mikus, Barbara, 2001, Risiken und Risikomanagement – ein Überblick, in: Götze, Uwe et al. (Hrsg.), Risikomanagement, Heidelberg, S.3-28.

Modigliani, Franco und Miller, Merton, 1958, The cost of capital, corporate finance and the theory of investment, in: American Economic Review, Volume 48, S.261-297.

Mohr, Stefan, 2001, Neue Regeln für ein neues Spiel: Die zentralen Stellhebel erfolgreicher Vermarktung von Profisportvereinen und Sportverbänden, München.

Mohr, Stefan und Bohl Markus, 2001, Markenstrategie: Die Königsdisziplin im Profisport, in: Absatzwirtschaft, Volume 44, S.142-149.

Moschini, Giancarlo und Lapan, Harvey, 1992, Hedging price risk with options and futures for the competitive firm with production flexibility, in: International Economic Review, Volume 33, S.607-618.

Mugler, Josef, 1979, Risk Management in der Unternehmung, Wien.

Mulrooney, Aaron L. und Farmer, Peter J., 1998, Risk management in public assembly facilities, in: Appenzeller, Herb (Hrsg.), Risk Management in Sport: Issues and Strategies, Durham, S.267-282.

Myers, Robert J., 1991, Estimating time-varying optimal hedge ratios on futures markets, in: The Journal of Futures Markets, Volume 11, S.39-53.

Myers, Robert J. und Thompson, Stanley R., 1989, Generalized optimal hedge ratio estimation, in: American Journal of Agricultural Economics, Volume 71, S.858-868.

Nabben, Stefan, 1990, Financial Swaps, Instrumente des Bilanzstrukturmanagements in Banken, Wiesbaden.

Nance, Deane R., Smith Clifford W. und Smithson, Charles W., 1993, On the determinants of corporate hedging, in: The Journal of Finance, Volume, 48, S.267-284.

Neale, Walter C., 1964, The peculiar economics of professional sports: A contribution to the theory of the firm in sporting competition and in market competition, in: The Quarterly Journal of Economics, Volume 78, S.1-14.

Nelken, Israel, 1996, The handbock of exotic options: Instruments, analysis and application, Chicago.

Neumann, Andrea, 2003, Marken und Vermarktung im Sport, in: Vieweg, Klaus (Hrsg.), Spektrum des Sportrechts, Beiträge zum Sportrecht Band 12, Berlin, S.295-323.

Nichelmann, Carsten, 1999, Sportmanager heute – eine empirische Analyse theoretischer und praktischer Anforderungen des Tätigkeitsfeldes, in: Horch, Heinz-Dieter et al. (Hrsg.), Professionalisierung im Sportmanagement: Beiträge des 1. Kölner Sportökonomie-Kongresses, Aachen, S.287-307.

Nitschke, Axel, 2003, Einnahmen aus der Vermarktung von audio-visuellen Rechten der Unternehmen der Fußball-Bundesliga: Entwicklung und Wachstumsperspektiven, in: Berens, Wolfgang und Schewe, Gerhard (Hrsg.), Profifußball und Ökonomie, Hamburg, S.15-44.

Noll, Roger G., 2002, The economics of promotion and relegation in sports leagues: The case of english football, in: Journal of Sports Economics, Volume 3, S.169-203.

Nufer, Gerd und Rennhak, Carsten, 2008, Betriebswirtschaftliche Grundlagen des Sportmanagements, in: Nufer, Gerd und Bühler, André (Hrsg.), Management und Marketing im Sport, Berlin.

Olympique Lyonnais, 2007, Annual Report 2006/07, Lyon.

Olympique Lyonnais, 2008, Annual Financial Report 2007/08, Lyon.

Olympique Lyonnais, 2009, Annual Financial Report 2008/09, Lyon.

Paul, Stephan und Sturm, Stefan, 2004, Going Public von Fußballclubs, in: Hamann, Peter, Schmidt, Lars und Welling, Michael (Hrsg.), Ökonomie des Fußballs – Grundlagen aus volks- und betriebswirtschaftlicher Perspektive, Wiesbaden, S.193-218.

Perridon, Louis und Steiner, Manfred, 2007, Finanzwirtschaft der Unternehmung, 14. Auflage, München.

Piekarz, Mark, 2009, Risk management and the sport manager, in: Bill, Karen (Hrsg.), Sport Management, Exeter, S.139-152.

Pirrong, Craig, 2010, Energy Derivatives, in: Kolb, Robert W. und Overdahl, James A. (Hrsg.), Financial Derivatives: Pricing and Risk Management, New Jersey, S.125-133.

Pfeifer, Andreas, 2006, Praktische Finanzmathematik: Mit Futures, Optionen, Swaps und anderen Derivaten, 4. Auflage, Frankfurt am Main.

Preuß, Holger, 2009, Sponsoring im Spitzensport, in: Breuer, Christoph und Thiel, Ansgar (Hrsg.), Handbuch Sportmanagement, 2., erweiterte Auflage, Schorndorf, S.282-299.

Quinn, William J., 1998, The risk management of outdoor adventure pursuits, in: Appenzeller, Herb (Hrsg.), Risk Management in Sport: Issues and Strategies, Durham, S.341-364.

Rehm, Holger und Kuske, Tobias, 2009, Champions League light, in: Sponsors, 8/2009, Hamburg.

Reichmann, Thomas, 2006, Controlling mit Kennzahlen und Management-Tools: Die systemgestützte Controlling-Konzeption, 7., überarbeitete und erweiterte Auflage, München.

Rich, Don und Chance, Don, 1993, An alternative approach to the pricing of options on multiple assets, in: Journal of Financial Engineering, Volume 2, S.271-286.

Rimscha, Björn von, 2010, Risikomanagement in der Entwicklung und Produktion von Spielfilmen, Wiesbaden.

Rogler, Silvia, 2001, Management von Beschaffungs- und Absatzrisiken, in: Götze, Uwe et al. (Hrsg.), Risikomanagement, Heidelberg, S.211-240.

Rogler, Silvia, 2002, Risikomanagement in Undustriebetrieb: Analyse von Beschaffungs-, Produktions- und Absatzrisiken, Wiesbaden.

Rohlmann, Peter, 2002, Sportmerchandising, in: Galli, Albert et al. (Hrsg.), Sportmanagement: Grundlagen der unternehmerischen Führung im Sport aus Betriebswirtschaftslehre, Steuern und Recht für den Sportmanager, München, S.373-394.

Rohlmann, Peter, 2004, Erfolgsparameter und Zukunftsfelder im Sportmerchandising, Rheine.

Ross, Fabian, 2002, Versicherungen im Sport, in: Galli, Albert et al. (Hrsg.), Sportmanagement: Grundlagen der unternehmerischen Führung im Sport aus Betriebswirtschaftslehre, Steuern und Recht für den Sportmanager, München, S.481-516.

Ross, Michael, 1997, Corporate hedging: What, why and how?, Arbeitspapier, University of California, Berkeley.

Roth, Peter, Sportsponsoring – Ein Instrument der Kommunikationspolitik, in: Roth, Peter (Hrsg.), Sportsponsoring, 2., überarbeitete und erweiterte Auflage, 1990, S.43-67.

Rottenberg, Simon, 1956, The Baseball Player‘ Labor Market, in: Journal of Political Economy, Volume 64, S.242-258.

Röttgermann, Thomas, 2007, 42 Millionen Fußball-Fans, in: Die Liga-Fußballverband e.V., Das offizelle Bundesliga-Magazin, Januar 2007, Frankfurt am Main.

Sattler, Henrik, 1997, Markenentwicklung – Das Millionenspiel, in: Absatzwirtschaft, Volume 40, S.86-90.

Schellhaaß, Horst, 1984, Die Funktion der Transferentschädigung im Fußballsport, in: Recht der Arbeit, Volume 37, S.218-223.

Schewe, Gerhard, Gaede, Nicolas und Haarmann, Julia, 2002, Leistungsanreize im Profifußball, in: Schewe, Gerhard und Lüttkemann, Jörn (Hrsg.), Sportmanagement, Schorndorf, S.115-134.

Schierenbeck, Henner, 1997, Konzeption eines integrierten Risikomanagements, in: Rolfes, Bernd, Schierenbeck, Henner und Schüller, Stephan (Hrsg.), Risikomanagement in Kreditinstituten, Frankfurt am Main, S.1-52.

Schierenbeck, Henner, 2000, Grundzüge der Betriebswirtschaftslehre, 15. Auflage, München.

Schilhaneck, Michael, 2008, Zielorientiertes Management von Fußballunternehmen: Konzepte und Begründungen für ein erfolgreiches Marken- und Kundenbindungsmanagement, Wiesbaden.

Schierl, Thomas, 2005, Sport und Marke: Einige grundlegende Überlegungen zur Markierung von Sportlern und Sportvereinen, in Horch, Heinz-Dieter et al. (Hrsg.), Perspektiven des Sportmarketings, Köln, S.249-261.

Schimmelpfeng, Katja, 2001, Risikomanagement in Industrieunternehmen, in: Götze, Uwe et al. (Hrsg.), Risikomanagement, Heidelberg, S.277-298.

Schlag, Christian, 1995, Bewertung derivativer Finanztitel in zeit- und zustandsdiskreten Modellen, Wiesbaden.

Schmeh, Klaus, 2005, Titel, Tore, Transaktionen: Ein Blick hinter die Kulissen des Fußball-Business, Heidelberg.

Schmidbauer, Rainer, 2000, Risikomanagement im Kontext wertorientierter Unternehmensführung, in: Der Betrieb, Volume 53, S.153-162.

Schmidt, Lars, 2004, Überlegungen zur Entlohnung von Profifußballern mit Aktienoptionen, in: Hammann, Peter, Schmidt, Lars und Welling, Michael (Hrsg.), Ökonomie des Fußballs – Grundlegungen aus volks- und betriebswirtschaftlicher Perspektive, Wiesbaden, S.241-265.

Schmitz, Thorsten und Wehrheim, Michael, 2006, Risikomanagement: Grundlagen, Theorie, Praxis, Stuttgart.

Schopf, Daniel, 2003, Salary Caps vs. Kartellrecht – Kartellrechtliche Zulässigkeit von Gehaltsbeschränkungssystemen im europäischen Profisport am Beispiel des G-14 Konzepts zur Kostenkontrolle, Bayreuth.

Schröck, Gerhard, 1997, Risiko- und Wertmanagement: Der Einsatz risikobereinigter Rentabilitätskennzahlen, Wiesbaden.

Schubert, Manfred, 2009, Sport-Marketing – einige Überlegungen zu den konstitutiven Grundlagen eines neuen Forschungs- und Aufgabenfeldes, in: Breuer, Christoph und Thiel, Ansgar (Hrsg.), Handbuch Sportmanagement, 2., erweiterte Auflage, Schorndorf, S.247-265.

Schulenburg, J.-Matthias Graf von der, 2005, Versicherungsökonomik: Ein Leitfaden für Studium und Praxis, Karlsruhe.

Schwendowius, Daniel, 2002, Finanzierungs- und Organisationskonzepte für den deutschen Profifußball, Berlin.

Seidel, Uwe M. und KPMG Consulting, 2002, Risiko-Management-System, in: Internationaler Controller Verein (Hrsg.), Controlling-Beispielheft 2: Risiko-Management, Offenburg, S.11-48.

Shapiro, Alan und Titman, Sheridan, 1986, An integrated approach to corporate risk management, in: Stern, Joel und Chew, Donald (Hrsg.), The Revolution in Corporate Finance, Oxford/New York, S.215-229.

Sloane, Peter J., 2009, The European model of sport, in: Andreff, Wladimir und Szymanski, Stefan (Hrsg.), Handbook on the Economics of Sport, Cheltenham, S.299-303.

Smith, Clifford W. und Stulz, René, 1985, The determinants of firms` hedging policies, in: Journal of Financial and Quantitative Analysis, Volume 20, S.391-405.

Soccerex Business, 2009, The Power of Brands, Issue 3 Q1 2009, London.

Spengler, John O., Connaughton, Daniel P. und Pittman, Andrew T., 2006, Risk Management in Sport and Recreation, Champaign.

Sportfive, 2007, Sportfive Fussballstudie 2007, Hamburg.

Steiner, Manfred und Bruns, Christoph, 1998, Wertpapiermanagement, 6. Auflage, Stuttgart.

Steiner, Manfred und Meyer-Bullerdick, 1993, Hedging mit Financial Futures, in: Gebhardt, Günter et al. (Hrsg.), Handbuch des Finanzmanagements, München.

Stopper, Martin, 2004, Mehr sportlicher Wettbewerb durch begrenzte Umverteilung, in: Zieschang, Klaus und Klimmer, Christian (Hrsg.), Unternehmensführung im Profifußball: Symbiose von Sport, Wirtschaft und Recht, Berlin, S.141-162.

Stulz, René, 1984, Optimal hedging policies, in: Journal of Financial and Quantitative Analysis, Volume 19, S.127-140.

Stulz, René, 1990, Managerial discretion and optimal financing policies, in: Journal of Financial Economics, Volume 26, S.3-27.

Stulz, René, 2003, Risk Management & Derivatives, Mason.

Suciu-Sibianu, Paul, 2004, Going Public – ausgeträumt?, in: Zieschang, Klaus und Klimmer, Christian (Hrsg.), Unternehmensführung im Profifußball: Symbiose von Sport, Wirtschaft und Recht, Berlin.

Swieter, Detlef, 2002, Eine ökonomische Analyse der Fußball-Bundesliga, in: Beiträge zur angewandten Wirtschaftsforschung Band 29, Berlin, S.169-177.

Szymanski, Stefan und Kuypers, Tim, 2000, Winners and Losers: The Business Strategy of Football, London.

Teichmann, Kai, 2007, Strategie und Erfolg von Fußballunternehmen, Wiesbaden.

Thiel, Dirk, 2001, Die Bewertung von Call-Optionsscheinen auf den Deutschen Aktienindex (DAX); eine theoretische und empirische Analyse des Black & Scholes-Modells auf Basis von Intraday-Daten, Lohmar.

Todd, Steven, 2010, Credit Default Swaps, in: Kolb, Robert W. und Overdahl, James A. (Hrsg.), Financial Derivatives: Pricing and Risk Management, New Jersey, S.177-198.

Tottenham Hotspurs, 2000, Annual Report and Accounts 2000, London.

Tottenham Hotspurs, 2001, Annual Report 2001, London.

Tottenham Hotspurs, 2002, Annual Report 2002, London.

Tottenham Hotspurs, 2003, Annual Report 2003, London.

Tottenham Hotspurs, 2004, Annual Report 2004, London.

Tottenham Hotspurs, 2005, Annual Report 2005, London.

Tottenham Hotspurs, 2006, Annual Report 2006, London.

Tottenham Hotspurs, 2007, Annual Report 2007, London.

Tottenham Hotspurs, 2008, Annual Report 2008, London.

Tottenham Hotspurs, 2009, Annual Report 2009, London.

Treis, Bartho und Gripp, Hilke, 2001, Die Funktionen der Handelsmarke und ihr Schutz durch das Markenrecht, in: Bruhn, Manfred (Hrsg.), Handelsmarken: Zukunftsperspektiven der Handelsmarkenpolitik, 3. Auflage, Stuttgart, S.165-186.

Tribou, Gary und Augé, Bernard, 2003, Management du sport: Marketing et gestion des clubs sportifs, Paris.

Tufano, Peter, 1996, Who manages risk? An empirical examination of risk management practices in the gold mining industry, in: Journal of Finance, Volume 51, S.1097-1137.

Turnbull, Stuart M., 1993, Pricing and hedging diff swaps, in: Journal of Financial Engineering, Volume 2, S.297-333.

Turnbull, Stuart M. und Wakeman, Lee Macdonald, 1991, A quick algorithm for pricing European average options, in: Journal of Financial and Quantitative Analysis, Volume 26, S.377-389.

UEFA, 2005, UEFA-Klublizenzierungsverfahren: Handbuch Version 2.0, Nyon.

UEFA, 2008, Finanzbericht 2007/08, Nyon.

UEFA, 2008a, UEFA Club Licensing Regulations – Edition 2008, Nyon.

UEFA, 2009, Reglement der UEFA Europa League 2009/10, Nyon.

UEFA, 2010, UEFA-Reglement zur Klubfinanzierung und zum finanziellen Fairplay – Ausgabe 2010, Nyon.

UFA Sports, 2000, UFA Fussballstudie, Hamburg.

Uhlir, Helmut und Aussenegg, Wolfgang, 1996, Value-at-Risk (VaR): Einführung und Methodenüberblick, in: Österreichisches Bankarchiv, Volume 44, S.831-836.

Uhrich, Sebastian und Königstorfer, Jörg, 2007, Atmosphäre bei Sportveranstaltungen – Eine umweltpsycholigisches Rahmenkonzept, in: Klein, Marie-Luise und Kurscheidt, Markus (Hrsg.), Neue Perspektiven ökonomischer Sportforschung, Schorndorf.

Väth, Heinrich, 1994, Profifußball: Zur Soziologie der Bundesliga, Frankfurt am Main.

VfL Wolfsburg, 2007, Jahresabschluss zum Geschäftsjahr vom 01.07.2006 bis 30.06.2007, Wolfsburg.

Wadsack, Ronald, 2006, Krisenmanagement für Sportbetriebe – eine betriebswirtschaftliche Einführung, in: Wadsack, Ronald, Cherkeh, Rainer, Büdingen, Carolin von und Hamel, Rüdiger (Hrsg.), Krisenmanagement in Sportbetrieben, Frankfurt am Main, S.13-70.

Wall, Friedrike, 2002, Betriebswirtschaftliches Risikomanagement und gesetzliche Anforderungen an das Risikomanagement, in: Zeitschrift für Planung, Volume 13, S.373-400.

Weis, Hans Christian, 1999, Marketing, 11., überarbeitete und aktualisierte Auflage, Ludwigshafen.

Werder Bremen, 2007, Konzernabschluss zum 30. Juni 2006, Bremen.

Werder Bremen, 2008, Konzernabschluss zum 30. Juni 2007, Bremen.

Werder Bremen, 2009, Konzernabschluss zum Geschäftsjahr 01.07.2007 bis zum 30.06.2008, Bremen.

Weyand, Rolf, 1975, Diversifikation, Bad Homburg v. d. Höhe.

WGZ-Bank und Deloitte & Touche, 2001, FC €uro AG, Düsseldorf.

WGZ-Bank und KPMG, 2004, FC €uro AG: Fußball und Finanzen, 4. Auflage, München.

Wilkens, Marco und Völker, Jörg, 2001, Value-at-Risk, in Götze, Uwe et al. (Hrsg.), Risikomanagement, Heidelberg, S.413-442.

Wilkens, Sascha und Wimschulte, Jens, 2007, The pricing of electricity futures: Evidence from the European Energy Exchange, in: The Journal of Futures Markets, Volume 27, S.387-410.

Wöhe, Günter, Einführung in die Allgemeine Betriebswirtschaftslehre, 22., neubearbeitete Auflage, München.

Wolf, Klaus und Runzheimer, Bodo, 2000, Risikomanagement und KonTraG – Konzeption und Implementierung, 2. Auflage, Wiesbaden.

Wolke, Thomas, 2007, Risikomanagement, München.

Woll, Artur, 1992, Wirtschaftslexikon, 6. Auflage, München.

Woratschek, Herbert, 2002, Theoretische Elemente einer ökonomischen Betrachtung von Sportdienstleistungen, in: Albach, Horst und Frick, Bernd (Hrsg.), Sportökonomie, Zeitschrift für Betriebswirtschaft, Erg.-Heft 4/2002, Wiesbaden.

Zanger, Cornelia, 1995, Diversifikation, in: Tietz, Bruno et al. (Hrsg.), Handwörterbuch des Marketing, 2. Auflage, Stuttgart.

Zantow, Roger, 2007, Finanzwirtschaft des Unternehmens: Die Grundlagen des modernen Finanzmanagements, 2.Auflage, München.

Zastrow, Hartmut und Cordes, Marcel, 2002, Sportsponsoring aus der Sicht der Marktforschung, in: Horch, Heinz-Dieter et al. (Hrsg.), Finanzierung des Sports: Beiträge des 2. Kölner Sportökonomie-Kongresses, Aachen, S.20-35.

Zellmer, Gernot, 1990, Risiko-Management, Berlin.

Zeltinger, Julian und Haas, Oliver, 2002, Customer Relationship Management, in: Galli, Albert et al. (Hrsg.), Sportmanagement: Grundlagen der unternehmerischen Führung im Sport aus Betriebswirtschaftslehre, Steuern und Recht für den Sportmanager, München, S.449-480.

Zhang, Peter, 1994, Flexible asian options, in: Journal of Financial Engineering, Volume 3, S.65-84.

Zhang, Peter, 1995, Flexible arithmetic asian options, in: Journal of Derivatives, Volume 2, S.55-63.

Ziegenbein, Klaus, 2007, Controlling, 9., überarbeitete und aktualisierte Auflage, Ludwigshafen.

Zimbalist, Andrew, 2009, Organisational models of professional team sports leagues, in: Andreff, Wladimir und Szymanski, Stefan (Hrsg.), Handbook on the Economics of Sport, Cheltenham, S.433-446.

Zimmermann, Heinz, 1988, Preisbildung und Risikoanalyse von Aktienoptionen, Grüsch.

Internetquellen

Borussia Dortmund, 2010, Platzierung, Online im Internet: *http://www.bvb.de/?%9F%5D%1B%E7%F4%9D*, Stand: 10.05.2010.

dp payoff, 2007, Die Geschichte der Strukturierten Produkte, Online im Internet: *http://www.4finance.ch/literatur/derivatgeschichte.pdf,* Stand: 01.01.2010.

Eintracht Frankfurt, 2010, Rückblick 2002-2003, Online im Internet: *http://www.eintracht.de/eintracht/rueckblick/2002-2003/,* Stand: 12.02.2010.

Financial Times Deutschland, 2010, Arminia schlägt Alarm – Finanznot zwingt zum Umbau, Online im Internet: *http://www.ftd.de/sport/fussball/2bundesliga/news/:arminia-schlaegt-alarm-finanznot-zwingt-zum-umbau/50070293.html*, Stand: 12.02.2010.

Gaber, Thomas, 2009, Schalke droht finanzieller Kollaps, Online im Internet: *http://www.spox.com/de/sport/fussball/bundesliga/0909/Artikel/fc-schalke-04-finanzprobleme-felix-magath-peter-peters-josef-schnusenberg-clemens-toennies-rafinha-manuel-neuer.html*, Stand: 21.09.2009.

NFL, 2010, History, Online im Internet: *http://www.nfl.com/superbowl/history*, Stand: 09.02.2010

Mai, Christine, 2010, Schuldenlast im britischen Fußball: Manchester United pumpt Investoren an, Online im Internet: *http://www.ftd.de/finanzen/maerkte/anleihen-devisen/:schuldenlast-im-britischen-fussball-manchester-united-pumpt-investoren-an/50058721.html*, Stand; 10.01.2010.

Rettberg, Udo, 2010, „Film-Derivate“: Wie aus Filmen Kassenschlager werden, Online im Internet: *http://www.handelsblatt.com/finanzen/zertifikate-nachrichten/film-derivate-wie-aus-filmen-kassenschlager-werden;2558821*, Stand: 20.05.2010.

Rettberg, Udo, 2010, Terminbörsen wehren sich, Online im Internet: *http://www.handelsblatt.com/archiv/terminboersen-wehren-sich;613209*, Stand: 30.06.2010.

Schmitt, Matthias, 2009, Schon die alten Babylonier zockten, Online im Internet: *http://www.ftd.de/finanzen/derivate/:portfolio-schon-die-alten-babylonier-zockten/50055343.html?page=2*, Stand: 31.12.2009.

SSV Ulm 1864, 2010, Geschichte, Online im Internet: http://www.ssvulm1846-fussball.de, Stand: 12.02.2010.

Stoxx, 2010, Benchmarking, Online im Internet: http://www.stoxx.com/indices/ benchmarking.html, Stand: 13.02.2010.

Anhang

Anhang 1: Prognostizierte Einnahmen, Aufwendungen und Betriebsergebnisse in Abhängigkeit des sportlichen Erfolgs anhand Eintracht Frankfurt

	Platz 15	*Platz 10*	*Platz 5*	*Platz 5 + UEFA*
Einnahmen (in €)				
Spiel	12.301.428,12	12.430.281,59	13.268.644,63	15.754.086,90
Werbung	11.212.500,00	17.250.000,00	28.750.000,00	28.750.000,00
TV	14.289.000,00	17.947.000,00	21.743.000,00	23.143.000,00
Transfer	1.400.000,00	3.400.000,00	4.800.000,00	4.800.000,00
Merchandising	1.000.000,00	1.250.000,00	2.000.000,00	2.000.000,00
Summe	***40.202.928,12***	***52.277.281,59***	***70.561.644,63***	***74.447.086,90***
Aufwendungen (in €)				
Personal Spielbetrieb	16.146.000,00	23.218.000,00	36.400.000,00	36.700.000,00
Personal Handel/Verwaltung	2.025.000,00	2.385.000,00	3.060.000,00	3.060.000,00
Transfer	3.200.000,00	7.500.000,00	14.000.000,00	14.000.000,00
Spielbetrieb	9.537.000,00	9.537.000,00	9.537.000,00	11.220.000,00
Jugend/Amat./Leistungsz.	1.800.000,00	2.250.000,00	2.800.000,00	2.800.000,00
Summe	***32.708.000,00***	***44.890.000,00***	***65.797.000,00***	***67.780.000,00***
Betriebsergebnis (in €)	***7.494.928,12***	***7.387.281,59***	***4.764.644,63***	***6.667.086,90***

Anhang 2: Rabatt auf Dauerkarten Saison 2009/10

Quelle: Eigene Recherche auf Basis der von den Fußballunternehmen der 1. Fußball-Bundesliga veröffentlichten Tages- und Dauerkartenpreise

	Preise Dauerkarten 2009/10			
Fußballclub	teuerster Sitz	mittlerer Sitz	billigster Sitz	Stehplatz
1. FC Köln	740 €	520 €	310 €	160 €
1. FC Nürnberg	699 €	409 €	195 €	124 €
Bayer 04 Leverkusen	540 €	400 €	180 €	160 €
Borussia Dortmund*	605 €	510 €	353 €	180 €
Borussia M´Gladbach	560 €	480 €	315 €	160 €
Eintracht Frankfurt	764 €	478 €	307 €	157 €
FC Bayern München*	650 €	550 €	300 €	120 €
FC Schalke 04 (Block)	901 €	629 €	323 €	221 €
FSV Mainz 05	634 €	464 €	311 €	218 €
Hamburger SV***	726 €	440 €	220 €	187 €
Hannover 96 *	625 €	525 €	360 €	175 €
Hertha BSC Berlin***	599 €	289 €	189 €	155 €
SC Freiburg	690 €	480 €	400 €	155 €
SV Werder Bremen***				
TSG 1899 Hoffenheim *	570 €	358 €		150 €
VfB Stuttgart*	616 €	475 €	267 €	174 €
VfL Bochum 1848	525 €	450 €	375 €	165 €
VfL Wolfsburg	550 €	385 €	198 €	132 €
Durchschnitt	647 €	461 €	288 €	164 €

Fußballclub	Preise Tageskarten 2009/10			
	teuerster Sitz	mittlerer Sitz	billigster Sitz	Stehplatz
1. FC Köln	56 €	41 €	23 €	16 €
1. FC Nürnberg	47 €	39 €	23 €	13 €
Bayer 04 Leverkusen	42 €	32 €	20 €	14 €
Borussia Dortmund*	48 €	41 €	27 €	14 €
Borussia M´Gladbach	41 €	35 €	25 €	13 €
Eintracht Frankfurt	56 €	34 €	22 €	14 €
FC Bayern München*	59 €	49 €	29 €	15 €
FC Schalke 04 (Block)	53 €	37 €	19 €	13 €
FSV Mainz 05	37 €	27 €	18 €	13 €
Hamburger SV***				
Hannover 96 *	45 €	36 €	24 €	13 €
Hertha BSC Berlin***				
SC Freiburg	**	35 €	30 €	12 €
SV Werder Bremen***				
TSG 1899 Hoffenheim *	42 €	27 €		13 €
VfB Stuttgart*	58 €	42 €	24 €	15 €
VfL Bochum 1848	35 €	30 €	25 €	11 €
VfL Wolfsburg	44 €	31 €	19 €	12 €
Durchschnitt	47 €	36 €	23 €	12 €

Fußballclub	gewährter Rabatt bei Kauf einer Dauerkarte				
	teuerster Sitz	mittlerer Sitz	billigster Sitz	Stehplatz	Durchschnitt
1. FC Köln	22,27%	25,39%	20,72%	41,18%	27,39%
1. FC Nürnberg	12,52%	38,31%	50,13%	43,89%	36,21%
Bayer 04 Leverkusen	24,37%	26,47%	47,06%	30,28%	32,05%
Borussia Dortmund*	25,27%	26,70%	23,99%	27,13%	25,77%
Borussia M´Gladbach	18,66%	19,33%	25,88%	27,60%	22,87%
Eintracht Frankfurt	19,75%	17,30%	17,91%	34,03%	22,25%
FC Bayern München*	34,67%	33,33%	38,15%	52,94%	39,77%
FC Schalke 04 (Block)	0,00%	0,00%	0,00%	0,00%	0,00%
FSV Mainz 05	-0,79%	-1,09%	-1,63%	-2,35%	-1,47%
Hamburger SV***					
Hannover 96 *	18,19%	14,63%	11,33%	20,81%	16,24%
Hertha BSC Berlin***					
SC Freiburg		19,33%	21,57%	24,02%	16,23%
SV Werder Bremen***					
TSG 1899 Hoffenheim *	20,94%	23,18%		29,58%	24,57%
VfB Stuttgart*	37,33%	34,21%	34,56%	31,49%	34,40%
VfL Bochum 1848	11,76%	11,76%	11,76%	11,76%	11,76%
VfL Wolfsburg	26,47%	26,94%	38,70%	35,29%	31,85%
Durchschnitt	19,39%	21,05%	24,29%	27,18%	22,66%

Anmerkungen:
Wenn Anzahl der angebotenen Preiskategorien gerade, dann wurde die höhere mittlere Kategorie genommen.

* Tagespreise gewichtet, da unterschiedliche Preiskategorien (Topzuschläge etc.)
** Preiskategorie nicht als Tageskarten erhältlich
*** Daten nur teilweise erhältlich

Anhang 3: Modellparameter Einnahmen „1-Fußball-Bundesliga“

Spieleinnahmen:

Spieleinnahmen pro Cluster (in Mio. Euro):

	Platz 1 bis 6	Platz 7 bis 12	Platz 13 bis 18	Durchschnitt
Saison 2003/04	14,141	12,409	7,958	11,503
Saison 2004/05	18,663	12,321	7,721	12,902
Saison 2005/06	26,154	13,196	10,986	16,779
Saison 2006/07	24,620	15,619	11,386	17,208
Saison 2007/08	34,163	12,373	9,806	18,781
Saison 2008/09	31,293	17,798	11,475	20,189
Durchschnitt	24,839	13,953	9,889	

Finanzielle Auswirkungen pro Tabellenplatz bei Spieleinnahmen (in Mio. Euro):

	Saison 2008/09	Saison 2007/08	Saison 2006/07	Saison 2005/06	Saison 2004/05	Saison 2003/04	Durchschnitt
Differenz 3 – 9	2,249	3,632	1,500	2,160	1,057	0,289	1,814
Differenz 9 – 15	1,054	0,428	0,706	0,368	0,767	0,767	0,681
Differenz 3 – 15	1,652	2,030	2,206	1,264	0,912	0,515	1,430
Durchschnitt	1,652	2,030	1,470	1,264	0,912	0,524	1,309

Prognostizierte Spieleinnahmen pro Tabellenplatz:

Tabellenplatz	langfristiger Durchschnitt (in Mio. €)	Saison 2008/09 (in Mio. €)
Platz 1	28,468	35,791
Platz 2	26,653	33,542
Platz 3	24,839	31,293
Platz 4	23,025	29,044
Platz 5	21,210	26,795
Platz 6	19,396	24,546
Platz 7	17,581	22,296
Platz 8	15,767	20,047
Platz 9	13,953	17,798
Platz 10	13,271	16,744
Platz 11	12,590	15,690
Platz 12	11,908	14,637
Platz 13	11,227	13,583
Platz 14	10,545	12,529
Platz 15	9,864	11,475
Platz 16	9,182	10,421
Platz 17	8,501	9,367
Platz 18	7,819	8,314

Werbung:

Werbeeinnahmen pro Cluster (in Mio. Euro):

	Platz 1 bis 6	Platz 7 bis 12	Platz 13 bis 18	Durchschnitt
Saison 2003/04	27,792	20,721	6,989	18,500
Saison 2004/05	35,458	15,814	8,360	19,877
Saison 2005/06	32,028	14,357	13,694	20,026
Saison 2006/07	28,995	15,760	14,821	19,846
Saison 2007/08	37,489	16,455	13,163	22,369
Saison 2008/09	45,477	26,004	9,981	27,154
Durchschnitt	34,540	18,185	11,168	

Finanzielle Auswirkungen pro Tabellenplatz bei Werbeeinnahmen (in Mio. Euro):

	Saison 2008/09	Saison 2007/08	Saison 2006/07	Saison 2005/06	Saison 2004/05	Saison 2003/04	Durchschnitt
Differenz 3 - 9	3,246	3,506	2,206	2,945	3,274	1,179	2,726
Differenz 9 - 15	2,671	0,549	0,157	0,111	1,242	1,242	0,995
Differenz 3 - 15	2,958	2,027	2,362	1,528	2,258	1,734	2,145
Durchschnitt	2,958	2,027	1,575	1,528	2,258	1,385	1,955

Prognostizierte Werbeeinnahmen pro Tabellenplatz:

Tabellenplatz	langfristiger Durchschnitt (in Mio. €)	Saison 2008/09 (in Mio. €)
Platz 1	39,991	51,968
Platz 2	37,266	48,723
Platz 3	34,540	45,477
Platz 4	31,814	42,232
Platz 5	29,088	38,986
Platz 6	26,363	35,741
Platz 7	23,637	32,495
Platz 8	20,911	29,250
Platz 9	18,185	26,004
Platz 10	17,190	23,334
Platz 11	16,195	20,663
Platz 12	15,200	17,993
Platz 13	14,205	15,322
Platz 14	13,209	12,652
Platz 15	12,214	9,981
Platz 16	11,219	7,311
Platz 17	10,224	4,640
Platz 18	9,229	1,970

Transfer:

Transfereinnahmen pro Cluster (in Mio. Euro):

	Platz 1 bis 6	Platz 7 bis 12	Platz 13 bis 18	Durchschnitt
Saison 2003/04	4,223	0,675	0,426	1,775
Saison 2004/05	3,392	2,993	1,588	2,658
Saison 2005/06	6,769	6,546	2,098	5,138
Saison 2006/07	4,76	6,066	2,084	4,303
Saison 2007/08	13,689	5,588	2,222	7,166
Saison 2008/09	18,019	4,114	1,252	
Durchschnitt	8,475	4,330	1,612	

Finanzielle Auswirkungen pro Tabellenplatz bei Transfereinnahmen (in Mio. Euro):

	Saison 2008/09	Saison 2007/08	Saison 2006/07	Saison 2005/06	Saison 2004/05	Saison 2003/04	Durchschnitt
Differenz 3 – 9	2,318	1,350	-0,218	0,037	0,067	0,591	0,691
Differenz 9 - 15	0,477	0,561	0,664	0,741	0,234	0,234	0,485
Differenz 3 - 15	1,397	0,956	0,446	0,389	0,150	0,316	0,609
Durchschnitt	1,397	0,956	0,297	0,389	0,150	0,381	**0,595**

Prognostizierte Transfereinnahmen pro Tabellenplatz:

Tabellenplatz	langfristiger Durchschnitt (in Mio. €)	Saison 2008/09 (in Mio. €)
Platz 1	9,857	22,654
Platz 2	9,166	20,337
Platz 3	8,475	18,019
Platz 4	7,785	15,702
Platz 5	7,094	13,384
Platz 6	6,403	11,067
Platz 7	5,712	8,749
Platz 8	5,021	6,432
Platz 9	**4,330**	**4,114**
Platz 10	3,845	3,637
Platz 11	3,360	3,160
Platz 12	2,875	2,683
Platz 13	2,389	2,206
Platz 14	1,904	1,729
Platz 15	1,419	1,252
Platz 16	0,934	0,775
Platz 17	0,449	0,298
Platz 18	-0,037	-0,179

Merchandising:

Einnahmen Merchandising pro Cluster (in Mio. Euro):

	Platz 1 bis 6	Platz 7 bis 12	Platz 13 bis 18	Durchschnitt
Saison 2003/04	3,847	2,962	0,425	2,411
Saison 2004/05	5,399	1,497	1,255	2,717
Saison 2005/06	7,781	0,997	0,691	3,156
Saison 2006/07	7,174	1,775	1,994	3,647
Saison 2007/08	9,867	1,356	0,305	3,842
Saison 2008/09	7,751	2,2	1,701	3,884
Durchschnitt	6,970	1,798	1,062	

Finanzielle Auswirkungen pro Tabellenplatz bei Einnahmen Merchandising (in Mio. Euro):

	Saison 2008/09	Saison 2007/08	Saison 2006/07	Saison 2005/06	Saison 2004/05	Saison 2003/04	Durchschnitt
Differenz 3 – 9	0,925	1,419	0,900	1,131	0,650	0,148	0,862
Differenz 9 - 15	0,083	0,175	-0,037	0,051	0,040	0,040	0,059
Differenz 3 - 15	0,504	0,797	0,863	0,591	0,345	0,285	0,564
Durchschnitt	0,504	0,797	0,576	0,591	0,345	0,158	0,495

Prognostizierte Einnahmen Merchandising pro Tabellenplatz:

Tabellenplatz	langfristiger Durchschnitt (in Mio. €)	Saison 2008/09 (in Mio. €)
Platz 1	8,694	9,601
Platz 2	7,832	8,676
Platz 3	6,970	7,751
Platz 4	6,108	6,826
Platz 5	5,246	5,901
Platz 6	4,384	4,976
Platz 7	3,522	4,050
Platz 8	2,660	3,125
Platz 9	**1,798**	**2,200**
Platz 10	1,739	2,117
Platz 11	1,680	2,034
Platz 12	1,621	1,951
Platz 13	1,562	1,867
Platz 14	1,503	1,784
Platz 15	1,444	1,701
Platz 16	1,385	1,618
Platz 17	1,327	1,535
Platz 18	1,268	1,452

Anhang 4: Modellparameter Aufwendungen „1. Fußball-Bundesliga"

Aufwendungen Personal Spielbetrieb:

Aufwendungen Personal Spiel pro Cluster (in Mio. Euro):

	Platz 1 bis 6	Platz 7 bis 12	Platz 13 bis 18	Durchschnitt
Saison 2003/04	42,106	24,808	15,136	27,350
Saison 2004/05	46,605	22,904	13,138	27,549
Saison 2005/06	45,874	22,928	16,307	28,370
Saison 2006/07	46,612	23,154	18,583	29,450
Saison 2007/08	60,896	24,306	19,298	34,833
Saison 2008/09	57,897	36,985	18,156	37,679
Durchschnitt	49,998	25,848	16,770	

Finanzielle Auswirkungen pro Tabellenplatz bei Aufwendungen Personal Spielbetrieb (in Mio. Euro):

	Saison 2008/09	Saison 2007/08	Saison 2006/07	Saison 2005/06	Saison 2004/05	Saison 2003/04	Durchschnitt
Differenz 3 – 9	3,485	6,098	3,910	3,824	3,950	2,883	4,025
Differenz 9 - 15	3,138	0,835	0,762	1,104	1,628	1,628	1,516
Differenz 3 - 15	3,312	3,467	4,672	2,464	2,789	2,248	3,158
Durchschnitt	3,312	3,467	3,114	2,464	2,789	2,253	2,900

Prognostizierte Aufwendungen Personal Spielbetrieb pro Tabellenplatz:

Tabellenplatz	langfristiger Durchschnitt (in Mio. €)	Saison 2008/09 (in Mio. €)
Platz 1	58,049	64,868
Platz 2	54,023	61,382
Platz 3	49,998	57,897
Platz 4	45,973	54,412
Platz 5	41,948	50,926
Platz 6	37,923	47,441
Platz 7	33,898	43,956
Platz 8	29,873	40,470
Platz 9	**25,848**	**36,985**
Platz 10	24,332	33,847
Platz 11	22,816	30,709
Platz 12	21,301	27,571
Platz 13	19,785	24,432
Platz 14	18,270	21,294
Platz 15	16,754	18,156
Platz 16	15,238	15,018
Platz 17	13,723	11,880
Platz 18	12,207	8,742

Aufwendungen Personal Handel/Verwaltung:

Aufwendungen Personal Handel/Verwaltung pro Cluster (in Mio. Euro):

	Platz 1 bis 6	Platz 7 bis 12	Platz 13 bis 18	Durchschnitt
Saison 2003/04	5,185	2,596	1,343	3,041
Saison 2004/05	5,382	2,151	1,381	2,971
Saison 2005/06	7,212	2,086	1,913	3,737
Saison 2006/07	6,200	1,792	1,751	3,247
Saison 2007/08	6,123	2,753	1,534	3,470
Saison 2008/09	8,039	4,328	2,151	4,839
Durchschnitt	6,357	2,618	1,679	

Finanzielle Auswirkungen pro Tabellenplatz bei Aufwendungen Personal Handel/Verwaltung (in Mio. Euro):

	Saison 2008/09	Saison 2007/08	Saison 2006/07	Saison 2005/06	Saison 2004/05	Saison 2003/04	Durchschnitt
Differenz 3 – 9	0,619	0,562	0,735	0,854	0,539	0,432	0,623
Differenz 9 - 15	0,363	0,203	0,007	0,029	0,128	0,128	0,143
Differenz 3 - 15	0,491	0,382	0,742	0,442	0,333	0,320	0,452
Durchschnitt	0,491	0,382	0,494	0,442	0,333	0,293	0,406

Prognostizierte Aufwendungen Personal Handel/Verwaltung pro Tabellenplatz:

Tabellenplatz	langfristiger Durchschnitt (in Mio. €)	Saison 2008/09 (in Mio. €)
Platz 1	7,603	9,276
Platz 2	6,980	8,658
Platz 3	6,357	8,039
Platz 4	5,734	7,421
Platz 5	5,110	6,802
Platz 6	4,487	6,184
Platz 7	3,864	5,565
Platz 8	3,241	4,947
Platz 9	**2,618**	**4,328**
Platz 10	2,475	3,965
Platz 11	2,332	3,602
Platz 12	2,189	3,240
Platz 13	2,045	2,877
Platz 14	1,902	2,514
Platz 15	1,759	2,151
Platz 16	1,616	1,788
Platz 17	1,473	1,425
Platz 18	1,330	1,063

Aufwendungen Spielbetrieb:

Aufwendungen Spielbetrieb pro Cluster (in Mio. Euro):

	Platz 1 bis 6	Platz 7 bis 12	Platz 13 bis 18	Durchschnitt
Saison 2003/04	11,332	11,166	5,131	9,209
Saison 2004/05	17,336	11,098	4,215	10,883
Saison 2005/06	19,510	8,193	9,760	12,488
Saison 2006/07	18,052	11,482	6,718	12,084
Saison 2007/08	21,892	9,792	8,594	13,426
Saison 2008/09	19,471	18,652	5,808	14,664
Durchschnitt	17,932	11,731	6,704	

Finanzielle Auswirkungen pro Tabellenplatz bei Aufwendungen Spielbetrieb (in Mio. Euro):

	Saison 2008/09	Saison 2007/08	Saison 2006/07	Saison 2005/06	Saison 2004/05	Saison 2003/04	Durchschnitt
Differenz 3 – 9	0,137	2,017	1,095	1,886	1,040	0,028	1,034
Differenz 9 - 15	2,141	0,200	0,794	-0,261	1,147	1,147	0,861
Differenz 3 - 15	1,139	1,108	1,889	0,813	1,093	0,517	1,093
Durchschnitt	1,139	1,108	1,259	0,813	1,093	0,564	**0,996**

Prognostizierte Aufwendungen Spielbetrieb pro Tabellenplatz:

Tabellenplatz	langfristiger Durchschnitt (in Mio. €)	Saison 2008/09 (in Mio. €)
Platz 1	20,000	19,744
Platz 2	18,966	19,608
Platz 3	17,933	19,471
Platz 4	16,899	19,335
Platz 5	15,865	19,198
Platz 6	14,832	19,062
Platz 7	13,798	18,925
Platz 8	12,765	18,789
Platz 9	**11,731**	**18,652**
Platz 10	10,870	16,511
Platz 11	10,009	14,371
Platz 12	9,147	12,230
Platz 13	8,286	10,089
Platz 14	7,425	7,949
Platz 15	6,564	5,808
Platz 16	5,702	3,667
Platz 17	4,841	1,527
Platz 18	3,980	-0,614

Aufwendungen Transfer:

Aufwendungen Transfer pro Cluster (in Mio. Euro):

	Platz 1 bis 6	Platz 7 bis 12	Platz 13 bis 18	Durchschnitt
Saison 2003/04	16,596	7,185	2,776	8,853
Saison 2004/05	12,598	8,234	2,557	7,796
Saison 2005/06	12,715	6,989	4,264	7,989
Saison 2006/07	13,451	8,101	5,860	9,138
Saison 2007/08	21,144	6,034	4,881	10,687
Saison 2008/09	24,786	12,475	4,526	13,929
Durchschnitt	16,882	8,170	4,144	

Finanzielle Auswirkungen pro Tabellenplatz bei Aufwendungen Transfer (in Mio. Euro):

	Saison 2008/09	Saison 2007/08	Saison 2006/07	Saison 2005/06	Saison 2004/05	Saison 2003/04	Durchschnitt
Differenz 3 – 9	2,052	2,518	0,892	0,954	0,727	1,569	1,452
Differenz 9 - 15	1,325	0,192	0,374	0,454	0,946	0,946	0,706
Differenz 3 - 15	1,688	1,355	1,265	0,704	0,837	1,152	1,167
Durchschnitt	1,688	1,355	0,843	0,704	0,837	1,222	1,108

Prognostizierte Aufwendungen Transfer pro Tabellenplatz:

Tabellenplatz	langfristiger Durchschnitt (in Mio. €)	Saison 2008/09 (in Mio. €)
Platz 1	19,786	28,890
Platz 2	18,334	26,838
Platz 3	16,882	24,786
Platz 4	15,430	22,734
Platz 5	13,978	20,682
Platz 6	12,526	18,631
Platz 7	11,074	16,579
Platz 8	9,622	14,527
Platz 9	**8,170**	**12,475**
Platz 10	7,464	11,150
Platz 11	6,758	9,825
Platz 12	6,052	8,501
Platz 13	5,345	7,176
Platz 14	4,639	5,851
Platz 15	3,933	4,526
Platz 16	3,227	3,201
Platz 17	2,521	1,876
Platz 18	1,815	0,551

Aufwendungen Jugend/Amateure/Leistungszentren:

Aufwendungen Jugend/Amateure/Leistungszentren pro Cluster (in Mio. Euro):

	Platz 1 bis 6	Platz 7 bis 12	Platz 13 bis 18	Durchschnitt
Saison 2003/04	2,796	2,642	1,893	2,444
Saison 2004/05	2,792	2,441	1,529	2,254
Saison 2005/06	3,314	1,695	2,164	2,391
Saison 2006/07	3,104	2,050	2,173	2,442
Saison 2007/08	4,361	2,089	1,708	2,720
Saison 2008/09	4,589	2,495	2,084	3,056
Durchschnitt	3,493	2,235	1,925	

Finanzielle Auswirkungen pro Tabellenplatz bei Aufwendungen Jugend/Amateure/Leistungszentren (in Mio. Euro):

	Saison 2008/09	Saison 2007/08	Saison 2006/07	Saison 2005/06	Saison 2004/05	Saison 2003/04	Durchschnitt
Differenz 3 – 9	0,349	0,379	0,176	0,270	0,059	0,026	0,210
Differenz 9 - 15	0,069	0,064	-0,021	-0,078	0,152	0,152	0,056
Differenz 3 - 15	0,209	0,221	0,155	0,096	0,105	0,075	0,144
Durchschnitt	0,209	0,221	0,103	0,096	0,105	0,084	**0,136**

Prognostizierte Aufwendungen Jugend/Amateure/Leistungszentren pro Tabellenplatz:

Tabellenplatz	langfristiger Durchschnitt (in Mio. €)	Saison 2008/09 (in Mio. €)
Platz 1	3,912	5,287
Platz 2	3,702	4,938
Platz 3	3,493	4,589
Platz 4	3,283	4,240
Platz 5	3,074	3,891
Platz 6	2,864	3,542
Platz 7	2,654	3,193
Platz 8	2,445	2,844
Platz 9	**2,235**	**2,495**
Platz 10	2,179	2,427
Platz 11	2,123	2,358
Platz 12	2,067	2,290
Platz 13	2,010	2,221
Platz 14	1,954	2,153
Platz 15	1,898	2,084
Platz 16	1,842	2,016
Platz 17	1,786	1,947
Platz 18	1,729	1,879

Anhang 5: Vergleich Modell „1. Fußball-Bundesliga" und Jahresabschlüsse Bundesligisten

Hertha BSC Berlin (in Mio. Euro):

Hertha BSC Berlin	Saison 2003/04 (Platz 12)			Saison 2004/05 (Platz 4)			Saison 2005/06 (Platz 6)		
Einnahmequelle	Modell	tat. Einnahmen	Differenz	Modell	tat. Einnahmen	Differenz	Modell	tat. Einnahmen	Differenz
Spiel	11,908	6,968	4,940	23,025	10,169	12,856	19,396	9,791	9,605
Werbung	15,200	23,969	-8,769	31,814	21,952	9,862	26,363	22,040	4,323
Transfer	2,875	0,331	2,544	7,785	0,593	7,192	6,403	1,527	4,876
Merchandising	1,621	2,181	-0,560	6,108	3,203	2,905	4,384	3,174	1,210

Hertha BSC Berlin	Saison 2006/07 (Platz 12)			Saison 2007/08 (Platz 4)		
Einnahmequelle	Modell	tat. Einnahmen	Differenz	Modell	tat. Einnahmen	Differenz
Spiel	13,271	11,550	1,721	13,271	9,177	4,094
Werbung	17,190	21,716	-4,526	17,190	22,709	-5,519
Transfer	3,845	2,588	1,257	3,845	18,625	-14,780
Merchandising	1,739	3,363	-1,624	1,739	3,189	-1,450

SV Werder Bremen (in Mio. Euro):

SV Werder Bremen	Saison 2006/2007 (Platz 3)			Saison 2007/08 (Platz 2)		
Einnahmequelle	Modell	tat. Einnahmen	Differenz	Modell	tat. Einnahmen	Differenz
Spiel	24,839	15,543	9,296	26,653	18,285	8,368
Werbung	34,540	9,491	25,049	37,266	10,349	26,917
Transfer	8,475	4,612	3,863	9,166	10,118	-0,952
Merchandising	6,970	5,260	1,710	7,832	5,449	2,383

SV Werder Bremen	Saison 2004/05 (Platz 3)			Saison 2005/06 (Platz 2)		
Einnahmequelle	Modell	tat. Einnahmen	Differenz	Modell	tat. Einnahmen	Differenz
Spiel	24,839	22,340	2,499	26,653	20,281	6,372
Werbung	34,540	13,576	20,964	37,266	16,066	21,200
Transfer	8,475	8,557	-0,082	9,166	21,424	-12,258
Merchandising	6,970	7,781	-0,811	7,832	8,721	-0,889

Borussia Dortmund (in Mio. Euro):

Borussia Dortmund	Saison 2003/04 (Platz 6)			Saison 2004/05 (Platz 7)			Saison 2005/06 (Platz 7)		
Einnahmequelle	Modell	tat. Einnahmen	Differenz	Modell	tat. Einnahmen	Differenz	Modell	tat. Einnahmen	Differenz
Spiel	19,396	20,300	-0,904	17,581	17,500	0,081	17,581	17,200	0,381
Werbung	26,363	25,686	0,677	23,637	26,400	-2,763	23,637	27,200	-3,563
Transfer	6,403	13,062	-6,659	5,712	0,700	5,012	5,712	12,400	-6,688
Merchandising	4,384	14,357	-9,973	3,522	14,400	-10,878	3,522	11,700	-8,178

Borussia Dortmund	Saison 2006/2007 (Platz 9)			Saison 2007/08 (Platz 13)			Saison 2008/09 (Platz 6)		
Einnahmequelle	Modell	tat. Einnahmen	Differenz	Modell	tat. Einnahmen	Differenz	Modell	tat. Einnahmen	Differenz
Spiel	13,953	19,300	-5,347	11,227	22,600	-11373	19,396	22,200	-2,804
Werbung	18,185	30,500	-12,315	14,205	39,300	-25095	26,363	39,100	-12,737
Transfer	4,330	6,800	-2,470	2,389	5,400	-3011	6,403	11,500	-5,097
Merchandising	1,798	20,300	-18,502	1,562	12,700	-11138	4,384	12,700	-8,316

Anhang 6: Finanzielle Auswirkungen mit und ohne Forward bei Fußballunternehmen 2 und 3

	in Mio. €	Szenario 1		Szenario 2		Szenario 3	
	Einnahmequelle	**mit**	**ohne**	**mit**	**ohne**	**mit**	**ohne**
Fußballunternehmen 2 (realistisches Saisonziel Platz 8, Abweichung positiv Platz 4; Abweichung negativ Platz 12)	Spiel	15,767	15,767	15,767	23,025	15,767	11,908
	Medienrechte	19,282	19,282	19,282	21,918	19,282	16,439
	Werbung	20,991	20,991	31,814	31,814	15,200	15,200
	Transfer	5,021	5,021	7,785	7,785	2,875	2,875
	Merchandising	2,660	2,660	2,660	6,108	2,660	1,621
	Gesamteinnahmen	63,721	63,721	77,308	90,650	55,784	48,043
	Aufwandskategorien						
	Personal Spielbetrieb	29,873	29,873	29,873	45,998	29,873	21,301
	Spielbetrieb	12,765	12,765	16,899	16,899	12,765	12,765
	Transfer	9,622	9,622	15,430	15,430	6,052	6,052
	Jugend/Amateure/LZ	2,445	2,445	3,283	3,283	2,445	2,445
	Personal Handel/Verw.	3,241	3,241	5,734	5,734	3,241	3,241
	Aufwendungen Derivat	0,000	0,000	0,000	0,000	0,000	0,000
	Gesamtaufwendungen	57,946	57,946	71,219	87,344	54,376	45,804
	Betriebsergebnis	5,775	5,775	6,089	3,306	1,408	2,239

	in Mio. €	Szenario 1		Szenario 2		Szenario 3	
	Einnahmequelle	**mit**	**ohne**	**mit**	**ohne**	**mit**	**ohne**
Fußballunternehmen 3 (realistisches Saisonziel Platz 8, Abweichung positiv Platz 2; Abweichung negativ Platz 14)	Spiel	15,767	15,767	15,767	26,653	15,767	10,545
	Medienrechte	19,282	19,282	19,282	23,237	19,282	14,914
	Werbung	20,991	20,991	37,266	37,266	13,209	13,209
	Transfer	5,021	5,021	9,166	9,166	1,904	1,904
	Merchandising	2,660	2,660	2,660	7,832	2,660	1,503
	Gesamteinnahmen	63,721	63,721	84,141	104,154	52,822	42,075
	Aufwandskategorien						
	Personal Spielbetrieb	29,873	29,873	29,873	54,049	29,873	18,270
	Spielbetrieb	12,765	12,765	18,966	18,966	12,765	12,765
	Transfer	9,622	9,622	18,334	18,334	4,639	4,639
	Jugend/Amateure/LZ	2,445	2,445	3,702	3,702	2,445	2,445
	Personal Handel/Verw.	3,241	3,241	6,980	6,980	3,241	3,241
	Aufwendungen Derivat	0,000	0,000	0,000	0,000	0,000	0,000
	Gesamtaufwendungen	57,946	57,946	77,855	102,031	52,963	41,360
	Betriebsergebnis	5,775	5,775	6,286	2,123	-0,141	0,715

Anhang 7: Finanzielle Auswirkungen mit und ohne Swaps bei Fußballunternehmen 2 und 3

	in Mio. €	Szenario 1		Szenario 2		Szenario 3	
	Einnahmequelle	**mit**	**ohne**	**mit**	**ohne**	**mit**	**ohne**
Fußballunternehmen 2 (realistisches Saisonziel Platz 8, Abweichung positiv Platz 4; Abweichung negativ Platz 12)	Spiel	15,767	15,767	15,767	23,025	15,767	11,908
	Medienrechte	19,282	19,282	19,282	21,918	19,282	16,439
	Werbung	20,991	20,991	20,991	31,814	20,991	15,200
	Transfer	5,021	5,021	7,785	7,785	2,875	2,875
	Merchandising	2,660	2,660	2,660	6,108	2,660	1,621
	Gesamteinnahmen	63,721	63,721	66,485	90,650	61,575	48,043
	Aufwandskategorien						
	Personal Spielbetrieb	29,873	29,873	29,873	45,998	29,873	21,301
	Spielbetrieb	12,765	12,765	16,899	16,899	12,765	12,765
	Transfer	9,622	9,622	15,430	15,430	6,052	6,052
	Jugend/Amateure/LZ	2,445	2,445	3,283	3,283	2,445	2,445
	Personal Handel/Verw.	3,241	3,241	5,734	5,734	3,241	3,241
	Aufwendungen Derivat	0,000	0,000	0,000	0,000	0,000	0,000
	Gesamtaufwendungen	57,946	57,946	71,219	87,344	54,376	45,804
	Betriebsergebnis	5,775	5,775	-4,734	3,306	7,199	2,239

	in Mio. €	Szenario 1		Szenario 2		Szenario 3	
	Einnahmequelle	**mit**	**ohne**	**mit**	**ohne**	**mit**	**ohne**
Fußballunternehmen 3 (realistisches Saisonziel Platz 8, Abweichung positiv Platz 2; Abweichung negativ Platz 14)	Spiel	15,767	15,767	15,767	26,653	15,767	10,545
	Medienrechte	19,282	19,282	19,282	23,237	19,282	14,914
	Werbung	20,991	20,991	20,991	37,266	20,991	13,209
	Transfer	5,021	5,021	9,166	9,166	1,904	1,904
	Merchandising	2,660	2,660	2,660	7,832	2,660	1,503
	Gesamteinnahmen	63,721	63,721	67,866	104,154	60,604	42,075
	Aufwandskategorien						
	Personal Spielbetrieb	29,873	29,873	29,873	54,049	29,873	18,270
	Spielbetrieb	12,765	12,765	18,966	18,966	12,765	12,765
	Transfer	9,622	9,622	18,334	18,334	4,639	4,639
	Jugend/Amateure/LZ	2,445	2,445	3,702	3,702	2,445	2,445
	Personal Handel/Verw.	3,241	3,241	6,980	6,980	3,241	3,241
	Aufwendungen Derivat	0,000	0,000	0,000	0,000	0,000	0,000
	Gesamtaufwendungen	57,946	57,946	77,855	102,031	52,963	41,360
	Betriebsergebnis	5,775	5,775	-9,989	2,123	7,641	0,715

Anhang 8: Tabellenplatzentwicklung der Fußballunternehmen 1 bis 3 inklusive Kalkulation der Volatilitäten

Fußballunternehmen 1:

	Spiel			Medien		
Platz	Einnahmen in Mio. €	Rendite	ln(r)	Einnahmen in Mio. €	Rendite	ln(r)
8	15,767			19,282		
10	13,271	1,18808	0,17234	17,881	1,07835	0,07543
9	13,953	0,95112	-0,05011	18,581	0,96233	-0,03840
8	15,767	0,88495	-0,12222	19,282	0,96364	-0,03703
5	21,210	0,74338	-0,29655	21,259	0,90700	-0,09761
6	19,396	1,09352	0,08941	20,600	1,03199	0,03149
8	15,767	1,23016	0,20715	19,282	1,06835	0,06612
8	15,767	1,00000	0,00000	19,282	1,00000	0,00000
7	17,581	0,89682	-0,10890	19,941	0,96695	-0,03361
8	15,767	1,11505	0,10890	19,282	1,03418	0,03361
	Volatilität		15,26%	Volatilität		5,34%

	Werbung			Aufwendungen Personal Spielb.		
Platz	Einnahmen in Mio. €	Rendite	ln(r)	Aufwand in Mio. €	Rendite	ln(r)
8	20,911			29,873		
10	17,190	1,21646	0,19595	24,332	1,22772	0,20516
9	18,185	0,94528	-0,05627	25,848	0,94135	-0,06044
8	20,911	0,86964	-0,13968	29,873	0,86526	-0,14472
5	29,088	0,71889	-0,33005	41,948	0,71214	-0,33948
6	26,363	1,10336	0,09836	37,923	1,10614	0,10087
8	20,911	1,26072	0,23169	29,873	1,26947	0,23860
8	20,911	1,00000	0,00000	29,873	1,00000	0,00000
7	23,637	0,88467	-0,12254	33,898	0,88126	-0,12640
8	20,911	1,13036	0,12254	29,873	1,13474	0,12640
	Volatilität		17,11%	Volatilität		17,67%

Fußballunternehmen 2:

	Spiel			Medien		
Platz	Einnahmen in Mio. €	Rendite	ln(r)	Einnahmen in Mio. €	Rendite	ln(r)
9	13,953			18,581		
11	12,590	1,10826	0,10279	17,180	1,08155	0,07839
7	17,581	0,71611	-0,33392	19,941	0,86154	-0,14903
7	17,581	1,00000	0,00000	19,941	1,00000	0,00000
8	15,767	1,11505	0,10890	19,282	1,03418	0,03361
6	19,396	0,81290	-0,20715	20,600	0,93602	-0,06612
12	11,908	1,62882	0,48786	16,439	1,25312	0,22563
9	13,953	0,85344	-0,15848	18,581	0,88472	-0,12248
7	17,581	0,79364	-0,23112	19,941	0,93180	-0,07064
8	15,767	1,11505	0,10890	19,282	1,03418	0,03361
	Volatilität		23,65%	Volatilität		10,84%

	Werbung			Aufwendungen Personal Spielb.		
Platz	Einnahmen in Mio. €	Rendite	ln(r)	Aufwand in Mio. €	Rendite	ln(r)
9	18,185			25,848		
11	16,195	1,12288	0,11589	22,816	1,13289	0,12477
7	23,637	0,68515	-0,37811	33,898	0,67308	-0,39589
7	23,637	1,00000	0,00000	33,898	1,00000	0,00000
8	20,911	1,13036	0,12254	29,873	1,13474	0,12640
6	26,363	0,79320	-0,23169	37,923	0,78773	-0,23860
12	15,200	1,73441	0,55067	21,301	1,78034	0,57680
9	18,185	0,83585	-0,17930	25,848	0,82409	-0,19348
7	23,637	0,76934	-0,26222	33,898	0,76252	-0,27112
8	20,911	1,13036	0,12254	29,873	1,13474	0,12640
		Volatilität	26,71%		Volatilität	27,94%

Fußballunternehmen 3:

	Spiel			Medien		
Platz	Einnahmen in Mio. €	Rendite	ln(r)	Einnahmen in Mio. €	Rendite	ln(r)
7	17,581			19,941		
9	13,953	1,26002	0,23112	18,581	1,07319	0,07064
14	10,545	1,32319	0,28004	14,914	1,24588	0,21984
6	19,396	0,54367	-0,60942	20,600	0,72398	-0,32299
4	23,025	0,84239	-0,17151	21,918	0,93987	-0,06202
5	21,210	1,08557	0,08211	21,259	1,03100	0,03053
7	17,581	1,20642	0,18765	19,941	1,06609	0,06400
12	11,908	1,47640	0,38961	16,439	1,21303	0,19312
10	13,271	0,89729	-0,10837	17,881	0,91936	-0,08408
8	15,767	0,84169	-0,17234	19,282	0,92734	-0,07543
		Volatilität	29,18%		Volatilität	15,51%

	Werbung			Aufwendungen Personal Spielb.		
Platz	Einnahmen in Mio. €	Rendite	ln(r)	Aufwand in Mio. €	Rendite	ln(r)
7	23,637			33,893		
9	18,185	1,29981	0,26222	25,848	1,31124	0,27098
14	13,209	1,37671	0,31970	18,270	1,41478	0,34697
6	26,363	0,50104	-0,69106	37,923	0,48177	-0,73030
4	31,814	0,82866	-0,18794	45,973	0,82490	-0,19250
5	29,088	1,09372	0,08958	41,948	1,09595	0,09162
7	23,637	1,23061	0,20751	33,898	1,23748	0,21307
12	15,2	1,55507	0,44152	21,301	1,59138	0,46460
10	17,19	0,88424	-0,12303	24,332	0,87543	-0,13304
8	20,911	0,82206	-0,19595	29,873	0,81451	-0,20516
		Volatilität	33,03%		Volatilität	34,83%

Anhang 9: Berechnung der Optionspreise für Fußballunternehmen 1 bis 3:

Fußballunternehmen 1:

Spieleinnahmen				Medienerlöse			
Inputs		Outputs PUT		Inputs		Outputs PUT	
Preis des Underlying	15.767.000,00 €	-d1	-0,158717462	Preis des Underlying	19.282.000,00 €	-d1	-0,278893907
Basispreis	15.767.000,00 €	-d2	-0,019413358	Basispreis	19.282.000,00 €	-d2	-0,230146599
Risikoloser Zins	1,50%	N(d1)	0,43694574	Risikoloser Zins	1,50%	N(d1)	0,390163122
Laufzeit der Option	0,833333333	N(d2)	0,492255677	Laufzeit der Option	0,833333333	N(d2)	0,408988928
Volatilität	15,26%			Volatilität	5,34%		
			Putpreis **776.369,70 €**				Putpreis **265.759,12 €**

Werbung				Aufwendungen Personal Spielbetrieb			
Inputs		Outputs PUT		Inputs		Outputs Call	
Preis des Underlying	20.911.000,00 €	-d1	-0,157531418	Preis des Underlying	29.873.000,00 €	d1	0,157569982
Basispreis	20.911.000,00 €	-d2	-0,001339202	Basispreis	29.873.000,00 €	d2	-0,003734311
Risikoloser Zins	1,50%	N(d1)	0,437413025	Risikoloser Zins	1,50%	N(d1)	0,562602171
Laufzeit der Option	0,833333333	N(d2)	0,499465736	Laufzeit der Option	0,833333333	N(d2)	0,498510229
Volatilität	17,11%			Volatilität	17,67%		
			Putpreis **1.168.800,20 €**				Callpreis **2.098.244,71 €**

Fußballunternehmen 2:

Spieleinnahmen				Medienerlöse			
Inputs		Outputs PUT		Inputs		Outputs PUT	
Preis des Underlying	15.767.000,00 €	-d1	-0,165415831	Preis des Underlying	19.282.000,00 €	-d1	-0,174859353
Basispreis	15.767.000,00 €	-d2	0,050478144	Basispreis	19.282.000,00 €	-d2	-0,075904144
Risikoloser Zins	1,50%	N(d1)	0,434308347	Risikoloser Zins	1,50%	N(d1)	0,430595075
Laufzeit der Option	0,833333333	N(d2)	0,520129317	Laufzeit der Option	0,833333333	N(d2)	0,46974768
Volatilität	23,65%			Volatilität	10,84%		
			Putpreis **1.252.018,09 €**				Putpreis **643.254,64 €**

Werbung				Aufwendungen Personal Spielbetrieb			
Inputs		Outputs PUT		Inputs		Outputs Call	
Preis des Underlying	20.911.000,00 €	-d1	-0,172798905	Preis des Underlying	29.873.000,00 €	d1	0,176172956
Basispreis	20.911.000,00 €	-d2	0,07102892	Basispreis	29.873.000,00 €	d2	-0,078883181
Risikoloser Zins	1,50%	N(d1)	0,431404749	Risikoloser Zins	1,50%	N(d1)	0,569920967
Laufzeit der Option	0,833333333	N(d2)	0,528312631	Laufzeit der Option	0,833333333	N(d2)	0,46856277
Volatilität	26,71%			Volatilität	27,94%		
			Putpreis **1.890.218,68 €**				Callpreis **3.200.468,40 €**

Fußballunternehmen 3:

Spieleinnahmen				Medienerlöse			
Inputs		Outputs PUT		Inputs		Outputs PUT	
Preis des Underlying	15.767.000,00 €	-d1	-0,179765598	Preis des Underlying	19.282.000,00 €	-d1	-0,158422938
Basispreis	15.767.000,00 €	-d2	0,086610139	Basispreis	19.282.000,00 €	-d2	-0,016836656
Risikoloser Zins	1,50%	N(d1)	0,428668296	Risikoloser Zins	1,50%	N(d1)	0,43706177
Laufzeit der Option	0,833333333	N(d2)	0,534509297	Laufzeit der Option	0,833333333	N(d2)	0,493283463
Volatilität	29,18%			Volatilität	15,51%		
			Putpreis **1.564.878,22 €**				Putpreis **966.784,99 €**

Werbung				Aufwendungen Personal Spielbetrieb			
Inputs		Outputs PUT		Inputs		Outputs Call	
Preis des Underlying	20.911.000,00 €	-d1	-0,191909231	Preis des Underlying	29.873.000,00 €	d1	0,197998527
Basispreis	20.911.000,00 €	-d2	0,109612037	Basispreis	29.873.000,00 €	d2	-0,119954418
Risikoloser Zins	1,50%	N(d1)	0,423906653	Risikoloser Zins	1,50%	N(d1)	0,578476892
Laufzeit der Option	0,833333333	N(d2)	0,543641468	Laufzeit der Option	0,833333333	N(d2)	0,452259628
Volatilität	33,03%			Volatilität	34,83%		
			Putpreis **2.363.600,23 €**				Callpreis **3.937.078,05 €**

Anhang 10: Finanzielle Auswirkungen mit und ohne Optionen bei Fußballunternehmen 2 und 3

	in Mio. €	Szenario 1		Szenario 2		Szenario 3	
	Einnahmequelle	**mit**	**ohne**	**mit**	**ohne**	**mit**	**ohne**
Fußballunternehmen 2 (realistisches Saisonziel Platz 8, Abweichung positiv Platz 4; Abweichung negativ Platz 12)	Spiel	15,767	15,767	23,025	23,025	15,767	11,908
	Medienrechte	19,282	19,282	21,918	21,918	19,282	16,439
	Werbung	20,991	20,991	31,814	31,814	20,991	15,200
	Transfer	5,021	5,021	7,785	7,785	2,875	2,875
	Merchandising	2,660	2,660	6,108	6,108	1,621	1,621
	Gesamteinnahmen	63,721	63,721	90,650	90,650	60,536	48,043
	Aufwandskategorien						
	Personal Spielbetrieb	29,873	29,873	29,873	45,998	21,301	21,301
	Spielbetrieb	12,765	12,765	16,899	16,899	12,765	12,765
	Transfer	9,622	9,622	15,430	15,430	9,622	9,622
	Jugend/Amateure/LZ	2,445	2,445	3,283	3,283	2,445	2,445
	Personal Handel/Verw.	3,241	3,241	5,734	5,734	3,241	3,241
	Aufwendungen Derivat	6,986	0,000	6,986	0,000	6,986	0,000
	Gesamtaufwendungen	64,932	57,946	78,205	87,344	56,360	49,374
	Betriebsergebnis	-1,211	5,775	12,445	3,306	4,176	-1,331

	in Mio. €	Szenario 1		Szenario 2		Szenario 3	
	Einnahmequelle	**mit**	**ohne**	**mit**	**ohne**	**mit**	**ohne**
Fußballunternehmen 3 (realistisches Saisonziel Platz 8, Abweichung positiv Platz 2; Abweichung negativ Platz 14)	Spiel	15,767	15,767	26,653	26,653	15,767	10,545
	Medienrechte	19,282	19,282	23,237	23,237	19,282	14,914
	Werbung	20,991	20,991	37,266	37,266	20,991	13,209
	Transfer	5,021	5,021	9,166	9,166	1,904	1,904
	Merchandising	2,660	2,660	7,832	7,832	1,503	1,503
	Gesamteinnahmen	63,721	63,721	104,154	104,154	59,447	42,075
	Aufwandskategorien						
	Personal Spielbetrieb	29,873	29,873	29,873	54,049	18,270	18,270
	Spielbetrieb	12,765	12,765	18,966	18,966	12,765	12,765
	Transfer	9,622	9,622	18,334	18,334	9,622	9,622
	Jugend/Amateure/LZ	2,445	2,445	3,702	3,702	2,445	2,445
	Personal Handel/Verw.	3,241	3,241	6,980	6,980	3,241	3,241
	Aufwendungen Derivat	8,832	0,000	8,832	0,000	8,832	0,000
	Gesamtaufwendungen	66,778	57,946	86,687	102,031	55,175	46,343
	Betriebsergebnis	-3,057	5,775	17,467	2,123	4,272	-4,268

Anhang 11: Vergleich Optionspreise bei Kalkulation über Binomialmodell und Black-Scholes-Modell bei Borussia Dortmund in Mio. €

Optionspreise Spiel:

Saison	Spiel	Kosten Put via BS-Modell in Mio. €	Kosten Put via Binomialmodel in Mio. €
1999/00	17,959	0,855	0,868
2000/01	14,972	0,712	0,724
2001/02	19,620	0,934	0,948
2002/03	17,898	0,852	0,865
2003/04	20,300	0,966	0,981
2004/05	17,505	0,833	0,846
2005/06	17,190	0,818	0,831
2006/07	18,262	0,869	0,883
2007/08	22,591	1,075	1,092
2008/09	22,176	1,055	1,072

Optionspreise Medienrechte:

Saison	Medienrechte	Kosten Put via BS-Modell in Mio. €	Kosten Put via Binomialmodell in Mio. €
1999/00	35,021	6,066	6,062
2000/01	19,339	3,350	3,347
2001/02	45,976	7,963	7,958
2002/03	49,919	8,646	8,641
2003/04	19,333	3,349	3,346
2004/05	14,884	2,578	2,576
2005/06	14,843	2,571	2,569
2006/07	21,250	3,681	3,678
2007/08	26,024	4,507	4,505
2008/09	22,428	3,885	3,882

Optionspreise Werbung:

Saison	Sponsoring	Kosten Put via BS-Modell in Mio. €	Kosten Put via Binomialmodell in Mio. €
1999/00	26,673	3,214	3,220
2000/01	16,259	1,959	1,963
2001/02	30,782	3,709	3,716
2002/03	44,260	5,333	5,343
2003/04	25,682	3,095	3,100
2004/05	26,416	3,183	3,189
2005/06	27,417	3,304	3,310
2006/07	30,549	3,681	3,688
2007/08	33,894	4,084	4,092
2008/09	39,205	4,724	4,733

Optionspreise Personal Spielbetrieb:

Saison	Personal Spielbetrieb	Kosten Call via BS-Modell in Mio. €	Kosten Call via Binomialmodell in Mio. €
1999/00	47,497	2,981	2,963
2000/01	52,957	3,323	3,304
2001/02	66,864	4,196	4,172
2002/03	67,921	4,263	4,238
2003/04	55,962	3,512	3,491
2004/05	46,651	2,928	2,911
2005/06	39,768	2,497	2,481
2006/07	36,981	2,320	2,307
2007/08	45,355	2,846	2,830
2008/09	50,013	3,138	3,119

Anhang 12: Ausübungsprozess bei Optionen bei Medienrechte und Sponsoring von Borussia Dortmund

Medienrechte:

Saison	Basispreis in Mio. €	Kosten Option in t in Mio. €	tatsächliche Erlöse in T in Mio. €	Wert Option in T in Mio. €	Option ausüben	Einnahmen abzgl. Kosten in Mio. €
1999/00						
2000/01	35,021	6,066	19,339	15,682	ja	28,955
2001/02	19,339	3,350	45,976	-26,637	nein	42,626
2002/03	45,976	7,963	49,919	-3,943	nein	41,956
2003/04	49,919	8,646	19,333	30,586	ja	41,273
2004/05	19,333	3,349	14,884	4,449	ja	15,984
2005/06	14,884	2,578	14,843	0,041	ja	12,306
2006/07	14,843	2,571	21,250	-6,407	nein	18,679
2007/08	21,250	3,681	26,024	-4,774	nein	22,343
2008/09	26,024	4,507	22,428	3,596	ja	21,517
					Summe	245,639

Werbung:

Saison	Basispreis in Mio. €	Kosten Option in t in Mio. €	tatsächliche Erlöse in T in Mio. €	Wert Option in T in Mio. €	Option ausüben	Einnahmen abzgl. Kosten in Mio. €
1999/00						
2000/01	26,673	3,214	16,259	10,414	ja	23,459
2001/02	16,259	1,959	30,782	-14,523	nein	28,823
2002/03	30,782	3,709	44,260	-13,478	nein	40,551
2003/04	44,260	5,333	25,682	18,578	ja	38,927
2004/05	25,682	3,095	26,416	-0,734	nein	23,321
2005/06	26,416	3,183	27,417	-1,001	nein	24,234
2006/07	27,417	3,304	30,549	-3,132	nein	27,245
2007/08	30,549	3,681	33,894	-3,345	nein	30,213
2008/09	33,894	4,084	39,205	-5,311	nein	35,121
					Summe	271,894

Anhang 13: Kalkulation der Volatilität von Borussia Dortmund über die verschiedenen Derivate und Einnahmequellen sowie Aufwendungen Personal Spielbetrieb

Berechnung für Forwards:

Volatilität									
Spiel		Medien		Werbung		Gesamteinnahmen		Personal Spielbetrieb	
mit	ohne	mit	ohne	mit	ohne	mit	ohne	mit	ohne
-0,1819	0,2704	-0,5938	0,8660	-0,4950	0,6383	-0,4543	0,6449	0,1088	0,2332
0,2704	-0,0919	0,8660	0,0823	0,6383	0,3632	0,6449	0,1509	0,2332	0,0157
-0,0919	0,1259	0,0823	-0,9486	0,3632	-0,5443	0,1509	-0,5400	0,0157	-0,1937
0,1259	-0,1481	-0,9486	-0,2615	-0,5443	0,0282	-0,5400	-0,1050	-0,1937	-0,1820
-0,1481	-0,0182	-0,2615	-0,0028	0,0282	0,0372	-0,1050	0,0109	-0,1820	-0,1596
-0,0182	0,0605	-0,0028	0,3588	0,0372	0,1082	0,0109	0,1642	-0,1596	-0,0727
0,0605	0,2127	0,3588	0,2027	0,1082	0,1039	0,1642	0,1635	-0,0727	0,2041
0,2127	-0,0185	0,2027	-0,1487	0,1039	0,1456	0,1635	0,0156	0,2041	0,0978
15,62%	13,68%	52,87%	48,91%	37,05%	31,32%	35,38%	30,89%	16,17%	16,08%

Berechnung für Swaps 2J:

Volatilität									
Spiel		Medien		Werbung		Gesamteinnahmen		Personal Spielbetrieb	
mit	ohne	mit	ohne	mit	ohne	mit	ohne	mit	ohne
0,0000	0,2704	-0,0003	0,8660	0,0000	0,6383	-0,0001	0,6449	0,0000	0,2332
0,0885	-0,0919	0,2724	0,0823	0,1433	0,3632	0,1907	0,1509	0,3420	0,0157
0,0000	0,1259	0,0000	-0,9486	0,0000	-0,5443	0,0000	-0,5400	0,0000	-0,1937
0,0341	-0,1481	-0,8663	-0,2615	-0,1811	0,0282	-0,3891	-0,1050	-0,1780	-0,1820
0,0000	-0,0182	0,0000	-0,0028	0,0000	0,0372	0,0000	0,0109	0,0000	-0,1596
-0,1663	0,0605	-0,2643	0,3588	0,0654	0,1082	-0,0941	0,1642	-0,3416	-0,0727
0,0000	0,2127	0,0000	0,2027	0,0000	0,1039	0,0000	0,1635	0,0005	0,2041
0,2732	-0,0185	0,5615	-0,1487	0,2121	0,1456	0,3278	0,0156	0,1310	0,0978
11,44%	**13,68%**	**38,71%**	**48,91%**	**10,92%**	**31,32%**	**19,49%**	**30,89%**	**18,78%**	**16,08%**

Berechnung für Swaps 3J:

Volatilität									
Spiel		Medien		Werbung		Gesamteinnahmen		Personal Spielbetrieb	
mit	ohne	mit	ohne	mit	ohne	mit	ohne	mit	ohne
0,0000	0,2704	-0,0003	0,8660	0,0000	0,6383	-0,0001	0,6449	0,0000	0,2332
0,0000	-0,0919	0,0000	0,0823	0,0000	0,3632	0,0000	0,1509	0,0000	0,0157
-0,0034	0,1259	0,3547	-0,9486	0,5064	-0,5443	0,3416	-0,5400	0,3577	-0,1937
0,0000	-0,1481	0,0000	-0,2615	0,0000	0,0282	0,0000	-0,1050	0,0000	-0,1820
0,0000	-0,0182	0,0000	-0,0028	0,0000	0,0372	0,0000	0,0109	0,0000	-0,1596
-0,0404	0,0605	-1,2129	0,3588	-0,4789	0,1082	-0,6341	0,1642	-0,5353	-0,0727
0,0000	0,2127	0,0000	0,2027	0,0000	0,1039	0,0000	0,1635	0,0000	0,2041
0,0000	-0,0185	0,0000	-0,1487	0,0000	0,1456	0,0000	0,0156	0,0000	0,0978
1,32%	**13,68%**	**43,37%**	**48,91%**	**24,64%**	**31,32%**	**25,20%**	**30,89%**	**22,65%**	**16,08%**

Berechnung für Optionen:

Volatilität									
Spiel		Medien		Werbung		Gesamteinnahmen		Personal Spielbetrieb	
mit	ohne	mit	ohne	mit	ohne	mit	ohne	mit	ohne
0,1003	0,2704	0,3867	0,8660	0,2059	0,6383	0,2622	0,6449	0,1088	0,2332
-0,0118	-0,0919	-0,0158	0,0823	0,3414	0,3632	0,1133	0,1509	0,2332	0,0157
0,0400	0,1259	-0,0164	-0,9486	-0,0409	-0,5443	-0,0154	-0,5400	-0,1654	-0,1937
-0,0059	-0,1481	-0,9486	-0,2615	-0,5123	0,0282	-0,5302	-0,1050	-0,1828	-0,1820
-0,1481	-0,0182	-0,2615	-0,0028	0,0384	0,0372	-0,0971	0,0109	-0,1612	-0,1596
0,0453	0,0605	0,4173	0,3588	0,1171	0,1082	0,1747	0,1642	-0,0784	-0,0727
0,2193	0,2127	0,1791	0,2027	0,1034	0,1039	0,1589	0,1635	-0,0045	0,2041
-0,0095	-0,0185	-0,0377	-0,1487	0,1505	0,1456	0,0509	0,0156	0,2041	0,0978
9,84%	**13,68%**	**40,54%**	**48,91%**	**23,75%**	**31,32%**	**23,16%**	**30,89%**	**15,83%**	**16,08%**

Anhang 14: Vergleich und Kalkulation der Aufwendungen Personal Spielbetrieb mit und ohne Derivat bei Juventus in Mio. €

Forward (in Mio. €)	Personal Spielbetrieb		Optionen (in Mio. €)	Personal Spielbetrieb	
	mit	ohne		mit	ohne
2000/01	47,497	52,957	2000/01	50,478	52,957
2001/02	52,957	66,864	2001/02	56,280	66,864
2002/03	66,864	67,921	2002/03	71,060	67,921
2003/04	67,921	55,962	2003/04	60,225	55,962
2004/05	55,962	46,651	2004/05	50,163	46,651
2005/06	46,651	39,768	2005/06	42,696	39,768
2006/07	39,768	36,981	2006/07	39,478	36,981
2007/08	36,981	45,355	2007/08	39,301	45,355
2008/09	45,355	50,013	2008/09	48,201	50,013
SUMME	459,956	462,472	SUMME	407,404	462,472

Swap 2J (in Mio. €)	Personal Spielbetrieb		Swap 3J (in Mio. €)	Personal Spielbetrieb	
	mit	ohne		mit	ohne
2000/01	47,497	52,957	2000/01	47,497	52,957
2001/02	47,497	66,864	2001/02	47,497	66,864
2002/03	66,864	67,921	2002/03	47,497	67,921
2003/04	66,864	55,962	2003/04	67,921	55,962
2004/05	55,962	46,651	2004/05	67,921	46,651
2005/06	55,962	39,768	2005/06	67,921	39,768
2006/07	39,768	36,981	2006/07	39,768	36,981
2007/08	39,786	45,355	2007/08	39,768	45,355
2008/09	45,355	50,013	2008/09	39,768	50,013
SUMME	465,555	462,472	SUMME	465,558	462,472

Anhang 15: Vergleich der Optionspreise auf Basis der Volatilität mit Serie B und ohne Serie B bei Juventus

Optionspreise Spiel:

Saison	Spiel (in Mio. €)	Kosten Put via BS-Modell in Mio. € (inkl. B)	Kosten Put Put via BS-Modell in Mio. € (exkl. B)
2000/01	12,800	1,865	1,183
2001/02	14,633	2,132	1,353
2002/03	22,589	3,291	2,088
2003/04	17,612	2,566	1,628
2004/05	22,759	3,315	2,104
2005/06	16,595	2,417	1,534
2006/07	7,744	1,128	0,716
2007/08	13,980	2,036	1,292
2008/09	18,439	2,686	1,704

Optionspreise Medienrechte:

Saison	Medienrechte (in Mio. €)	Kosten Put via BS-Modell in Mio. € (inkl. B)	Kosten Put Put via BS-Modell in Mio. € (exkl. B)
2000/01	96,200	5,605	2,858
2001/02	104,023	6,061	3,090
2002/03	122,413	7,133	3,636
2003/04	110,146	6,418	3,272
2004/05	124,395	7,248	3,695
2005/06	127,213	7,412	3,779
2006/07	92,996	5,419	2,762
2007/08	124,249	7,240	3,691
2008/09	150,351	8,761	4,466

Optionspreise Werbung:

Saison	Werbung (in Mio. €)	Kosten Put via BS-Modell in Mio. € (inkl. B)	Kosten Put Put via BS-Modell in Mio. € (exkl. B)
2000/01	45,800	2,967	2,071
2001/02	45,443	2,944	2,054
2002/03	54,612	3,538	2,469
2003/04	53,766	3,483	2,431
2004/05	57,541	3,727	2,602
2005/06	55,266	3,580	2,499
2006/07	34,498	2,235	1,560
2007/08	41,173	2,667	1,862
2008/09	46,133	2,988	2,086

Optionspreise Aufwendungen Personal Spielbetrieb:

Saison	Personal Spielbetrieb (in Mio. €)	Kosten Call via BS-Modell in Mio. € (inkl. B)	Kosten Call Put via BS-Modell in Mio. € (exkl. B)
2000/01	100,500	7,294	6,029
2001/02	136,691	9,921	8,200
2002/03	131,693	9,558	7,900
2003/04	117,084	8,498	7,024
2004/05	127,157	9,229	7,650
2005/06	132,418	9,610	7,944
2006/07	95,018	6,896	5,700
2007/08	112,739	8,182	6,763
2008/09	129,286	9,383	7,756

Anhang 16: Ausübungsprozess bei Optionen Juventus in Mio. €

Spiel:

Saison	Basispreis in Mio. €	Kosten Option in t in Mio. €	tatsächliche Erlöse in T in Mio. €	Wert Option in T in Mio. €	Option ausüben	Einnahmen abzgl. Kosten in Mio. €
2000/01						
2001/02	12,800	1,183	14,633	-1,833	nein	13,450
2002/03	14,633	1,353	22,589	-7,956	nein	21,236
2003/04	22,589	2,088	17,612	4,977	ja	20,501
2004/05	17,612	1,628	22,759	-5,147	nein	21,131
2005/06	22,759	2,104	16,595	6,164	ja	20,655
2006/07	16,595	1,534	7,744	8,851	ja	15,061
2007/08	7,744	0,716	13,980	-6,236	nein	13,264
2008/09	13,980	1,292	18,439	-4,459	nein	17,147
					Summe	142,445

Medienrechte:

Saison	Basispreis in Mio. €	Kosten Option in t in Mio. €	tatsächliche Erlöse in T in Mio. €	Wert Option in T in Mio. €	Option ausüben	Einnahmen abzgl. Kosten in Mio. €
2000/01						
2001/02	96,200	2,858	104,023	-7,823	nein	101,165
2002/03	104,023	3,090	122,413	-18,390	nein	119,323
2003/04	122,413	3,636	110,146	12,267	ja	118,777
2004/05	110,146	3,272	124,395	-14,249	nein	121,123
2005/06	124,395	3,695	127,213	-2,818	nein	123,518
2006/07	127,213	3,779	92,996	34,217	ja	123,434
2007/08	92,996	2,762	124,249	-31,253	nein	121,487
2008/09	124,249	3,691	150,351	-26,102	nein	146,660
					Summe	975,487

Werbung:

Saison	Basispreis in Mio. €	Kosten Option in t in Mio. €	tatsächliche Erlöse in T in Mio. €	Wert Option in T in Mio. €	Option ausüben	Einnahmen abzgl. Kosten in Mio. €
2000/01						
2001/02	45,800	2,071	45,443	0,357	ja	43,729
2002/03	45,443	2,054	54,612	-9,169	nein	52,558
2003/04	54,612	2,469	53,766	0,846	ja	52,143
2004/05	53,766	2,431	57,541	-3,775	nein	55,110
2005/06	57,541	2,602	55,266	2,275	ja	54,939
2006/07	55,266	2,499	34,498	20,768	ja	52,767
2007/08	34,498	1,560	41,173	-6,675	nein	39,613
2008/09	41,173	1,862	46,133	-4,960	nein	44,271
					Summe	395,130

Personal Spielbetrieb:

Saison	Basispreis in Mio. €	Kosten Option in t in Mio. €	tatsächliche Aufwendungen in T in Mio. €	Wert Option in T in Mio. €	Option ausüben	Aufwendungen abzgl. Kosten in Mio. €
2000/01						
2001/02	100,500	6,029	136,691	36,191	ja	106,529
2002/03	136,691	8,200	131,693	-4,998	nein	139,893
2003/04	131,693	7,900	117,084	-14,609	nein	124,984
2004/05	117,084	7,024	127,157	10,073	ja	124,108
2005/06	127,157	7,650	132,418	5,261	ja	134,807
2006/07	132,418	7,944	95,018	-37,400	nein	102,962
2007/08	95,018	5,700	112,739	17,721	ja	100,718
2008/09	112,739	6,763	129,286	16,547	ja	119,502
					Summe	846,974

Anhang 17: Kalkulation der Volatilität von Juventus über die verschiedenen Derivate und Einnahmequellen sowie Aufwendungen

Berechnung für Forwards:

Volatilität									
Spiel		Medien		Werbung		Gesamteinnahmen		Personal Spielbetrieb	
mit	ohne	mit	ohne	mit	ohne	mit	ohne	mit	ohne
0,1338	0,4342	0,0782	0,1628	-0,0078	0,1838	0,0583	0,1959	0,3076	-0,0372
0,4342	-0,2489	0,1628	-0,1056	0,1838	-0,0156	0,1959	-0,0950	-0,0372	-0,1176
-0,2489	0,2564	-0,1056	0,1217	-0,0156	0,0679	-0,0950	0,1201	-0,1176	0,0825
0,2564	-0,3159	0,1217	0,0224	0,0679	-0,0403	0,1201	-0,0278	0,0825	0,0405
-0,3159	-0,7622	0,0224	-0,3133	-0,0403	-0,4713	-0,0278	-0,3866	0,0405	-0,3319
-0,7622	0,5907	-0,3133	0,2897	-0,4713	0,1769	-0,3866	0,2826	-0,3319	0,1710
0,5907	0,2768	0,2897	0,1907	0,1769	0,1137	0,2826	0,1807	0,1710	0,1370
44,12%	**44,96%**	**18,20%**	**18,97%**	**20,43%**	**20,93%**	**20,43%**	**21,19%**	**19,12%**	**16,10%**

Berechnung für Swaps 2J:

Volatilität									
Spiel		Medien		Werbung		Gesamteinnahmen		Personal Spielbetrieb	
mit	ohne	mit	ohne	mit	ohne	mit	ohne	Mit	ohne
0,0000	0,4342	0,0000	0,1628	0,0000	0,1838	0,0000	0,1959	0,0000	-0,0372
0,5680	-0,2489	0,2410	-0,1056	0,1760	-0,0156	0,2543	-0,0950	0,2703	-0,1176
0,0000	0,2564	0,0000	0,1217	0,0000	0,0679	0,0000	0,1201	0,0000	0,0825
0,0075	-0,3159	0,0161	0,0224	0,0522	-0,0403	0,0251	-0,0278	-0,0351	0,0405
0,0000	-0,7622	0,0000	-0,3133	0,0000	-0,4713	0,0000	-0,3866	0,0000	-0,3319
-1,0780	0,5907	-0,2909	0,2897	-0,5116	0,1769	-0,4145	0,2826	-0,2914	0,1710
0,0000	0,2768	-0,0003	0,1907	0,0000	0,1137	-0,0002	0,1807	0,0000	0,1370
45,49%	**44,96%**	**14,28%**	**18,97%**	**20,14%**	**20,93%**	**18,30%**	**21,19%**	**15,06%**	**16,10%**

Berechnung für Swaps 3J:

Volatilität									
Spiel		Medien		Werbung		Gesamteinnahmen		Personal Spielbetrieb	
mit	ohne	mit	ohne	mit	ohne	mit	ohne	Mit	ohne
0,0000	0,4342	0,0000	0,1628	0,0000	0,1838	0,0000	0,1959	0,0000	-0,0372
0,0000	-0,2489	0,0000	-0,1056	0,0000	-0,0156	0,0000	-0,0950	0,0000	-0,1176
0,3191	0,2564	0,1354	0,1217	0,1604	0,0679	0,1593	0,1201	0,1527	0,0825
0,0000	-0,3159	0,0000	0,0224	0,0000	-0,0403	0,0000	-0,0278	0,0000	0,0405
0,0000	-0,7622	0,0000	-0,3133	0,0000	-0,4713	0,0000	-0,3866	0,0000	-0,3319
-0,8217	0,5907	-0,1693	0,2897	-0,4437	0,1769	-0,2944	0,2826	-0,2088	0,1710
0,0000	0,2768	0,0000	0,1907	0,0000	0,1137	0,0000	0,1807	0,0000	0,1370
32,53%	**44,96%**	**8,18%**	**18,97%**	**17,37%**	**20,93%**	**12,50%**	**21,19%**	**9,75%**	**16,10%**

Berechnung für Optionen:

Volatilität									
Spiel		Medien		Werbung		Gesamteinnahmen		Personal Spielbetrieb	
mit	ohne	mit	ohne	mit	ohne	mit	ohne	Mit	ohne
0,4567	0,4342	0,1651	0,1628	0,1839	0,1838	0,1985	0,1959	0,2725	-0,0372
-0,0352	-0,2489	-0,0046	-0,1056	-0,0079	-0,0156	-0,0088	-0,0950	-0,1127	-0,1176
0,0303	0,2564	0,0196	0,1217	0,0553	0,0679	0,0306	0,1201	-0,0070	0,0825
-0,0228	-0,3159	0,0196	0,0224	-0,0031	-0,0403	0,0088	-0,0278	0,0827	0,0405
-0,3158	-0,7622	-0,0007	-0,3133	-0,0403	-0,4713	-0,0402	-0,3866	-0,2695	-0,3319
-0,1271	0,5907	-0,0159	0,2897	-0,2867	0,1769	-0,0925	0,2826	-0,0220	0,1710
0,2568	0,2768	0,1883	0,1907	0,1112	0,1137	0,1768	0,1807	0,1710	0,1370
23,44%	**44,96%**	**7,93%**	**18,97%**	**13,79%**	**20,93%**	**10,09%**	**21,19%**	**16,66%**	**16,10%**

Anhang 18: Vergleich und Kalkulation der Aufwendungen Personal Spielbetrieb mit und ohne Derivat bei Tottenham Hotspurs in Mio. €

Forwards	Personal Spielbetrieb		Swap 2J	Personal Spiel Spielbetrieb	
	mit	ohne		mit	ohne
2000/01	26,174	25,077	2000/01	26,174	25,077
2001/02	25,077	36,576	2001/02	26,174	36,576
2002/03	36,576	38,024	2002/03	36,576	38,024
2003/04	38,024	34,556	2003/04	36,576	34,556
2004/05	34,556	33,142	2004/05	34,556	33,142
2005/06	33,142	40,656	2005/06	34,556	40,656
2006/07	40,656	43,804	2006/07	40,656	43,804
2007/08	43,804	52,921	2007/08	40,656	52,921
2008/09	52,921	60,468	2008/09	52,921	60,468
SUMME	**330,93**	**365,224**	SUMME	**328,845**	**365,224**

Swap 3J	Personal Spielbetrieb		Optionen	Personal Spielbetrieb	
	mit	ohne		mit	Ohne
2000/01	26,174	25,077	2000/01	26,582	25,077
2001/02	26,174	36,576	2001/02	26,519	36,576
2002/03	26,174	38,024	2002/03	38,679	38,024
2003/04	38,024	34,556	2003/04	36,743	34,556
2004/05	38,024	33,142	2004/05	35,129	33,142
2005/06	38,024	40,656	2005/06	35,048	40,656
2006/07	40,656	43,804	2006/07	42,994	43,804
2007/08	40,656	52,921	2007/08	46,323	52,921
2008/09	40,656	60,468	2008/09	55,964	60,468
SUMME	**314,562**	**365,224**	SUMME	**343,981**	**365,224**

Anhang 19: Übersicht Einnahmen mit und ohne Swaps 3J Tottenham Hotspurs in Mio. €

Swap 3J (in Mio. €)	Spiel		Medienrechte		Werbung		Gesamteinnahmen	
	mit	ohne	mit	ohne	mit	ohne	mit	ohne
2000/01	22,078	21,479	13,026	14,765	6,513	5,631	41,617	41,875
2001/02	22,078	27,676	13,026	22,594	6,513	6,763	41,617	57,033
2002/03	22,078	25,520	13,026	24,796	6,513	6,895	41,617	57,211
2003/04	25,520	19,753	24,796	23,891	6,895	14,459	57,211	58,103
2004/05	25,520	21,086	24,796	25,488	6,895	14,249	57,211	60,823
2005/06	25,520	17,547	24,796	28,687	6,895	15,730	57,211	61,964
2006/07	17,547	30,839	28,687	33,734	15,730	25,427	61,964	90,000
2007/08	17,547	28,615	28,687	40,329	15,730	27,778	61,964	96,722
2008/09	17,547	27,857	28,687	44,811	15,730	27,363	61,964	100,031
SUMME	**195,435**	**220,372**	**199,527**	**259,095**	**87,414**	**144,295**	**482,376**	**623,762**

Anhang 20: Kalkulation der Optionspreise sowie Ausübungsprozess der Optionen bei den Tottenham Hotspurs

Spiel:

Saison	Spiel (in Mio. €)	Kosten Put via BS-Modell in Mio. €
1999/00	22,078	1,735
2000/01	21,479	1,688
2001/02	27,676	2,175
2002/03	25,520	2,005
2003/04	19,753	1,552
2004/05	21,086	1,657
2005/06	17,547	1,379
2006/07	30,839	2,423
2007/08	28,615	2,249

Saison	Basispreis in Mio. €	Kosten Option in t in Mio. €	tatsächliche Erlöse in T in Mio. €	Wert Option in T in Mio. €	Option ausüben	Einnahmen abzgl. Kosten in Mio. €
1999/00						
2000/01	22,078	1,735	21,479	0,599	ja	20,343
2001/02	21,479	1,688	27,676	-6,197	nein	25,988
2002/03	27,676	2,175	25,520	2,156	ja	25,501
2003/04	25,520	2,005	19,753	5,767	ja	23,515
2004/05	19,753	1,552	21,086	-1,333	nein	19,534
2005/06	21,086	1,657	17,547	3,539	ja	19,429
2006/07	17,547	1,379	30,839	-13,292	nein	29,460
2007/08	30,839	2,423	28,615	2,224	ja	28,416
2008/09	28,615	2,249	27,857	0,758	ja	26,366
					Summe	218,552

Medienrechte:

Saison	Medienrechte (in Mio. €)	Kosten Put via BS-Modell in Mio. €
1999/00	13,026	0,478
2000/01	14,765	0,541
2001/02	22,594	0,828
2002/03	24,796	0,909
2003/04	23,891	0,876
2004/05	25,488	0,934
2005/06	28,687	1,052
2006/07	33,734	1,237
2007/08	40,329	1,479

Saison	Basispreis in Mio. €	Kosten Option in t in Mio. €	tatsächliche Aufwendungen in T in Mio. €	Wert Option in T in Mio. €	Option ausüben	Aufwendungen zuzgl. Kosten in Mio. €
1999/00						
2000/01	13,026	0,478	14,765	-9,568	nein	14,287
2001/02	14,765	0,541	22,594	-10,031	nein	22,053
2002/03	22,594	0,828	24,796	-1,297	nein	23,968
2003/04	24,796	0,909	23,891	-0,692	nein	22,982
2004/05	23,891	0,876	25,488	-4,796	nein	24,612
2005/06	25,488	0,934	28,687	-8,246	nein	27,753
2006/07	28,687	1,052	33,734	-11,642	nein	32,682
2007/08	33,734	1,237	40,329	-11,077	nein	39,092
2008/09	40,329	1,479	44,811	-4,482	nein	43,332
					Summe	250,761

Werbung:

Saison	Werbung (in Mio. €)	Kosten Put via BS-Modell in Mio. €
1999/00	6,513	0,579
2000/01	5,631	0,499
2001/02	6,763	0,602
2002/03	6,895	0,613
2003/04	14,459	1,286
2004/05	14,249	1,268
2005/06	15,730	1,399
2006/07	25,427	2,262
2007/08	27,778	2,471

Saison	Basispreis in Mio. €	Kosten Option in t in Mio. €	tatsächliche Erlöse in T in Mio. €	Wert Option in T in Mio. €	Option ausüben	Einnahmen abzgl. Kosten in Mio. €
1999/00						
2000/01	6,513	0,579	5,631	0,882	ja	5,934
2001/02	5,631	0,499	6,763	-1,132	nein	6,264
2002/03	6,763	0,602	6,895	-0,132	nein	6,293
2003/04	6,895	0,613	14,459	-7,564	nein	13,846
2004/05	14,459	1,286	14,249	0,210	ja	13,173
2005/06	14,249	1,268	15,730	-1,481	nein	14,462
2006/07	15,730	1,399	25,427	-9,697	nein	24,028
2007/08	25,427	2,262	27,778	-2,351	nein	25,516
2008/09	27,778	2,471	27,363	0,415	ja	25,307
					Summe	134,823

Aufwendungen Personal Spielbetrieb:

Saison	Personal Spielbetrieb (in Mio. €)	Kosten Call via BS-Modell in Mio. €
1999/00	26,174	1,505
2000/01	25,077	1,442
2001/02	36,576	2,103
2002/03	38,024	2,187
2003/04	34,556	1,987
2004/05	33,142	1,906
2005/06	40,656	2,338
2006/07	43,804	2,519
2007/08	52,921	3,043

Saison	Basispreis in Mio. €	Kosten Option in t in Mio. €	tatsächliche Erlöse in T in Mio. €	Wert Option in T in Mio. €	Option ausüben	Einnahmen abzgl. Kosten in Mio. €
1999/00						
2000/01	26,174	1,505	25,077	-1,097	nein	26,582
2001/02	25,077	1,442	36,576	11,499	ja	26,519
2002/03	36,576	2,103	38,024	1,448	ja	38,679
2003/04	38,024	2,187	34,556	-3,468	nein	36,743
2004/05	34,556	1,987	33,142	-1,414	nein	35,129
2005/06	33,142	1,906	40,656	7,514	ja	35,048
2006/07	40,656	2,338	43,804	3,148	ja	42,994
2007/08	43,804	2,519	52,921	9,117	ja	46,323
2008/09	52,921	3,043	60,468	7,547	ja	55,964
					Summe	317,399

Anhang 21: Einnahmen mit und ohne Optionen bei Tottenham Hotspurs in Mio. €

Optionen	Spiel		Medienrechte		Werbung		Gesamteinnahmen	
	mit	ohne	mit	ohne	mit	ohne	mit	ohne
2000/01	20,343	21,479	14,287	14,765	5,934	5,631	40,564	41,875
2001/02	25,988	27,676	22,053	22,594	6,264	6,763	54,305	57,033
2002/03	25,501	25,520	23,968	24,796	6,293	6,895	55,762	57,211
2003/04	23,515	19,753	22,982	23,891	13,846	14,459	60,343	58,103
2004/05	19,534	21,086	24,612	25,488	13,173	14,249	57,319	60,823
2005/06	19,429	17,547	27,753	28,687	14,462	15,730	61,644	61,964
2006/07	29,460	30,839	32,682	33,734	24,028	25,427	86,170	90,000
2007/08	28,416	28,615	39,092	40,329	25,516	27,778	93,024	96,722
2008/09	26,366	27,857	43,332	44,811	25,307	27,363	95,005	100,031
SUMME	218,552	220,372	250,761	259,095	134,823	144,295	604,136	623,762

Anhang 22: Kalkulation der Volatilität von Tottenham Hotspurs über die verschiedenen Derivate und Einnahmequellen sowie Aufwendungen

Berechnungen Forwards:

Volatilität									
Spiel		Medien		Werbung		Gesamteinnahmen		Personal Spielbetrieb	
mit	ohne	mit	ohne	mit	ohne	mit	ohne	mit	ohne
-0,0275	0,2535	0,1253	0,4254	-0,1455	0,1832	0,0062	0,3089	-0,0428	0,3774
0,2535	-0,0811	0,4254	0,0930	0,1832	0,0193	0,3089	0,0031	0,3774	0,0388
-0,0811	-0,2562	0,0930	-0,0372	0,0193	0,7405	0,0031	0,0155	0,0388	-0,0956
-0,2562	0,0653	-0,0372	0,0647	0,7405	-0,0146	0,0155	0,0458	-0,0956	-0,0418
0,0653	-0,1837	0,0647	0,1182	-0,0146	0,0989	0,0458	0,0186	-0,0418	0,2043
-0,1837	0,5639	0,1182	0,1621	0,0989	0,4802	0,0186	0,3733	0,2043	0,0746
0,5639	-0,0748	0,1621	0,1786	0,4802	0,0884	0,3733	0,0720	0,0746	0,1891
-0,0748	-0,0268	0,1786	0,1054	0,0884	-0,0151	0,0720	0,0336	0,1891	0,1333
24,76%	24,76%	12,42%	12,47%	27,13%	25,46%	13,86%	13,65%	14,91%	14,09%

Berechnungen Swaps 2J:

Volatilität									
Spiel		Medien		Werbung		Gesamteinnahmen		Personal Spielbetrieb	
mit	ohne	mit	ohne	mit	ohne	mit	ohne	mit	ohne
0,0000	0,2535	0,0000	0,4254	0,0000	0,1832	0,0000	0,3089	0,0000	0,3774
0,2260	-0,0811	0,5507	0,0930	0,0377	0,0193	0,3151	0,0031	0,3346	0,0388
0,0000	-0,2562	0,0000	-0,0372	0,0000	0,7405	0,0000	0,0155	0,0000	-0,0956
-0,3373	0,0653	0,0558	0,0647	0,7599	-0,0146	0,0186	0,0458	-0,0568	-0,0418
0,0000	-0,1837	0,0000	0,1182	0,0000	0,0989	0,0000	0,0186	0,0000	0,2043
-0,1184	0,5639	0,1829	0,1621	0,0843	0,4802	0,0643	0,3733	0,1626	0,0746
0,0000	-0,0748	0,0000	0,1786	0,0000	0,0884	0,0000	0,0720	0,0000	0,1891
0,4890	-0,0268	0,3406	0,1054	0,5687	-0,0151	0,4453	0,0336	0,2637	0,1333
22,63%	24,76%	19,24%	12,47%	28,42%	25,46%	16,32%	13,65%	13,66%	14,09%

Berechnungen Swaps 3J:

Volatilität									
Spiel		Medien		Werbung		Gesamteinnahmen		Personal Spielbetrieb	
mit	ohne	mit	ohne	mit	ohne	mit	ohne	mit	ohne
0,0000	0,2535	0,0000	0,4254	0,0000	0,1832	0,0000	0,3089	0,0000	0,3774
0,0000	-0,0811	0,0000	0,0930	0,0000	0,0193	0,0000	0,0031	0,0000	0,0388
0,1449	-0,2562	0,6437	-0,0372	0,0570	0,7405	0,3182	0,0155	0,3735	-0,0956
0,0000	0,0653	0,0000	0,0647	0,0000	-0,0146	0,0000	0,0458	0,0000	-0,0418
0,0000	-0,1837	0,0000	0,1182	0,0000	0,0989	0,0000	0,0186	0,0000	0,2043
-0,3746	0,5639	0,1458	0,1621	0,8248	0,4802	0,0798	0,3733	0,0669	0,0746
0,0000	-0,0748	0,0000	0,1786	0,0000	0,0884	0,0000	0,0720	0,0000	0,1891
0,0000	-0,0268	0,0000	0,1054	0,0000	-0,0151	0,0000	0,0336	0,0000	0,1333
13,91%	24,76%	21,15%	12,47%	27,07%	25,46%	10,48%	13,65%	12,23%	14,09%

Berechnungen Optionen:

Volatilität									
Spiel		Medien		Werbung		Gesamteinnahmen		Personal Spielbetrieb	
mit	ohne	mit	ohne	mit	ohne	mit	ohne	mit	ohne
0,2449	0,2535	0,4341	0,4254	0,0541	0,1832	0,2917	0,3089	-0,0024	0,3774
-0,0189	-0,0811	0,0833	0,0930	0,0046	0,0193	0,0265	0,0031	0,3774	0,0388
-0,0811	-0,2562	-0,0420	-0,0372	0,7886	0,7405	0,0790	0,0155	-0,0513	-0,0956
-0,1855	0,0653	0,0685	0,0647	-0,0498	-0,0146	-0,0514	0,0458	-0,0449	-0,0418
-0,0054	-0,1837	0,1201	0,1182	0,0934	0,0989	0,0727	0,0186	-0,0023	0,2043
0,4163	0,5639	0,1635	0,1621	0,5077	0,4802	0,3349	0,3733	0,2043	0,0746
-0,0361	-0,0748	0,1791	0,1786	0,0601	0,0884	0,0765	0,0720	0,0746	0,1891
-0,0749	-0,0268	0,1030	0,1054	-0,0082	-0,0151	0,0211	0,0336	0,1891	0,1333
18,48%	**24,76%**	**12,83%**	**12,47%**	**28,16%**	**25,46%**	**12,65%**	**13,65%**	**14,18%**	**14,09%**

Anhang 23: Übersicht der Einnahmeentwicklung der Fußballunternehmen im Untersuchungsset (Einnahmen jeweils in Mio. €)

Real Madrid				
Saison	Spiel	Medienrechte	Werbung	Gesamteinnahmen
2002/03				192,6
2003/04	62	88,1	85,9	236
2004/05	63,7	88	124	275,7
2005/06	75,2	91,4	125,6	292,2
2006/07	82,2	132,4	136,4	351
2007/08	101	135,8	129	365,8
2008/09	101,4	160,8	139,2	401,4

FC Barcelona				
Saison	Spiel	Medienrechte	Werbung	Gesamteinnahmen
2002/03				123,4
2003/04	57,8	66,1	45,3	169,2
2004/05	66,1	79	62,8	207,9
2005/06	76,6	94,1	88,4	259,1
2006/07	88,6	106,7	94,8	290,1
2007/08	91,5	116,2	101,1	308,8
2008/09	95,5	158,4	112	365,9

Manchester United				
Saison	Spiel	Medienrechte	Werbung	Gesamteinnahmen
2002/03				251,4
2003/04	92,4	94,5	72,1	259
2004/05	102,5	71,7	72,2	246,4
2005/06	103,1	65,9	73,6	242,6
2006/07	137,5	91,3	86,4	315,2
2007/08	128,2	115,7	80,9	324,8
2008/09	127,7	117,1	82,2	327

FC Chelsea				
Saison	Spiel	Medienrechte	Werbung	Gesamteinnahmen
2002/03				133,8
2003/04	80,9	85,2	50,9	217
2004/05	83,7	82	55,1	220,8
2005/06	83,4	76,1	61,5	221
2006/07	110,7	88,5	83,8	283
2007/08	94,1	97,8	77	268,9
2008/09	87,4	92,9	62	242,3

AC Milan				
Saison	Spiel	Medienrechte	Werbung	Gesamteinnahmen
2002/03				200,2
2003/04	27,9	134,4	60	222,3
2004/05	38,1	138	57,9	234
2005/06	30,8	154,3	53,6	238,7
2006/07	28,6	153,6	45	227,2
2007/08	26,7	122,5	60,3	209,5
2008/09	33,4	99	64,1	196,5

FC Bayern München				
Saison	Spiel	Medienrechte	Werbung	Gesamteinnahmen
2002/03				162,7
2003/04	61,1	0	105,2	166,3
2004/05	72,1	0	117,4	189,5
2005/06	52,1	42,8	109,8	204,7
2006/07	54,9	61,2	107,2	223,3
2007/08	69,4	49,4	176,5	295,3
2008/09	60,6	69,6	159,3	289,5

FC Schalke 04				
Saison	Spiel	Medienrechte	Werbung	Gesamteinnahmen
2002/03				118,6
2003/04	28,3	16,3	46,8	91,4
2004/05	23,3	16,5	57,6	97,4
2005/06	29,2	38,8	54,9	122,9
2006/07	27,3	33,9	53,1	114,3
2007/08	32,2	56	60,1	148,3
2008/09	29,2	34,2	61,1	124,5

AS Roma				
Saison	Spiel	Medienrechte	Werbung	Gesamteinnahmen
2002/03				
2003/04	24,2	50,5	34,1	108,8
2004/05	27,9	76,5	27,4	131,8
2005/06	21	76,2	29,8	127
2006/07	24	104,5	29,1	157,6
2007/08	23,4	105,7	46,3	175,4
2008/09	18,8	86,9	40,7	146,4

Arsenal				
Saison	Spiel	Medienrechte	Werbung	Gesamteinnahmen
2002/03				
2003/04	51	90,3	32,3	173,6
2004/05	55,4	71,9	44	171,3
2005/06	63,8	79,4	49,2	192,4
2006/07	134,6	65,8	63,5	263,9
2007/08	119,5	88,8	56,1	264,4
2008/09	117,5	89	56,5	263

FC Liverpool				
Saison	Spiel	Medienrechte	Werbung	Gesamteinnahmen
2002/03				
2003/04	39,9	50,6	49	139,5
2004/05	49	75,5	56,7	181,2
2005/06	47,2	72	56,8	176
2006/07	57,1	77,5	64,3	198,9
2007/08	49,5	96,4	65	210,9
2008/09	49,4	87,6	79,5	216,5

Inter Mailand				
Saison	Spiel	Medienrechte	Werbung	Gesamteinnahmen
2002/03				
2003/04	29,3	102	35,2	166,5
2004/05	35,7	103,2	38,3	177,2
2005/06	29,2	130,4	47	206,6
2006/07	29,8	128	37,2	195
2007/08	28,4	107,7	36,8	172,9
2008/09	28,2	115,7	52,6	196,5

Hertha BSC Berlin				
Saison	Spiel	Medienrechte	Werbung	Gesamteinnahmen
2003/04	6,968	14,227	23,969	45,164
2004/05	10,169	13,870	21,952	45,991
2005/06	9,791	16,490	22,040	48,321
2006/07	11,550	23,525	21,716	56,791
2007/08	9,177	21,726	22,709	53,612

Werder Bremen				
Saison	Spiel	Medienrechte	Werbung	Gesamteinnahmen
2004/05	15,543	36,317	9,491	61,351
2005/06	18,285	34,75	10,349	63,384
2006/07	22,34	51,208	13,576	87,124
2007/08	20,281	47,325	16,066	83,672

Olympique Lyonnais				
Saison	Spiel	Medienrechte	Werbung	Gesamteinnahmen
2004/05	17,7	46,1	15,5	79,3
2005/06	21	71,5	13,9	106,4
2006/07	21,5	69,9	18,1	109,5
2007/08	21,8	75	20,4	117,2
2008/09	22,441	68,09	21,263	111,794

Hannover 96				
Saison	Spiel	Medienrechte	Werbung	Gesamteinnahmen
2003/04	6,199	12,214	6,516	24,929
2004/05	9,728	14,576	9,492	33,796
2005/06	10,144	14,536	10,052	34,732
2006/07	9,872	21,400	11,230	42,502
2007/08	10,099	20,392	14,914	45,405

Anhang 24: Umsatzentwicklung (in Mio. €) sowie Volatilität mit und ohne Forwards pro Fußballunternehmen

Real Madrid								
Forwards	Spiel		Medienrechte		Werbung		Gesamteinnahmen	
Saison	mit	ohne	mit	ohne	mit	ohne	mit	ohne
2004/05	62,0	63,7	88,1	88,0	85,9	124,0	236,0	275,7
2005/06	63,7	75,2	88,0	91,4	124,0	125,6	275,7	292,2
2006/07	75,2	82,2	91,4	132,4	125,6	136,4	292,2	351,0
2007/08	82,2	101,0	132,4	135,8	136,4	129,0	351,0	365,8
2008/09	101,0	101,4	135,8	160,8	129,0	139,2	365,8	401,4
SUMME	384,1	423,5	535,7	608,4	600,9	654,2	1520,7	1686,1

Real Madrid							
Spiel		Medienrechte		Werbung		Gesamteinnahmen	
mit	ohne	mit	ohne	mit	ohne	mit	ohne
0,02705	0,165967	-0,001136	0,037909	0,367098	0,012821	0,155482	0,058125
0,165967	0,089004	0,037909	0,370582	0,012821	0,082489	0,058125	0,183348
0,089004	0,205965	0,370582	0,025356	0,082489	-0,055779	0,183348	0,041301
0,205965	0,003953	0,025356	0,168978	-0,055779	0,076099	0,041301	0,092872
6,91%	7,73%	15,22%	13,88%	16,09%	5,60%	6,09%	5,49%

FC Barcelona								
Forwards	Spiel		Medienrechte		Werbung		Gesamteinnahmen	
Saison	mit	ohne	mit	ohne	mit	ohne	mit	ohne
2004/05	57,8	66,1	66,1	79,0	45,3	62,8	169,2	207,9
2005/06	66,1	76,6	79,0	94,1	62,8	88,4	207,9	259,1
2006/07	76,6	88,6	94,1	106,7	88,4	94,8	259,1	290,1
2007/08	88,6	91,5	106,7	116,2	94,8	101,1	290,1	308,8
2008/09	91,5	95,5	116,2	158,4	101,1	112,0	308,8	365,9
SUMME	380,6	418,3	462,1	554,4	392,4	459,1	1235,1	1431,8

FC Barcelona							
Spiel		Medienrechte		Werbung		Gesamteinnahmen	
mit	ohne	mit	ohne	mit	ohne	mit	ohne
0,13418	0,147428	0,178279	0,17491	0,326648	0,341917	0,205976	0,220157
0,147428	0,145535	0,17491	0,125663	0,341917	0,069897	0,220157	0,113012
0,145535	0,032207	0,125663	0,085292	0,069897	0,064341	0,113012	0,062468
0,032207	0,042787	0,085292	0,309811	0,064341	0,102389	0,062468	0,169666
4,80%	5,46%	3,83%	8,46%	13,37%	11,48%	6,54%	5,92%

Manchester United								
Forwards	Spiel		Medienrechte		Werbung		Gesamteinnahmen	
Saison	mit	ohne	mit	ohne	mit	ohne	mit	ohne
2004/05	92,4	102,5	94,5	71,7	72,1	72,2	259,0	246,4
2005/06	102,5	103,1	71,7	65,9	72,2	73,6	246,4	242,6
2006/07	103,1	137,5	65,9	91,3	73,6	86,4	242,6	315,2
2007/08	137,5	128,2	91,3	115,7	86,4	80,9	315,2	324,8
2008/09	128,2	127,7	115,7	117,1	80,9	82,2	324,8	327,0
SUMME	563,7	599,0	439,1	461,7	385,2	395,3	1388,0	1456,0

Manchester United							
Spiel		Medienrechte		Werbung		Gesamteinnahmen	
mit	ohne	mit	ohne	mit	ohne	mit	ohne
0,103736	0,005837	-0,276109	-0,084352	0,001386	0,019205	-0,049872	-0,015542
0,005837	0,287925	-0,084352	0,326012	0,019205	0,160343	-0,015542	0,261793
0,287925	-0,070032	0,326012	0,23685	0,160343	-0,065774	0,261793	0,030002
-0,070032	-0,003908	0,23685	0,012028	-0,065774	0,015941	0,030002	0,006751
13,40%	13,76%	24,26%	16,54%	8,23%	8,13%	12,18%	11,15%

FC Chelsea								
Forwards	Spiel		Medienrechte		Werbung		Gesamteinnahmen	
Saison	mit	ohne	mit	ohne	mit	ohne	mit	ohne
2004/05	80,9	83,7	85,2	82,0	50,9	55,1	217,0	220,8
2005/06	83,7	83,4	82,0	76,1	55,1	61,5	220,8	221,0
2006/07	83,4	110,7	76,1	88,5	61,5	83,8	221,0	283,0
2007/08	110,7	94,1	88,5	97,8	83,8	77,0	283,0	268,9
2008/09	94,1	87,4	97,8	92,9	77,0	62,0	268,9	242,3
SUMME	452,8	459,3	429,6	437,3	328,3	339,4	1210,7	1236,0

FC Chelsea							
Spiel		Medienrechte		Werbung		Gesamteinnahmen	
mit	ohne	mit	ohne	mit	ohne	mit	ohne
0,034025	-0,003591	-0,038282	-0,074671	0,079287	0,109887	0,01736	0,000905
-0,003591	0,283176	-0,074671	0,150954	0,109887	0,309396	0,000905	0,247284
0,283176	-0,162466	0,150954	0,099922	0,309396	-0,084628	0,247284	-0,051107
-0,162466	-0,073863	0,099922	-0,051401	-0,084628	-0,216671	-0,051107	-0,104163
15,97%	16,70%	9,36%	9,63%	14,00%	19,90%	11,46%	13,46%

AC Milan								
Forwards	Spiel		Medienrechte		Werbung		Gesamteinnahmen	
Saison	mit	ohne	mit	ohne	mit	ohne	mit	ohne
2004/05	27,9	38,1	134,4	138,0	60,0	57,9	222,3	234,0
2005/06	38,1	30,8	138,0	154,3	57,9	53,6	234,0	238,7
2006/07	30,8	28,6	154,3	153,6	53,6	45,0	238,7	227,2
2007/08	28,6	26,7	153,6	122,5	45,0	60,3	227,2	209,5
2008/09	26,7	33,4	122,5	99,0	60,3	64,1	209,5	196,5
SUMME	152,1	157,6	702,8	667,4	276,8	280,9	1131,7	1105,9

AC Milan							
Spiel		Medienrechte		Werbung		Gesamteinnahmen	
mit	ohne	mit	ohne	mit	ohne	mit	ohne
0,311588	-0,2127	0,026433	0,111645	-0,035627	-0,077168	0,051293	0,019886
-0,2127	-0,074108	0,111645	-0,004547	-0,077168	-0,174887	0,019886	-0,049377
-0,074108	-0,068743	-0,004547	-0,226241	-0,174887	0,29267	-0,049377	-0,081107
-0,068743	0,223892	-0,226241	-0,212991	0,29267	0,061112	-0,081107	-0,064061
19,50%	15,91%	12,47%	14,27%	17,57%	17,56%	5,28%	3,84%

FC Schalke 04								
Forwards	Spiel		Medienrechte		Werbung		Gesamteinnahmen	
Saison	mit	ohne	mit	ohne	mit	ohne	mit	ohne
2004/05	28,3	23,3	16,3	16,5	46,8	57,6	91,4	97,4
2005/06	23,3	29,2	16,5	38,8	57,6	54,9	97,4	122,9
2006/07	29,2	27,3	38,8	33,9	54,9	53,1	122,9	114,3
2007/08	27,3	32,2	33,9	56,0	53,1	60,1	114,3	148,3
2008/09	32,2	29,2	56,0	34,2	60,1	61,1	148,3	124,5
SUMME	140,3	141,2	161,5	179,4	272,5	286,8	574,3	607,4

FC Schalke 04							
Spiel		Medienrechte		Werbung		Gesamteinnahmen	
mit	ohne	mit	ohne	mit	ohne	mit	ohne
-0,194408	0,225715	0,012195	0,85506	0,207639	-0,048009	0,063581	0,232545
0,225715	-0,067282	0,85506	-0,135005	-0,048009	-0,033336	0,232545	-0,072544
-0,067282	0,16508	-0,135005	0,501937	-0,033336	0,123833	-0,072544	0,260411
0,16508	-0,097798	0,501937	-0,493126	0,123833	0,016502	0,260411	-0,174932
17,06%	14,10%	39,39%	52,72%	10,75%	6,74%	13,48%	18,89%

AS Roma								
Forwards	Spiel		Medienrechte		Werbung		Gesamteinnahmen	
Saison	mit	ohne	mit	ohne	mit	ohne	mit	ohne
2004/05	24,2	27,9	50,5	76,5	34,1	27,4	108,8	131,8
2005/06	27,9	21,0	76,5	76,2	27,4	29,8	131,8	127,0
2006/07	21,0	24,0	76,2	104,5	29,8	29,1	127,0	157,6
2007/08	24,0	23,4	104,5	105,7	29,1	46,3	157,6	175,4
2008/09	23,4	18,8	105,7	86,9	46,3	40,7	175,4	146,4
SUMME	120,5	115,1	413,4	449,8	166,7	173,3	700,6	738,2

AS Roma							
Spiel		Medienrechte		Werbung		Gesamteinnahmen	
mit	ohne	mit	ohne	mit	ohne	mit	ohne
0,142274	-0,284104	0,415317	-0,003929	-0,218754	0,083965	0,191774	-0,037099
-0,284104	0,133531	-0,003929	0,315826	0,083965	-0,02377	-0,037099	0,215873
0,133531	-0,025318	0,315826	0,011418	-0,02377	0,464404	0,215873	0,107009
-0,025318	-0,218879	0,011418	-0,195847	0,464404	-0,128914	0,107009	-0,180726
17,26%	16,44%	18,44%	18,32%	24,89%	22,40%	9,90%	14,94%

Arsenal London								
Forwards	Spiel		Medienrechte		Werbung		Gesamteinnahmen	
Saison	mit	ohne	mit	ohne	mit	ohne	mit	ohne
2004/05	51,0	55,4	90,3	71,9	32,3	44,0	173,6	171,3
2005/06	55,4	63,8	71,9	79,4	44,0	49,2	171,3	192,4
2006/07	63,8	134,6	79,4	65,8	49,2	63,5	192,4	263,9
2007/08	134,6	119,5	65,8	88,8	63,5	56,1	263,9	264,4
2008/09	119,5	117,5	88,8	89,0	56,1	56,5	264,4	263,0
SUMME	424,3	490,8	396,2	394,9	245,1	269,3	1065,6	1155,0

Arsenal London							
Spiel		Medienrechte		Werbung		Gesamteinnahmen	
mit	ohne	mit	ohne	mit	ohne	mit	ohne
0,082754	0,141174	-0,227861	0,099222	0,309122	0,111704	-0,013337	0,11616
0,141174	0,746554	0,099222	-0,187879	0,111704	0,255146	0,11616	0,315994
0,746554	-0,118991	-0,187879	0,299767	0,255146	-0,123904	0,315994	0,001893
-0,118991	-0,016878	0,299767	0,00225	-0,123904	0,007105	0,001893	-0,005309
32,29%	33,56%	21,61%	17,58%	16,75%	13,91%	13,16%	12,98%

FC Liverpool								
Forwards	Spiel		Medienrechte		Werbung		Gesamteinnahmen	
Saison	mit	ohne	mit	ohne	mit	ohne	mit	ohne
2004/05	39,9	49,0	50,6	75,5	49,0	56,7	139,5	181,2
2005/06	49,0	47,2	75,5	72,0	56,7	56,8	181,2	176,0
2006/07	47,2	57,1	72,0	77,5	56,8	64,3	176,0	198,9
2007/08	57,1	49,5	77,5	96,4	64,3	65,0	198,9	210,9
2008/09	49,5	49,4	96,4	87,6	65,0	79,5	210,9	216,5
SUMME	242,7	252,2	372,0	409,0	291,8	322,3	906,5	983,5

FC Liverpool							
Spiel		Medienrechte		Werbung		Gesamteinnahmen	
mit	ohne	mit	ohne	mit	ohne	mit	ohne
0,205444	-0,037426	0,400181	-0,047467	0,145954	0,001762	0,261537	-0,029117
-0,037426	0,19041	-0,047467	0,073612	0,001762	0,124023	-0,029117	0,122318
0,19041	-0,142831	0,073612	0,218228	0,124023	0,010828	0,122318	0,058582
-0,142831	-0,002022	0,218228	-0,095725	0,010828	0,20137	0,058582	0,026206
14,89%	12,05%	16,70%	12,14%	6,49%	8,29%	10,60%	5,48%

Inter Mailand								
Forwards	Spiel		Medienrechte		Werbung		Gesamteinnahmen	
Saison	mit	ohne	mit	ohne	mit	ohne	mit	ohne
2004/05	29,3	35,7	102,0	103,2	35,2	38,3	166,5	177,2
2005/06	35,7	29,2	103,2	130,4	38,3	47,0	177,2	206,6
2006/07	29,2	29,8	130,4	128,0	47,0	37,2	206,6	195,0
2007/08	29,8	28,4	128,0	107,7	37,2	36,8	195,0	172,9
2008/09	28,4	28,2	107,7	115,7	36,8	52,6	172,9	196,5
SUMME	152,4	151,3	571,3	585,0	194,5	211,9	918,2	948,2

Inter Mailand							
Spiel		Medienrechte		Werbung		Gesamteinnahmen	
mit	ohne	mit	ohne	mit	ohne	mit	ohne
0,197563	-0,200982	0,011696	0,233938	0,084404	0,204698	0,062284	0,153506
-0,200982	0,02034	0,233938	-0,018576	0,204698	-0,233839	0,153506	-0,057785
0,02034	-0,048119	-0,018576	-0,172681	-0,233839	-0,010811	-0,057785	-0,120286
-0,048119	-0,007067	-0,172681	0,071651	-0,010811	0,357218	-0,120286	0,127949
14,31%	8,55%	14,52%	14,73%	16,07%	22,31%	10,59%	11,73%

Werder Bremen								
Forwards	Spiel		Medienrechte		Werbung		Gesamteinnahmen	
Saison	mit	ohne	mit	ohne	mit	ohne	mit	ohne
2005/06	15,543	18,285	36,317	34,75	9,491	10,349	61,351	63,384
2006/07	18,285	22,34	34,75	51,208	10,349	13,576	63,384	87,124
2007/08	22,34	20,281	51,208	47,325	13,576	16,066	87,124	83,672
SUMME	56,168	60,906	122,275	133,283	33,416	39,991	211,859	234,180

Werder Bremen							
Spiel		Medien		Werbung		Gesamteinnahmen	
mit	ohne	mit	ohne	mit	ohne	mit	ohne
0,162471	0,200298	-0,044106	0,387716	0,086546	0,271414	0,0326	0,318121
0,200298	-0,096694	0,387716	-0,078857	0,271414	0,168402	0,318121	-0,040428
1,89%	14,85%	21,59%	23,33%	9,24%	5,15%	14,28%	17,93%

Olympique Lyonnais								
Forwards	Spiel		Medienrechte		Werbung		Gesamteinnahmen	
Saison	mit	ohne	mit	ohne	mit	ohne	mit	ohne
2005/06	17,7	21	46,1	71,5	15,5	13,9	79,3	106,4
2006/07	21	21,5	71,5	69,9	13,9	18,1	106,4	109,5
2007/08	21,5	21,8	69,9	75	18,1	20,4	109,5	117,2
2008/09	21,8	22,441	75	68,09	20,4	21,263	117,2	111,794
SUMME	82,000	86,741	262,500	284,490	67,900	73,663	412,400	444,894

Olympique Lyonnais							
Spiel		Medien		Werbung		Gesamteinnahmen	
mit	ohne	mit	ohne	mit	ohne	mit	ohne
0,170958	0,02353	0,438884	-0,022632	-0,108951	0,264023	0,293967	0,028719
0,02353	0,013857	-0,022632	0,070422	0,264023	0,119623	0,028719	0,067957
0,013857	0,02898	0,070422	-0,096658	0,119623	0,041434	0,067957	-0,047224
7,19%	0,63%	19,93%	6,84%	15,36%	9,22%	11,69%	4,78%

Hannover 96								
Forwards	Spiel		Medienrechte		Werbung		Gesamteinnahmen	
Saison	mit	ohne	mit	ohne	mit	ohne	mit	ohne
2004/05	6,199	9,728	12,214	14,576	6,516	9,492	24,929	33,796
2005/06	9,728	10,144	14,576	14,536	9,492	10,052	33,796	34,732
2006/07	10,144	9,872	14,536	21,400	10,052	11,230	34,732	42,502
2007/08	9,872	10,099	21,400	20,392	11,230	14,914	42,502	45,405
SUMME	35,943	39,843	62,726	70,904	37,290	45,688	135,959	156,435

Hannover 96							
Spiel		Medienrechte		Werbung		Gesamteinnahmen	
mit	ohne	mit	ohne	mit	ohne	mit	ohne
0,45062	0,041874	0,176794	-0,002748	0,376189	0,057322	0,304311	0,027319
0,041874	-0,02718	-0,002748	0,386763	0,057322	0,110817	0,027319	0,20189
-0,02718	0,022734	0,386763	-0,048248	0,110817	0,283712	0,20189	0,066071
21,09%	2,91%	15,92%	19,52%	13,94%	9,66%	11,44%	7,49%

Anhang 25: Umsatzentwicklung (in Mio. €) sowie Volatilität mit und ohne Swaps 2J pro Fußballunternehmen

Real Madrid								
Swaps 2J	Spiel		Medienrechte		Werbung		Gesamteinnahmen	
Saison	mit	ohne	mit	ohne	mit	ohne	mit	ohne
2004/05	62,0	63,7	88,1	88,0	85,9	124,0	236,0	275,7
2005/06	62,0	75,2	88,1	91,4	85,9	125,6	236,0	292,2
2006/07	75,2	82,2	91,4	132,4	125,6	136,4	292,2	351,0
2007/08	75,2	101,0	91,4	135,8	125,6	129,0	292,2	365,8
2008/09	101,0	101,4	135,8	160,8	129,0	139,2	365,8	401,4
SUMME	375,4	423,5	494,8	608,4	552,0	654,2	1422,2	1686,1

Real Madrid							
Spiel		Medienrechte		Werbung		Gesamteinnahmen	
mit	ohne	mit	ohne	mit	ohne	mit	ohne
0	0,165967	0	0,037909	0	0,012821	0	0,058125
0,193017	0,089004	0,036773	0,370582	0,379918	0,082489	0,213607	0,183348
0	0,205965	0	0,025356	0	-0,055779	0	0,041301
0,294969	0,003953	0,395938	0,168978	0,02671	0,076099	0,224648	0,092872
12,72%	7,73%	16,68%	13,88%	16,10%	5,60%	10,96%	5,49%

FC Barcelona								
Swaps 2J	Spiel		Medienrechte		Werbung		Gesamteinnahmen	
Saison	mit	ohne	mit	ohne	mit	ohne	mit	ohne
2004/05	57,8	66,1	66,1	79	45,3	62,8	169,2	207,9
2005/06	57,8	76,6	66,1	94,1	45,3	88,4	169,2	259,1
2006/07	76,6	88,6	94,1	106,7	88,4	94,8	259,1	290,1
2007/08	76,6	91,5	94,1	116,2	88,4	101,1	259,1	308,8
2008/09	91,5	95,5	116,2	158,4	101,1	112	308,8	365,9
SUMME	360,3	418,3	436,6	554,4	368,5	459,1	1165,4	1431,8

FC Barcelona							
Spiel		Medienrechte		Werbung		Gesamteinnahmen	
mit	ohne	mit	ohne	mit	ohne	mit	ohne
0	0,147428	0	0,17491	0	0,341917	0	0,220157
0,281608	0,145535	0,353189	0,125663	0,668565	0,069897	0,426133	0,113012
0	0,032207	0	0,085292	0	0,064341	0	0,062468
0,177742	0,042787	0,210955	0,309811	0,134238	0,102389	0,17548	0,169666
12,06%	5,46%	14,97%	8,46%	27,56%	11,48%	17,46%	5,92%

Manchester United								
Swaps 2J	Spiel		Medienrechte		Werbung		Gesamteinnahmen	
Saison	mit	ohne	mit	ohne	mit	ohne	mit	ohne
2004/05	92,4	102,5	94,5	71,7	72,1	72,2	259	246,4
2005/06	92,4	103,1	94,5	65,9	72,1	73,6	259	242,6
2006/07	103,1	137,5	65,9	91,3	73,6	86,4	242,6	315,2
2007/08	103,1	128,2	65,9	115,7	73,6	80,9	242,6	324,8
2008/09	128,2	127,7	115,7	117,1	80,9	82,2	324,8	327
SUMME	519,2	599,0	436,5	461,7	372,3	395,3	1328,0	1456,0

Manchester United							
Spiel		Medienrechte		Werbung		Gesamteinnahmen	
mit	ohne	mit	ohne	mit	ohne	mit	ohne
0	0,005837	0	-0,084352	0	0,019205	0	-0,015542
0,109572	0,287925	-0,360461	0,326012	0,020591	0,160343	-0,065414	0,261793
0	-0,070032	0	0,23685	0	-0,065774	0	0,030002
0,217892	-0,003908	0,562862	0,012028	0,094569	0,015941	0,291796	0,006751
9,04%	13,76%	33,03%	16,54%	3,89%	8,13%	13,84%	11,15%

FC Chelsea								
Swaps 2J	Spiel		Medienrechte		Werbung		Gesamteinnahmen	
Saison	mit	ohne	mit	ohne	mit	ohne	mit	ohne
2004/05	80,9	83,7	85,2	82,0	50,9	55,1	217,0	220,8
2005/06	80,9	83,4	85,2	76,1	50,9	61,5	217,0	221,0
2006/07	83,4	110,7	76,1	88,5	61,5	83,8	221,0	283,0
2007/08	83,4	94,1	76,1	97,8	61,5	77,0	221,0	268,9
2008/09	94,1	87,4	97,8	92,9	77,0	62,0	268,9	242,3
SUMME	422,7	459,3	420,4	437,3	301,8	339,4	1144,9	1236,0

FC Chelsea							
Spiel		Medienrechte		Werbung		Gesamteinnahmen	
mit	ohne	mit	ohne	mit	ohne	mit	ohne
0	-0,003591	0	-0,074671	0	0,109887	0	0,000905
0,030434	0,283176	-0,112953	0,150954	0,189174	0,309396	0,018265	0,247284
0	-0,162466	0	0,099922	0	-0,084628	0	-0,051107
0,12071	-0,073863	0,250876	-0,051401	0,224768	-0,216671	0,196177	-0,104163
4,95%	16,70%	13,32%	9,63%	10,42%	19,90%	8,26%	13,46%

AC Milan								
Swaps 2J	Spiel		Medienrechte		Werbung		Gesamteinnahmen	
Saison	mit	ohne	mit	ohne	mit	ohne	mit	ohne
2004/05	27,9	38,1	134,4	138,0	60,0	57,9	222,3	234,0
2005/06	27,9	30,8	134,4	154,3	60,0	53,6	222,3	238,7
2006/07	30,8	28,6	154,3	153,6	53,6	45,0	238,7	227,2
2007/08	30,8	26,7	154,3	122,5	53,6	60,3	238,7	209,5
2008/09	26,7	33,4	122,5	99,0	60,3	64,1	209,5	196,5
SUMME	144,1	157,6	699,9	667,4	287,5	280,9	1131,5	1105,9

AC Milan							
Spiel		Medienrechte		Werbung		Gesamteinnahmen	
mit	ohne	mit	ohne	mit	ohne	mit	ohne
0	-0,2127	0	0,111645	0	-0,077168	0	0,019886
0,098888	-0,074108	0,138078	-0,004547	-0,112795	-0,174887	0,07118	-0,049377
0	-0,068743	0	-0,226241	0	0,29267	0	-0,081107
-0,142851	0,223892	-0,230788	-0,212991	0,117783	0,061112	-0,130484	-0,064061
8,62%	15,91%	13,25%	14,27%	8,15%	17,56%	7,28%	3,84%

FC Schalke 04								
Swaps 2J	Spiel		Medienrechte		Werbung		Gesamteinnahmen	
Saison	mit	ohne	mit	ohne	mit	ohne	mit	ohne
2004/05	28,3	23,3	16,3	16,5	46,8	57,6	91,4	97,4
2005/06	28,3	29,2	16,3	38,8	46,8	54,9	91,4	122,9
2006/07	29,2	27,3	38,8	33,9	54,9	53,1	122,9	114,3
2007/08	29,2	32,2	38,8	56,0	54,9	60,1	122,9	148,3
2008/09	32,2	29,2	56,0	34,2	60,1	61,1	148,3	124,5
SUMME	147,2	141,2	166,2	179,4	263,5	286,8	576,9	607,4

FC Schalke 04							
Spiel		Medienrechte		Werbung		Gesamteinnahmen	
mit	ohne	mit	ohne	mit	ohne	mit	ohne
0	0,225715	0	0,85506	0	-0,048009	0	0,232545
0,031307	-0,067282	0,867255	-0,135005	0,15963	-0,033336	0,296126	-0,072544
0	0,16508	0	0,501937	0	0,123833	0	0,260411
0,097798	-0,097798	0,366931	-0,493126	0,090496	0,016502	0,187866	-0,174932
3,99%	14,10%	35,57%	52,72%	6,71%	6,74%	12,69%	18,89%

AS Roma								
Swaps 2J	Spiel		Medienrechte		Werbung		Gesamteinnahmen	
Saison	mit	ohne	mit	ohne	mit	ohne	mit	ohne
2004/05	24,2	27,9	50,5	76,5	34,1	27,4	108,8	131,8
2005/06	24,2	21,0	50,5	76,2	34,1	29,8	108,8	127,0
2006/07	21,0	24,0	76,2	104,5	29,8	29,1	127,0	157,6
2007/08	21,0	23,4	76,2	105,7	29,8	46,3	127,0	175,4
2008/09	23,4	18,8	105,7	86,9	46,3	40,7	175,4	146,4
SUMME	113,8	115,1	359,1	449,8	174,1	173,3	647,0	738,2

AS Roma							
Spiel		Medienrechte		Werbung		Gesamteinnahmen	
mit	ohne	mit	ohne	mit	ohne	mit	ohne
0	-0,284104	0	-0,003929	0	0,083965	0	-0,037099
-0,14183	0,133531	0,411388	0,315826	-0,134789	-0,02377	0,154676	0,215873
0	-0,025318	0	0,011418	0	0,464404	0	0,107009
0,108214	-0,218879	0,327243	-0,195847	0,440634	-0,128914	0,322882	-0,180726
8,88%	16,44%	18,70%	18,32%	21,73%	22,40%	13,34%	14,94%

Arsenal London								
Swaps 2J	Spiel		Medienrechte		Werbung		Gesamteinnahmen	
Saison	mit	ohne	mit	ohne	mit	ohne	mit	ohne
2004/05	51,0	55,4	90,3	71,9	32,3	44,0	173,6	171,3
2005/06	51,0	63,8	90,3	79,4	32,3	49,2	173,6	192,4
2006/07	63,8	134,6	79,4	65,8	49,2	63,5	192,4	263,9
2007/08	63,8	119,5	79,4	88,8	49,2	56,1	192,4	264,4
2008/09	119,5	117,5	88,8	89,0	56,1	56,5	264,4	263,0
SUMME	349,1	490,8	428,2	394,9	219,1	269,3	996,4	1155,0

Arsenal London							
Spiel		Medienrechte		Werbung		Gesamteinnahmen	
mit	ohne	mit	ohne	mit	ohne	mit	ohne
0	0,141174	0	0,099222	0	0,111704	0	0,11616
0,223928	0,746554	-0,128639	-0,187879	0,420826	0,255146	0,102823	0,315994
0	-0,118991	0	0,299767	0	-0,123904	0	0,001893
0,627563	-0,016878	0,111888	0,00225	0,131242	0,007105	0,317887	-0,005309
25,63%	33,56%	8,51%	17,58%	17,18%	13,91%	12,98%	12,98%

FC Liverpool								
Swaps 2J	Spiel		Medienrechte		Werbung		Gesamteinnahmen	
Saison	mit	ohne	mit	ohne	mit	ohne	mit	ohne
2004/05	39,9	49,0	50,6	75,5	49,0	56,7	139,5	181,2
2005/06	39,9	47,2	50,6	72,0	49,0	56,8	139,5	176,0
2006/07	47,2	57,1	72,0	77,5	56,8	64,3	176,0	198,9
2007/08	47,2	49,5	72,0	96,4	56,8	65,0	176,0	210,9
2008/09	49,5	49,4	96,4	87,6	65,0	79,5	210,9	216,5
SUMME	223,7	252,2	341,6	409,0	276,6	322,3	841,9	983,5

FC Liverpool							
Spiel		Medienrechte		Werbung		Gesamteinnahmen	
mit	ohne	mit	ohne	mit	ohne	mit	ohne
0	-0,037426	0	-0,047467	0	0,001762	0	-0,029117
0,168018	0,19041	0,352715	0,073612	0,147716	0,124023	0,232419	0,122318
0	-0,142831	0	0,218228	0	0,010828	0	0,058582
0,047579	-0,002022	0,29184	-0,095725	0,134851	0,20137	0,1809	0,026206
6,87%	12,05%	16,26%	12,14%	7,08%	8,29%	10,49%	5,48%

Inter Mailand								
Swaps 2J	Spiel		Medienrechte		Werbung		Gesamteinnahmen	
Saison	mit	ohne	mit	ohne	mit	ohne	mit	ohne
2004/05	29,3	35,7	102,0	103,2	35,2	38,3	166,5	177,2
2005/06	29,3	29,2	102,0	130,4	35,2	47,0	166,5	206,6
2006/07	29,2	29,8	130,4	128,0	47,0	37,2	206,6	195,0
2007/08	29,2	28,4	130,4	107,7	47,0	36,8	206,6	172,9
2008/09	28,4	28,2	107,7	115,7	36,8	52,6	172,9	196,5
SUMME	145,4	151,3	572,5	585,0	201,2	211,9	919,1	948,2

Inter Mailand							
Spiel		Medienrechte		Werbung		Gesamteinnahmen	
mit	ohne	mit	ohne	mit	ohne	mit	ohne
0	-0,200982	0	0,233938	0	0,204698	0	0,153506
-0,003419	0,02034	0,245634	-0,018576	0,289102	-0,233839	0,215789	-0,057785
0	-0,048119	0	-0,172681	0	-0,010811	0	-0,120286
-0,02778	-0,007067	-0,191257	0,071651	-0,24465	0,357218	-0,178071	0,127949
1,16%	8,55%	15,51%	14,73%	18,90%	22,31%	13,96%	11,73%

Werder Bremen								
Swaps 2J	Spiel		Medienrechte		Werbung		Gesamteinnahmen	
Saison	mit	ohne	mit	ohne	mit	ohne	mit	ohne
2005/06	15,543	18,285	36,317	34,75	9,491	10,349	61,351	63,384
2006/07	15,543	22,34	36,317	51,208	9,491	13,576	61,351	87,124
2007/08	22,34	20,281	51,208	47,325	13,576	16,066	87,124	83,672
SUMME	53,426	60,906	123,842	133,283	32,558	39,991	209,826	234,180

Werder Bremen							
Spiel		Medien		Werbung		Gesamteinnahmen	
mit	ohne	mit	ohne	mit	ohne	mit	ohne
0	0,200298	0	0,387716	0	0,271414	0	0,318121
0,362768	-0,096694	0,34361	-0,078857	0,35796	0,168402	0,350721	-0,040428
18,14%	14,85%	17,18%	23,33%	17,90%	5,15%	17,54%	17,93%

Olympique Lyonnais								
Swaps 2J	Spiel		Medienrechte		Werbung		Gesamteinnahmen	
Saison	mit	ohne	mit	ohne	mit	ohne	mit	ohne
2005/06	17,7	21	46,1	71,5	15,5	13,9	79,3	106,4
2006/07	17,7	21,5	46,1	69,9	15,5	18,1	79,3	109,5
2007/08	21,5	21,8	69,9	75	18,1	20,4	109,5	117,2
2008/09	21,5	22,441	69,9	68,09	18,1	21,263	109,5	111,794
SUMME	78,400	86,741	232,000	284,490	67,200	73,663	377,600	444,894

Olympique Lyonnais							
Spiel		Medien		Werbung		Gesamteinnahmen	
mit	ohne	mit	ohne	mit	ohne	mit	ohne
0	0,02353	0	-0,022632	0	0,264023	0	0,028719
0,194488	0,013857	0,416253	0,070422	0,155072	0,119623	0,322686	0,067957
0	0,02898	0	-0,096658	0	0,041434	0	-0,047224
9,17%	0,63%	19,62%	6,84%	7,31%	9,22%	15,21%	4,78%

Hannover 96								
Swaps 2J	Spiel		Medienrechte		Werbung		Gesamteinnahmen	
Saison	mit	ohne	mit	ohne	mit	ohne	mit	ohne
2004/05	6,199	9,728	12,214	14,576	6,516	9,492	24,929	33,796
2005/06	6,199	10,144	12,214	14,536	6,516	10,052	24,929	34,732
2006/07	10,144	9,872	14,536	21,400	10,052	11,230	34,732	42,502
2007/08	10,144	10,099	14,536	20,392	10,052	14,914	34,732	45,405
SUMME	32,686	39,843	53,500	70,904	33,136	45,688	119,322	156,435

Hannover 96							
Spiel		Medienrechte		Werbung		Gesamteinnahmen	
mit	ohne	mit	ohne	mit	ohne	mit	ohne
0	0,041874	0	-0,002748	0	0,057322	0	0,027319
0,492494	-0,02718	0,174045	0,386763	0,433511	0,110817	0,33163	0,20189
0	0,022734	0	-0,048248	0	0,283712	0	0,066071
23,22%	2,91%	8,20%	19,52%	20,44%	9,66%	15,63%	7,49%

Anhang 26: Umsatzentwicklung (in Mio. €) sowie Volatilität mit und ohne Swaps 3J pro Fußballunternehmen

Real Madrid								
Swaps 3J	Spiel		Medienrechte		Werbung		Gesamteinnahmen	
Saison	mit	ohne	mit	ohne	mit	ohne	mit	ohne
2004/05	62,0	63,7	88,1	88,0	85,9	124,0	236,0	275,7
2005/06	62,0	75,2	88,1	91,4	85,9	125,6	236,0	292,2
2006/07	62,0	82,2	88,1	132,4	85,9	136,4	236,0	351,0
2007/08	82,2	101,0	132,4	135,8	136,4	129,0	351,0	365,8
2008/09	82,2	101,4	132,4	160,8	136,4	139,2	351,0	401,4
SUMME	350,4	423,5	529,1	608,4	530,5	654,2	1410,0	1686,1

Real Madrid							
Spiel		Medienrechte		Werbung		Gesamteinnahmen	
mit	ohne	mit	ohne	mit	ohne	mit	ohne
0	0,165967	0	0,037909	0	0,012821	0	0,058125
0	0,089004	0	0,370582	0	0,082489	0	0,183348
0,282021	0,205965	0,407355	0,025356	0,462408	-0,055779	0,396954	0,041301
0	0,003953	0	0,168978	0	0,076099	0	0,092872
12,21%	7,73%	17,64%	13,88%	20,02%	5,60%	17,19%	5,49%

FC Barcelona								
Swaps 3J	Spiel		Medienrechte		Werbung		Gesamteinnahmen	
Saison	mit	ohne	mit	ohne	mit	ohne	mit	ohne
2004/05	57,8	66,1	66,1	79	45,3	62,8	169,2	207,9
2005/06	57,8	76,6	66,1	94,1	45,3	88,4	169,2	259,1
2006/07	57,8	88,6	66,1	106,7	45,3	94,8	169,2	290,1
2007/08	88,6	91,5	106,7	116,2	94,8	101,1	290,1	308,8
2008/09	88,6	95,5	106,7	158,4	94,8	112	290,1	365,9
SUMME	350,6	418,3	411,7	554,4	325,5	459,1	1087,8	1431,8

FC Barcelona							
Spiel		Medienrechte		Werbung		Gesamteinnahmen	
mit	ohne	mit	ohne	mit	ohne	mit	ohne
0	0,147428	0	0,17491	0	0,341917	0	0,220157
0	0,145535	0	0,125663	0	0,069897	0	0,113012
0,427143	0,032207	0,478852	0,085292	0,738462	0,064341	0,539144	0,062468
0	0,042787	0	0,309811	0	0,102389	0	0,169666
18,50%	5,46%	20,73%	8,46%	31,98%	11,48%	23,35%	5,92%

Manchester United								
Swaps 3J	Spiel		Medienrechte		Werbung		Gesamteinnahmen	
Saison	mit	ohne	mit	ohne	mit	ohne	mit	ohne
2004/05	92,4	102,5	94,5	71,7	72,1	72,2	259	246,4
2005/06	92,4	103,1	94,5	65,9	72,1	73,6	259	242,6
2006/07	92,4	137,5	94,5	91,3	72,1	86,4	259	315,2
2007/08	137,5	128,2	91,3	115,7	86,4	80,9	315,2	324,8
2008/09	137,5	127,7	91,3	117,1	86,4	82,2	315,2	327
SUMME	552,2	599,0	466,1	461,7	389,1	395,3	1407,4	1456,0

Manchester United							
Spiel		Medienrechte		Werbung		Gesamteinnahmen	
mit	ohne	mit	ohne	mit	ohne	mit	ohne
0	0,005837	0	-0,084352	0	0,019205	0	-0,015542
0	0,287925	0	0,326012	0	0,160343	0	0,261793
0,397497	-0,070032	-0,034449	0,23685	0,180934	-0,065774	0,196379	0,030002
0	-0,003908	0	0,012028	0	0,015941	0	0,006751
17,21%	13,76%	1,49%	16,54%	7,83%	8,13%	8,50%	11,15%

FC Chelsea								
Swaps 3J	Spiel		Medienrechte		Werbung		Gesamteinnahmen	
Saison	mit	ohne	mit	ohne	mit	ohne	mit	ohne
2004/05	80,9	83,7	85,2	82,0	50,9	55,1	217,0	220,8
2005/06	80,9	83,4	85,2	76,1	50,9	61,5	217,0	221,0
2006/07	80,9	110,7	85,2	88,5	50,9	83,8	217,0	283,0
2007/08	110,7	94,1	88,5	97,8	83,8	77,0	283,0	268,9
2008/09	110,7	87,4	88,5	92,9	83,8	62,0	283,0	242,3
SUMME	464,1	459,3	432,6	437,3	320,3	339,4	1217,0	1236,0

FC Chelsea							
Spiel		Medienrechte		Werbung		Gesamteinnahmen	
mit	ohne	mit	ohne	mit	ohne	mit	ohne
0	-0,003591	0	-0,074671	0	0,109887	0	0,000905
0	0,283176	0	0,150954	0	0,309396	0	0,247284
0,31361	-0,162466	0,038001	0,099922	0,49857	-0,084628	0,26555	-0,051107
0	-0,073863	0	-0,051401	0	-0,216671	0	-0,104163
13,58%	16,70%	1,65%	9,63%	21,59%	19,90%	11,50%	13,46%

AC Milan								
Swaps 3J	Spiel		Medienrechte		Werbung		Gesamteinnahmen	
Saison	mit	ohne	mit	ohne	mit	ohne	mit	ohne
2004/05	27,9	38,1	134,4	138,0	60,0	57,9	222,3	234,0
2005/06	27,9	30,8	134,4	154,3	60,0	53,6	222,3	238,7
2006/07	27,9	28,6	134,4	153,6	60,0	45,0	222,3	227,2
2007/08	28,6	26,7	153,6	122,5	45,0	60,3	227,2	209,5
2008/09	28,6	33,4	153,6	99,0	45,0	64,1	227,2	196,5
SUMME	140,9	157,6	710,4	667,4	270,0	280,9	1121,3	1105,9

AC Milan							
Spiel		Medienrechte		Werbung		Gesamteinnahmen	
mit	ohne	mit	ohne	mit	ohne	mit	ohne
0	-0,2127	0	0,111645	0	-0,077168	0	0,019886
0	-0,074108	0	-0,004547	0	-0,174887	0	-0,049377
0,02478	-0,068743	0,133531	-0,226241	-0,287682	0,29267	0,021803	-0,081107
0	0,223892	0	-0,212991	0	0,061112	0	-0,064061
1,07%	15,91%	5,78%	14,27%	12,46%	17,56%	0,94%	3,84%

FC Schalke 04								
Swaps 3J	Spiel		Medienrechte		Werbung		Gesamteinnahmen	
Saison	mit	ohne	mit	ohne	mit	ohne	mit	ohne
2004/05	28,3	23,3	16,3	16,5	46,8	57,6	91,4	97,4
2005/06	28,3	29,2	16,3	38,8	46,8	54,9	91,4	122,9
2006/07	28,3	27,3	16,3	33,9	46,8	53,1	91,4	114,3
2007/08	27,3	32,2	33,9	56,0	53,1	60,1	114,3	148,3
2008/09	27,3	29,2	33,9	34,2	53,1	61,1	114,3	124,5
SUMME	139,5	141,2	116,7	179,4	246,6	286,8	502,8	607,4

FC Schalke 04							
Spiel		Medienrechte		Werbung		Gesamteinnahmen	
mit	ohne	mit	ohne	mit	ohne	mit	ohne
0	0,225715	0	0,85506	0	-0,048009	0	0,232545
0	-0,067282	0	-0,135005	0	-0,033336	0	-0,072544
-0,035975	0,16508	0,73225	0,501937	0,126294	0,123833	0,223581	0,260411
0	-0,097798	0	-0,493126	0	0,016502	0	-0,174932
1,56%	14,10%	31,71%	52,72%	5,47%	6,74%	9,68%	18,89%

AS Roma								
Swaps 3J	Spiel		Medienrechte		Werbung		Gesamteinnahmen	
Saison	mit	ohne	mit	ohne	mit	ohne	mit	ohne
2004/05	24,2	27,9	50,5	76,5	34,1	27,4	108,8	131,8
2005/06	24,2	21,0	50,5	76,2	34,1	29,8	108,8	127,0
2006/07	24,2	24,0	50,5	104,5	34,1	29,1	108,8	157,6
2007/08	24,0	23,4	104,5	105,7	29,1	46,3	157,6	175,4
2008/09	24,0	18,8	104,5	86,9	29,1	40,7	157,6	146,4
SUMME	120,6	115,1	360,5	449,8	160,5	173,3	641,6	738,2

AS Roma							
Spiel		Medienrechte		Werbung		Gesamteinnahmen	
mit	ohne	mit	ohne	mit	ohne	mit	ohne
0	-0,284104	0	-0,003929	0	0,083965	0	-0,037099
0	0,133531	0	0,315826	0	-0,02377	0	0,215873
-0,008299	-0,025318	0,727214	0,011418	-0,158559	0,464404	0,370549	0,107009
0	-0,218879	0	-0,195847	0	-0,128914	0	-0,180726
0,36%	16,44%	31,49%	18,32%	6,87%	22,40%	16,05%	14,94%

Arsenal London								
Swaps 3J	Spiel		Medienrechte		Werbung		Gesamteinnahmen	
Saison	mit	ohne	mit	ohne	mit	ohne	mit	ohne
2004/05	51,0	55,4	90,3	71,9	32,3	44,0	173,6	171,3
2005/06	51,0	63,8	90,3	79,4	32,3	49,2	173,6	192,4
2006/07	51,0	134,6	90,3	65,8	32,3	63,5	173,6	263,9
2007/08	134,6	119,5	65,8	88,8	63,5	56,1	263,9	264,4
2008/09	134,6	117,5	65,8	89,0	63,5	56,5	263,9	263,0
SUMME	422,2	490,8	402,5	394,9	223,9	269,3	1048,6	1155,0

Arsenal London							
Spiel		Medienrechte		Werbung		Gesamteinnahmen	
mit	ohne	mit	ohne	mit	ohne	mit	ohne
0	0,141174	0	0,099222	0	0,111704	0	0,11616
0	0,746554	0	-0,187879	0	0,255146	0	0,315994
0,970482	-0,118991	-0,316518	0,299767	0,675973	-0,123904	0,418816	0,001893
0	-0,016878	0	0,00225	0	0,007105	0	-0,005309
42,02%	33,56%	13,71%	17,58%	29,27%	13,91%	18,14%	12,98%

FC Liverpool								
Swaps 3J	Spiel		Medienrechte		Werbung		Gesamteinnahmen	
Saison	mit	ohne	mit	ohne	mit	ohne	mit	ohne
2004/05	39,9	49,0	50,6	75,5	49,0	56,7	139,5	181,2
2005/06	39,9	47,2	50,6	72,0	49,0	56,8	139,5	176,0
2006/07	39,9	57,1	50,6	77,5	49,0	64,3	139,5	198,9
2007/08	57,1	49,5	77,5	96,4	64,3	65,0	198,9	210,9
2008/09	57,1	49,4	77,5	87,6	64,3	79,5	198,9	216,5
SUMME	233,9	252,2	306,8	409,0	275,6	322,3	816,3	983,5

FC Liverpool							
Spiel		Medienrechte		Werbung		Gesamteinnahmen	
mit	ohne	mit	ohne	mit	ohne	mit	ohne
0	-0,037426	0	-0,047467	0	0,001762	0	-0,029117
0	0,19041	0	0,073612	0	0,124023	0	0,122318
0,358428	-0,142831	0,426326	0,218228	0,271739	0,010828	0,354738	0,058582
0	-0,002022	0	-0,095725	0	0,20137	0	0,026206
15,52%	12,05%	18,46%	12,14%	11,77%	8,29%	15,36%	5,48%

Inter Mailand								
Swaps 3J	Spiel		Medienrechte		Werbung		Gesamteinnahmen	
Saison	mit	ohne	mit	ohne	mit	ohne	mit	ohne
2004/05	29,3	35,7	102,0	103,2	35,2	38,3	166,5	177,2
2005/06	29,3	29,2	102,0	130,4	35,2	47,0	166,5	206,6
2006/07	29,3	29,8	102,0	128,0	35,2	37,2	166,5	195,0
2007/08	29,8	28,4	128,0	107,7	37,2	36,8	195,0	172,9
2008/09	29,8	28,2	128,0	115,7	37,2	52,6	195,0	196,5
SUMME	147,5	151,3	562,0	585,0	180,0	211,9	889,5	948,2

Inter Mailand							
Spiel		Medienrechte		Werbung		Gesamteinnahmen	
mit	ohne	mit	ohne	mit	ohne	mit	ohne
0	-0,200982	0	0,233938	0	0,204698	0	0,153506
0	0,02034	0	-0,018576	0	-0,233839	0	-0,057785
0,016921	-0,048119	0,227057	-0,172681	0,055263	-0,010811	0,158004	-0,120286
0	-0,007067	0	0,071651	0	0,357218	0	0,127949
0,73%	8,55%	9,83%	14,73%	2,39%	22,31%	6,84%	11,73%

Olympique Lyonnais								
Swaps 3J	Spiel		Medienrechte		Werbung		Gesamteinnahmen	
Saison	mit	ohne	mit	ohne	mit	ohne	mit	ohne
2005/06	17,7	21	46,1	71,5	15,5	13,9	79,3	106,4
2006/07	17,7	21,5	46,1	69,9	15,5	18,1	79,3	109,5
2007/08	17,7	21,8	46,1	75	15,5	20,4	79,3	117,2
2008/09	21,8	22,441	75	68,09	20,4	21,263	117,2	111,794
SUMME	74,900	86,741	213,300	284,490	66,900	73,663	355,100	444,894

Olympique Lyonnais							
Spiel		Medien		Werbung		Gesamteinnahmen	
mit	ohne	mit	ohne	mit	ohne	mit	ohne
0	0,02353	0	-0,022632	0	0,264023	0	0,028719
0	0,013857	0	0,070422	0	0,119623	0	0,067957
0,208345	0,02898	0,486675	-0,096658	0,274695	0,041434	0,390644	-0,047224
9,82%	0,63%	22,94%	6,84%	12,95%	9,22%	18,42%	4,78%

Hannover 96								
Swaps 3J	Spiel		Medienrechte		Werbung		Gesamteinnahmen	
Saison	mit	ohne	mit	ohne	mit	ohne	mit	ohne
2004/05	6,199	9,728	12,214	14,576	6,516	9,492	24,929	33,796
2005/06	6,199	10,144	12,214	14,536	6,516	10,052	24,929	34,732
2006/07	6,199	9,872	12,214	21,400	6,516	11,230	24,929	42,502
2007/08	9,872	10,099	21,400	20,392	11,230	14,914	42,502	45,405
SUMME	28,469	39,843	58,042	70,904	30,778	45,688	117,289	156,435

Hannover 96							
Spiel		Medienrechte		Werbung		Gesamteinnahmen	
mit	ohne	mit	ohne	mit	ohne	mit	ohne
0	0,041874	0	-0,002748	0	0,057322	0	0,027319
0	-0,02718	0	0,386763	0	0,110817	0	0,20189
0,465314	0,022734	0,560808	-0,048248	0,544328	0,283712	0,533519	0,066071
21,94%	2,91%	26,44%	19,52%	25,66%	9,66%	25,15%	7,49%

Anhang 27: Optionsausübungsprozess, Umsatzentwicklung (in Mio. €) sowie Volatilität mit und ohne Optionen pro Fußballunternehmen

Real Madrid:

Putoption Spieleinnahmen					
Basispreis in Mio. €	**Kosten Option in t in Mio. €**	**tatsächliche Erlöse in T in Mio. €**	**Wert Option in T in Mio. €**	**Option ausüben**	**Einnahmen abzgl. Kosten in Mio. €**
62,00	1,39	63,70	-1,70	nein	62,31
63,70	1,43	75,20	-11,50	nein	73,77
75,20	1,69	82,20	-7,00	nein	80,51
82,20	1,84	101,00	-18,80	nein	99,16
101,00	2,26	101,40	-0,40	nein	99,14
				Summe	**414,89**

Putoption Medienerlöse					
Basispreis in Mio. €	**Kosten Option in t in Mio. €**	**tatsächliche Erlöse in T in Mio. €**	**Wert Option in T in Mio. €**	**Option ausüben**	**Einnahmen abzgl. Kosten in Mio. €**
88,10	3,71	88,00	0,10	ja	84,39
88,00	3,71	91,40	-3,40	nein	87,69
91,40	3,85	132,40	-41,00	nein	128,55
132,40	5,58	135,80	-3,40	nein	130,22
135,80	5,72	160,80	-25,00	nein	155,08
				Summe	**585,94**

Putoption Werbeerlöse					
Basispreis in Mio. €	**Kosten Option in t in Mio. €**	**tatsächliche Erlöse in T in Mio. €**	**Wert Option in T in Mio. €**	**Option ausüben**	**Einnahmen abzgl. Kosten in Mio. €**
85,90	3,97	124,00	-38,10	nein	120,03
124,00	5,73	125,60	-1,60	nein	119,87
125,60	5,81	136,40	-10,80	nein	130,60
136,40	6,30	129,00	7,40	ja	130,10
129,00	5,96	139,20	-10,20	nein	133,24
				Summe	**633,83**

Real Madrid								
Optionen	Spiel		Medienrechte		Werbung		Gesamteinnahmen	
Saison	mit	ohne	mit	ohne	mit	ohne	mit	ohne
2004/05	62,3	63,7	84,3	88,0	120,0	124,0	266,6	275,7
2005/06	73,8	75,2	87,7	91,4	119,9	125,6	281,3	292,2
2006/07	80,5	82,2	128,6	132,4	130,6	136,4	339,7	351,0
2007/08	99,2	101,0	130,2	135,8	122,7	129,0	352,1	365,8
2008/09	99,1	101,4	155,1	160,8	133,2	139,2	387,5	401,4
SUMME	414,9	423,5	585,8	608,4	626,4	654,2	1627,2	1686,1

Real Madrid							
Spiel		Medienrechte		Werbung		Gesamteinnahmen	
mit	ohne	mit	ohne	mit	ohne	mit	ohne
0,168857	0,165967	0,039591	0,037909	-0,001342	0,012821	0,053684	0,058125
0,087452	0,089004	0,382476	0,370582	0,085701	0,082489	0,1884	0,183348
0,208273	0,205965	0,01293	0,025356	-0,062391	-0,055779	0,035905	0,041301
-0,000212	0,003953	0,174693	0,168978	0,082427	0,076099	0,09575	0,092872
8,00%	7,73%	14,63%	13,88%	6,19%	5,60%	5,90%	5,49%

FC Barcelona:

Putoption Spieleinnahmen					
Basispreis in Mio. €	**Kosten Option in t in Mio. €**	**tatsächliche Erlöse in T in Mio. €**	**Wert Option in T in Mio. €**	**Option ausüben**	**Einnahmen abzgl. Kosten in Mio. €**
57,80	0,76	66,10	-8,30	nein	65,34
66,10	0,87	76,60	-10,50	nein	75,73
76,60	1,01	88,60	-12,00	nein	87,59
88,60	1,17	91,50	-2,90	nein	90,33
91,50	1,21	95,50	-4,00	nein	94,29
				Summe	**413,28**

Putoption Medienerlöse					
Basispreis in Mio. €	**Kosten Option in t in Mio. €**	**tatsächliche Erlöse in T in Mio. €**	**Wert Option in T in Mio. €**	**Option ausüben**	**Einnahmen abzgl. Kosten in Mio. €**
66,10	1,43	79,00	-12,90	nein	77,57
79,00	1,71	94,10	-15,10	nein	92,39
94,10	2,04	106,70	-12,60	nein	104,66
106,70	2,31	116,20	-9,50	nein	113,89
116,20	2,52	158,40	-42,20	nein	155,88
				Summe	**544,39**

Putoption Werbeerlöse					
Basispreis in Mio. €	**Kosten Option in t in Mio. €**	**tatsächliche Erlöse in T in Mio. €**	**Wert Option in T in Mio. €**	**Option ausüben**	**Einnahmen abzgl. Kosten in Mio. €**
45,30	1,80	62,80	-17,50	nein	61,00
62,80	2,49	88,40	-25,60	nein	85,91
88,40	3,50	94,80	-6,40	nein	91,30
94,80	3,76	101,10	-6,30	nein	97,34
101,10	4,01	112,00	-10,90	nein	107,99
				Summe	**443,54**

FC Barcelona								
Optionen	Spiel		Medienrechte		Werbung		Gesamteinnahmen	
Saison	mit	ohne	mit	ohne	mit	ohne	mit	ohne
2004/05	65,338	66,1	77,568	79	61,004	62,8	203,91	207,9
2005/06	75,728	76,6	92,388	94,1	85,91	88,4	254,026	259,1
2006/07	87,59	88,6	104,661	106,7	91,296	94,8	283,547	290,1
2007/08	90,332	91,5	113,888	116,2	97,342	101,1	301,562	308,8
2008/09	94,293	95,5	155,882	158,4	107,992	112	358,167	365,9
SUMME	413,3	418,3	544,4	554,4	443,5	459,1	1401,2	1431,8

Spiel		Medienrechte		Werbung		Gesamteinnahmen	
mit	ohne	mit	ohne	mit	ohne	mit	ohne
0,147574	0,147428	0,174842	0,17491	0,342361	0,341917	0,219758	0,220157
0,145519	0,145535	0,124729	0,125663	0,060807	0,069897	0,109941	0,113012
0,030825	0,032207	0,084489	0,085292	0,064124	0,064341	0,061598	0,062468
0,042915	0,042787	0,313884	0,309811	0,103827	0,102389	0,172024	0,169666
5,50%	5,46%	8,66%	8,46%	11,65%	11,48%	6,01%	5,92%

Manchester United:

Putoption Spieleinnahmen					
Basispreis in Mio. €	**Kosten Option in t in Mio. €**	**tatsächliche Erlöse in T in Mio. €**	**Wert Option in T in Mio. €**	**Option ausüben**	**Einnahmen abzgl. Kosten in Mio. €**
92,40	3,62	102,50	-10,10	nein	98,88
102,50	4,02	103,10	-0,60	nein	99,09
103,10	4,04	137,50	-34,40	nein	133,46
137,50	5,39	128,20	9,30	ja	132,11
128,20	5,02	127,70	0,50	ja	123,18
				Summe	**586,72**

Putoption Medienerlöse					
Basispreis in Mio. €	**Kosten Option in t in Mio. €**	**tatsächliche Erlöse in T in Mio. €**	**Wert Option in T in Mio. €**	**Option ausüben**	**Einnahmen abzgl. Kosten in Mio. €**
94,50	6,86	71,70	22,80	ja	87,64
71,70	5,21	65,90	5,80	ja	66,49
65,90	4,79	91,30	-25,40	nein	86,52
91,30	6,63	115,70	-24,40	nein	109,07
115,70	8,40	117,10	-1,40	nein	108,70
				Summe	**458,41**

Putoption Werbeerlöse					
Basispreis in Mio. €	**Kosten Option in t in Mio. €**	**tatsächliche Erlöse in T in Mio. €**	**Wert Option in T in Mio. €**	**Option ausüben**	**Einnahmen abzgl. Kosten in Mio. €**
72,10	1,51	72,20	-0,10	nein	70,69
72,20	1,52	73,60	-1,40	nein	72,08
73,60	1,55	86,40	-12,80	nein	84,86
86,40	1,81	80,90	5,50	ja	84,59
80,90	1,70	82,20	-1,30	nein	80,50
				Summe	**392,71**

Manchester United								
Optionen	Spiel		Medienrechte		Werbung		Gesamteinnahmen	
Saison	mit	ohne	mit	ohne	mit	ohne	mit	ohne
2004/05	98,88	102,5	87,638	71,7	70,687	72,2	257,205	246,4
2005/06	99,085	103,1	66,493	65,9	72,083	73,6	237,661	242,6
2006/07	133,461	137,5	86,515	91,3	84,855	86,4	304,831	315,2
2007/08	132,113	128,2	109,07	115,7	84,586	80,9	325,769	324,8
2008/09	123,178	127,7	108,698	117,1	80,502	82,2	312,378	327
SUMME	586,7	599,0	458,4	461,7	392,7	395,3	1437,8	1456,0

Manchester United							
Spiel		Medienrechte		Werbung		Gesamteinnahmen	
mit	ohne	mit	ohne	mit	ohne	mit	ohne
0,002071	0,005837	-0,276118	-0,084352	0,019557	0,019205	-0,079028	-0,015542
0,297831	0,287925	0,263221	0,326012	0,163126	0,160343	0,248912	0,261793
-0,010152	-0,070032	0,231672	0,23685	-0,003175	-0,065774	0,066431	0,030002
-0,070027	-0,003908	-0,003416	0,012028	-0,049487	0,015941	-0,041975	0,006751
14,29%	13,76%	21,66%	16,54%	7,94%	8,13%	12,74%	11,15%

FC Chelsea:

Putoption Spieleinnahmen					
Basispreis in Mio. €	**Kosten Option in t in Mio. €**	**tatsächliche Erlöse in T in Mio. €**	**Wert Option in T in Mio. €**	**Option ausüben**	**Einnahmen abzgl. Kosten in Mio. €**
80,90	3,90	83,70	-2,80	nein	79,80
83,70	4,03	83,40	0,30	ja	79,67
83,40	4,02	110,70	-27,30	nein	106,68
110,70	5,34	94,10	16,60	ja	105,37
94,10	4,54	87,40	6,70	ja	89,57
				Summe	**461,08**

Putoption Medienerlöse					
Basispreis in Mio. €	**Kosten Option in t in Mio. €**	**tatsächliche Erlöse in T in Mio. €**	**Wert Option in T in Mio. €**	**Option ausüben**	**Einnahmen abzgl. Kosten in Mio. €**
85,20	2,30	82,00	3,20	ja	82,90
82,00	2,21	76,10	5,90	ja	79,79
76,10	2,05	88,50	-12,40	nein	86,45
88,50	2,39	97,80	-9,30	nein	95,42
97,80	2,64	92,90	4,90	ja	95,16
				Summe	**439,72**

Putoption Werbeerlöse					
Basispreis in Mio. €	**Kosten Option in t in Mio. €**	**tatsächliche Erlöse in T in Mio. €**	**Wert Option in T in Mio. €**	**Option ausüben**	**Einnahmen abzgl. Kosten in Mio. €**
50,90	2,99	55,10	-4,20	nein	52,11
55,10	3,24	61,50	-6,40	nein	58,26
61,50	3,61	83,80	-22,30	nein	80,19
83,80	4,93	77,00	6,80	ja	78,88
77,00	4,53	62,00	15,00	ja	72,48
				Summe	**341,91**

FC Chelsea								
Optionen	Spiel		Medienrechte		Werbung		Gesamteinnahmen	
Saison	mit	ohne	mit	ohne	mit	ohne	mit	ohne
2004/05	79,8	83,7	82,9	82,0	52,1	55,1	214,8	220,8
2005/06	79,7	83,4	79,8	76,1	58,3	61,5	217,7	221,0
2006/07	106,7	110,7	86,4	88,5	80,2	83,8	273,3	283,0
2007/08	105,4	94,1	95,4	97,8	78,9	77,0	279,7	268,9
2008/09	89,6	87,4	95,2	92,9	72,5	62,0	257,2	242,3
SUMME	461,1	459,3	439,7	437,3	341,9	339,4	1242,7	1236,0

FC Chelsea							
Spiel		Medienrechte		Werbung		Gesamteinnahmen	
mit	ohne	mit	ohne	mit	ohne	mit	ohne
-0,001693	-0,003591	-0,038285	-0,074671	0,111612	0,109887	0,013428	0,000905
0,291991	0,283176	0,080156	0,150954	0,319399	0,309396	0,227424	0,247284
-0,012403	-0,162466	0,098681	0,099922	-0,016485	-0,084628	0,022932	-0,051107
-0,162466	-0,073863	-0,002634	-0,051401	-0,084623	-0,216671	-0,083687	-0,104163
16,47%	16,70%	5,67%	9,63%	15,39%	19,90%	11,33%	13,46%

AC Milan:

Putoption Spieleinnahmen					
Basispreis in Mio. €	**Kosten Option in t in Mio. €**	**tatsächliche Erlöse in T in Mio. €**	**Wert Option in T in Mio. €**	**Option ausüben**	**Einnahmen abzgl. Kosten in Mio. €**
27,90	1,83	38,10	-10,20	nein	36,27
38,10	2,50	30,80	7,30	ja	35,60
30,80	2,02	28,60	2,20	ja	28,78
28,60	1,88	26,70	1,90	ja	26,72
26,70	1,75	33,40	-6,70	nein	31,65
				Summe	**159,02**

Putoption Medienerlöse					
Basispreis in Mio. €	**Kosten Option in t in Mio. €**	**tatsächliche Erlöse in T in Mio. €**	**Wert Option in T in Mio. €**	**Option ausüben**	**Einnahmen abzgl. Kosten in Mio. €**
134,40	5,76	138,00	-3,60	nein	132,24
138,00	5,92	154,30	-16,30	nein	148,38
154,30	6,62	153,60	0,70	ja	147,68
153,60	6,59	122,50	31,10	ja	147,01
122,50	5,25	99,00	23,50	ja	117,25
				Summe	**692,57**

Putoption Werbeerlöse					
Basispreis in Mio. €	**Kosten Option in t in Mio. €**	**tatsächliche Erlöse in T in Mio. €**	**Wert Option in T in Mio. €**	**Option ausüben**	**Einnahmen abzgl. Kosten in Mio. €**
60,00	3,09	57,90	2,10	ja	56,91
57,90	2,98	53,60	4,30	ja	54,92
53,60	2,76	45,00	8,60	ja	50,84
45,00	2,32	60,30	-15,30	nein	57,98
60,30	3,11	64,10	-3,80	nein	60,99
				Summe	**281,63**

AC Milan								
Optionen	Spiel		Medienrechte		Werbung		Gesamteinnahmen	
Saison	mit	ohne	mit	ohne	mit	ohne	mit	ohne
2004/05	36,3	38,1	132,2	138,0	56,9	57,9	225,4	234,0
2005/06	35,6	30,8	148,4	154,3	54,9	53,6	238,9	238,7
2006/07	28,8	28,6	147,7	153,6	50,8	45,0	227,3	227,2
2007/08	26,7	26,7	147,0	122,5	58,0	60,3	231,7	209,5
2008/09	31,6	33,4	117,2	99,0	61,0	64,1	209,9	196,5
SUMME	159,0	157,6	692,6	667,4	281,6	280,9	1133,2	1105,9

AC Milan							
Spiel		Medienrechte		Werbung		Gesamteinnahmen	
mit	ohne	mit	ohne	mit	ohne	mit	ohne
-0,018645	-0,2127	0,115201	0,111645	-0,035614	-0,077168	0,058102	0,019886
-0,2127	-0,074108	-0,004722	-0,004547	-0,07718	-0,174887	-0,04977	-0,049377
-0,074084	-0,068743	-0,004547	-0,226241	0,131491	0,29267	0,019255	-0,081107
0,169113	0,223892	-0,226236	-0,212991	0,050627	0,061112	-0,098951	-0,064061
13,70%	15,91%	12,34%	14,27%	8,04%	17,56%	6,07%	3,84%

FC Schalke 04:

Putoption Spieleinnahmen					
Basispreis in Mio. €	**Kosten Option in t in Mio. €**	**tatsächliche Erlöse in T in Mio. €**	**Wert Option in T in Mio. €**	**Option ausüben**	**Einnahmen abzgl. Kosten in Mio. €**
28,30	1,48	23,30	5,00	ja	26,82
23,30	1,22	29,20	-5,90	nein	27,98
29,20	1,53	27,30	1,90	ja	27,67
27,30	1,43	32,20	-4,90	nein	30,77
32,20	1,69	29,20	3,00	ja	30,52
				Summe	**143,76**

Putoption Medienerlöse					
Basispreis in Mio. €	**Kosten Option in t in Mio. €**	**tatsächliche Erlöse in T in Mio. €**	**Wert Option in T in Mio. €**	**Option ausüben**	**Einnahmen abzgl. Kosten in Mio. €**
16,30	2,69	16,50	-0,20	nein	13,81
16,50	2,72	38,80	-22,30	nein	36,08
38,80	6,40	33,90	4,90	ja	32,40
33,90	5,59	56,00	-22,10	nein	50,41
56,00	9,24	34,20	21,80	ja	46,76
				Summe	**179,46**

Putoption Werbeerlöse					
Basispreis in Mio. €	**Kosten Option in t in Mio. €**	**tatsächliche Erlöse in T in Mio. €**	**Wert Option in T in Mio. €**	**Option ausüben**	**Einnahmen abzgl. Kosten in Mio. €**
46,80	1,39	57,60	-10,80	nein	56,22
57,60	1,71	54,90	2,70	ja	55,90
54,90	1,63	53,10	1,80	ja	53,28
53,10	1,57	60,10	-7,00	nein	58,53
60,10	1,78	61,10	-1,00	nein	59,32
				Summe	**283,23**

FC Schalke 04								
Optionen	Spiel		Medienrechte		Werbung		Gesamteinnahmen	
Saison	mit	ohne	mit	ohne	mit	ohne	mit	ohne
2004/05	26,8	23,3	13,8	16,5	56,2	57,6	96,8	97,4
2005/06	28,0	29,2	36,1	38,8	55,9	54,9	120,0	122,9
2006/07	27,7	27,3	32,4	33,9	53,3	53,1	113,3	114,3
2007/08	30,8	32,2	50,4	56,0	58,5	60,1	139,7	148,3
2008/09	30,5	29,2	46,8	34,2	59,3	61,1	136,6	124,5
SUMME	143,8	141,2	179,5	179,4	283,2	286,8	606,4	607,4

FC Schalke 04							
Spiel		Medienrechte		Werbung		Gesamteinnahmen	
mit	ohne	mit	ohne	mit	ohne	mit	ohne
0,042415	0,225715	0,960218	0,85506	-0,005709	-0,048009	0,213997	0,232545
-0,011105	-0,067282	-0,107556	-0,135005	-0,048008	-0,033336	-0,056663	-0,072544
0,106152	0,16508	0,442002	0,501937	0,094038	0,123833	0,209095	0,260411
-0,008354	-0,097798	-0,075081	-0,493126	0,013458	0,016502	-0,022505	-0,174932
4,77%	14,10%	43,67%	52,72%	5,16%	6,74%	12,62%	18,89%

AS Roma:

Putoption Spieleinnahmen					
Basispreis in Mio. €	**Kosten Option in t in Mio. €**	**tatsächliche Erlöse in T in Mio. €**	**Wert Option in T in Mio. €**	**Option ausüben**	**Einnahmen abzgl. Kosten in Mio. €**
24,20	1,39	27,90	-3,70	nein	26,51
27,90	1,61	21,00	6,90	ja	26,29
21,00	1,21	24,00	-3,00	nein	22,79
24,00	1,38	23,40	0,60	ja	22,62
23,40	1,35	18,80	4,60	ja	22,05
				Summe	**120,26**

Putoption Medienerlöse					
Basispreis in Mio. €	**Kosten Option in t in Mio. €**	**tatsächliche Erlöse in T in Mio. €**	**Wert Option in T in Mio. €**	**Option ausüben**	**Einnahmen abzgl. Kosten in Mio. €**
50,50	3,79	76,50	-26,00	nein	72,71
76,50	5,74	76,20	0,30	ja	70,76
76,20	5,72	104,50	-28,30	nein	98,78
104,50	7,84	105,70	-1,20	nein	97,86
105,70	7,93	86,90	18,80	ja	97,77
				Summe	**437,87**

Putoption Werbeerlöse					
Basispreis in Mio. €	**Kosten Option in t in Mio. €**	**tatsächliche Erlöse in T in Mio. €**	**Wert Option in T in Mio. €**	**Option ausüben**	**Einnahmen abzgl. Kosten in Mio. €**
34,10	2,72	27,40	6,70	ja	31,38
27,40	2,18	29,80	-2,40	nein	27,62
29,80	2,38	29,10	0,70	ja	27,43
29,10	2,32	46,30	-17,20	nein	43,98
46,30	3,69	40,70	5,60	ja	42,61
				Summe	**173,01**

AS Roma								
Optionen	Spiel		Medienrechte		Werbung		Gesamteinnahmen	
Saison	mit	ohne	mit	ohne	mit	ohne	mit	ohne
2004/05	26,5	27,9	72,7	76,5	31,4	27,4	130,6	131,8
2005/06	26,3	21,0	70,8	76,2	27,6	29,8	124,7	127,0
2006/07	22,8	24,0	98,8	104,5	27,4	29,1	149,0	157,6
2007/08	22,6	23,4	97,9	105,7	44,0	46,3	164,5	175,4
2008/09	22,1	18,8	97,8	86,9	42,6	40,7	162,4	146,4
SUMME	120,3	115,1	437,9	449,8	173,0	173,3	731,1	738,2

AS Roma							
Spiel		Medienrechte		Werbung		Gesamteinnahmen	
mit	ohne	mit	ohne	mit	ohne	mit	ohne
-0,008068	-0,284104	-0,0272	-0,003929	-0,127839	0,083965	-0,04647	-0,037099
-0,142937	0,133531	0,33363	0,315826	-0,00694	-0,02377	0,178273	0,215873
-0,00762	-0,025318	-0,009398	0,011418	0,472303	0,464404	0,098718	0,107009
-0,025297	-0,218879	-0,00092	-0,195847	-0,031669	-0,128914	-0,012396	-0,180726
5,64%	16,44%	15,02%	18,32%	23,30%	22,40%	8,94%	14,94%

Arsenal London:

Putoption Spieleinnahmen					
Basispreis in Mio. €	**Kosten Option in t in Mio. €**	**tatsächliche Erlöse in T in Mio. €**	**Wert Option in T in Mio. €**	**Option ausüben**	**Einnahmen abzgl. Kosten in Mio. €**
51,00	5,27	55,40	-4,40	nein	50,13
55,40	5,72	63,80	-8,40	nein	58,08
63,80	6,59	134,60	-70,80	nein	128,01
134,60	13,90	119,50	15,10	ja	120,70
119,50	12,34	117,50	2,00	ja	107,16
				Summe	**464,07**

Putoption Medienerlöse					
Basispreis in Mio. €	**Kosten Option in t in Mio. €**	**tatsächliche Erlöse in T in Mio. €**	**Wert Option in T in Mio. €**	**Option ausüben**	**Einnahmen abzgl. Kosten in Mio. €**
90,30	5,77	71,90	18,40	ja	84,53
71,90	4,59	79,40	-7,50	nein	74,81
79,40	5,07	65,80	13,60	ja	74,33
65,80	4,20	88,80	-23,00	nein	84,60
88,80	5,67	89,00	-0,20	nein	83,33
				Summe	**401,59**

Putoption Werbeerlöse					
Basispreis in Mio. €	**Kosten Option in t in Mio. €**	**tatsächliche Erlöse in T in Mio. €**	**Wert Option in T in Mio. €**	**Option ausüben**	**Einnahmen abzgl. Kosten in Mio. €**
32,30	1,66	44,00	-11,70	nein	42,34
44,00	2,26	49,20	-5,20	nein	46,94
49,20	2,53	63,50	-14,30	nein	60,97
63,50	3,27	56,10	7,40	ja	60,23
56,10	2,89	56,50	-0,40	nein	53,62
				Summe	**264,09**

Arsenal London								
Optionen	Spiel		Medienrechte		Werbung		Gesamteinnahmen	
Saison	mit	ohne	mit	ohne	mit	ohne	mit	ohne
2004/05	50,1	55,4	84,5	71,9	42,3	44,0	177,0	171,3
2005/06	58,1	63,8	74,8	79,4	46,9	49,2	179,8	192,4
2006/07	128,0	134,6	74,3	65,8	61,0	63,5	263,3	263,9
2007/08	120,7	119,5	84,6	88,8	60,2	56,1	265,5	264,4
2008/09	107,2	117,5	83,3	89,0	53,6	56,5	244,1	263,0
SUMME	464,1	490,8	401,6	394,9	264,1	269,3	1129,8	1155,0

Arsenal London							
Spiel		Medienrechte		Werbung		Gesamteinnahmen	
mit	ohne	mit	ohne	mit	ohne	mit	ohne
0,14711	0,141174	-0,122219	0,099222	0,103098	0,111704	0,015795	0,11616
0,790339	0,746554	-0,006424	-0,187879	0,261559	0,255146	0,381359	0,315994
-0,058833	-0,118991	0,129411	0,299767	-0,012129	-0,123904	0,008396	0,001893
-0,118989	-0,016878	-0,015114	0,00225	-0,116408	0,007105	-0,084143	-0,005309
36,04%	33,56%	8,93%	17,58%	14,04%	13,91%	17,82%	12,98%

FC Liverpool:

Putoption Spieleinnahmen					
Basispreis in Mio. €	**Kosten Option in t in Mio. €**	**tatsächliche Erlöse in T in Mio. €**	**Wert Option in T in Mio. €**	**Option ausüben**	**Einnahmen abzgl. Kosten in Mio. €**
39,90	1,71	49,00	-9,10	nein	47,29
49,00	2,10	47,20	1,80	ja	46,90
47,20	2,03	57,10	-9,90	nein	55,08
57,10	2,45	49,50	7,60	ja	54,65
49,50	2,12	49,40	0,10	ja	47,38
				Summe	**251,29**

Putoption Medienerlöse					
Basispreis in Mio. €	**Kosten Option in t in Mio. €**	**tatsächliche Erlöse in T in Mio. €**	**Wert Option in T in Mio. €**	**Option ausüben**	**Einnahmen abzgl. Kosten in Mio. €**
50,60	3,01	75,50	-24,90	nein	72,49
75,50	4,50	72,00	3,50	ja	71,00
72,00	4,29	77,50	-5,50	nein	73,21
77,50	4,62	96,40	-18,90	nein	91,78
96,40	5,74	87,60	8,80	ja	90,66
				Summe	**399,14**

Putoption Werbeerlöse					
Basispreis in Mio. €	**Kosten Option in t in Mio. €**	**tatsächliche Erlöse in T in Mio. €**	**Wert Option in T in Mio. €**	**Option ausüben**	**Einnahmen abzgl. Kosten in Mio. €**
49,00	1,10	56,70	-7,70	nein	55,60
56,70	1,28	56,80	-0,10	nein	55,52
56,80	1,28	64,30	-7,50	nein	63,02
64,30	1,45	65,00	-0,70	nein	63,55
65,00	1,46	79,50	-14,50	nein	78,04
				Summe	**315,73**

FC Liverpool								
Optionen	Spiel		Medienrechte		Werbung		Gesamteinnahmen	
Saison	mit	ohne	mit	ohne	mit	ohne	mit	ohne
2004/05	47,3	49,0	72,5	75,5	55,6	56,7	175,4	181,2
2005/06	46,9	47,2	71,0	72,0	55,5	56,8	173,4	176,0
2006/07	55,1	57,1	73,2	77,5	63,0	64,3	191,3	198,9
2007/08	54,7	49,5	91,8	96,4	63,6	65,0	210,0	210,9
2008/09	47,4	49,4	90,7	87,6	78,0	79,5	216,1	216,5
SUMME	251,3	252,2	399,1	409,0	315,7	322,3	966,2	983,5

FC Liverpool							
Spiel		Medienrechte		Werbung		Gesamteinnahmen	
mit	ohne	mit	ohne	mit	ohne	mit	ohne
-0,008303	-0,037426	-0,020671	-0,047467	-0,001314	0,001762	-0,011164	-0,029117
0,160742	0,19041	0,030624	0,073612	0,126671	0,124023	0,098146	0,122318
-0,007747	-0,142831	0,226092	0,218228	0,00839	0,010828	0,093161	0,058582
-0,142833	-0,002022	-0,012344	-0,095725	0,205325	0,20137	0,028566	0,026206
10,77%	12,05%	10,02%	12,14%	8,59%	8,29%	4,57%	5,48%

Inter Mailand:

Putoption Spieleinnahmen					
Basispreis in Mio. €	**Kosten Option in t in Mio. €**	**tatsächliche Erlöse in T in Mio. €**	**Wert Option in T in Mio. €**	**Option ausüben**	**Einnahmen abzgl. Kosten in Mio. €**
29,30	1,18	35,70	-6,40	nein	34,52
35,70	1,44	29,20	6,50	ja	34,26
29,20	1,18	29,80	-0,60	nein	28,62
29,80	1,20	28,40	1,40	ja	28,60
28,40	1,15	28,20	0,20	ja	27,25
				Summe	**153,24**

Putoption Medienerlöse					
Basispreis in Mio. €	**Kosten Option in t in Mio. €**	**tatsächliche Erlöse in T in Mio. €**	**Wert Option in T in Mio. €**	**Option ausüben**	**Einnahmen abzgl. Kosten in Mio. €**
102,00	4,26	103,20	-1,20	nein	98,94
103,20	4,31	130,40	-27,20	nein	98,89
130,40	5,45	128,00	2,40	ja	124,95
128,00	5,35	107,70	20,30	ja	122,65
107,70	4,50	115,70	-8,00	nein	111,20
				Summe	**556,62**

Putoption Werbeerlöse					
Basispreis in Mio. €	**Kosten Option in t in Mio. €**	**tatsächliche Erlöse in T in Mio. €**	**Wert Option in T in Mio. €**	**Option ausüben**	**Einnahmen abzgl. Kosten in Mio. €**
35,20	2,33	38,30	-3,10	nein	35,97
38,30	2,53	47,00	-8,70	nein	44,47
47,00	3,11	37,20	9,80	ja	43,89
37,20	2,46	36,80	0,40	ja	34,74
36,80	2,43	52,60	-15,80	nein	50,17
				Summe	**209,24**

Inter Mailand								
Optionen	Spiel		Medienrechte		Werbung		Gesamteinnahmen	
Saison	mit	ohne	mit	ohne	mit	ohne	mit	ohne
2004/05	34,5	35,7	98,9	103,2	36,0	38,3	169,4	177,2
2005/06	34,3	29,2	98,9	130,4	44,5	47,0	177,6	206,6
2006/07	28,6	29,8	125,0	128,0	43,9	37,2	197,5	195,0
2007/08	28,6	28,4	122,7	107,7	34,7	36,8	186,0	172,9
2008/09	27,3	28,2	111,2	115,7	50,2	52,6	188,6	196,5
SUMME	153,2	151,3	556,6	585,0	209,2	211,9	919,1	948,2

Inter Mailand							
Spiel		Medienrechte		Werbung		Gesamteinnahmen	
mit	ohne	mit	ohne	mit	ohne	mit	ohne
-0,007503	-0,200982	-0,000506	0,233938	0,212006	0,204698	0,047191	0,153506
-0,179814	0,02034	0,233946	-0,018576	-0,013038	-0,233839	0,105945	-0,057785
-0,000839	-0,048119	-0,018579	-0,172681	-0,233846	-0,010811	-0,059875	-0,120286
-0,048103	-0,007067	-0,098022	0,071651	0,367475	0,357218	0,014052	0,127949
7,20%	8,55%	12,38%	14,73%	22,76%	22,31%	5,99%	11,73%

Werder Bremen:

Putoption Spieleinnahmen					
Basispreis in Mio. €	**Kosten Option in t in Mio. €**	**tatsächliche Erlöse in T in Mio. €**	**Wert Option in T in Mio. €**	**Option ausüben**	**Einnahmen abzgl. Kosten in Mio. €**
15,54	0,65	18,29	-2,74	nein	17,64
18,29	0,77	22,34	-4,06	nein	21,58
22,34	0,94	20,28	2,06	ja	21,41
				Summe	**60,62**

Putoption Medienerlöse					
Basispreis in Mio. €	**Kosten Option in t in Mio. €**	**tatsächliche Erlöse in T in Mio. €**	**Wert Option in T in Mio. €**	**Option ausüben**	**Einnahmen abzgl. Kosten in Mio. €**
36,32	2,57	34,75	1,57	ja	33,75
34,75	2,46	51,21	-16,46	nein	48,75
51,21	3,62	47,33	3,88	ja	47,59
				Summe	**130,09**

Putoption Werbeerlöse					
Basispreis in Mio. €	**Kosten Option in t in Mio. €**	**tatsächliche Erlöse in T in Mio. €**	**Wert Option in T in Mio. €**	**Option ausüben**	**Einnahmen abzgl. Kosten in Mio. €**
9,49	0,21	10,35	-0,86	nein	10,14
10,35	0,22	13,58	-3,23	nein	13,35
13,58	0,29	16,07	-2,49	nein	15,77
				Summe	**39,27**

Werder Bremen								
Optionen	Spiel		Medienrechte		Werbung		Gesamteinnahmen	
Saison	mit	ohne	mit	ohne	mit	ohne	mit	ohne
2005/06	17,635	18,285	33,75	34,75	10,144	10,349	61,529	63,384
2006/07	21,575	22,34	48,752	51,208	13,352	13,576	83,679	87,124
2007/08	21,405	20,281	47,589	47,325	15,772	16,066	84,766	83,672
SUMME	60,615	60,906	130,091	133,283	39,268	39,991	229,974	234,180

Werder Bremen							
Spiel		Medien		Werbung		Gesamteinnahmen	
mit	ohne	mit	ohne	mit	ohne	mit	ohne
0,20165	0,200298	0,367766	0,387716	0,274784	0,271414	0,307479	0,318121
-0,007911	-0,096694	-0,024145	-0,078857	0,16657	0,168402	0,012906	-0,040428
10,48%	14,85%	19,60%	23,33%	5,41%	5,15%	14,73%	17,93%

Olympique Lyonnais:

Putoption Spieleinnahmen					
Basispreis in Mio. €	**Kosten Option in t in Mio. €**	**tatsächliche Erlöse in T in Mio. €**	**Wert Option in T in Mio. €**	**Option ausüben**	**Einnahmen abzgl. Kosten in Mio. €**
17,70	0,31	21,00	-3,30	nein	20,69
21,00	0,37	21,50	-0,50	nein	21,13
21,50	0,38	21,80	-0,30	nein	21,42
21,80	0,39	22,44	-0,64	nein	22,05
				Summe	**85,29**

Putoption Medienerlöse					
Basispreis in Mio. €	**Kosten Option in t in Mio. €**	**tatsächliche Erlöse in T in Mio. €**	**Wert Option in T in Mio. €**	**Option ausüben**	**Einnahmen abzgl. Kosten in Mio. €**
46,10	3,15	71,50	-25,40	nein	68,35
71,50	4,89	69,90	1,60	ja	66,61
69,90	4,78	75,00	-5,10	nein	70,22
75,00	5,13	68,09	6,91	nein	62,96
				Summe	**268,14**

Putoption Werbeerlöse					
Basispreis in Mio. €	**Kosten Option in t in Mio. €**	**tatsächliche Erlöse in T in Mio. €**	**Wert Option in T in Mio. €**	**Option ausüben**	**Einnahmen abzgl. Kosten in Mio. €**
15,50	0,66	13,90	1,60	ja	14,84
13,90	0,60	18,10	-4,20	nein	17,51
18,10	0,78	20,40	-2,30	nein	19,63
20,40	0,87	21,26	-0,86	nein	20,39
				Summe	**72,36**

Olympique Lyonnais								
Optionen	Spiel		Medienrechte		Werbung		Gesamteinnahmen	
Saison	mit	ohne	mit	ohne	mit	ohne	mit	ohne
2005/06	20,686	21	68,348	71,5	14,837	13,9	103,871	106,4
2006/07	21,127	21,5	66,611	69,9	17,505	18,1	105,243	109,5
2007/08	21,418	21,8	70,221	75	19,625	20,4	111,264	117,2
2008/09	22,054	22,441	62,962	68,09	20,39	21,263	105,406	111,794
SUMME	85,285	86,741	268,142	284,490	72,357	73,663	425,784	444,894

Olympique Lyonnais							
Spiel		Medien		Werbung		Gesamteinnahmen	
mit	ohne	mit	ohne	mit	ohne	mit	ohne
0,021095	0,02353	-0,025743	-0,022632	0,165362	0,264023	0,013122	0,028719
0,01368	0,013857	0,052778	0,070422	0,114318	0,119623	0,055634	0,067957
0,029262	0,02898	-0,109116	-0,096658	0,03824	0,041434	-0,054086	-0,047224
0,64%	0,63%	6,61%	6,84%	5,22%	9,22%	4,52%	4,78%

Hannover 96:

Putoption Spieleinnahmen					
Basispreis in Mio. €	Kosten Option in t in Mio. €	tatsächliche Erlöse in T in Mio. €	Wert Option in T in Mio. €	Option ausüben	Einnahmen abzgl. Kosten in Mio. €
6,20	0,39	9,73	-3,53	nein	9,34
9,73	0,62	10,14	-0,42	nein	9,53
10,14	0,64	9,87	0,27	ja	9,50
9,87	0,62	10,10	-0,23	nein	9,48
				Summe	**37,84**

Putoption Medienerlöse					
Basispreis in Mio. €	Kosten Option in t in Mio. €	tatsächliche Erlöse in T in Mio. €	Wert Option in T in Mio. €	Option ausüben	Einnahmen abzgl. Kosten in Mio. €
12,21	0,68	14,58	-2,36	nein	13,89
14,58	0,82	14,54	0,04	ja	13,76
14,54	0,81	21,40	-6,86	nein	20,59
21,40	1,20	20,39	1,01	ja	20,20
				Summe	**68,44**

Putoption Werbeerlöse					
Basispreis in Mio. €	Kosten Option in t in Mio. €	tatsächliche Erlöse in T in Mio. €	Wert Option in T in Mio. €	Option ausüben	Einnahmen abzgl. Kosten in Mio. €
6,52	0,27	9,49	-2,98	nein	9,23
9,49	0,39	10,05	-0,56	nein	9,67
10,05	0,41	11,23	-1,18	nein	10,82
11,23	0,46	14,91	-3,68	nein	14,46
				Summe	**44,17**

Hannover 96								
Optionen	Spiel		Medienrechte		Werbung		Gesamteinnahmen	
Saison	mit	ohne	mit	ohne	mit	ohne	mit	ohne
2004/05	9,336	9,728	13,892	14,576	9,227	9,492	32,455	33,796
2005/06	9,529	10,144	13,760	14,536	9,666	10,052	32,955	34,732
2006/07	9,503	9,872	20,586	21,400	10,822	11,230	40,911	42,502
2007/08	9,475	10,099	20,202	20,392	14,458	14,914	44,135	45,405
SUMME	37,843	39,843	68,440	70,904	44,173	45,688	150,456	156,435

Hannover 96							
Spiel		Medienrechte		Werbung		Gesamteinnahmen	
mit	ohne	mit	ohne	mit	ohne	mit	ohne
0,020462	0,041874	-0,009547	-0,002748	0,046481	0,057322	0,015288	0,027319
-0,002732	-0,02718	0,402845	0,386763	0,112967	0,110817	0,216256	0,20189
-0,002951	0,022734	-0,01883	-0,048248	0,289667	0,283712	0,075854	0,066071
1,10%	2,91%	19,66%	19,52%	10,26%	9,66%	8,42%	7,49%

Anhang 28: Berechnung der Optionspreise bei Borussia Dortmund mit verschiedenen risikolosen Zinssätzen

Risikoloser Zinssatz in Höhe von 3,00 Prozent:

Spiel (in Mio. €):

Saison	Spiel	Kosten Put via BS-Modell in Mio. €
1999/00	17,959	0,753
2000/01	14,972	0,626
2001/02	19,620	0,822
2002/03	17,898	0,750
2003/04	20,300	0,851
2004/05	17,505	0,734
2005/06	17,190	0,721
2006/07	18,262	0,766
2007/08	22,591	0,947

Saison	Basispreis in Mio. €	Kosten Option in t in Mio. €	tatsächliche Erlöse in T in Mio. €	Wert Option in T in Mio. €	Option ausüben	Einnahmen abzgl. Kosten in Mio. €
2000/01	17,959	0,753	14,972	2,987	ja	17,206
2001/02	14,972	0,626	19,620	-4,648	nein	18,994
2002/03	19,620	0,822	17,898	1,722	ja	18,798
2003/04	17,898	0,750	20,300	-2,402	nein	19,550
2004/05	20,300	0,851	17,505	2,795	ja	19,449
2005/06	17,505	0,734	17,190	0,315	ja	16,771
2006/07	17,190	0,721	18,262	-1,072	nein	17,541
2007/08	18,262	0,766	22,591	-4,329	nein	21,825
2008/09	22,591	0,947	22,176	0,415	ja	21,644
					Summe	171,778

Medienrechte (in Mio. €):

Saison	Medienrechte	Kosten Put via BS-Modell in Mio. €
1999/00	35,021	5,824
2000/01	19,339	3,216
2001/02	45,976	7,646
2002/03	49,919	8,302
2003/04	19,333	3,215
2004/05	14,884	2,475
2005/06	14,843	2,469
2006/07	21,250	3,534
2007/08	26,024	4,328

Saison	Basispreis in Mio. €	Kosten Option in t in Mio. €	tatsächliche Erlöse in T in Mio. €	Wert Option in T in Mio. €	Option ausüben	Einnahmen abzgl. Kosten in Mio. €
2000/01	35,021	5,824	19,339	15,682	ja	29,197
2001/02	19,339	3,216	45,976	-26,637	nein	42,760
2002/03	45,976	7,646	49,919	-3,943	nein	42,273
2003/04	49,919	8,302	19,333	30,586	ja	41,617
2004/05	19,333	3,215	14,884	4,449	ja	16,118
2005/06	14,884	2,475	14,843	0,041	ja	12,409
2006/07	14,843	2,469	21,250	-6,407	nein	18,781
2007/08	21,250	3,534	26,024	-4,774	nein	22,490
2008/09	26,024	4,328	22,428	3,596	ja	21,696
					Summe	247,341

Sponsoring (in Mio. €):

Saison	Sponsoring	Kosten Put via BS-Modell in Mio. €
1999/00	26,673	3,041
2000/01	16,259	1,854
2001/02	30,782	3,509
2002/03	44,260	5,046
2003/04	25,682	2,928
2004/05	26,416	3,012
2005/06	27,417	3,126
2006/07	30,549	3,483
2007/08	33,894	3,864

Saison	Basispreis in Mio. €	Kosten Option in t in Mio. €	tatsächliche Erlöse in T in Mio. €	Wert Option in T in Mio. €	Option ausüben	Einnahmen abzgl. Kosten in Mio. €
2000/01	26,673	3,041	16,259	10,414	ja	23,632
2001/02	16,259	1,854	30,782	-14,523	nein	28,928
2002/03	30,782	3,509	44,260	-13,478	nein	40,751
2003/04	44,260	5,046	25,682	18,578	ja	39,214
2004/05	25,682	2,928	26,416	-0,734	nein	23,488
2005/06	26,416	3,012	27,417	-1,001	nein	24,405
2006/07	27,417	3,126	30,549	-3,132	nein	27,423
2007/08	30,549	3,483	33,894	-3,345	nein	30,411
2008/09	33,894	3,864	39,205	-5,311	nein	35,341
					Summe	273,593

Personal Spielbetrieb (in Mio. €):

Saison	Personal Spielbetrieb	Kosten Call via BS-Modell in Mio. €
1999/00	47,497	3,279
2000/01	52,957	3,656
2001/02	66,864	4,616
2002/03	67,921	4,689
2003/04	55,962	3,864
2004/05	46,651	3,221
2005/06	39,768	2,746
2006/07	36,981	2,553
2007/08	45,355	3,131

Saison	Basispreis in Mio. €	Kosten Option in t in Mio. €	tatsächliche Aufwendungen in T in Mio. €	Wert Option in T in Mio. €	Option ausüben	Aufwendungen incl. Kosten in Mio. €
2000/01	47,497	3,279	52,957	5,460	ja	50,776
2001/02	52,957	3,656	66,864	13,907	ja	56,613
2002/03	66,864	4,616	67,921	1,057	ja	71,480
2003/04	67,921	4,689	55,962	-11,959	nein	60,651
2004/05	55,962	3,864	46,651	-9,311	nein	50,515
2005/06	46,651	3,221	39,768	-6,883	nein	42,989
2006/07	39,768	2,746	36,981	-2,787	nein	39,727
2007/08	36,981	2,553	45,355	8,374	ja	39,534
2008/09	45,355	3,131	50,013	4,658	ja	48,486
					Summe	409,995

<u>Risikoloser Zinssatz in Höhe von 5,00 Prozent:</u>

Spiel (in Mio. €):

Saison	Spiel	Kosten Put via BS-Modell in Mio. €
1999/00	17,959	0,633
2000/01	14,972	0,528
2001/02	19,620	0,691
2002/03	17,898	0,631
2003/04	20,300	0,715
2004/05	17,505	0,617
2005/06	17,190	0,606
2006/07	18,262	0,643
2007/08	22,591	0,796

Saison	Basispreis in Mio. €	Kosten Option in t in Mio. €	tatsächliche Erlöse in T in Mio. €	Wert Option in T in Mio. €	Option ausüben	Einnahmen abzgl. Kosten in Mio. €
2000/01	17,959	0,633	14,972	2,987	ja	17,326
2001/02	14,972	0,528	19,620	-4,648	nein	19,092
2002/03	19,620	0,691	17,898	1,722	ja	18,929
2003/04	17,898	0,631	20,300	-2,402	nein	19,669
2004/05	20,300	0,715	17,505	2,795	ja	19,585
2005/06	17,505	0,617	17,190	0,315	ja	16,888
2006/07	17,190	0,606	18,262	-1,072	nein	17,656
2007/08	18,262	0,643	22,591	-4,329	nein	21,948
2008/09	22,591	0,796	22,176	0,415	ja	21,795
					Summe	172,888

Medienrechte (in Mio. €):

Saison	Medienrechte	Kosten Put via BS-Modell in Mio. €
1999/00	35,021	5,519
2000/01	19,339	3,048
2001/02	45,976	7,245
2002/03	49,919	7,867
2003/04	19,333	3,047
2004/05	14,884	2,345
2005/06	14,843	2,339
2006/07	21,250	3,349
2007/08	26,024	4,101

Saison	Basispreis in Mio. €	Kosten Option in t in Mio. €	tatsächliche Erlöse in T in Mio. €	Wert Option in T in Mio. €	Option ausüben	Einnahmen abzgl. Kosten in Mio. €
2000/01	35,021	5,519	19,339	15,682	ja	29,502
2001/02	19,339	3,048	45,976	-26,637	nein	42,928
2002/03	45,976	7,245	49,919	-3,943	nein	42,674
2003/04	49,919	7,867	19,333	30,586	ja	42,052
2004/05	19,333	3,047	14,884	4,449	ja	16,286
2005/06	14,884	2,345	14,843	0,041	ja	12,539
2006/07	14,843	2,339	21,250	-6,407	nein	18,911
2007/08	21,250	3,349	26,024	-4,774	nein	22,675
2008/09	26,024	4,101	22,428	3,596	ja	21,923
					Summe	**249,490**

Sponsoring (in Mio. €):

Saison	Sponsoring	Kosten Put via BS-Modell in Mio. €
1999/00	26,673	2,824
2000/01	16,259	1,722
2001/02	30,782	3,260
2002/03	44,260	4,687
2003/04	25,682	2,720
2004/05	26,416	2,797
2005/06	27,417	2,903
2006/07	30,549	3,235
2007/08	33,894	3,589

Saison	Basispreis in Mio. €	Kosten Option in t in Mio. €	tatsächliche Erlöse in T in Mio. €	Wert Option in T in Mio. €	Option ausüben	Einnahmen abzgl. Kosten in Mio. €
2000/01	26,673	2,824	16,259	10,414	ja	23,849
2001/02	16,259	1,722	30,782	-14,523	nein	29,060
2002/03	30,782	3,260	44,260	-13,478	nein	41,000
2003/04	44,260	4,687	25,682	18,578	ja	39,573
2004/05	25,682	2,720	26,416	-0,734	nein	23,696
2005/06	26,416	2,797	27,417	-1,001	nein	24,620
2006/07	27,417	2,903	30,549	-3,132	nein	27,646
2007/08	30,549	3,235	33,894	-3,345	nein	30,659
2008/09	33,894	3,589	39,205	-5,311	nein	35,616
					Summe	**275,719**

Personal Spielbetrieb (in Mio. €):

Saison	Personal Spielbetrieb	Kosten Call via BS-Modell in Mio. €
1999/00	47,497	3,694
2000/01	52,957	4,118
2001/02	66,864	5,200
2002/03	67,921	5,282
2003/04	55,962	4,352
2004/05	46,651	3,628
2005/06	39,768	3,093
2006/07	36,981	2,876
2007/08	45,355	3,527

Saison	Basispreis in Mio. €	Kosten Option in t in Mio. €	tatsächliche Aufwendungen in T in Mio. €	Wert Option in T in Mio. €	Option ausüben	Aufwendungen incl. Kosten in Mio. €
2000/01	47,497	3,694	52,957	5,460	ja	51,191
2001/02	52,957	4,118	66,864	13,907	ja	57,075
2002/03	66,864	5,200	67,921	1,057	ja	72,064
2003/04	67,921	5,282	55,962	-11,959	nein	61,244
2004/05	55,962	4,352	46,651	-9,311	nein	51,003
2005/06	46,651	3,628	39,768	-6,883	nein	43,396
2006/07	39,768	3,093	36,981	-2,787	nein	40,074
2007/08	36,981	2,876	45,355	8,374	ja	39,857
2008/09	45,355	3,527	50,013	4,658	ja	48,882
					Summe	**413,595**

FSC
www.fsc.org
MIX
Papier | Fördert
gute Waldnutzung
FSC® C083411

Kolibri 360 GmbH
Ferdinand-Jühlke-Straße 7
99095 Erfurt, Deutschland
produktsicherheit@kolibri360.de